学习之路，漫长而坎坷。愿你能心无旁骛，主宰自己前进的方向。

2021 年度 全国税务师职业资格考试

税法（Ⅰ）
应试指南

■ 刘 丹　中华会计网校 编

感恩21年相伴　助你梦想成真

中国商业出版社

图书在版编目（CIP）数据

税法（Ⅰ）应试指南／刘丹，中华会计网校编. —
北京：中国商业出版社，2021.4
2021 年度全国税务师职业资格考试
ISBN 978-7-5208-1580-2

Ⅰ.①税…　Ⅱ.①刘…　②中…　Ⅲ.①税法–中国–
资格考试–自学参考资料　Ⅳ.①D922.22

中国版本图书馆 CIP 数据核字（2021）第 055397 号

责任编辑：朱文昊　黄世嘉

中国商业出版社出版发行
010-63180647　www.c-cbook.com
（100053　北京广安门内报国寺 1 号）
新华书店经销
定州启航印刷有限公司印刷

*

787 毫米×1092 毫米　16 开　21 印张　552 千字
2021 年 4 月第 1 版　2021 年 4 月第 1 次印刷

定价：80.00 元

* * * *

（如有印装质量问题可更换）

前　言

正保远程教育 　　**发展**：2000—2021年：感恩21年相伴，助你梦想成真

理念：学员利益至上，一切为学员服务

成果：18个不同类型的品牌网站，涵盖13个行业

奋斗目标：构建完善的"终身教育体系"和"完全教育体系"

中华会计网校 　　**发展**：正保远程教育旗下的第一品牌网站

理念：精耕细作，锲而不舍

成果：每年为我国财经领域培养数百万名专业人才

奋斗目标：成为所有会计人的"网上家园"

"梦想成真"书系 　　**发展**：正保远程教育主打的品牌系列辅导丛书

理念：你的梦想由我们来保驾护航

成果：图书品类涵盖会计职称、注册会计师、税务师、经济师、资产评估师、审计师、财税、实务等多个专业领域

奋斗目标：成为所有会计人实现梦想路上的启明灯

图书特色

① 高分战术

解读考试**整体**情况，
了解大纲**总体**框架

（一）考试地位
在税务师考试的五门科目中，三门科目与税法直接相关，分别是《税法（Ⅰ）》《税法（Ⅱ）》和《涉税服务实务》。

二、大纲内容体系
2021 年税务师考试《税法（Ⅰ）》考纲共有十章，以实体税内容为主，可以分为两部分。
第一部分：税法基本原理（第 1 章）

三、命题规律及应试方法
（一）命题规律
最近几年的税法（Ⅰ）考题，相对来说难度不高，但考点细致，题量较大，要求考生有比较清晰的思路和熟练解题技巧。命题规律可以归纳为以下几点：

考情解密

历年考情概况
　　本章为重点内容，考试中各类题型均会涉及，尤其应重点把握和增值税相结合的计算综合题。历年考试中所占分值为 20 分左右。

考点详解及精选例题

一、消费税的特点★

1. 征税范围具有选择性（特定消费品）
2. 征税环节具有单一性（卷烟、超豪华小汽车除外）
3. 征收方法具有多样性（从价、从量、复合）

5. 消费税具有转嫁性（间接税）

二、消费税的纳税人、纳税环节和扣缴义务人★★

（一）纳税人
　　在境内生产、委托加工和进口《消费税暂行条例》规定的消费品的单位和个人，以及国务院确定的销售《消费税暂行条例》规定的消

真题精练

一、单项选择题
1.（2020 年）委托加工应税消费品，除受托方为个人外，由受托方履行的消费税扣缴义务是（　）。
　　A. 代征代缴　　B. 代收代缴

A. 88.00　　　　B. 72.24
C. 16.24　　　　D. 72.00
4.（2020 年）某啤酒厂为增值税一般纳税人，2020 年 6 月销售啤酒 20 吨，取得不含税销售额 57 400 元。另收取包装物押金

同步训练　限时150分钟

一、单项选择题
1. 下列各项中不属于消费税纳税人的是（　）。
　　A. 向零售企业销售卷烟的卷烟批发企业

酒，税务机关重新核定最低计税价格
C. 国家税务总局选择核定消费税计税价格的白酒，核定比例统一确定为60%
D. 白酒生产企业销售价格低于核定的计

② 应试指导及同步训练

- 深入**解读**本章考点及考试变化内容

- 全方位**透析**考试，钻研考点

- 了解考试方向和易错点

- 夯实基础，快速**掌握**答题技巧

③ 思维导图全解

本章知识体系**全呈现**

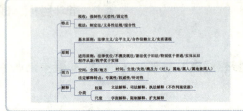

④ 考前模拟试卷

模拟演练，助力冲关

模拟试卷（一）

一、单项选择题（共 40 题，每题 1.5 分。每题的备选项中，只有 1 个最符合题意。）
1. 下列有关税法和税收的表述，不正确的是（　）。
　　A. 税收的征收主体是国家，除了国家之外，任何机构和团体都无权征税
　　B. 税法是指有权的国家机关制定的有关调整税收分配过程中形成的权利义务关系的法律规范总和

模拟试卷（一）参考答案及详细解析

一、单项选择题
1. D【解析】从形式特征来看，税收具有强制性、无偿性、固定性的特点。其中，无偿性是核心，强制性是基本保障。
2. B【解析】法定解释应严格按照法定解释权限进行，任何部门都不能超越权限进行解释，因此法定解释具有专属性。
3. D【解析】实质课税原则，是指应当根据纳税人的真实负担能力决定纳税人的税

模拟试卷（二）

一、单项选择题（共 40 题，每题 1.5 分。每题的备选项中，只有 1 个最符合题意。）
1. 税法基本原则的核心是（　）。
　　A. 税法公平原则　　B. 税收法定原则
　　C. 法律优位原则　　D. 实质课税原则
2. 下列关于税收法律关系特点的说法，错误的是（　）。
　　A. 主体的一方只能是国家
　　B. 具有财产所有权或支配权双向转移的

模拟试卷（二）参考答案及详细解析

一、单项选择题
1. B【解析】税收法定原则是税法基本原则的核心。
2. B【解析】税收法律关系的特点是具有财产所有权或支配权单向转移的性质。
3. C【解析】课税对象是从质的方面对征税所作的规定，而计税依据则是从量的方面对征税所作的规定，是课税对象量的表现。

目录 CONTENTS

第三部分　思维导图全解

第四部分　考前模拟试卷

正保文化官微

关注正保文化官方微信公众号，回复"勘误表"，获取本书勘误内容。

第一部分
高 分 战 术

2021 年高分战术

一、 考试总体情况

(一)考试地位

在税务师考试的五门科目中,三门科目与税法直接相关,分别是《税法(Ⅰ)》《税法(Ⅱ)》和《涉税服务实务》。

1. 税法(Ⅰ)与税法(Ⅱ)的关系

两科目之间呈并列关系。《税法(Ⅰ)》与《税法(Ⅱ)》分别体现了不同税系、不同税种的政策法规,由于每年《税法(Ⅱ)》中所得税计算的命题,会涉及税前扣除税金的计算,其中有些是《税法(Ⅰ)》中的税种,因此《税法(Ⅱ)》的考试内容中不可避免地会考到《税法(Ⅰ)》的内容。近些年在《税法(Ⅱ)》的考试中,每年来自《税法(Ⅰ)》的分值大约在 5 分左右。

2. 税法(Ⅰ)与《涉税服务实务》的关系

两科目之间呈政策基础与具体实际操作应用关系。《涉税服务实务》科目中关于涉税会计、纳税申报、纳税检查等重点内容,很多是以《税法(Ⅰ)》政策为基础的具体应用。以往年度考核《涉税服务实务》的命题内容中,有大约 30% 左右的知识点出自《税法(Ⅰ)》。因此《税法(Ⅰ)》科目的掌握程度,直接影响到《涉税服务实务》科目的掌握程度。

(二)题量分析

预计 2021 年考试的题型、题量都不会发生变化,考试难度和上一年基本持平,考试题量仍为 80 小题。具体题型、题量和分值如下表所示:

类别	题型	题量及分值
客观题	单项选择题	1.5 分 * 40 题 = 60 分
	多项选择题	2 分 * 20 题 = 40 分
主观题	计算题	2 分 * 4 小题 * 2 大题 = 16 分
	综合分析题	2 分 * 6 小题 * 2 大题 = 24 分
合计		80 小题 140 分

(三)考核分析

2020 年《税法(Ⅰ)》考试命题中规中矩,易、中、难的题目兼具,难易适中的题目为主,重点考点突出。近几年《税法(Ⅰ)》考试特点概括如下:

1. 全面考核,重点突出

不论考纲如何变化,每年考试的试题都涵盖了考试大纲的所有章节。对于考纲新增加的内容,基本每年必考,所以一定要重点关注考纲变动的内容。

2. 强调综合理解、对知识点的灵活运用

近几年考试的综合性增强,无论是客观题还是主观题,跨章节综合考核的知识点增多。这就要求考生有较强的综合运用知识的能力,要求考生透彻理解考纲内容。

二、 大纲内容体系

2021 年税务师考试《税法(Ⅰ)》考纲共有十章,以实体税内容为主,可以分为两部分。

第一部分:税法基本原理(第 1 章)

第二部分:税收实体法(第 2 章至第 10 章)

十章内容按重要程度划分:

重要程度	章节	考试题型	分值及比例
★★★ 非常重要	增值税、消费税、土地增值税	客观题、主观题	合计分值约 85-100 分,占总分值 70%左右
★★ 比较重要	资源税、车辆购置税	客观题、主观题	合计分值约为 15-20 分,占总分值 13%左右
★ 一般重要	环境保护税、关税、城市维护建设税、教育费附加及地方教育附加、烟叶税	客观题、主观题	合计分值约为 15 分,占总分值 10%左右
	税法基本原理	客观题	分值约为 5 分,占总分值 4%左右

三、 命题规律及应试方法

(一)命题规律

最近几年的税法(Ⅰ)考题,相对来说难度不高,但考点细致,题量较大,要求考生有比较清晰的思路和熟练解题技巧。命题规律可以归纳为以下几点:

1. 命题全面涉及、重点突出

税法(Ⅰ)考试中每章都会涉及题目,而且有时考核得非常细致,是命题全面涉及的体现;重点突出是指重要税种在考试命题时会涉及较多,某些知识点成为必考考点,每年均会涉及。

2. 强调综合理解、对知识点的灵活运用

近几年考试的综合性增强,无论是客观题还是主观题,跨章节综合考核的知识点增多。这就要求考生有较强的综合运用知识的能力,要求考生透彻理解考纲内容。

3. 题量较大,要求考生对知识点熟练掌握

从 2017 年开始本科目考试从以前的 90 小题变为 80 小题,考试时间为两个半小时。虽然考题总体数量减少了,但如果对知识点掌握不熟练,即使题目会做,在规定时间内也是很难将题目做完的。

(二)应试方法

考生在答题时,如能够正确把握答题的技巧,对于提高答题的准确率和答题速度很有裨益。

1. 计划统筹时间,有的放矢

当你看到试卷后,应该看一看试题的分量,注意以下几个问题:题型、题量、分值有无变化、选项是否较往年有变化;哪些题目一眼就可以看出答案或者平时练习过,哪些题目较生疏。然后确定主攻题目,将不能确定难易程度的题目放在后面做。在一道题目上花费过多时间

是不值得的，即使做对了，也是得不偿失。一般认为，单项选择题和多项选择题时间为一个小时内；计算题和综合分析题时间为一个小时内；检查时间为半个小时。切记不要在一些分值低、把握不大的题目上耗费过多的时间，因此一定要计划统筹时间、有的放矢、沉着应战。

2. 读懂题目，弄清题意

注意仔细审题，一定要看清楚题目问的是什么。有些考生看到题目就开始做题，迫不及待，这样容易答非所问；必须将选择题题干读完，弄清楚问什么，条件是什么，备选答案是什么，注意迷惑信息的干扰。对于计算题和综合分析题，由于时间紧迫，不可能有充足的时间细细将题目分析得很透彻，可以先将题目浏览一遍，将重点信息标记出来，然后结合题目设问的要求快速确定答题思路，再按要求答题。防止花费了很多时间，再从头开始。一般来说在安排答题顺序时，由简单到复杂，由易到难，不会做或无把握的题目，要有果断放弃的决心。

3. 掌握一定的答题技巧

答好选择题，除了掌握必备的知识以外，如果再掌握一些答题技巧，你将胜券在握。

(1)运用排除法。

如果不能一眼看出正确答案，应首先排除明显荒诞、拙劣或自相矛盾的答案。一般来说，对于选择题，尤其是单项选择题，设问项与正确的选择答案几乎直接摘自指定考纲或法规，有的备选项也有可能一眼就可看出是错误的答案。尽可能排除一些选项，就可以提高你选对答案而得分的概率。多选题目要谨慎选择，宁缺毋滥。

(2)运用猜测法。

如果你不知道确切的答案，也不要放弃，要充分利用所学知识去猜测。一般来说，排除的选项越多，猜到正确答案的可能性就越大。

(3)运用比较法。

直接把各选项答案加以比较，并分析它们之间的不同点，集中考虑正确答案和错误答案的关键所在。

祝愿各位考生能如愿通过考试，早日取得税务师执业资格，梦想成真！

2021年考试变化讲解

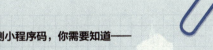

关于左侧小程序码，你需要知道——

亲爱的读者，无论你是新学员还是老考生，本着"逢变必考"的原则，今年考试的变动内容你都需要重点掌握。微信扫描左侧小程序码，网校老师为你带来2021年本科目考试变动解读，助你第一时间掌握重要考点。

2021

第二部分
应试指导及同步训练

第1章　税法基本原理

考 情 解 密

历年考情概况

本章为非重点内容，考试题型主要为单选题和多选题。历年考试中所占分值为 5 分左右。

近年考点直击

考点	主要考查题型	考频指数	考查角度
税法概述	单选题、多选题	★★	税法的概念和特点 税法原则分类和理解 税法效力与解释
税收法律关系	单选题、多选题	★★	税收法律关系的特点 税收法律关系的产生、变更和消灭
税收实体法与程序法	单选题、多选题	★★	税收实体法的构成要素 税收程序法的主要制度
税法的运行	单选题、多选题	★★★	税收立法权限和具体规定 税收执法特点

本章2021年考试主要变化

(1) 补充税收法律关系的"客体"和"内容"，与"主体"组成"税收法律关系的基本构成"；

(2) 删减"税务规范性文件"制定程序、备案审查、文件清理等内容；

(3) 增加"税收执法基本原则"中"执法程序合法"的具体内容；

(4) 删减"税收刑事程序制度"中四个阶段的具体内容。

考点详解及精选例题

一、税法的概念和特点★★ *

扫我解疑难

税收与税法的具体内容见表 1-1。

关于"扫我解疑难"，你需要知道——

亲爱的读者，下载并安装"中华会计网校"App，扫描对应二维码，即可获赠知识点概述分析及知识点讲解视频（前10次试听免费），帮助您夯实相关考点内容。若想获取更多的视频课程，建议选购中华会计网校辅导课程。

---

* 本书采用★级进行标注，★表示了解，★★表示熟悉，★★★表示掌握。

表1-1　税收与税法

项目	具体内容
税收	(1)征税主体是国家； (2)征税依据是政治权力(非财产权利)； (3)征税的基本目的是满足政府为实现国家职能的支出需要； (4)税收分配客体是社会剩余产品； (5)税收特征：强制性、无偿性、固定性
税法	(1)立法机关包括：全国人大及其常委会、地方人大及其常委会、行政机关； (2)税法调整对象是税收分配中形成的权利义务关系，而不是税收分配关系； (3)狭义税法仅指国家最高权力机关正式立法的税收法律 特点： (1)从立法过程看，税法属于制定法(是制定而不是认可)； (2)从法律性质看，税法属于义务性法规(不是授权性法规)； (3)从内容看，税法具有综合性

【例题1·单选题】(2013年)下列关于税法属于义务性法规的解释，正确的是(　　)。

A. 税法是以规定纳税义务为核心构建的

B. 税法是综合性法律体系

C. 税法属于制定法

D. 税法是国家制定的税收相关的法律规范总和

解析 ▶ 从纳税人角度看，税法是以规定纳税义务为核心构建的，任何人(包括税务执法机关)都不能随意变更或违反法定纳税义务。同时，税法的强制性是十分明显的，在诸法律中，其力度仅次于刑法，这与义务性法规的特点相一致。　　　　　　　　　　　　答案 ▶ A

二、税法原则★★★

扫我解疑难

税法原则包括税法基本原则和税法适用原则，具体见表1-2。

表1-2　税法原则

税法基本原则	税法适用原则
(1)税收法律主义； (2)税收公平主义； (3)税收合作信赖主义； (4)实质课税原则	(1)法律优位原则； (2)法律不溯及既往原则； (3)新法优于旧法原则； (4)特别法优于普通法原则； (5)实体从旧、程序从新原则； (6)程序优于实体原则

（一）税法基本原则（见表 1-3）

表 1-3　税法基本原则

原则	具体内容
税收法律主义	（1）课税要素法定。 要素法律直接规定，实施细则等仅是补充； 行政立法的法规、规章没有法律依据或违反税收法律的规定无效； 委托立法须有限度。 （2）课税要素明确。 规定应无歧义、矛盾和漏洞； 自由裁量权不应普遍存在和不受约束。 （3）依法稽征。 征纳双方均无权变动法定课税要素和法定征收程序，即使双方就此达成一致也是违法的
税收公平主义	税收负担必须根据纳税人的负担能力分配。 负担能力相等，税负相同；负担能力不等，税负不同
税收合作信赖主义	征纳双方主流关系为相互信赖合作，不是对抗。 （1）无充足证据，税务机关不能怀疑纳税人是否依法纳税； （2）纳税人应信赖税务机关的决定，税务机关作出的行政解释和事先裁定错误时，纳税人并不承担法律责任，因此少缴税款无需缴纳滞纳金。 如：预约定价安排 合作信赖主义适用限制： （1）税务机关的合作信赖表示应是正式的，纳税人不能根据税务人员个人私下作出的表示，而认为是税务机关的决定，要求引用该原则少缴税。 （2）对纳税人的信赖必须是值得保护的。如果税务机关的错误表示是基于纳税人方面隐瞒事实或虚假报告作出的，则对纳税人的信赖不值得保护。 （3）纳税人必须信赖税务机关的错误表示并据此已作出某种纳税行为。即纳税人已构成对税务机关表示的信赖，但没有据此作出某种纳税行为，或者这种信赖与其纳税行为没有因果关系，也不能引用该原则
实质课税原则	应根据纳税人的真实负担能力决定其税负。 如：关联交易价格调整

（二）税法适用原则（见表 1-4）

表 1-4　税法适用原则

原则	具体内容
法律优位	法律>法规>规章 效力低的税法与效力高的税法发生冲突，效力低的税法即是无效的
特别法优于普通法	下位特别法效力>上位普通法效力
新法优于旧法	新旧法对同一事项有不同规定的，新法效力优先
法律不溯及既往	新法实施后，对新法实施之前人们的行为不适用新法，而只能沿用旧法。 作用：保持税法的稳定性和可预测性

续表

原则	具体内容
实体从旧，程序从新	**实体法无溯及力，程序法有一定溯及力。** 一项新税法公布实施之前发生的纳税义务在新税法公布实施之后进入税款征收程序的，原则上新税法有约束力
程序优于实体	**诉讼发生时，税收程序法优于实体法适用。** 如：有争议的税款应先完税再复议或申诉。 作用：保障税款及时足额入库

【例题 2·多选题】 税法适用原则是指税务行政机关或司法机关运用税收法律规范解决具体问题所必须遵循的准则，具体包括下列项目中的（　　）。

A. 新法优于旧法原则

B. 实质课税原则

C. 法律不溯及既往原则

D. 实体从旧、程序从新原则

E. 特别法优于普通法原则

解析▶ 实质课税原则属于税法的基本原则。　　　　　　　　　**答案**▶ ACDE

【例题 3·单选题】（2013 年）下列各项中，体现税收合作信赖主义原则的是（　　）。

A. 税法主体的权利义务必须由法律加以规定

B. 税收负担必须根据纳税人的负担能力分配

C. 没有充足证据税务机关不能对纳税人是否依法纳税有所怀疑

D. 应根据纳税人的真实负担能力决定纳税人的适用税率

解析▶ 选项 A，体现的是税收法律主义；选项 B，体现税收公平主义；选项 D，体现实质课税原则。　　　**答案**▶ C

【例题 4·单选题】（2012 年）为了确保国家课税权的实现，纳税人通过行政复议寻求法律保护的前提条件之一，是必须事先履行税务行政执法机关认定的纳税义务，否则不予受理。这一做法适用的原则是（　　）。

A. 程序优于实体

B. 实体从旧，程序从新

C. 特别法优于普通法

D. 法律不溯及既往

解析▶ 程序优于实体原则的基本含义为：在诉讼发生时税收程序法优于税收实体法适用。即纳税人通过税务行政复议或税务行政诉讼寻求法律保护的前提条件之一，是必须事先履行税务行政执法机关认定的纳税义务，而不管这项纳税义务实际上是否完全发生。适用这一原则，是为了确保国家课税权的实现，不因争议的发生而影响税款的及时、足额入库。　　　　　**答案**▶ A

扫我解疑难

三、税法的效力与解释★★

（一）税法的效力（见表 1-5）

表 1-5　税法的效力

分类	具体规定
空间效力	全国范围内有效：个别特殊区域除外（港澳台、保税区等）； 地方范围内有效

分类		具体规定
时间效力	生效	(1)通过一段时间后开始生效; (2)通过发布之日起生效——**最常见**; (3)公布后授权地方政府确定实施日期
	失效	(1)以新税法代替旧税法——**最常见**; (2)直接宣布废止某项税法; (3)税法本身规定废止的日期——很少用
	溯及力	法律不溯及既往原则;实体从旧、程序从新原则; 有利溯及;从轻原则
对人的效力	属人主义	凡是本国公民或居民,不管身居何处,都受本国税法管辖
	属地主义	凡是本国领域内的法人和个人,不管身份如何,都适用本国税法
	属地兼属人 (我国)	凡是我国公民,在我国居住的外籍人员,以及在我国注册登记的法人,或虽未在我国设立机构,但有来源于我国收入的外国企业、公司、经济组织等,均适用我国税法

(二)税法的解释

1. 法定解释的特性(见表1-6)

表 1-6　法定解释的特性

专属性	严格按照法定的解释权限进行
权威性	与被解释的法律、法规、规章有相同效力
针对性	其效力不限于具体的法律事件或事实,具有普遍性和一般性

2. 法定解释的分类—按解释权限划分(见表1-7)

表 1-7　法定解释的分类—按解释权限划分

分类	解释主体	效力及特点
立法解释	全国人大及其常委会; 国务院; 地方人大常委会	(1)解释效力=被解释的法的效力; (2)**可作为判案依据**; (3)属于事后解释
司法解释	最高人民法院; 最高人民检察院; 两高联合	(1)**具有法律效力,可作为判案依据**; (2)审判解释和检查解释有分歧,报请全国人大常委会解释或决定
行政解释 (执法)	国家税务行政主管机关: 财政部; 国家税务总局; 海关总署	(1)执行中有普遍约束力,但**原则上不能作为法庭判案直接依据**; (2)税务机关个别性行政解释不得在诉讼提出后作出

第 1 章

3. 法定解释的分类—按解释尺度划分（见表1-8）

表1-8 法定解释的分类—按解释尺度划分

解释方法	举例
字面解释	"一个纳税年度"："是指自公历1月1日起至12月31日止"
限制解释	个税中的"居民"：在中国境内有住所，或者无住所而一个纳税年度内在中国境内居住累计满183天的个人。 个税中"在中国境内有住所"解释为"是指因户籍、家庭、经济利益关系而在中国境内习惯性居住"
扩充解释	个税中"一次劳务报酬"解释为"属于同一事项连续取得收入的，以1个月内取得的收入为一次"

【例题5·单选题】（2011年）法定解释应严格按照法定解释权限进行，任何部门都不能超越权限进行解释，因此法定解释具有（ ）。

A. 全面性 　　 B. 专属性

C. 判例性 　　 D. 目的性

解析 ▶ 法定解释应严格按照法定解释权限进行，任何部门都不能超越权限进行解释，因此法定解释具有专属性。 **答案** ▶ B

【例题6·单选题】（2012年）最高司法机关对如何具体办理税务刑事案件和税务行政诉讼案件所作的具体解释为（ ）。

A. 税法立法解释

B. 税法司法解释

C. 税法行政解释

D. 税法限制解释

解析 ▶ 税法司法解释是指最高司法机关对如何具体办理税务刑事案件和税务行政诉讼案件所作的具体解释或正式规定。

答案 ▶ B

【例题7·多选题】 下列法定解释中可以作为法庭判案直接依据的有（ ）。

A. 税法立法解释

B. 税法司法解释

C. 税法行政解释

D. 税法限制解释

E. 税法字面解释

解析 ▶ 税法行政解释在执行中有普遍约束力，但原则上不能作为法庭判案直接依据。

答案 ▶ AB

四、税法与其他部门法的关系★（见表1-9）

扫我解疑难

表1-9 税法与其他部门法的关系

类型	区别	联系
宪法	税法位阶低于宪法	税法依宪法条款或原则精神制定
民法	(1)调整对象不同。 民法：平等主体财产和人身关系。 税法：国家和纳税人之间的税收征纳关系。 (2)法律关系建立及调整适用原则不同。 民法：自愿、公平、等价有偿、诚实信用；双方地位平等，意思表示自由。 税法：国家单方意志，权利义务关系不对等。 (3)调整程序和手段不同。 民法：民事诉讼，民事责任。 税法：行政复议+行政诉讼或民事责任追究，民事+行政+刑事责任。 处理民事纠纷的调解原则，不适用于税收争议。但涉及税务行政赔偿可适用调解	税法借用民法概念、规则、原则。 (1)概念： 自然人、法人、固定资产、不可抗力等。 (2)规则： 民事责任≈纳税责任； 纳税担保代理等关系。 (3)原则： 诚实信用≈合作信赖

续表

类型	区别	联系
行政法	(1)税法具有经济分配性质，经济利益由纳税人向国家无偿单向转移； (2)税法与社会生产全过程密切相连，深度广度超过一般行政法； (3)税法为义务性法规，而行政法多数为授权性法规，少数义务性法规也不涉及货币收益转移	税法具有行政法的一般特征： (1)调整国家机关之间、国家机关与法人或自然人之间的法律关系； (2)法律关系中居于领导地位的一方总是国家； (3)体现国家单方面的意志，不需要双方意思表示一致； (4)解决争议一般按行政复议和行政诉讼程序进行
经济法	(1)调整对象不同。 经济法：经济管理关系。 税法：较多的税务行政管理。 (2)法律性质不同。 经济法：基本为授权性法规。 税法：义务性法规。 (3)解决争议程序不同。 经济法：协商+调解+仲裁+民事诉讼。 税法：行政复议+行政诉讼	(1)税法有较强的经济属性，税法运行过程中伴随着经济分配的进行； (2)经济法中许多法律、法规是制定税法的重要依据； (3)经济法中的概念、规则、原则在税法中大量应用
刑法	(1)调整对象不同。 刑法：定义犯罪+惩罚。 税法：调整税收权利义务关系。 (2)法律性质不同。 刑法：禁止性法规。 税法：义务性法规。 (3)法律责任不同。 刑法：自由刑+财产刑。 税法：责任追究形式多样	(1)调整对象上有衔接和交叉："逃避缴纳税款罪"； (2)对税收犯罪的刑罚，在体系和内容上可认为是构成税法的一部分，但解释和执行上主要依据刑法； (3)税收犯罪和刑事犯罪司法调查程序一致； (4)都具有强制性； (5)刑法是实现税法强制性最有力的保证
国际法	——	(1)税收协定、公约是国际法的重要组成部分； (2)税法有涉外内容； (3)国际法高于国内法

【例题8·多选题】税法与刑法是从不同的角度规范人们的社会行为。下列有关税法与刑法关系的表述，正确的有(　　)。

A. 税法属于权力性法规，刑法属于禁止性法规

B. 税收法律责任追究形式具有多重性，刑事法律责任的追究只采用自由刑与财产刑形式

C. 刑法是实现税法强制性最有力的保证

D. 有关"危害税收征管罪"的规定，体现了税法与刑法在调整对象上的交叉

E. 对税收犯罪和刑事犯罪的司法调查程序不一致

解析 ▶ 选项A，税法属于义务性法规，刑法属于禁止性法规；选项E，对税收犯罪和刑事犯罪的司法调查程序是一致的。　　　　　答案 ▶ BCD

五、税收法律关系★★（见表1-10）

扫我解疑难

表1-10　税收法律关系

项目		具体内容
概念		是税法所确认和调整的，国家与纳税人之间在税收分配过程中形成的权利义务关系
学说		"权力关系说"和"债务关系说"
特点		(1)主体的一方只能是国家：征税主体固定。 (2)体现国家单方面的意志。 (3)权利义务关系具有不对等性，但法律地位平等。 (4)具有财产所有权或支配权单向转移的性质
主体	征税主体	国家是真正的征税主体，税务机关通过获得授权成为法律意义上的征税主体
	纳税主体	纳税人，即法律、行政法规规定负有纳税义务的单位和个人。 (1)按身份不同分为：自然人、法人、非法人单位。 (2)按征税权行使范围不同分为：居民纳税人、非居民纳税人
客体		是指税收法律关系主体权利义务所指向的对象，一般认为税收法律关系的客体就是税收利益，包括物和行为两大类
内容		是指税收法律关系主体所享有的权利和所承担的义务
关系产生		(1)纳税义务产生的标志是纳税主体进行的应当课税的行为，如销售货物、取得应税收入等，不应当是征税主体或其他主体的行为。 (2)国家颁布新税法、出现新的纳税主体都可能引发新的纳税行为出现，但其本身并不直接产生纳税义务，税收法律关系的产生只能以纳税主体应税行为的出现为标志
关系变更情形		(1)纳税人自身的组织状况发生变化； (2)纳税人的经营或财产情况发生变化； (3)税务机关组织结构或管理方式的变化； (4)税法的修订或调整； (5)因不可抗力造成破坏
关系消灭情形		(1)纳税人履行纳税义务； (2)纳税义务因超过期限而消灭； (3)纳税义务的免除； (4)某些税法的废止； (5)纳税主体的消失。 【提示】免税导致法律关系消灭，减税导致法律关系变更

【例题9·单选题】下列事项中，能引起税收法律关系变更的是(　　)。

A. 纳税义务的免除

B. 纳税义务因超过期限而消灭

C. 因不可抗力造成破坏

D. 纳税主体的消失

解析 ▶▶ 选项A、B、D能引起税收法律关系的消灭。　　　　　　　答案 ▶▶ C

六、税收实体法★★

扫我解疑难

(一)纳税义务人

1. 比较：纳税人与负税人(见表1-11)

表1-11 纳税人与负税人

身份	特点及举例	说明
纳税人	直接负有纳税义务的单位和个人。 例如：销售货物的单位和个人为增值税纳税人	间接税：纳税人≠负税人，如增值税、消费税。 直接税：纳税人=负税人，如企业所得税、个人所得税
负税人	实际负担税款的单位和个人。 例如：增值税纳税人将税款转嫁给最终消费者，最终消费者为负税人	

2. 比较：扣缴义务人(见表1-12)

表1-12 扣缴义务人

身份	特点及举例
代扣代缴义务人	支付款项时扣留税款。 如：工薪个税由发放单位从员工工资中代扣
代收代缴义务人	收取款项时代收税款。 如：受托加工消费品时从委托方代收消费税款
代征代缴义务人	受托代征税款

(二)课税对象

课税对象及相关概念见表1-13。

表1-13 课税对象及相关概念

项目		具体内容
课税对象	概念	是税法规定征税的目的物，是国家据以征税的依据
	意义	课税对象是实体法要素中的基础要素： (1)课税对象是一种税区别于另一种税的最主要标志； (2)课税对象体现着各种税的征税范围； (3)其他要素的内容一般都是以课税对象为基础确定的
税目	概念	是课税对象的具体化，反应具体的征税范围，代表征税的广度
	分类	列举税目、概括税目
计税依据	概念	是据以计算各种应征税款的依据或标准
	分类	价值形态：如所得额； 实物形态：如数量、重量、容积、面积
税源	概念	是税款的最终来源，税收负担的最终归宿。税源的大小体现纳税人的负担能力

【提示1】课税对象与计税依据的关系：

课税对象是指征税的目的物，计税依据是计算税款的依据或标准；

课税对象是从质的方面对征税所作的规定，计税依据是从量的方面对征税所作的规定。

【提示2】当计税依据是价值形态时，课税对象和计税依据一般是一致的；当计税依据是实物形态时，课税对象和计税依据一般是不一致的。

（三）税率

1. 税率基本形式及举例（见图1-1）

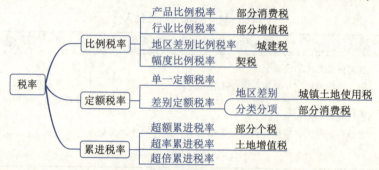

图1-1 税率基本形式及举例

2. 其他税率形式（见表1-14）

表1-14 其他税率形式

类型	含义	具体规定
名义税率	税法规定的税率	实际税率≤名义税率 产生原因： (1)计税依据与征税对象不一致； (2)税率差异； (3)减免税手段的使用； (4)偷逃税； (5)错征
实际税率	实际负担率	
平均税率	全部税额/全部收入	比例税率下：边际税率=平均税率。
边际税率	增量税额/增量收入	累进税率下：边际税率≥平均税率。 边际税率上升幅度越大，平均税率提高就越多
零税率	纳税人负有纳税义务但无需缴纳税款	
负税率	是指政府利用税收形式对所得额低于某一特定标准的家庭或个人予以补贴的比例	

（四）减税免税

减免税基本形式及其分类见表1-15。

表1-15 减免税基本形式及其分类

项目		具体内容
减免税基本形式	税基式减免	起征点、免征额、项目扣除、跨期结转等。 【提示】起征点：达到不交税，达到或超过全额纳税； 免征额：达到不交税，超过的就超过部分纳税
	税率式减免	重新确定税率、选用其他税率、零税率等
	税额式减免	全部免征、减半征收、核定减免率、抵免税额、另定减征税额等

续表

项目	具体内容
减免税分类	法定减免、特定减免、临时减免

（五）税收附加与加成（见表1-16）

表1-16　税收附加与加成

项目	具体内容
税收附加（地方附加）	发展地方建设事业
税收加成	调节和限制过多收入，或对违章行为进行处罚

（六）纳税环节

（1）广义：全部课税对象在再生产中的分布情况。

如：资源税-生产环节，商品税-流通环节，所得税-分配环节。

（2）狭义：应税商品在流转过程中应纳税的环节。

如：某应税商品经过产制、批发、零售环节。

（3）一次课征制和多次课征制。

（七）纳税期限（见表1-17）

表1-17　纳税期限

项目	具体规定
决定因素	（1）税种的性质； （2）应纳税额大小：税额越多的，纳税期限越短
具体规定	（1）按期纳税：如增值税、消费税。 （2）按次纳税：如车辆购置税、耕地占用税、部分个税。 （3）按年计征，分期预缴或缴纳：如企业所得税、综合所得和经营所得个税、房产税、城镇土地使用税。 【提示】如纳税期限最后一天是法定节假日，或期限内有连续3日以上的法定节假日，都可以顺延

【例题10·多选题】下列有关税收实体法要素的表述中，正确的有（　　）。

A. 计税依据是税法中规定的据以计算各种应征税款的依据或标准

B. 课税对象是税法中规定的征税的目的物，是国家据以征税的依据

C. 税率是税收制度的核心和灵魂

D. 税收附加是减轻纳税人负担的措施，税收加成是加重纳税人负担的措施

E. 我国现行税制的纳税期限包括三种：按期纳税、按次纳税、按年计征分期预缴或缴纳

解析 ▶ 税收附加和税收加成是加重纳税人负担的措施。　　答案 ▶ ABCE

【例题11·单选题】（2013年）下列关于边际税率的说法，正确的是（　　）。

A. 在累进税率的前提下边际税率等于平均税率

B. 边际税率的提高不会带动平均税率的上升

C. 边际税率是指全部税额与全部收入之比

D. 边际税率上升幅度越大，平均税率提高就越多

解析 ▶ 选项A，在累进税率条件下，边际税率往往要大于平均税率；选项B，边际税率的提高会带动平均税率的上升；选项C，边际税率是指再增加一些收入时，增加的这部分收入所纳税额同增加收入之间的比例。平均税率则是指全部税额与全部收入之比。　　答案 ▶ D

扫我解疑难

七、税收程序法★

（一）税收程序法的作用

1. 保障实体法的实施，弥补实体法的不足

2. 规范和控制行政权的行使

3. 保障纳税人合法权益

4. 提高执法效率

（二）税收程序法的主要制度（见表1-18）

表1-18　税收程序法的主要制度

主要制度	作用
表明身份制度	防止假冒、诈骗或越权、滥用职权
回避制度	公正
职能分离制度	公平、公正
听证制度	公平、公开、公正
时限制度	行政效率

【例题12·多选题】（2010年）税收程序法的主要制度，包括（　　）。

A. 回避制度　　　B. 表明身份制度

C. 听证制度　　　D. 时限制度

E. 纳税人合法权益保障制度

解析 ▶ 税收程序法的主要制度包括表明身份制度、回避制度、职能分离制度、听证制度、时限制度。　　**答案** ▶ ABCD

八、税收立法★★★

扫我解疑难

（一）理解税收立法（见表1-19）

表1-19　税收立法

项目	具体内容
定义	广义：国家机关依据法定权限和程序，制定、修改、废止税收法律规范的活动。狭义：国家最高权力机关制定税收法律规范的活动
内容	制定、修改、废止税收法律规范（废改立）
核心	税收立法权的划分
税收立法权划分	直接法律依据为《宪法》和《立法法》

（二）税收立法权、立法程序及内容（见表1-20）

表1-20　税收立法权、立法程序及内容

类别	立法机关	立法程序	举例
税收法律	全国人大及其常委会	提案→审议→通过（表决制）→公布（主席令）	人大：企业所得税法、个人所得税法。常委会：税收征收管理法、车船税法、环保税法、烟叶税法、船舶吨税法、资源税法、车辆购置税法、耕地占用税法、城市维护建设税法、契税法
税收法规	国务院	立项→起草→审查→决定公布；总理决定制；总理签国务院令；公布后30日内报全国人大常委会备案	《增值税暂行条例》《个人所得税法实施条例》
	地方人大及其常委会		
税务规章	国家税务总局	局长批准；国家税务总局令	规定、办法、规则、细则。《增值税暂行条例实施细则》《税务部门规章制定实施办法》

（三）税务规章相关规则

（1）权限范围：**不创新/不重复。**

国家税务总局根据法律和国务院的行政法规、决定、命令，在权限范围内制定对税务机关和税务行政相对人具有普遍约束力的税务规章。

①上位法已有规定的情况下，才可以制定税务规章（除非全国人大或国务院明确授权）；

②制定税务规章的目的是执行上位法，而不能另行创设上位法所没有规定的内容；

③税务规章原则上不得重复上位法已经明确规定的内容。

（2）制定税务规章，应当符合上位法的规定，体现职权与责任相统一的原则，切实保障税务行政相对人的合法权益。

没有法律或者国务院的行政法规、决定、命令的依据，税务规章不得设定减损税务行政相对人权利或者增加其义务的规范，不得增加本部门的权力或者减少本部门的法定职责。

税务规章不得溯及既往，但是为了更好地保护税务行政相对人权益而作出的特别规定除外。

（3）税务规章施行时间。

一般应当自公布之日起30日后施行。

但涉及国家安全、外汇汇率、货币政策的确定以及公布后不立即施行将有碍规章施行的，可自公布之日起施行。

（4）税务规章解释：国家税务总局负责。税务规章解释与税务规章具有同等效力。

（5）税务规章清理：国家税务总局及时组织开展税务规章清理工作。

（四）税务规范性文件

1. 税务规范性文件与税务规章主要区别

制定程序、设定权、效力、发布形式均不同。

2. 税务规范性文件特征

（1）非立法行为的行为规范：约束行政相对人和税务机关。

（2）适用主体的非特定性：批复不属于税务规范性文件。

（3）不具有可诉性：抽象行政行为，复议√诉讼×。

（4）向后发生效力的特征。

3. 税务规范性文件权限范围（见表1-21）

表1-21 税务规范性文件权限范围

类别	具体内容
设定权	不得设定税收开征、停征、减税、免税、退税、补税事项，行政许可、行政处罚、行政强制、行政事业性收费等。 税务规范文件不得溯及既往
制定权	县税务机关制定税务规范性文件，应当依据法律、法规、规章或者省级以上税务机关税务规范性文件的明确授权；没有授权又确需制定的，应当提请上一级税务机关制定
	各级税务机关的内设机构、派出机构和临时性机构，不得以自己的名义制定税务规范性文件

4. 税务规范性文件制定规则（见表1-22）

表1-22 税务规范性文件制定规则

项目	具体规定
名称规范	可使用"办法""规定""规程""规则"等； 不得使用"条例""实施细则""通知""批复"等
解释权限	制定机关
执行时间	（1）文件应当自发布之日起30日后施行。 （2）发布后不立即施行将有碍执行的，可自发布之日起施行。 （3）与法律、法规、规章或者上级机关决定配套实施的税务规范性文件，其施行日期需要与前述文件保持一致的，不受（1）（2）时限规定的限制

【例题13·单选题】（2010年）关于税收立法的说法，正确的是（　）。

A. 广义与狭义的税收立法的区别在于税务规章是否属于立法范畴

B. 制定税法是税收立法的组成部分，税收立法还包括修改、废止税法的活动

C. 税收立法程序是税收立法的核心

D. 划分税收立法权的直接法律依据是《税收征收管理法》

解析 ▶ 选项A，广义与狭义的税收立法的区别还包括税收法规的立法范畴；选项C，税收立法权的划分是税收立法的核心问题；选项D，划分税收立法权的直接法律依据是《宪法》和《立法法》。　　**答案** ▶ B

【例题14·单选题】（2011年）下列有关税收立法程序的说法，正确的是（　）。

A. 通过的税收法律由全国人大常委会委员长签署委员长令予以公布

B. 税收法规的通过是采取表决方式进行的

C. 税务部门规章由省级税务机关制定

D. 税务规范性文件签发后，必须以公告形式公布

解析 ▶ 选项A，税收法律案的公布，经过全国人大及其常委会通过的税收法律案均应由国家主席签署主席令予以公布；选项B，国务院通过行政法规实行的是决定制，由总理最终决定，并由总理签署国务院令公布实施；选项C，国家税务总局根据法律和国务院的行政法规、决定、命令，在权限范围内制定对税务机关和税务行政相对人具有普遍约束力的税务规章。　　**答案** ▶ D

【例题15·多选题】（2015年）下列税收文件属于税收法规的有（　）。

A.《中华人民共和国增值税暂行条例》

B.《中华人民共和国个人所得税法实施条例》

C.《关于惩治偷税、抗税犯罪的补充规定》

D.《中华人民共和国企业所得税法》

E.《税务部门规章制定实施办法》

解析 ▶ 选项C和D属于税收法律；选项

E属于税务规章。　　**答案** ▶ AB

【例题16·单选题】（2013年）下列关于税务规章权限范围的说法，正确的是（　）。

A. 税务规章原则上不得重复法律和国务院的行政法规、决定、命令已经明确规定的内容

B. 国务院行政法规对税收事项没有规定的情况下，才可以制定税务规章

C. 税务机关有权制定不属于税务机关权限范围内的事项

D. 税务规章的制定出现越权行为，地方政府可以撤销

解析 ▶ 选项B，只有法律或国务院行政法规等对税收事项已有规定的情况下，才可以制定税务规章；选项C，税务规章制定的事项在内容上必须是税务机关业务范围内的事项，凡不属于税务机关权限范围内的事项，税务规章无权制定；选项D，税务规章制定出现越权行为，国务院可依法改变或撤销。

答案 ▶ A

扫我解疑难

九、税收执法★★

（一）税收执法特征

1. 具有单方意志性和法律强制力

2. 是具体行政行为

3. 具有裁量性

4. 具有主动性

5. 具有效力先定性

6. 是有责行政行为

（二）税收执法基本原则

1. 合法性原则

包括：执法主体法定、执法内容合法、执法程序合法、执法根据合法。

其中执法程序合法包括：执法步骤合法、执法形式合法、执法顺序合法和执法时限合法。

2. 合理性原则

主要适用于自由裁量性行政行为。

(三)税收执法监督(见表1-23)

表1-23　税收执法监督

项目		具体内容
特征		(1)税收执法监督主体是税务机关。 (2)监督的对象是税务机关及其工作人员。 (3)监督的内容是税务机关及其工作人员的行政执法行为
分类	事前监督	如税务规范性文件合法性审核制度
	事中监督	如重大税务案件审理制度
	事后监督	如税收执法检查、复议应诉等

【例题17·多选题】(2012年)下列关于税收执法特征的说法，正确的有(　)。

A. 具有单方面的意志性

B. 具有被动性

C. 具有裁量性

D. 是具体行政行为

E. 是无责行政行为

解析▶税收执法的特征包括：具有单方意志性和法律强制力；是具体行政行为；具有裁量性；具有主动性；具有效力先定性；是有责行政行为。　　答案▶ACD

【例题18·单选题】(2010年)关于税收执法监督的说法，正确的是(　)。

A. 税收执法监督的主体是司法机关、审计机关等

B. 税收执法监督的内容是税务机关及其工作人员的行政执法行为

C. 税收执法监督的对象是税务行政相对人

D. 税收执法监督的形式均为事后监督

解析▶选项A，税收执法监督的主体是税务机关；选项C，税收执法监督的对象是税务机关及其工作人员；选项D，税收执法监督包括事前监督、事中监督和事后监督。　　答案▶B

【例题19·多选题】(2010年)下列行为中，属于税收执法监督中事后监督形式的有(　)。

A. 税务规范性文件的合法性审核

B. 税务行政复议

C. 税收执法检查

D. 重大税务案件审理

E. 税务稽查

解析▶事后监督是指对执法结果实施的监督，目的在于发现问题，整改问题。税收执法检查、复议应诉等工作是典型的事后监督。　　答案▶BC

十、税收司法★

扫我解疑难

1. 概述

税收司法内容及原则见表1-24。

表1-24　税收司法内容及原则

内容	税收行政司法、税收刑事司法、税收民事司法
原则	(1)独立性原则。 法院体制上独立于行政机关； 审判权行使不受上级法院干涉。 (2)中立性原则。 不偏不倚，不告不理

2. 税收行政司法

税收行政司法的内容、受案范围及特点见表 1-25。

表 1-25　税收行政司法的内容、受案范围及特点

内容	包括涉税行政诉讼制度、税务机关或法院所采取的强制执行程序制度
受案范围	包括税务机关做出的征税行为和保全处罚等行为
司法审查特点	(1)审查对象是具体行政行为； (2)仅限于合法性审查

3. 税收民事司法

税法上的民事司法保护制度包括税收优先权、代位权及撤销权，具体见表 1-26。

表 1-26　税收优先权、代位权及撤销权

项目	具体内容
税收优先权	(1)税收优先于无担保债权，法律另有规定的除外。 (2)欠税在前，税款优先于抵押权、质权、留置权。 (3)税收优先于罚款、没收违法所得
税收代位权	欠税纳税人怠于行使到期债权，对税收造成损害的，由税务机关以自己的名义代替纳税人行使其债权的权利
税收撤销权	欠税纳税人放弃到期债权、无偿转让财产、以明显不合理低价转让财产且受让人知情，对税收造成损害的，请求法院予以撤销的权利

【**例题 20 · 单选题**】关于税收司法的下列说法，正确的是（　　）。

A. 可以对抽象行政行为提起行政诉讼

B. 欠税在后，税款优先于抵押权、质权、留置权

C. 税收优先于罚款、没收违法所得

D. 欠税的纳税人怠于行使到期债权，税务可行使撤销权

解析 ▶ 选项 A，具体行政行为才具有可诉性；选项 B，欠税在前，税款优先于抵押权、质权、留置权；选项 D，欠税的纳税人怠于行使到期债权，税务可行使代位权。

答案 ▶ C

真题精练*

一、单项选择题

1. （2020 年）关于税务规范性文件的制定，说法正确的是（　　）。

A. 税务规范性文件以国家税务总局令发布

B. 制定税务规范性文件的机关不得将解释权授予下级税务机关

C. 县级税收机关的内设机构能以自己的义务制定税务规范性文件

D. 税务规范性文件的名称可以使用"实施细则"

2. （2019 年）关于税法的特点，下列说法正确的是（　　）。

A. 从法律性质看，税法属于授权法

B. 从立法内容看，税法具有单一性

C. 从立法形式看，税法属于行政法规

D. 从立法过程看，税法属于制定法

3. （2018 年改）关于税务规范性文件，下列说

注：本书所涉及历年考题均为考生回忆版，特此注明。

法正确的是( )。

A. 税务规范性文件可以设定退税事项

B. 税务规范性文件的名称可以使用"通知""批复"

C. 各级税务机关的内设机构,可以自己的名义制定税务规范性文件

D. 税务规范性文件解释权由制定机关负责解释

4. (2018 年)下列属于税法基本原则的是( )。

A. 新法优于旧法

B. 特别法优于普通法

C. 税收合作信赖主义

D. 程序法优于实体法

5. (2018 年)下列减免税中,属于税率式减免的是( )。

A. 起征点   B. 免征额

C. 抵免税额   D. 零税率

6. (2017 年改)关于纳税人和负税人,下列说法正确的是( )。

A. 所得税的纳税人和负税人通常是不一致的

B. 造成纳税人与负税人不一致的主要原因是税负转嫁

C. 货物劳务税的纳税人和负税人是一致的

D. 扣缴义务人是纳税人,不是负税人

7. (2017 年改)我国划分税收立法权的主要依据是中华人民共和国的( )。

A. 《税务部门规章制定实施办法》

B. 《宪法》和《立法法》

C. 《税收征收管理法》

D. 《立法法》

8. (2016 年改)2016 年 3 月财政部、国家税务总局颁发的《营改增试点实施办法》的法律层次是( )。

A. 税收法律   B. 税收法规

C. 税务规章   D. 税务规范性文件

9. (2016 年)下列关于税收法律关系特点的说法中,错误的是( )。

A. 具有财产所有权或支配权单向转移的性质

B. 主体的一方只能是国家

C. 权利义务关系具有不对等性

D. 税收法律关系的变更以主体双方意思表示一致为要件

10. (2016 年)下列关于税法与民法关系的说法中,错误的是( )。

A. 税法调整手段具有综合性,民法调整手段较单一

B. 税法与民法调整的都是财产关系和人身关系

C. 税法中经常使用的居民概念借用了民法的概念

D. 税法借用了民法的原则和规则

二、多项选择题

1. (2020 年)在我国现行税法体系中,以税收法律形式颁布的税种有( )。

A. 环境保护税   B. 个人所得税

C. 增值税   D. 车船税

E. 消费税

2. (2019 年)关于税法与民法的关系,表述正确的有( )。

A. 民法与税法中权利义务关系都是对等的

B. 税法大量借用了民法的概念、规则和原则

C. 民法原则总体上不适用于税收法律关系的建立和调整

D. 涉及税务行政赔偿的可以适用民事纠纷处理的调解原则

E. 税法的合作依赖原则与民法的诚实信用原则是对抗的

3. (2018 年)下列属于引起税收法律关系变更原因的有( )。

A. 纳税人自身组织状况发生变化

B. 纳税人履行了纳税义务

C. 纳税人经营或财产情况发生变化

D. 纳税义务超过追缴期限

E. 税法修订或调整

4. (2018 年)下列关于税率的说法中,正确的有( )。

A. 环境保护税采用定额税率

B. 城镇土地使用税采用地区差别定额税率

C. 土地增值税采用超率累进税率

D. 消费税采用地区差别比例税率

E. 车辆购置税采用幅度比例税率

5. （2016年）税收执法合法性原则具体要求体

现在（   ）。

A. 执法程序合法　　B. 执法内容合法

C. 执法对象合法　　D. 执法主体合法

E. 执法根据合法

真题精练答案及解析

一、单项选择题

1. B 【解析】选项A，税务规范性文件应当以公告形式发布；未以公告形式发布的，不得作为税务机关执法依据。选项C，各级税务机关的内设机构、派出机构和临时性机构，不得以自己的名义制定税务规范性文件。选项D，税务规范性文件可以使用"办法""规定""规程""规则"等名称，但是不得称"条例""实施细则""通知""批复"等。

2. D 【解析】选项A，从法律性质看，税法属于义务性法规；选项B，从内容看，税法具有综合性；选型C，税法是有关调整税收分配过程中形成的权利和义务关系的法律规范总和，不仅仅是行政法规。

3. D 【解析】选项A，税务规范性文件不得设定税收开征、停征、减税、免税、退税、补税事项，不得设定行政许可、行政处罚、行政强制、行政事业性收费以及其他不得由税务规范性文件设定的事项；选项B，税务规范性文件可以使用"办法""规定""规程""规则"等名称，但是不得称"条例""实施细则""通知""批复"等；选项C，各级税务机关的内设机构、派出机构和临时性机构，不得以自己的名义制定税务规范性文件。

4. C 【解析】税法基本原则可以概括成税收法律主义、税收公平主义、税收合作信赖主义与实质课税原则。选项A、B、D，均属于税法适用原则。

5. D 【解析】税率式减免包括重新确定税率、选用其他税率、零税率等形式。

6. B 【解析】选项A，所得税的纳税人和负税人通常是一致的；选项C，货物劳务税的纳税人与负税人是不一致的，因为货物劳务税具有转嫁性；选项D，扣缴义务人不是纳税人。

7. B 【解析】在我国，划分税收立法权的直接法律依据主要是《宪法》与《立法法》的规定。

8. C 【解析】税务规章的表现形式有办法、规则、规定。

9. D 【解析】税收法律关系的成立、变更、消灭不以主体双方意思表示一致为要件。

10. B 【解析】民法调整的是平等主体的财产关系和人身关系，而税法调整的是国家与纳税人之间的税收征纳关系。

二、多项选择题

1. ABD 【解析】增值税和消费税属于暂行条例。

2. BCD 【解析】选项A，税收法律关系中，体现国家单方面的意志，权利义务关系不对等；选项E，税法的合作信赖原则就有民法诚实信用原则的影子，其原理是相近的。

3. ACE 【解析】选项B、D属于税收法律关系消灭的原因。

4. ABC 【解析】选项D，消费税的税率，有两种形式：一种是比例税率，另一种是定额税率；选项E，车辆购置税实行统一比例税率。

5. ABDE 【解析】税收执法合法性原则的具体要求有以下几个方面：（1）执法主体法定；（2）执法内容合法；（3）执法程序合法；（4）执法根据合法。

扫我做试题

同步训练　限时30分钟

一、单项选择题

1. 效力低的税法与效力高的税法发生冲突，效力低的税法即是无效的，这一规定体现的原则是(　　)。
   A. 新法优于旧法原则
   B. 特别法优于普通法原则
   C. 程序优于实体原则
   D. 法律优位原则

2. 纳税人对税务机关作出的征税行为不服的，必须先缴清税款或者提供纳税担保才可以申请税务行政复议，这体现了税法适用原则中的(　　)。
   A. 实质课税原则
   B. 程序优于实体原则
   C. 法律优位原则
   D. 法律不溯及既往原则

3. 下列关于税法原则的说法中正确的是(　　)。
   A. 税收公平主义是指税收负担必须根据纳税人真实的负担能力分配
   B. 实质课税原则是指应根据纳税人的负担能力决定纳税人的税负
   C. 法律效力一律优于法规和规章
   D. 法律一般不溯及既往，但程序法例外

4. 下列关于税法解释的内容，说法不正确的是(　　)。

A. 立法解释通常是指事后解释
B. 审判解释和检查解释有分歧，报请全国人大常委会解释或决定
C. 行政解释在执法中具有普遍的约束力，但原则上不能作为法庭判案的直接依据
D. 税务机关个别性行政解释可以在诉讼提出后作出

5. 下列税收文件属于税收法规的是(　　)。
   A.《中华人民共和国企业所得税法》
   B.《中华人民共和国税收征收管理法》
   C.《税务部门规章制定实施办法》
   D.《中华人民共和国增值税暂行条例》

6. 下列关于税务规章权限范围的说法，正确的是(　　)。
   A. 税务规章原则上不得重复法律和国务院的行政法规、决定、命令已经明确规定的内容
   B. 国务院行政法规对税收事项没有规定的情况下，才可以制定税务规章
   C. 税务机关有权制定不属于税务机关权限范围内的事项
   D. 即使没有法律或者国务院的行政法规、决定、命令的依据，税务规章也可以设定减损税务行政相对人权利或者增加其义务的规范

7. 下列关于税务规范性文件特征的表述中，

关于"扫我做试题"，你需要知道——

　　亲爱的读者，微信扫描对应小程序码，并输入封面防伪贴激活码，即可同步在线做题，交卷后还可查看做题时间、正确率及答案解析。微信搜索小程序"会计网题库"，选择对应科目，点击图书拓展，即可练习本书全部"扫我做试题"。

说法正确的是（ ）。

A. 属于非立法行为的行为规范

B. 适用主体的特定性

C. 具有可诉性

D. 向前发生效力的特征

8. 下列关于税务规范性文件的表述，正确的是（ ）。

A. 各级税务机关的内设机构、派出机构、临时性机构，不得以自己的名义制定税务规范性文件

B. 税务规范性文件可设定行政许可、行政处罚

C. 税务规范性文件可以溯及既往

D. 税务规范性文件一律自发布之日起30日后施行

9. 下列关于税收执法的说法中不正确的是（ ）。

A. 税收执法具有主动性，这是与税收司法活动相区别的重要特点

B. 税收执法具有可救济性，当事人可以申请行政复议或提起行政诉讼

C. 税收执法检查的客体是行政相对人履行纳税义务及其相关行为

D. 税务相对人申请行政救济，不影响税务机关执法决定的执行

10. 下列行为中，属于税收执法监督中事前监督形式的是（ ）。

A. 税务规范性文件的合法性审核

B. 税务行政复议

C. 税收执法检查

D. 重大税务案件审理

11. 下列关于税收司法的说法中不正确的是（ ）。

A. 税收司法的原则包括独立性和中立性原则

B. 抽象行政行为不属于税收行政诉讼的受案范围

C. 欠税在前，税款优先于抵押权

D. 欠税在后，税款优先于留置权

二、多项选择题

1. 税法解释是有法定解释权的国家机关，在法律赋予的权限内，对有关税法或其条文进行的解释。下列有关税法解释的表述正确的有（ ）。

A. 税法解释是法定解释，具有专属性

B. 税法解释与被解释的税法具有同等效力

C. 税法解释具有针对性，但其效力具有普遍性

D. 税法解释的效力具有特殊性

E. 税法解释与被解释的税法处于不同等级税法层面

2. 下列关于税率的说法中，正确的有（ ）。

A. 城市维护建设税采用的税率形式为地区差别定额税率

B. 土地增值税采用的税率形式为超额累进税率

C. 计税依据与征税对象不一致，会导致名义税率和实际税率不一致

D. 在比例税率条件下，边际税率大于平均税率

E. 边际税率上升幅度越大，平均税率提高就越多

3. 下列关于税收立法的相关说法，不正确的有（ ）。

A. 狭义的税收立法包括国家机关依据法定权限和程序，制定、修改、废止税收法律规范

B. 税收立法程序，是税收立法的核心问题

C. 划分税收立法权的法律依据为《税收征收管理法》

D. 税收立法必须经过法定程序

E. 只能由全国人大及其常委会制定法律

4. 下列关于税务规章制定以及适用规则的说法，正确的有（ ）。

A. 税务规章一律不得溯及既往

B. 税务规章不得溯及既往，但是为了更好地保护税务行政相对人权益而作出的特别规定除外

C. 对不符合上位法规定的税务规章，应当及时修改或者废止

D. 税务规章一般应当自公布之日起施行

E. 税务规章由国家税务总局负责解释
5. 下列关于税收执法及税收执法监督的说法，正确的有(　　)。
   A. 税收执法具有裁量性
   B. 税收执法原则包括合法性和合理性
   C. 税收执法监督的内容是纳税人的纳税

行为
   D. 税收执法监督的对象是税务机关及其工作人员
   E. 重大税务案件审理制度属于税收执法监督中的事后监督

同步训练答案及解析

一、单项选择题

1. D 【解析】效力低的税法与效力高的税法发生冲突，效力低的税法即是无效的，这一规定体现的原则是法律优位原则。

2. B 【解析】程序优于实体原则的基本含义为：在诉讼发生时税收程序法优于税收实体法适用。即纳税人通过税务行政复议或税务行政诉讼寻求法律保护的前提条件之一，是必须事先履行税务行政执法机关认定的纳税义务，而不管这项纳税义务实际上是否完全发生。

3. D 【解析】选项A，税收公平主义是指税收负担必须根据纳税人的负担能力分配；选项B，实质课税原则是指应根据纳税人的真实负担能力决定纳税人的税负；选项C，法律效力一般优于法规和规章，但特别法优于普通法。

4. D 【解析】选项D，税务机关个别性行政解释不得在诉讼提出后作出。

5. D 【解析】选项A、B属于税收法律，选项C属于税务规章。

6. A 【解析】选项B，只有法律或国务院的行政法规等对税收事项已有规定的情况下，才可以制定税务规章；选项C，税务规章制定的事项在内容上必须是税务机关业务范围内的事项，凡不属于税务机关权限范围内的事项，税务规章无权制定；选项D，没有法律或者国务院的行政法规、决定、命令的依据，税务规章不得设定减损税务行政相对人权利或者增加其义务的规范，不得增加本部门的权力或者减少本

部门的法定职责。

7. A 【解析】税务规范性文件特征包括：(1)非立法行为的行为规范；(2)适用主体的非特定性；(3)不具有可诉性；(4)向后发生效力。

8. A 【解析】选项B，税务规范性文件不得设定税收开征、停征、减税、免税、退税、补税事项，行政许可、行政处罚、行政强制、行政事业性收费等；选项C，税务规范性文件不得溯及既往；选项D，税务规范性文件应当自发布之日起30日后施行；发布后不立即施行将有碍执行的，可自发布之日起施行；与法律、法规、规章或者上级机关决定配套实施的税务规范性文件，其施行日期需要与前述文件保持一致的，不受前述时限规定的限制。

9. C 【解析】税收执法检查的客体是税收执法行为。

10. A 【解析】税务规范性文件合法性审核制度属于税收执法监督中的事前监督，重大税务案件审理制度属于事中监督，税收执法检查、复议应诉等属于事后监督。

11. D 【解析】欠税在前的，税款优先于抵押权、质权、留置权。

二、多项选择题

1. ABC 【解析】税法的解释指其法定解释，只要法定解释符合法的精神及法定的权限和程序，这种解释就具有与被解释的法律、法规、规章相同的效力，因此法定解释同样具有法的权威性；法定解释具有针对性，但其效力不限于具体的法律事件或

事实，而具有普遍性和一般性。

2. CE 【解析】选项 A，城市维护建设税采用的税率为地区差别比例税率；选项 B，土地增值税采用的税率为超率累进税率；选项 D，在比例税率条件下，边际税率等于平均税率；在累进税率条件下，边际税率往往要大于平均税率。

3. ABC 【解析】选项 A，广义的税收立法包括国家机关依据法定权限和程序，制定、修改、废止税收法律规范；选项 B，税收立法权的划分，是税收立法的核心问题；选项 C，划分税收立法权的法律依据为《宪法》和《立法法》。

4. BCE 【解析】选项 A，税务规章一般不应溯及既往，但为了更好地保护税务行政相对人的权利而作的特别规定除外；选项 D，税务规章一般应当自公布之日起 30 日后施行；但涉及国家安全、外汇汇率、货币政策的确定以及公布后不立即施行将有碍规章施行的，可自公布之日起施行。

5. ABD 【解析】选项 C，税收执法监督的内容是税务机关及其工作人员的行政执法行为。选项 E，重大税务案件审理制度属于税收执法监督中的事中监督。

第2章　增值税

历年考情概况

本章为全书最重要内容，考试中会涉及到各类题型。增值税和消费税、资源税、土地增值税结合的计算题或综合题考核难度较大，应重点把握。历年考试中所占分值为 60 分左右。

近年考点直击

考点	主要考查题型	考频指数	考查角度
征税范围	单选题、多选题	★★★	税目区分 视同销售情形判定 兼营和混合销售判定 是否属于征税范围判定
税率和征收率	单选题、多选题、计算题、综合题	★★★	具体业务的适用税率判定 征收率的基本规定和优惠政策
税收优惠	单选题、多选题、计算题、综合题	★★★	优惠政策的记忆和计算
应纳税额计算	单选题、多选题、计算题、综合题	★★★	一般计税方式税额计算 简易计税税额计算 扣缴税额计算
进口环节增值税	单选题、多选题、计算题、综合题	★★★	进口组价公式 进口增值税作进项税额抵扣
出口增值税	单选题、多选题	★	出口政策适用 出口退税计算
征收管理	单选题、多选题、计算题、综合题	★★	纳税义务发生时间记忆及计算 纳税期限、纳税地点记忆
特定企业（交易行为）计税规则	单选题、多选题、计算题、综合题	★★★	房地产相关业务预缴和申报缴纳计算

本章2021年考试主要变化

（1）新增"纳税人受托对垃圾、污泥、污水等废弃物进行专业化处理的增值税政策"相关内容；

（2）重新编写"增值税的税率和征收率"的内容；

（3）延期"多项政策适用期限"以及新增"限定时间"相关内容；

（4）新增"海南离岛免税""纳税人提供电影放映服务""进口的抗艾滋病病毒药物""北京2022 年冬奥会和冬残奥会""杭州 2022 年亚运会和亚残运会及三项国际综合运动会""中国（上海）自由贸易试验区"及"粤港澳大湾区建设"等税收优惠政策；

（5）重新编写"小规模纳税人免税规定"，新增"新旧政策对比表格"；

（6）新增"差额征税销售额"两条规定：物业管理服务和简易计税建筑服务；

（7）新增"限售股转让和无偿转让股票销售额的确定"的规定；

（8）新增"先进制造业增值税期末留抵退税政策"的相关规定；

（9）新增和调整"销售自己使用过的固定资产"的规定；

（10）新增"销售二手车"有关规定；

（11）新增"外国驻华使（领）馆及其馆员在华购物和服务退税"政策；

（12）新增"海南自由贸易港国际运输船舶有关退税"政策；

（13）新增"海南自由贸易港试行启运港退税"政策。

考点详解及精选例题

一、增值税概述★

扫我解疑难

增值税计税依据为法定增值额，我国目前实行的是消费型增值税。增值税类型见表2-1。

表2-1　增值税类型

类型	比较	特点
生产型	法定增值额>理论增值额	不允许扣除固定资产价款
收入型	法定增值额＝理论增值额	允许扣除固定资产折旧费
消费型	法定增值额<理论增值额	允许一次扣除固定资产价款

二、纳税人和扣缴义务人★★

扫我解疑难

（一）纳税人和扣缴义务人基本规定（见表2-2）

表2-2　纳税人和扣缴义务人基本规定

应税行为	纳税人或扣缴义务人
纳税人规定	在境内销售货物或提供加工、修理修配劳务，销售服务、无形资产或不动产，以及进口货物的单位和个人为纳税人
承包、承租、挂靠方式经营	承包人、承租人、挂靠人：统称承包人。 发包人、出租人、被挂靠人：统称发包人。 以发包人名义对外经营并由发包人承担相关法律责任的，以该发包人为纳税人，否则以承包人为纳税人
进口货物	进口货物的收货人或办理报关手续的单位和个人为纳税人。 代理进口以海关开具的完税凭证上注明的纳税人为准
资管产品	资管产品管理人为增值税纳税人
建筑合同	授权集团内其他纳税人（第三方）为发包方提供建筑服务，并由第三方直接与发包方结算工程款的，第三方为纳税人

第2章

续表

应税行为	纳税人或扣缴义务人
境外单位或个人在境内提供应税劳务	在境内未设有经营机构的，以境内代理人为扣缴义务人；在境内没有代理人，以购买者为扣缴义务人
境外单位或个人在境内销售服务、无形资产或不动产	在境内未设有经营机构的，以购买方为扣缴义务人。财政部和国家税务总局另有规定除外

(二)纳税人分类(见表2-3)

表2-3　纳税人分类

项目	具体内容
二类纳税人区别	一般纳税人计税：一般计税方法+简易计税方法。 小规模纳税人计税：简易计税方法
分类依据	小规模纳税人标准为年应征增值税销售额(以下称"年应税销售额")500万元及以下。 年应税销售额：连续不超过12个月或4个季度的经营期内累计应征增值税销售额，包括纳税申报销售额、稽查查补销售额、纳税评估调整销售额。 【提示1】纳税申报销售额：包括免税销售额和税务机关代开发票销售额。 【提示2】稽查查补销售额和纳税评估调整销售额计入查补税款申报当月或当季的销售额，不计入税款所属期销售额
分类依据	【提示3】销售服务、无形资产或不动产有扣除项目的纳税人，年销售额按未扣除之前的销售额计算。 【提示4】纳税人偶然发生的销售无形资产、转让不动产的销售额，不计入年应税销售额。 【提示5】年应税销售额未超过规定标准的纳税人，会计核算健全，能够提供准确税务资料的，可以办理一般纳税人资格登记
不办理一般纳税人登记情况	(1)年应税销售额超过规定标准的其他个人(自然人)按小规模纳税人纳税。 (2)年应税销售额超过规定标准但不经常发生应税行为的单位和个体工商户，以及非企业性单位、不经常发生应税行为的企业，可选择按小规模纳税人纳税
转登记为小规模纳税人	一般纳税人符合以下条件的，在2020年12月31日前，可选择转登记为小规模纳税人：转登记日前连续12个月(以1个月为1个纳税期)或者连续4个季度(以1个季度为1个纳税期)累计销售额未超过500万元。 转登记纳税人按规定再次登记为一般纳税人后，不得再转登记为小规模纳税人

【例题1·单选题】下列关于增值税纳税人的说法，错误的是(　　)。

A. 资管产品管理人为增值税纳税人

B. 以发包人名义对外经营并由发包人承担相关法律责任的，以承包人为纳税人

C. 代理进口货物以海关开具的完税凭证上注明的纳税人为准

D. 授权集团内其他纳税人(第三方)为发包方提供建筑服务，并由第三方直接与发包方结算工程款的，第三方为纳税人

解析▶以发包人名义对外经营并由发包人承担相关法律责任的，以该发包人为纳税人，否则以承包人为纳税人。
答案▶B

【例题2·多选题】依据增值税的有关规定，境外单位或个人在境内发生增值税应税劳务而在境内未设立经营机构的，增值税的扣缴义务人有(　　)。

A. 代理人　　　　B. 银行

C. 购买者　　　　D. 境外单位

E. 境外个人

解析▶境外单位或个人在境内发生增值税应税劳务而在境内未设立经营机构的，其应纳税款以境内代理人为扣缴义务人；境内没有代理人的，以购买者为扣缴义务人。
答案▶AC

【例题3·多选题】增值税纳税人年应税

销售额超过小规模纳税人标准的，除另有规定外，应申请一般纳税人资格登记。下列各项中应计入年应税销售额的有（ ）。

- A. 偶然发生的销售无形资产的销售额
- B. 免税销售额
- C. 稽查查补销售额
- D. 税务机关代开发票销售额
- E. 偶然发生的转让不动产的销售额

解析 ▶ 年应税销售额，是指连续不超过12 个月或 4 个季度的经营期内累计应征增值税销售额，包括纳税申报销售额(含免税销售额和税务机关代开发票销售额)、稽查查补销售额、纳税评估调整销售额。纳税人偶然发生的销售无形资产、转让不动产的销售额，不计入年应税销售额。**答案** ▶ BCD

扫我解疑难

三、征税范围-税目划分 ★★★

（一）一般规定(见表 2-4)

表 2-4　征税范围——一般规定

类别	具体征税范围
货物	销售、进口有形动产货物(包括电力、热力、气体)
劳务	加工和修理修配劳务(对象为有形动产)。 【提示】供电企业利用自身输变电设备对并入电网的企业自备电厂生产的电力产品进行电压调节，属于加工劳务。供电企业进行电力调压并按照电量向电厂收取的并网服务费，应征增值税
服务	交通运输服务、邮政服务、电信服务、建筑服务、现代服务、生活服务、金融服务
销售无形资产	包括转让无形资产所有权或使用权。 无形资产包括：技术(专利技术和非专利技术)、商标、著作权、商誉、自然资源使用权、其他权益性无形资产。 其他权益性无形资产，包括基础设施资产经营权、公共事业特许权、配额、经营权(包括特许经营权、连锁经营权、其他经营权)、经销权、分销权、代理权、会员权、席位权、网络游戏虚拟道具、域名、名称权、肖像权、冠名权、转会费等。 【提示】纳税人通过省级土地行政主管部门设立的交易平台转让补充耕地指标，按"销售无形资产-其他权益性无形资产"计税
销售不动产	转让建筑物、构筑物时一并转让其所占土地使用权的，按"销售不动产"计税

（二）服务详解(见表 2-5)

表 2-5　征税范围—服务详解

服务项目		具体内容
交通运输服务	陆路运输	出租车公司向使用本公司自有出租车的出租车司机收取的管理费用，按"陆路运输"计税
	水路运输	含程租、期租业务
	航空运输	含湿租业务、航天运输
	管道运输	通过管道输送气体、液体、固体物质的运输服务
	(1)程租、期租、湿租属于"交通运输服务"；光租、干租属于"现代服务—租赁服务"。	
	(2)已售票但客户逾期未消费取得的运输逾期票证收入，按"交通运输服务"计税。	
	(3)运输工具舱位承包业务中，发包方和承包方均按"交通运输服务"计税。	
	(4)运输工具舱位互换业务中，互换运输工具舱位的双方均按"交通运输服务"计税。	
	(5)无运输工具承运按"交通运输服务"计税(收运费并承担承运人责任)；货物运输代理按"现代服务—经纪代理"计税	

第 2 章

服务项目		具体内容
邮政服务	邮政普遍服务	函件、包裹等邮件寄递，以及邮票发行、报刊发行和邮政汇兑等业务活动
	邮政特殊服务	义务兵平常信函、机要通信、盲人读物和革命烈士遗物的寄递等业务活动
	其他邮政服务	邮册等邮品销售、邮政代理等活动
电信服务	基础电信服务	利用固网、移动网、卫星、互联网，提供语音通话服务的业务活动以及出租或者出售带宽、波长等网络元素的业务活动
	增值电信服务	利用固网、移动网、卫星、互联网、有线电视网络，提供短信和彩信服务、电子数据和信息的传输及应用服务、互联网接入服务等业务活动。包括卫星电视信号落地转接服务
建筑服务	工程服务	将建筑施工设备出租给他人使用并配备操作人员的，按"建筑服务"计税
	安装服务	固话、有线电视、宽带、水电、燃气、暖气等经营者向用户收取的安装费、初装费、开户费、扩容费以及类似收费，按"安装服务"计税
	修缮服务	对建筑物、构筑物进行修补、加固、养护、改善
	装饰服务	物业服务企业为业主提供的装修服务，按"建筑服务"计税
	其他建筑服务	如钻井、拆除建筑物或构筑物、平整土地、园林绿化、爆破等
现代服务	研发和技术服务	研发服务、合同能源管理服务、工程勘察勘探服务、专业技术服务。 自 2020 年 5 月 1 日起，纳税人受托对垃圾、污泥、污水、废气等废弃物进行专业化处理，按以下规定计税： (1)采取填埋、焚烧等方式进行专业化处理后未产生货物的，受托方属于提供"现代服务—专业技术服务"； (2)专业化处理后产生货物，且货物归属委托方的，受托方属于提供"加工劳务"； (3)专业化处理后产生货物，且货物归属受托方的，受托方属于提供"现代服务—专业技术服务"；受托方将产生的货物用于销售时，按销售货物计税
	信息技术服务	软件服务、电路设计及测试服务、信息系统服务、业务流程管理服务、信息系统增值服务
	文化创意服务	设计服务、知识产权服务、广告服务、会议展览服务。 经营性住宿场所提供会议场地及配套服务的活动，按"会议展览服务"计税
	物流辅助服务	航空服务、港口码头服务、货运客运场站服务、打捞救助服务、装卸搬运服务、仓储服务、收派服务。 港口设施经营人收取的港口设施保安费，按照"港口码头服务"计税
	租赁服务	包括融资租赁和经营租赁，标的为有形动产或不动产。 (1)光租、干租属于"有形动产经营租赁"。 (2)将不动产或动产广告位出租按"经营租赁"计税。 (3)车辆停放、道路通行按"不动产经营租赁"计税。 (4)融资性售后回租按"金融服务—贷款服务"计税
	鉴证咨询服务	包括认证服务、鉴证服务和咨询服务。 翻译服务、市场调查按"咨询服务"计税。
	广播影视服务	广播影视节目的制作、发行和播映(含放映)

第 2 章

续表

服务项目		具体内容
现代服务	商务辅助服务	企业管理服务、经纪代理服务、人力资源服务、安全保护服务。 (1)经纪代理包括：金融代理、知识产权代理、货物运输代理、代理报关、法律代理、房地产中介、职业中介、婚姻中介、代理记账、拍卖等。 (2)物业管理按"企业管理服务"计税。 (3)广告代理属于"文化创意服务"，不属于"经纪代理服务"。 (4)拍卖行受托拍卖取得的手续费或佣金，按"经纪代理服务"计税。 (5)武装守护押运服务，按"安全保护服务"计税
	其他现代服务	(1)对安装运行后的机器设备提供的维护保养服务。 (2)2018年起纳税人为客户办理退票而向客户收取的退票费、手续费等收入
生活服务	文化体育服务	提供游览场所，以及在游览场所经营索道、摆渡车、电瓶车、游船，按"文化体育服务"计税
	教育医疗服务	包括教育服务、医疗服务
	旅游娱乐服务	包括旅游服务、娱乐服务
	餐饮住宿服务	(1)纳税人现场制作食品并直接销售给消费者，按"餐饮服务"计税。 (2)长(短)租形式出租酒店式公寓并提供配套服务，按"住宿服务"计税
	居民日常服务	包括市政市容管理、家政、婚庆、养老、殡葬、照料和护理、救助救济、美容美发、按摩、桑拿、氧吧、足疗、沐浴、洗染、摄影扩印等
	其他生活服务	植物养护服务，按"其他生活服务"计税
金融服务	贷款、直接收费金融服务、保险、金融商品转让	(1)各种利息性质收入，按"贷款服务"计税。 (2)融资性售后回租，按"贷款服务"计税。 (3)以货币资金投资收取固定利润或保底利润，按"贷款服务"计税。 (4)金融商品持有期保本利息应计税；非保本收益不征税。 (5)购入基金、信托、理财等资产管理产品持有至到期，不属于金融商品转让。 (6)纳税人转让因同时实施股权分置改革和重大资产重组而首次公开发行股票并上市形成的限售股，以及上市首日至解禁日期间由上述股份孳生的转、送股，以该上市公司股票上市首日开盘价为买入价，按"金融商品转让"计税。 (7)纳税人无偿转让股票时，转出方以该股票的买入价为卖出价，按"金融商品转让"计税；在转入方将上述股票再转让时，以原转出方的卖出价为买入价，按"金融商品转让"计税

【提示】易混税目（见表2-6）

表2-6　易混税目

类别	具体税目规定
代理类	无运输工具承运："交通运输服务"
	广告代理："现代服务—文化创意服务"
	金融代理、知识产权代理、货物运输代理、代理报关、法律代理、房产中介、婚姻中介、代理记账、拍卖："现代服务—商务辅助服务—经纪代理"
运输类	运输工具出租(光租、干租)："现代服务—租赁服务"
	运输工具+人员出租(程租、期租、湿租)："交通运输服务"

类别	具体税目规定
租赁类	建筑设备出租:"现代服务—租赁服务"
	建筑设备+操作人员出租:"建筑服务"
	融资租赁:"现代服务—租赁服务"
	融资性售后回租:"金融服务—贷款服务"
	一般不动产出租:"现代服务—租赁服务"
	酒店及酒店式公寓提供出租+配套服务:"生活服务—住宿服务"
	经营性住宿场所提供会议场地+配套服务:"现代服务—文化创意服务—会议展览"

【例题4·单选题】下列情形中应按"租赁服务"计征增值税的是( )。

A. 融资性售后回租

B. 车身广告位出租

C. 授权他人特许经营连锁饭店

D. 运输工具舱位承包业务

解析 ▶ 选项A,融资性售后回租属于"金融服务——贷款服务";选项C,授权他人特许经营连锁饭店,属于"销售无形资产";选项D,运输工具舱位承包业务中,发包方和承包方均按照"交通运输服务"计税。

答案 ▶ B

【例题5·多选题】下列关于计征增值税的说法不正确的有( )。

A. 无运输工具承运业务,属于"商务辅助—经纪代理服务"

B. 光租、干租,属于"交通运输服务"

C. 广告代理,属于"商务辅助服务—经纪代理服务"

D. 经营游览场所,属于"生活服务—旅游娱乐服务"

E. 翻译服务,属于"现代服务—鉴证咨询服务"

解析 ▶ 选项A,无运输工具承运业务,属于"交通运输服务";选项B,光租、干租,属于"现代服务—租赁服务";选项C,广告代理,属于"现代服务—文化创意服务";选项D,经营游览场所,属于"生活服务—文化体育服务"。

答案 ▶ ABCD

四、征税范围-境内境外判定 ★★★(见表2-7)

扫我解疑难

表2-7 征税范围—境内境外判定

项目		具体内容
境内	货物	货物的**起运地或所在地**在境内
	服务、无形资产、不动产	1. 所销售或租赁的**不动产**在境内
		2. 所销售自然资源使用权的**自然资源**在境内
		3. 服务(租赁不动产除外)或无形资产(自然资源使用权除外)的**销售方或购买方在境内**
境外		1. 境外单位或个人发生的下列业务不属于在境内销售服务或无形资产
		(1)向境内单位或个人销售完全在境外发生的服务。
		(2)向境内单位或个人销售完全在境外使用的无形资产。
		(3)向境内单位或个人出租完全在境外使用的有形动产。

项目	具体内容
境外	2. 境外单位或个人发生的下列行为不属于在境内销售服务或无形资产 (1) 为出境的函件、包裹在境外提供的邮政服务、收派服务。 (2) 向境内单位或者个人提供的工程施工地点在境外的建筑服务、工程监理服务。 (3) 向境内单位或者个人提供的工程、矿产资源在境外的工程勘察勘探服务。 (4) 向境内单位或者个人提供的会议展览地点在境外的会议展览服务。 3. 境内的单位和个人作为工程分包方，为施工地点在境外的工程项目提供建筑服务，从境内工程总承包方取得的分包款收入，视同从境外取得收入

【例题6·多选题】 境外单位和个人的下列业务中，应在我国缴纳增值税的是(   )。

A. 转让位于境内的写字楼

B. 派出咨询顾问到境内提供咨询服务

C. 向境内单位转让商标，该商标同时在境内外使用

D. 向境内考察团在境外提供住宿服务

E. 在境外出租汽车给境内考察团在境外使用

解析 ▶ 选项A，所销售或租赁的不动产在境内，应在境内纳税；选项B，属于在境内发生的服务，应在境内纳税；选项C，境外单位或者个人向境内单位或者个人销售完全在境外使用的无形资产，不属于境内业务，不纳税；但销售同时在境内外使用的无形资产，应在境内纳税。选项D，属于境外单位或者个人向境内单位或者个人销售完全在境外发生的服务，不属于境内业务，不纳税。选项E，属于境外单位或者个人向境内单位或者个人出租完全在境外使用的有形动产，不属于境内业务，不纳税。 **答案** ▶ ABC

五、征税范围-视同销售★★★

扫我解疑难

(一)视同销售服务、无形资产、不动产

(1)单位或个体户向其他单位或个人无偿提供服务，但用于公益事业或以社会公众为对象的除外。

(2)单位或个人向其他单位或个人无偿转让无形资产或不动产，但用于公益事业或以社会公众为对象的除外。

【提示1】 其他个人无偿提供服务不用视同销售，但无偿转让无形资产或不动产一般要视同销售。

【提示2】 根据国家指令无偿提供运输服务，不征增值税。

【提示3】 出租不动产合同约定免租期的，不属于视同销售服务。

(二)视同销售货物

(1)将货物交付其他单位或个人代销：代销中的委托方。

(2)销售代销货物：代销中的受托方。

委托方纳税义务发生时间：收到代销清单时、收到全部或部分货款时、发货满180天当天。

(3)设有两个以上机构(不同县市)并实行统一核算的纳税人，移送货物用于销售。

【提示】 用于销售，是指受货机构发生以下情形之一的经营行为：

①向购货方开具发票；

②向购货方收取货款。

受货机构的货物移送行为有上述两项情形之一的，应当向所在地税务机关缴纳增值税，未发生上述两项情形的，由总机构统一缴纳增值税。

如受货机构只就部分货物向购买方开具发票或收取货款，应区分情况计算，并分别向总分机构所在地税务机关缴纳税款。

(4)将自产、委托加工的货物用于集体福利或个人消费。

(5)将自产、委托加工或购买的货物作为

投资。

(6)将自产、委托加工或购买的货物分配给股东或投资者。

(7)将自产、委托加工或购买的货物无偿赠送。

【提示 1】区分视同销售和不得抵扣进项税额(见表 2-8)。

表 2-8　区分视同销售和不得抵扣进项税额

用途	自产及委托	外购
集体福利、个人消费	视同销售	不得抵扣进项税额
投资、分配、赠送	视同销售	视同销售

【提示 2】不属于视同销售的情形:

①将自产货物用于办公或经营使用不是视同销售;

②用于交换货物、抵债也不是视同销售,只是对价特殊的销售。

【提示 3】货物和服务视同销售区别:

货物用于公益性捐赠一般应视同销售(扶贫、疫情捐赠除外)。

无偿提供服务属于公益性的,不用视同销售。

【提示 4】视同销售计算销项税额后,其对应的进项税额可以抵扣。

【提示 5】增值税和所得税视同销售的区别:

增值税视同销售:见上述列明的情形。

所得税视同销售:资产所有权转移或移送至境外。

【例题 7·单选题】下列行为,不属于增值税视同销售情形的是( )。

A. 销售代销货物

B. 将外购的货物用作集体福利

C. 将委托加工收回的货物捐赠给关系户

D. 将自产的货物用于分配给股东

解析 ▶ 外购的货物用作集体福利属于增值税进项税额不可以抵扣的情形。　答案 ▶ B

【例题 8·多选题】(2012 年改)根据增值税规定,下列行为应视同销售征收增值税的有( )。

A. 将自产的办公桌用于财务部门办公使用

B. 将外购的服装作为春节福利发给企业员工

C. 将委托加工收回的卷烟用于赠送客户

D. 将新研发的玩具交付某商场代为销售

E. 运输公司向老客户免费提供一次运输服务

解析 ▶ 选项 A、B 均不属于增值税视同销售。　答案 ▶ CDE

六、征税范围-兼营和混合销售 ★★★(见表 2-9)

扫我解疑难

表 2-9　征税范围—兼营和混合销售

行为	具体情况	税务处理	
兼营	兼有不同税率、征收率货物、劳务、服务、无形资产、不动产,但各业务不同时发生在一项销售行为中	分别核算 分别计税	未分别核算 从高计税
混合	一项销售行为同时涉及货物和服务	按主业计税 销售货物或销售服务	
特例	销售自产机器设备的同时提供安装服务	不属于混合销售 分别核算,分别计税	
	销售外购机器设备的同时提供安装服务	可按混合销售或兼营处理	

【例题9·单选题】下列经营行为中，属于增值税混合销售行为的是（　）。

A. 商场销售相机及存储卡
B. 商场销售办公设备并提供送货服务
C. 疗养中心提供住宿并举办健康讲座
D. 健身房提供健身场所并销售减肥药

解析 ▶ 一项销售行为如果既涉及货物又涉及服务，为混合销售。选项B，销售货物的同时，提供运输服务，因此属于混合销售行为。

答案 ▶ B

七、征税范围-特殊销售★★★

扫我解疑难

（一）执罚部门和单位查处的商品

（1）执罚部门和单位查处的商品，其拍卖收入作为罚没收入上缴财政，不予征税。

（2）对经营单位购入拍卖物品再销售的，应照章征收增值税。

（二）预付卡业务征税规定

单用途商业预付卡：本集团或同一品牌特许经营体系内使用。

支付机构预付卡（多用途）：特约商户处使用。

预付卡业务计税规则见表2-10。

表2-10　预付卡业务计税规则

卡种	计税规则
单用途商业预付卡	（1）售卡方销售单用途卡，或者接受充值取得的预收资金，不缴纳增值税。可开增值税普通发票，不得开具增值税专用发票。 （2）售卡方因发行或者销售单用途卡并办理相关资金收付结算业务取得的手续费、结算费、服务费、管理费等收入，应按照现行规定缴纳增值税。 （3）持卡人使用单用途卡购买货物或服务时，货物或者服务的销售方应按照现行规定缴纳增值税，且不得向持卡人开具增值税发票

续表

卡种	计税规则
单用途商业预付卡	（4）销售方与售卡方不是同一个纳税人的，销售方在收到售卡方结算的销售款时，应向售卡方开具增值税普通发票，并在备注栏注明"收到预付卡结算款"，不得开具增值税专用发票。售卡方从销售方取得的增值税普通发票，作为其销售单用途卡或接受单用途卡充值取得预收资金不缴纳增值税的凭证，留存备查
支付机构预付卡	与单用途商业预付卡计税规则基本一致
加油卡	销售成品油的纳税人在售卖加油卡、加油凭证时，应按预收账款方法作相关账务处理，不征收增值税

八、征税范围-不征增值税情形★★★

扫我解疑难

（1）代为收取的满足条件的政府性基金或者行政事业性收费。

（2）单位或个体户聘用员工为本单位或雇主提供取得工资的服务。

（3）单位或个体户为员工提供应税服务。

（4）各党派、共青团、工会、妇联、中科协、青联、台联、侨联收取党费、团费、会费，以及政府间国际组织收取会费，属于非经营活动，不征增值税。

（5）存款利息。

（6）被保险人获得的保险赔付。

（7）国务院财政、税务主管部门规定的其他情形：

①根据国家指令无偿提供的铁路运输服务、航空运输服务，属于公益活动为目的的服务，不征收增值税。

②房地产主管部门或者其指定机构、公积金管理中心、开发企业以及物业管理单位代收的住宅专项维修资金。

③纳税人在资产重组过程中，通过合并、分立、出售、置换等方式，将全部或部分实物资产以及与其相关的债权、负债和劳动力

一并转让给其他单位和个人，不属于增值税征税范围，其中涉及的货物转让，不动产、土地使用权转让行为，不征收增值税。

【提示】将全部或部分实物资产以及与其相关联的债权、负债经多次转让后，最终受让方与劳动力接收方为同一单位和个人的，也不属于增值税的征税范围，其中货物的多次转让，不征收增值税。

④自 2020 年 1 月 1 日起，纳税人取得的财政补贴收入，与其销售货物、劳务、服务、无形资产、不动产的收入或者数量直接挂钩的，应计算增值税。纳税人取得其他情形的财政补贴收入，不属于增值税应税收入，不征收增值税。

【提示】2020 年 1 月 1 日后收到 2019 年 12 月 31 日以前销售新能源汽车对应的中央财政补贴收入，属于公告实施前取得中央财政补贴情形，无须缴纳增值税。

【例题 10·多选题】（2015 年）下列属于增值税征税范围的有（　　）。

A. 单位聘用的员工为本单位提供的运输业务

B. 航空运输企业提供湿租业务

C. 出租车公司向使用本公司自有出租车的司机收取的管理费用

D. 广告公司提供的广告代理业务

E. 房地产评估咨询公司提供的房地产评估业务

解析 ▶ 单位聘用的员工为本单位或者雇主提供应税服务，不征收增值税。

答案 ▶ BCDE

【例题 11·单选题】下列业务应缴纳增值税的是（　　）。

A. 事业单位收取政府性基金或者行政事业性收费

B. 员工为本单位提供设计服务

C. 单位为员工提供餐饮服务

D. 单位取得的与销售收入直接挂钩的财政补贴收入

解析 ▶ 选项 D，纳税人取得的财政补贴收入，与其销售货物、劳务、服务、无形资产、不动产的收入或数量直接挂钩的，应计算增值税。纳税人取得的其他情形的财政补贴收入，不属于增值税应税收入，不征收增值税。

答案 ▶ D

扫我解疑难

九、税率和征收率★★★

（一）税率适用概述（见表 2-11）

表 2-11　税率适用概述

税率	适用范围
基本税率 13%	多数货物的销售或进口； 加工修理修配劳务； **有形动产租赁服务**
较低税率 9%	销售或进口税法列举的货物
	交通运输服务、邮政服务、**基础**电信服务； 建筑服务、不动产租赁、销售不动产、转让土地使用权
低税率 6%	**增值**电信服务、现代服务（租赁除外）、金融服务、生活服务、销售无形资产（转让土地使用权除外）
零税率	出口特定货物、劳务或境内单位和个人发生的特定跨境应税行为

【提示】兼营不同税率的货物或劳务等，**未分别**核算销售额的，**从高**适用税率。

（二）9%税率的货物范围（见表2-12）

表2-12　9%税率的货物范围

类别	具体内容
食品	粮食等农产品、食用植物油、食用盐
资源	自来水、暖气、冷气、热水、煤气、石油液化气、天然气、二甲醚、沼气、居民用煤炭制品
文化	图书、报纸、杂志、音像制品、电子出版物
农业	饲料、化肥、农药、农机、农膜
其他	国务院及其有关部门规定的其他货物

【提示1】农产品：动植物初级产品。

【提示2】区分不同税率的货物：

税率9%：巴氏杀菌乳、灭菌乳、面粉、切面、各种毛茶、农机整机、食用盐、居民用煤炭制品、水果；

税率13%：调制乳、酸奶、淀粉、方便面、精制茶、边销茶、茶饮料、农用汽车、加工工业产品的机械、原盐、原煤、各类罐头制品。

（三）零税率的跨境应税行为（见表2-13）

表2-13　零税率的跨境应税行为

类别	具体内容
运输类	国际运输、港澳台运输、航天运输服务。 (1)在境内载运旅客或者货物出境； (2)在境外载运旅客或者货物入境； (3)在境外载运旅客或者货物
其他类	向境外单位提供的完全在境外消费的列明服务+无形资产：10项。 研发、合同能源管理、设计、广播影视作品制作发行、软件、电路设计及测试、信息系统、业务流程管理、离岸服务外包、转让技术

【提示1】受惠主体：境内单位或个人。

【提示2】要求：完全在境外消费。

(1)服务的实际接受方在境外，且与境内的货物和不动产无关。

(2)无形资产完全在境外使用，且与境内的货物和不动产无关。

【提示3】程租、期租、湿租服务（见表2-14）

表2-14　承租、期租、湿租服务

类型	用途	谁适用零税率
程租	用于国际或港澳台运输	出租方
期租、湿租	境内承租方用于国际或港澳台运输	承租方
	境外承租方用于国际或港澳台运输	出租方
无运输工具承运	境内实际承运人适用零税率	
	无运输工具承运业务的经营者适用免税	

【提示4】放弃零税率

纳税人可以放弃适用零税率，选择免税或缴税。放弃后，36个月内不得再次申请适用零税率。

（四）征收率一般规定（见表2-15）

表 2-15　征收率一般规定

征收率	适用范围
3%	除适用 5% 征收率以外的其他情形
5%	(1)销售不动产： 小规模纳税人销售不动产； 一般纳税人销售 2016 年 4 月 30 日前的不动产，选择简易计税； 房企一般纳税人销售 2016 年 4 月 30 日前老项目，选择简易计税。 (2)不动产租赁： 一般纳税人出租 2016 年 4 月 30 日前取得的不动产，选择简易计税； 小规模纳税人出租不动产。 (3)转让土地使用权： 纳税人转让 2016 年 4 月 30 日前取得的土地使用权，选择简易计税。 (4)劳务派遣服务：选择差额纳税。 (5)安全保护服务：选择差额纳税。 (6)人力资源外包服务：一般纳税人选择简易计税

（五）征收率优惠规定（见表 2-16）

表 2-16　征收率优惠规定

类别	征收率	税额计算及适用范围
一般优惠	3%减按 2%	应纳税额=收入÷(1+3%)×2% (1)小规模纳税人销售自己使用过的固定资产(未放弃减税)； (2)一般纳税人销售自己使用不得抵扣且未抵扣进项税额的固定资产(未放弃减税)； (3)小规模纳税人或一般纳税人销售旧货
	5%减按 1.5%	应纳税额=收入÷(1+5%)×1.5% 适用于：个人出租住房
临时优惠	免征	自 2020 年 3 月 1 日至 2021 年 3 月 31 日，对湖北省增值税小规模纳税人，适用 3% 征收率的应税销售收入，免征增值税
	减按 1%	应纳增值税=含税销售额/(1+1%)×1% 自 2020 年 3 月 1 日至 2021 年 12 月 31 日，对湖北省以外其他省、自治区、直辖市的增值税小规模纳税人，适用 3% 征收率的应税销售收入，减按 1% 征收率征收增值税。 【提示】《关于支持个体工商户复工复业增值税政策的公告》(财政部　税务总局公告 2020 年第 13 号)规定的税收优惠政策，执行期限延长至 2021 年 12 月 31 日。其中，自 2021 年 4 月 1 日至 2021 年 12 月 31 日，湖北省增值税小规模纳税人适用 3% 征收率的应税销售收入，减按 1% 征收率征收增值税；适用 3% 预征率的预缴增值税项目，减按 1% 预征率预缴增值税
	减按 0.5%	应纳增值税=含税销售额÷(1+0.5%)×0.5% 自 2020 年 5 月 1 日至 2023 年 12 月 31 日，从事二手车经销业务的纳税人销售其收购的二手车减按 0.5% 征收率征收增值税

【提示】销售自己使用过的物品计税规则（见表 2-17）

表 2-17　销售自己使用过的物品计税规则

身份	资产类别	计税规则
一般纳税人	固定资产	抵扣过进项税额：正常计算销项税额
		未抵扣进项税额：3%减按2%简易计税（未放弃减税）
	其他资产	无论是否抵扣进项税额：正常计算销项税额
小规模纳税人	固定资产	3%减按2%简易计税（未放弃减税）
	其他资产	3%简易计税
其他个人	各类物品	免税

【例题 12·多选题】下列选项适用9%增值税税率的有（　　）。

A. 邮政代理服务

B. 医疗事故鉴定

C. 金融服务

D. 出租出售带宽

E. 建筑服务

解析 ▶ 2019年4月1日后，9%税率适用于交通运输服务、邮政服务、基础电信服务、不动产租赁与转让、建筑服务、土地使用权转让。医疗事故鉴定属于"现代服务-鉴证咨询服务"和金融服务均适用6%的税率。

答案 ▶ ADE

【例题 13·多选题】下列货物，适用9%增值税税率的有（　　）。

A. 热水

B. 石油液化气

C. 饲料添加剂

D. 蚊香

E. 食用盐

解析 ▶ 饲料添加剂、蚊香、驱蚊剂不属于9%增值税税率的范围。　　答案 ▶ ABE

【例题 14·单选题】境内单位和个人提供下列服务不适用零税率的是（　　）。

A. 向境外转让技术

B. 提供往返香港、澳门、台湾的交通运输服务

C. 向境外单位提供的设计服务

D. 向境外提供金融服务

解析 ▶ 其他选项均适用零税率。

答案 ▶ D

【例题 15·单选题】甲公司为增值税一般纳税人，2021年3月向乙公司销售一台自己使用过的生产设备，开具增值税普通发票取得含税销售额11.5万元，已知当年取得该设备时按规定不得抵扣且未抵扣进项税额。则该企业销售此设备应纳增值税为（　　）万元。

A. 0　　　　　　B. 0.22

C. 0.33　　　　 D. 1.32

解析 ▶ 一般纳税人销售自己使用过的不得抵扣且未抵扣过增值税进项税额的固定资产，按照简易办法依照3%的征收率减按2%征收增值税。应纳增值税 = 11.5/(1+3%)×2% = 0.22（万元）。

答案 ▶ B

扫我解疑难

十、增值税的减免税 ★★★

（一）法定免税项目

(1) 农业生产者销售自产农产品；

(2) 避孕药品和用具；

(3) 古旧图书；

(4) 直接用于科学研究、科学试验和教学的进口仪器、设备；

(5) 外国政府、国际组织无偿援助的进口物资和设备；

(6) 由残疾人组织直接进口供残疾人专用的物品；

(7) 其他个人销售的自己使用过的物品。

【提示 1】"农业生产者销售自产农产品"解释（见表2-18）。

表 2-18　"农业生产者销售自产农产品"解释

项目	解释
农业	种植业、养殖业、林业、牧业、水产业(农林牧渔)
农产品	动植物初级产品
自产	包括"公司+农户"模式销售畜禽、种子

【提示 2】农产品销售计税规则(见表 2-19)

表 2-19　农产品销售计税规则

销售情形	计税规则
农业生产者销售自产农产品	免税
经营者销售农产品	适用较低税率9%
销售经工业加工后的农产品	适用基本税率13%

(二)特定免税项目(见表 2-20)

表 2-20　特定免税项目

项目	具体内容
销售货物	(1)国有粮食购销企业销售的粮食免征增值税。 其他粮食企业经营粮食,除下列项目免税外,一律征收增值税。 免税范围:军队用粮、救灾救济粮、水库移民口粮。 (2)政府储备食用植物油的销售免征增值税。 对其他销售食用植物油的业务,一律照章征收增值税。 (3)销售饲料免征增值税。 宠物饲料不属于免税范围。 (4)从事蔬菜批发、零售的纳税人销售蔬菜,免征增值税。 【提示】免税蔬菜包括:经挑选、清洗、切分、晾晒、包装、脱水、冷藏、冷冻等工序加工的蔬菜。不包括:蔬菜罐头。 (5)从事农产品批发、零售的纳税人销售的部分鲜活肉蛋产品,免征增值税。 【提示】不包括:珍贵、濒危野生动物及其鲜活肉蛋产品。 (6)供热企业: 对供热企业向居民个人供热部分的采暖费收入免征增值税。 通过热力产品经营企业向居民供热的生产企业,应按热力产品经营企业收入比重确定免税收入比例。 【提示】销售暖气适用税率9%。 (7)铁路系统内部单位为本系统修理货车免征增值税
销售服务	(1)托儿所、幼儿园提供的保育和教育服务。(公办+民办) 超标收费、开办兴趣班等另外收费以及与幼儿园挂钩的赞助费、支教费等超过规定范围的收入,不属于免税收入。 (2)养老机构提供的养老服务。 (3)残疾人福利机构提供的育养服务。 (4)婚姻介绍服务。 (5)殡葬服务。 (6)残疾人员本人为社会提供的服务。 (7)学生勤工俭学提供的服务

第 2 章

续表

项目	具体内容
销售服务	(8)农业机耕、排灌、病虫害防治、植物保护、农牧保险以及相关技术培训业务，家禽、牲畜、水生动物的配种和疾病防治。 动物诊疗机构提供的动物疾病预防、诊断、治疗和动物绝育手术等动物诊疗服务，属于"配种和疾病防治"，免征增值税。 (9)纪念馆、博物馆、文化馆、文物保护单位管理机构、美术馆、展览馆、书画院、图书馆在自己的场所提供文化体育服务取得的第一道门票收入。 (10)寺院、宫观、清真寺和教堂举办文化、宗教活动的门票收入。 (11)福利彩票、体育彩票的发行收入。 (12)社会团体收取的会费。 (13)医疗机构提供的医疗服务。 对非营利性医疗机构自产自用的制剂，免征增值税。 (14)从事教育的学校提供的教育服务。 ①提供学历教育的学校提供的教育服务收入免税； 含中外合作办学、学历教育民办学校，但不包括职业培训机构等国家不承认学历的教育机构。 免税收入包括：学费、住宿费、伙食费等； 不包括：赞助费、择校费等。 ②政府举办的从事学历教育的高等、中等和初等学校(不含下属单位)，举办进修班、培训班取得的全部归该学校所有的收入。 ③政府举办的职业学校设立的主要为在校学生提供实习场所、并由学校出资自办、由学校负责经营管理、经营收入归学校所有的企业，从事"现代服务"(不含融资租赁服务、广告服务和其他现代服务)、"生活服务"(不含文化体育服务、其他生活服务和桑拿、氧吧)业务活动取得的收入。 (15)随军家属和军队转业干部创业就业。 二类人员个体经营的，自办理税务登记事项之日起3年内免税。 安置二类人员达企业总人数60%(含)以上的新办企业，自领取税务登记证之日起3年内免税。 (16)符合条件的合同能源管理服务。 (17)台湾航运、航空公司从事两岸海上直航、空中直航业务在大陆取得的运输收入。 (18)纳税人提供直接或间接的国际货物运输代理服务
销售无形资产	(1)个人转让著作权。 (2)纳税人提供技术转让、技术开发和与之相关的技术咨询、技术服务(四技服务)
销售不动产及不动产租赁服务	(1)个人销售自建自用住房免税。 (2)涉及家庭财产分割的个人无偿转让不动产、土地使用权免税。 家庭财产分割，包括下列情形：离婚财产分割；无偿赠与配偶、父母、子女、祖父母、外祖父母、孙子女、外孙子女、兄弟姐妹；无偿赠与对其承担直接抚养或者赡养义务的抚养人或者赡养人；房屋产权所有人死亡，法定继承人、遗嘱继承人或者受遗赠人依法取得房屋产权。 (3)个人将购买的住房对外销售： ①个人将购买不足2年的住房销售：按5%全额缴纳增值税。 ②个人将购买2年以上(含2年)的住房对外销售： 一般地区：免征增值税。 北京、上海、广州、深圳地区：普通住房，免征增值税；非普通住房，以销售收入减去住房价款后的差额按5%缴纳增值税。 (4)个人出租住房，按5%征收率减按1.5%计算增值税。 (5)将土地使用权转让给农业生产者用于农业生产。 纳税人采取转包、出租、互换、转让、入股等方式将承包地流转给农业生产者用于农业生产取得的收入，免税

续表

项目	具体内容
销售不动产及不动产租赁服务	自 2020 年 1 月 20 日起，纳税人将国有农用地出租给农业生产者用于农业生产，免税。 (6)土地所有者出让土地使用权和土地使用者将土地使用权归还给土地所有者免税。土地所有者依法征收土地，并向土地使用者支付土地及其相关有形动产、不动产补偿费的行为，属于土地使用者将土地使用权归还给土地所有者的情形。 (7)县级以上地方人民政府或自然资源行政主管部门出让、转让或收回自然资源使用权(不含土地使用权)免税。 (8)军队空余房产租赁收入免税
金融服务	(1)列明利息收入免税： ①国家助学贷款； ②国债、地方政府债； ③人民银行对金融机构的贷款； ④住房公积金个人住房贷款； ⑤外汇管理部门委托金融机构发放的外汇贷款； ⑥集团统借统还按不高于支付借款或债券利率水平，向企业集团或集团内下属单位收取的利息。(高于应全额计税) 2019 年 2 月 1 日至 2020 年 12 月 31 日，企业集团内单位(含企业集团)之间的资金无偿借贷行为，免税。 ⑦自 2019 年 8 月 20 日起，金融机构向小型企业、微型企业和个体工商户发放 1 年期以上(不含 1 年)至 5 年期以下(不含 5 年)小额贷款取得的利息收入，可选择中国人民银行授权全国银行间同业拆借中心公布的 1 年期贷款市场报价利率或 5 年期以上贷款市场报价利率，免税。 (2)被撤销金融机构以货物、不动产等财产清偿债务。 除另有规定外，所属及附属企业不享受此优惠。 (3)保险公司开办的一年期以上人身保险产品取得的保费收入。 (4)列明金融商品转让收入： ①合格境外投资者(QFII)委托境内公司在我国从事证券买卖业务。 ②香港市场投资者(包括单位和个人)通过沪港通买卖上海证券交易所上市 A 股。 ③对香港市场投资者(包括单位和个人)通过基金互认买卖内地基金份额。 ④证券投资基金管理人运用基金买卖股票债券。 ⑤个人从事金融商品转让业务。 (5)金融同业往来利息收入。 (6)创新企业境内发行存托凭证 CDR： ①对个人投资者转让创新企业 CDR 取得的差价收入，暂免征收增值税。 ②对单位投资者转让创新企业 CDR 取得的差价收入，按金融商品转让政策规定征免增值税。 ③自试点开始之日起，对公募证券投资基金(封闭式证券投资基金、开放式证券投资基金)管理人运营基金过程中转让创新企业 CDR 取得的差价收入，3 年内暂免征收增值税。 ④对合格境外机构投资者(QFII)、人民币合格境外机构投资者(RQFII)委托境内公司转让创新企业 CDR 取得的差价收入，暂免征收增值税
进口货物	(1)进口特定图书、报刊免税。 (2)对进口抗癌药品和罕见病药品，减按 3%征收进口环节增值税
海南离岛免税	(1)自 2020 年 7 月 1 日起执行离岛免税政策，免税税种为关税、进口环节增值税和消费税。 (2)离岛旅客每年每人免税购物额度为 10 万元人民币，不限次数。 (3)自 2020 年 11 月 1 日起，海南离岛免税店销售离岛免税商品，免征增值税和消费税；销售非离岛免税商品，按规定申报缴纳增值税和消费税。 (4)离岛免税店兼营应征增值税、消费税项目的，应分别核算离岛免税商品和应税项目的销售额，未分别核算的，不得免税。 (5)离岛免税店销售离岛免税商品应开具增值税普通发票，不得开具增值税专用发票

第
2
章

(三)临时减免税项目(见表2-21)

表2-21　临时减免税项目

项目	具体内容
孵化服务	孵化服务是指：为在孵对象提供的经纪代理、经营租赁、研发和技术、信息技术、鉴证咨询服务。自2019年1月1日至2021年12月31日，国家级、省级科技企业孵化器、大学科技园和国家备案众创空间对其向在孵对象提供孵化服务取得的收入，免征增值税
经营公租房	自2019年1月1日至2023年12月31日，对经营公租房所取得的租金收入，免征增值税
文化企业	自2019年1月1日至2023年12月31日： (1)对电影主管部门按照各自职能权限批准从事电影制片、发行、放映的电影集团公司(含成员企业)、电影制片厂及其他电影企业取得的销售电影拷贝(含数字拷贝)收入、转让电影版权(包括转让和许可使用)收入、电影发行收入以及在农村取得的电影放映收入，免税
文化企业	(2)广播电视运营服务企业收取的有线数字电视基本收视维护费和农村有线电视基本收视费，免税。 (3)自2020年1月1日至2021年12月31日，对纳税人提供电影放映服务取得的收入免征增值税。 (4)党报、党刊将其发行、印刷业务及相应的经营性资产剥离组建的文化企业，自注册之日起所取得的党报、党刊发行收入和印刷收入免征增值税。 (5)2016年1月1日至2020年12月31日，经国务院有关部门认定的动漫企业自主开发、生产动漫直接产品，确需进口的商品可享受免征进口关税及进口环节增值税的政策
社区家庭服务业	(1)提供社区养老、托育、家政服务取得的收入，免税。 (2)符合下列条件的家政服务企业提供家政服务取得的收入，免税。 ①与家政服务员、接受家政服务的客户就提供家政服务行为签订三方协议； ②向家政服务员发放劳动报酬，并对家政服务员进行培训管理； ③通过建立业务管理系统对家政服务员进行登记管理
边销茶	自2021年1月1日至2023年12月31日，对边销茶生产企业销售自产的边销茶及经销企业销售的边销茶免征增值税
抗病毒药品	(1)自2019年1月1日起至2023年12月31日，继续对国产抗艾滋病病毒药品免征生产环节和流通环节增值税。 (2)自2021年1月1日至2030年12月31日，对卫生健康委委托进口的抗艾滋病病毒药物，免征进口关税和进口环节增值税
农村饮水安全工程	自2019年1月1日起至2023年12月31日，饮水工程运营管理单位向农村居民提供生活用水取得的自来水销售收入，免征增值税
科普单位的科普活动	自2018年1月1日起至2023年12月31日，对科普单位的门票收入，以及县级及以上党政部门和科协开展科普活动的门票收入免征增值税
金融机构发放小额贷款	(1)自2017年12月1日至2023年12月31日，对金融机构向农户、小型企业、微型企业和个体工商户发放小额贷款取得的利息收入，免征增值税。 (2)自2018年1月1日至2023年12月31日，纳税人为农户、小型企业、微型企业和个体工商户借款、发行债券提供融资担保以及再担保取得的担保费收入，免征增值税。 (3)自2017年1月1日至2023年12月31日，对经省级金融管理部门批准成立的小额贷款公司取得的农户小额贷款利息收入，免征增值税
境外机构投资境内债券市场	自2018年11月7日起至2021年11月6日，对境外机构投资境内债券市场取得的债券利息收入暂免征收增值税
货物期货交割	自2018年11月30日至2023年11月29日，对经国务院批准对外开放的货物期货品种保税交割业务，暂免征收增值税

项目	具体内容
扶贫货物捐赠	自 2019 年 1 月 1 日至 2022 年 12 月 31 日，对单位或者个体工商户将自产、委托加工或购买的货物通过公益性社会组织、县级及以上人民政府及其组成部门和直属机构，或直接无偿捐赠给目标脱贫地区的单位和个人，免征增值税。 在政策执行期限内，目标脱贫地区实现脱贫的，可继续适用上述政策。 【提示 1】 增值税免税范围包括直接捐赠或间接捐赠；企业所得税中扶贫捐赠支出可以全额税前扣除，但仅限间接捐赠。 【提示 2】 货物捐赠免税后，其进项税额不得抵扣
运动赛事	北京 2022 年冬奥会和冬残奥会、杭州 2022 年亚运会和亚残运会、三项国际综合运动会税收优惠政策略
新型冠状病毒感染的肺炎疫情防控	(1)自 2020 年 1 月 1 日至 2021 年 3 月 1 日实施下列政策： ①疫情防控重点保障物资生产企业可以按月向主管税务机关申请全额退还增值税增量留抵税额。增量留抵税额：与 2019 年 12 月底相比新增加的期末留抵税额。 ②对纳税人运输疫情防控重点保障物资取得的收入，免征增值税。 ③对纳税人提供公共交通运输服务、生活服务，以及为居民提供必需生活物资快递收派服务取得的收入，免征增值税。 ④单位和个体工商户将自产、委托加工或购买的货物，通过公益性社会组织和县级以上人民政府及其部门等国家机关，或者直接向承担疫情防治任务的医院，无偿捐赠用于应对新型冠状病毒感染的肺炎疫情的，免征增值税、消费税、城市维护建设税、教育费附加、地方教育附加。 (2)境外捐赠人无偿向受赠人捐赠的用于防控新型冠状病毒感染的肺炎疫情进口物资可免征进口税收。 自 2020 年 1 月 1 日至 3 月 31 日，适度扩大规定的免税进口范围，对捐赠用于疫情防控的进口物资，免征进口关税和进口环节增值税、消费税。(试剂、消毒物品、防护物品、救护车等) (3)自 2020 年 3 月 1 日至 2021 年 3 月 31 日，增值税政策如下： ①对湖北省增值税小规模纳税人，适用 3%征收率的应税销售收入，免征增值税；适用 3%预征率的预缴增值税项目，暂停预缴增值税。 ②除湖北省外，其他省、自治区、直辖市的增值税小规模纳税人，适用 3%征收率的应税销售收入，减按 1%征收率征收增值税；适用 3%预征率的预缴增值税项目，减按 1%预征率预缴增值税。 (4)自 2021 年 4 月 1 日至 2021 年 12 月 31 日，不再区分湖北省和湖北省以外地区，增值税处理如下： 增值税小规模纳税人适用 3%征收率的应税销售收入，减按 1%征收率征收增值税；适用 3%预征率的预缴增值税项目，减按 1%预征率预缴增值税
二手车经销企业销售旧车	自 2020 年 5 月 1 日至 2023 年 12 月 31 日，从事二手车经销业务的纳税人销售其收购的二手车减按 0.5%征收率征收增值税
中国(上海)自由贸易试验区	自 2021 年 1 月 1 日至 2024 年 12 月 31 日，对注册在洋山特殊综合保税区内的企业，在区内提供交通运输服务、装卸搬运服务和仓储服务取得的收入，免征增值税
粤港澳大湾区建设	自 2020 年 10 月 1 日至 2023 年 12 月 31 日，对注册在广州市的保险企业向注册在南沙自贸片区的企业提供国际航运保险业务取得的收入，免征增值税

第 2 章

（四）增值税即征即退（见表 2-22）

表 2-22　增值税即征即退

项目	具体内容
资源综合利用产品和劳务	纳税人销售自产的资源综合利用产品和提供资源综合利用劳务，可享受增值税即征即退政策
修理修配劳务	对飞机维修劳务增值税实际税负超过 6% 的部分即征即退
软件产品	（1）增值税一般纳税人销售其自行开发生产的软件产品，按基本税率征收增值税后，对其增值税实际税负超过 3% 的部分实行即征即退。 （2）进口软件产品进行本地化改造后对外销售，可享受即征即退政策。本地化改造，不包括单纯对进口软件产品进行汉字化处理。
软件产品	①软件产品（含嵌入式软件产品）增值税即征即退税额的计算方法： 即征即退税额＝当期软件产品增值税应纳税额－当期软件产品销售额×3% 当期软件产品增值税应纳税额＝当期软件产品销项税额－当期软件产品可抵扣进项税额 ②嵌入式软件可以享受即征即退，但不包括硬件和机器设备的销售额。 硬件和机器设备的销售额按自己或其他纳税人同类价计算，无同类价的需要按组成计税价格。 组价＝计算机硬件、机器设备成本×(1+10%) 应当分别核算嵌入式软件产品和计算机硬件、机器设备部分的成本，否则不得享受此政策
动漫软件	（1）自 2018 年 5 月 1 日至 2023 年 12 月 31 日，对动漫企业增值税一般纳税人销售其自主开发生产的动漫软件，按照基本税率征收增值税后，对其增值税实际税负超过 3% 的部分，实行即征即退政策。 （2）动漫软件出口免征增值税
管道运输服务	一般纳税人提供管道运输服务，对其增值税实际税负超过 3% 的部分实行增值税即征即退政策
有形动产融资租赁和售后回租服务	经人民银行、银保监会或者商务部批准从事融资租赁业务的试点纳税人中的一般纳税人，提供有形动产融资租赁服务和有形动产融资性售后回租服务，对其增值税实际税负超过 3% 的部分实行增值税即征即退政策
安置残疾人	对安置残疾人的单位和个体工商户，由税务机关按纳税人安置残疾人的人数，限额即征即退增值税
风力发电	自 2015 年 7 月 1 日起，对纳税人销售自产的利用风力生产的电力产品，实行增值税即征即退 50% 的政策

（五）增值税先征后退

自 2018 年 1 月 1 日至 2023 年 12 月 31 日，列明出版物享受 100%、50% 先征后退增值税政策。

（六）扣减增值税（见表 2-23）

表 2-23　扣减增值税政策

项目	具体内容
退役士兵、重点群体创业就业	重点群体包括：建档立卡贫困人口、失业半年以上人员；零就业家庭、享受低保劳动年龄内的登记失业人员；毕业年度内高校毕业生。 （1）从事个体经营的，自办理个体户登记当月起，在 3 年（36 个月）内按每户每年 12 000 元为限额依次扣减其当年实际应缴纳的增值税、城建税、教育费附加、地方教育附加和个税。限额标准最高可上浮 20%。 （2）企业安置其就业的，在 3 年内按每实际招用人数每年 6 000 元为限额，依次扣减增值税、城建税、教育费附加、地方教育附加和企业所得税。重点群体定额标准最高可上浮 30%；退役士兵定额标准最高可上浮 50%

续表

项目	具体内容
税控系统专用设备和技术维护费用	自 2011 年 12 月 1 日起，增值税纳税人初次购买增值税税控系统专用设备支付的费用以及缴纳的技术维护费可在增值税应纳税额中全额抵减。不足抵减的可结转下期继续抵减。 【提示】增值税一般纳税人支付的两项费用在增值税应纳税额中全额抵减的，其增值税专用发票不作为增值税抵扣凭证，其进项税额不得从销项税额中抵扣

（七）起征点（见表 2-24）

表 2-24　起征点

项目	具体内容
个人销售起征点	仅限个人，不包括认定为一般纳税人的个体户。 （1）按期纳税：月销售额 5 000-20 000 元（含）。 （2）按次纳税：每次（日）销售额 300-500 元（含）。 起征点的调整由财政部和国家税务总局规定。 省、自治区、直辖市财政厅（局）和税务局应当在规定的幅度内，根据实际情况确定本地区适用的起征点，并报财政部和国家税务总局备案
小微免税	自 2021 年 4 月 1 日至 2022 年 12 月 31 日： （1）小规模纳税人发生增值税应税销售行为，合计月销售额未超过 15 万元（季度销售额未超过 45 万元）的，免征增值税。 （2）小规模纳税人合计月销售额超过 15 万元，但扣除本期发生的销售不动产的销售额后未超过 15 万元的，其销售货物、劳务、服务、无形资产取得的销售额免征增值税。 （3）适用增值税差额征税的小规模纳税人，以差额后的销售额确定是否可以享受该政策。 （4）其他个人采取一次性收取租金形式出租不动产取得的租金收入，可在对应的租赁期内平均分摊，分摊后的月租金收入未超过 15 万元的，免征增值税。 （5）按规定应预缴增值税的小规模纳税人，凡在预缴地实现的月销售额未超过 15 万元的，当期无须预缴税款。 （6）已经使用金税盘、税控盘等税控专用设备开具增值税发票的小规模纳税人，月销售额未超过 15 万元的，可以继续使用现有设备开具发票，也可以自愿向税务机关免费换领税务 Ukey 开具发票。 【注意】2019 年 1 月 1 日至 2021 年 3 月 31 日关于上述政策均按 10 万元为标准适用免税政策

（八）减免税其他规定

（1）纳税人兼营免税、减税项目的，应当分别核算免税、减税项目的销售额；未分别核算销售额的，不得免税、减税。

（2）纳税人发生应税销售行为适用免税规定的，可以放弃免税，按照规定缴纳增值税。

纳税人放弃免税优惠后，在 36 个月内不得再申请免税。

其他个人代开增值税发票时，放弃免税权不受"36 个月不得享受减免税优惠限制"，仅对当次代开发票有效，不影响以后申请免税代开。

（3）纳税人发生应税行为同时适用免税和零税率规定的，纳税人可以选择适用免税或者零税率。

（4）生产和销售免征增值税货物或劳务的纳税人要求放弃免税权，应当以书面形式提交放弃免税权声明，报主管税务机关备案。纳税人自提交备案资料的次月起，按照现行有关规定计算缴纳增值税。

（5）放弃免税权的纳税人符合一般纳税人认定条件尚未认定为增值税一般纳税人的，应当按现行规定认定为增值税一般纳税人，其销售的货物或劳务可开具增值税专用发票。

（6）2020年5月1日起，一般纳税人可以在增值税免税、减税项目执行期限内，按照纳税申报期选择实际享受该项增值税免税、减税政策的起始时间。

【例题16·单选题】 下列各项中，应当计算缴纳增值税的是（　）。

A. 个体户销售自己使用过的固定资产

B. 农业生产者销售自产农产品

C. 企业取得存款利息

D. 残疾人的组织直接进口供残疾人专用的物品

解析 ▶ 选项A，其他个人销售自己使用过的物品免税，不包括个体户；选项B，农业生产者销售自产农产品，免征增值税；选项C，存款利息不征收增值税；选项D，由残疾人的组织直接进口供残疾人专用的物品免征增值税。

答案 ▶ A

【例题17·多选题】 下列实行增值税即征即退的有（　）。

A. 金融同业往来利息收入

B. 纳税人销售利用风力生产的电力

C. 体育彩票的发行收入

D. 单位安置残疾人员就业

E. 经批准经营融资租赁业务的试点纳税人中的一般纳税人，提供有形动产融资租赁服务

解析 ▶ 选项A、C实行免征增值税的政策。

答案 ▶ BDE

【例题18·单选题】 某软件开发企业为增值税一般纳税人，2021年3月销售自行开发生产的软件产品，取得不含税销售额68 000元，从国外进口软件进行本地化改造后对外销售，取得不含税销售额200 000元。本月购进一批电脑用于软件设计，取得的增值税专用发票注明金额100 000元，税额13 000元；该企业上述业务应退增值税是（　）元。

A. 6 920　　　　B. 8 040

C. 13 800　　　D. 28 560

解析 ▶ 增值税一般纳税人销售其自行开发生产的软件产品，按基本税率征收增值税后，对其增值税实际税负超过3%的部分实行即征即退政策。将进口软件产品进行本地化改造后对外销售，其销售的软件产品可享受即征即退政策。当期软件产品增值税应纳税额＝68 000×13%＋200 000×13%－13 000＝21 840（元），税负＝21 840/（68 000＋200 000）×100%＝8.15%，即征即退税额＝21 840－（68 000＋200 000）×3%＝13 800（元）。

答案 ▶ C

扫我解疑难

十一、应纳税额计算概述★★★

应纳税额计算公式见表2-25。

表2-25　应纳税额计算公式

计税方法	税额计算公式
一般计税	当期应纳增值税税额＝当期销项税额－当期进项税额
简易计税	当期应纳增值税税额＝当期销售额（不含增值税）×征收率
扣缴计税	应扣缴税额＝接受方支付的价款÷（1+税率）×税率

【例题19·单选题】 2021年3月，境内甲公司接受境外ABC公司提供的咨询服务，应支付全部款项106万元。甲公司应扣缴增值税（　）万元。

A. 0

B. 3

C. 6

D. 6.36

解析 ▶ 甲公司应扣缴ABC公司增值税＝106÷（1+6%）×6%＝6（万元）。　　**答案** ▶ C

十二、销项税额★★★

扫我解疑难

销项税额＝不含税销售额×税率

（一）一般销售方式下的销售额（见表2-26）

表2-26　一般销售方式下的销售额

项目	具体规定
包括	含税销售额＝全部价款＋价外费用 不含税销售额＝含税销售额/（1＋税率或征收率） 【提示】价外费用均含税，用对应业务税率或征收率换算
不包括	（1）受托加工消费品代收代缴的消费税； （2）代垫运费：发票开具并转交给购货方； （3）销售货物同时代办保险等而向购买方收取的保险费，以及向购买方收取的代购买方缴纳的车辆购置税、车辆牌照费
外币折算	折合率可以选择销售额发生的当天或当月1日的人民币汇率中间价。 确定后1年内不得变更

（二）视同销售行为的销售额

纳税人发生应税销售行为的情形，价格明显偏低并无正当理由的，或视同发生应税销售行为而无销售额的，由主管税务机关按照下列顺序核定销售额：

（1）按纳税人最近时期同类货物、服务、无形资产或不动产的平均售价确定；

（2）按其他纳税人最近时期同类货物、服务、无形资产或不动产的平均售价确定；

（3）按组成计税价格确定（见表2-27）：

表2-27　组成计税价格的确定

一般组价	组成计税价格＝成本×（1＋成本利润率）
应税消费品组价	组成计税价格＝成本×（1＋成本利润率）＋消费税

【提示1】成本：自产货物为实际生产成本，外购货物为实际采购成本。

【提示2】成本利润率由国家税务总局确定。一般货物为10%，应税消费品另有规定。

（三）特殊销售方式下的销售额（见表2-28）

表2-28　特殊销售方式下的销售额

销售方式	类别	税务处理	提示
折扣折让	折扣销售（商业折扣）先折扣后销售	（1）价格折扣：同一发票金额栏上的折扣额可减除。 （2）实物折扣：按视同销售中"赠送他人"处理	备注栏注明的价格折扣额不能从销售额中减除
	销售折扣（现金折扣）先销售后折扣	折扣额不得减除	会计上现金折扣计入财务费用
	销售折让/退回	是原销售额的减少，开红字发票冲减销售额	按照原适用税率开具红字发票

第2章

续表

销售方式	类别	税务处理	提示
以旧换新	金银首饰	销售方**实际收取的不含增值税的全部价款**确定销售额	消费税以旧换新销售额规则与增值税一致
	其他货物	**按新货同期售价**确定销售额，不得扣减旧货收购价格	
还本销售		销售额是**货物销售价格**，不得扣减还本支出	会计上还本支出计入财务费用或销售费用
以物易物		双方均做购销处理，以各自发出的货物核算销售额	必做销项，但进项是否可抵要看情况
直销	直销企业→直销员→消费者	企业和直销员都计税，销售额为收取的全部价款和价外费用	—
	直销企业→消费者	企业计税，销售额为收取的全部价款和价外费用	—
包装物押金	啤酒、黄酒以外的酒类	特殊处理：收取计税，逾期（超1年）不计税	（1）包装物租金收取时做价外费用计税。（2）包装物押金均为含税收入，价税分离适用对应货物税率
	其他货物	一般处理：收取不计税，逾期（超1年）计税	

（四）应税行为销售额

1. 全额计税

（1）贷款服务：利息及利息性质的收入。

银行提供贷款服务按期计收利息的，结息日当日计收的全部利息收入，均应计入结息日所属期的销售额，按规定计税。

（2）直接收费金融服务：手续费、开户费等收入。

自2018年1月1日起，金融机构开展贴现、转贴现业务，以其实际持有票据期间取得的利息收入作为贷款服务的销售额计税。

2. 差额计税（见表2-29）

表2-29 差额计税

业务类别	销售额
经纪代理	扣除向委托方收取并代为支付的**政府性基金或行政事业性收费**
签证代理	扣除支付给外交部和驻华使（领）馆的**签证费、认证费**
代理进口免征增值税货物	销售额不包括向委托方收取并代为支付的**货款**
航空运输销售代理	境外航段机票代理：扣除支付给其他单位或个人的境外航段**机票结算款和相关费用**。境内机票代理：扣除支付给航空运输企业或其他航空运输销售代理企业的境内**机票净结算款和相关费用**
航空运输企业	销售额不包括代收的**机场建设费**和代售其他企业客票**代收转付的价款**
客运场站服务（一般纳税人）	扣除**支付给承运方的运费**
境外单位在境内开展考试	销售额为考试费收入扣除**支付给境外单位考试费**后的余额，按"教育辅助服务"计税
旅游服务	可**选择**差额计税，扣除向购买方收取并支付给他人的**住宿费、餐饮费、交通费、签证费、门票费和其他接团企业旅游费**。【提示】不扣除为司机、导游支付的费用，不扣除未列明费用

业务类别	销售额
金融商品转让	销售额=(卖出价-**买入价**-**当年负差**)/(1+税率或征收率) (1)金融商品转让,按卖出价扣除买入价后的余额为销售额。 (2)转让金融商品出现的正负差,按盈亏相抵后的余额为销售额。负差年内可结转,但不得转入下年。 (3)转让金融商品不得开具增值税专用发票。卖出价和买入价均为含增值税金额,应价税分离后计税。 (4)买入价可选加权平均或移动加权平均法确定,选择后36个月内不得变更
房企一般纳税人销售房地产(选择简易计税的老项目除外)	销售额=(全部价款和价外费用-当期允许扣除的土地价款)/(1+9%) 当期允许扣除的土地价款=(当期销售房地产项目建筑面积÷房地产项目可供销售建筑面积)×支付的土地价款 【提示1】转让方式取得土地可抵进项税额,无需差额计税。 【提示2】可扣除受让土地时**向政府部门支付的土地价款**。具体包括: (1)向政府部门支付的征地和拆迁补偿费用、土地前期开发费用和土地出让收益。 (2)取得土地时向其他单位或个人支付的拆迁补偿费用。 【提示3】房地产开发企业(包括多个房企组成的联合体)受让土地向政府部门支付土地价款后,设立项目公司对该受让土地进行开发,同时符合下列条件的,可由项目公司按规定扣除房企向政府部门支付的土地价款: (1)房地产开发企业、项目公司、政府部门三方签订变更协议或补充合同,将土地受让人变更为项目公司; (2)政府部门出让土地的用途、规划等条件不变的情况下,签署变更协议或补充合同时,土地价款总额不变; (3)项目公司的全部股权由受让土地的房地产开发企业持有
人力资源外包	销售额不包括受客户单位委托代为向客户单位员工发放的工资和代理缴纳的社会保险、住房公积金
融资租赁	以取得的全部价款及价外费用,扣除支付的**借款利息**、**发行债券利息**、**车辆购置税**后的余额为销售额(扣二息一税)
融资性售后回租	以取得的全部价款及价外费用(不含本金),扣除支付的**借款利息**、**发行债券利息**后的余额为销售额(扣二息)

【提示1】融资性售后回租业务:承租方出售资产**不交**增值税;出租方收取的本金**不开**专票。

【提示2】批准融资租赁企业销售额确认(见表2-30)

表2-30 批准融资租赁企业销售额确认

业务	税目及税率	收入	扣除
融资租赁	现代服务-租赁 13%或9%	全部价款及价外费用	借款利息 发行债券利息 车辆购置税
融资性售后回租	金融服务-贷款 6%	全部价款及价外费用 (不含本金)	借款利息 发行债券利息

第2章

【提示3】 差额计税规则：

（1）差额计税情形下，扣除的价款部分即使取得增值税扣税凭证，其进项税额也不可以抵扣。

（2）差额计税情形下，从销售额中扣除的部分一般不得开具增值税专用发票，可开具普通发票。

但销售不动产、提供建筑服务等业务除外。

【提示4】 限售股买入价确认（见图2-1）

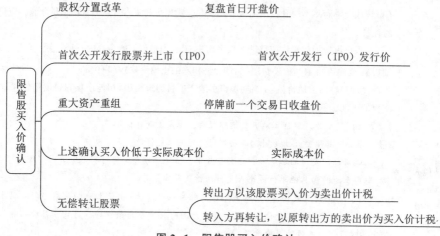

图2-1 限售股买入价确认

【提示5】 简易计税时的差额规定（见表2-31）

表2-31 简易计税时的差额规定

类别	征收率	计税规则
建筑服务	3%	销售额=(收入-分包款)/(1+3%) 分包款为支付给分包方的全部价款和价外费用
物业管理	3%	销售额=(收取的自来水水费-对外支付的自来水水费)/(1+3%)
转让取得的不动产	5%	销售额=(收入-不动产购置原价或取得时的作价)/(1+5%)
劳务派遣	5%	可选差额计税：销售额=(收入-代用工单位支付的劳务派遣员工的工资、福利和为其办理社会保险及住房公积金)/(1+5%)

（五）含税销售额的换算

不含税销售额=含税销售额/(1+税率或征收率)

什么时候需要价税分离？

（1）小规模纳税人销售；

（2）零售金额；

（3）普通发票；

（4）价外费用、应税包装物押金等。

（六）纳税义务发生时间

纳税 ≠ 发货 ≠ 开票 ≠ 收钱 ≠ 会计收入确认

【提示】 先开发票的纳税义务时间均为开发票的当天。

特殊销售方式纳税义务发生时间见表2-32。

表2-32 特殊销售方式纳税义务发生时间

预收款方式	一般货物：货物发出时
	长期货物：收到预收款或合同约定的收款日当天
	租赁服务：收到预收款

续表

赊销和分期收款方式	书面合同约定的收款日期当天
	无书面合同的或者书面合同没有约定收款日期的，为货物发出的当天

【例题20·单选题】（2012年改）某工艺品厂为增值税一般纳税人，2021年3月2日销售给甲企业200套工艺品，每套不含税价格600元。由于部分工艺品存在瑕疵，该工艺品厂给予甲企业15%的销售折让，已开具增值税红字专用发票。为了鼓励甲企业及时付款，该工艺品厂提出2/20、n/30的付款条件，甲企业于当月15日付款。该工艺品厂此项业务的销项税额为（　）元。

A. 16 993.20　　B. 13 260.00
C. 19 992.00　　D. 20 400.00

解析▶销售折让可以从销售额中减除。销售折扣是为了鼓励购货方及时偿还货款而给予的折扣优待，不得从销售额中减除。销项税额＝600×200×(1-15%)×13%＝13 260(元)。　　**答案**▶B

【例题21·单选题】（2011年改）某啤酒厂为增值税一般纳税人，2019年8月销售啤酒取得不含税销售额800万元，已开具增值税专用发票，收取包装物押金234万元，本月逾期未退还包装物押金58.5万元。2019年8月该啤酒厂增值税销项税额为（　）万元。

A. 116.24　　B. 136.00
C. 110.73　　D. 145.95

解析▶啤酒包装物押金在逾期时才缴纳增值税。销项税额＝800×13%＋58.5÷(1+13%)×13%＝110.73(万元)。　　**答案**▶C

【例题22·单选题】2021年2月，某运输公司(增值税一般纳税人)为灾区无偿提供运输服务，发生运输服务成本2万元，成本利润率10%，无最近同期提供同类服务的平均价格；当月为A企业提供运输服务，取得含税收入5.5万元，无其他增值税涉税事项。该运输公司当月上述业务的销项税额（　）万元。

A. 0.45　　　B. 0.72

C. 0.77　　　D. 0.55

解析▶为灾区无偿提供运输服务，不属于视同销售，不计算销项税额。该运输公司当月的销项税额＝5.5÷(1+9%)×9%＝0.45(万元)。　　**答案**▶A

【例题23·单选题】甲向融资租赁公司乙(增值税一般纳税人)出售设备一台，售价1 200万元，之后将该设备租回，租期10年，每月支付租金20万元(含本金10万)，融资租赁公司乙为购入设备向银行借款，每月支付利息3万元。则乙公司每月销项税额为（　）万元。

A. 3.00　　B. 3.38
C. 2.81　　D. 0.40

解析▶融资租赁公司乙销项税额＝(20-10-3)/(1+6%)×6%＝0.40(万元)。　　**答案**▶D

【例题24·单选题】A企业为增值税一般纳税人，2021年1月以300万元的价格买入某公司股票30 000份。同年3月以363.6万元的价格全部卖出。已知A企业2020年累计金融商品转让业务的负差为29万元，则2021年3月该金融商品转让业务的销项税额为（　）万元(买卖价格均含增值税)。

A. 1.96　　B. 3.6
C. 3.33　　D. 20.58

解析▶金融商品转让，应按照卖出价扣除买入价后的余额为销售额，转让金融商品出现的正负差，按盈亏相抵后的余额为销售额。但年末时仍出现负差的，不得转入下一个会计年度。

A企业2021年3月销项税额＝(363.6-300)÷(1+6%)×6%＝3.6(万元)。　　**答案**▶B

【例题25·多选题】下列关于增值税计税销售额的说法正确的有（　）。

A. 劳务派遣服务选择差额纳税的，应扣

除代为支付的员工工资、福利、社保、住房公积金

B. 房企一般纳税人销售房地产销售额为全部销售收入

C. 金融商品转让销售额为卖出价扣除买入价后的余额

D. 一般融资租赁服务的销售额应为扣除资产购置本金、利息、保险费、安装费后的余额

E. 航空运输销售代理企业提供境外航段机票代理服务，销售额为收取的全部价款和价外费用

解析 ▶ 房地产企业一般纳税人销售其开发的房地产项目的，销售额为收入扣除受让时向政府部门支付的土地价款后的余额；一般融资租赁业务销售额为收入扣除借款利息、发行债券利息、车辆购置税后的余额；境外航段机票代理服务，应以收取的全部价款和价外费用扣除向客户收取并支付给其他单位或个人的境外航段机票结算款和相关费用后的余额为销售额。　　答案 ▶ AC

【例题26·单选题】某增值税一般纳税人服装厂，2020年7月在订货会上签订了一批服装销售合同，预收了货款120万元，合同约定发货时间为当年9月。7月份另对外出租一处年初新购置的厂房，合同为3年期，一次性预收了1年含税租金共计48万元，则该企业2020年7月增值税销项税额为（　）万元。

A. 3.96　　　　　B. 4.75

C. 14.32　　　　D. 19.56

解析 ▶ 增值税纳税人以预收货款形式销售货物的，纳税义务发生时间为货物发出的当天。租赁服务的纳税义务发生时间为收到预收款的当天。

2020年7月销项税额 = 48/1.09 × 9% = 3.96（万元）。　　　答案 ▶ A

十三、进项税额★★★

扫我解疑难

进项税额和销项税额的关系：呼应/配比。

（一）准予抵扣的进项税额（见表2-33）

表2-33　准予抵扣的进项税额

类别	票种	备注
凭票抵扣	从销售方取得的增值税专用发票	含税控机动车销售统一发票 一般纳税人或小规模纳税人开具
	从海关取得的进口增值税专用缴款书	取得原件的单位抵扣 13%或9%税率，不用征收率
	从境外单位或个人处购进劳务、服务、无形资产、不动产，取得的完税凭证	应具备书面合同、付款证明、境外对账单或发票 不用征收率
	收费公路通行费增值税电子普通发票	2018年1月1日起可抵扣
	旅客运输增值税电子普通发票	2019年4月1日起可抵扣
计算抵扣	免税农产品普通发票或收购发票	进项税额=买价×9%或10%扣除率
	桥、闸通行费发票	进项税额=发票金额÷(1+5%)×5%
	航空运输电子客票行程单	进项税额=(票价+燃油附加费)÷(1+9%)×9%
	铁路车票	进项税额=票面金额÷(1+9%)×9%
	公路、水路等其他客票	进项税额=票面金额÷(1+3%)×3%

1. 旅客运输服务进项税额抵扣(见表 2-34)

2019 年 4 月 1 日起,国内旅客运输允许抵扣进项税额。

限于:本单位签订劳动合同员工+接受劳务派遣员工

表 2-34　旅客运输服务进项税额抵扣

情形	取得票据	抵扣规则	票据要求
国内旅客运输	增值税专用发票	凭票抵扣	单位抬头
	增值税电子普通发票		
	行程单、铁路车票、公路水路等其他客票	计算抵扣	注明身份信息
国际旅客运输	不得抵扣进项税额		

2. 农产品进项税额抵扣(见表 2-35)

表 2-35　农产品进项税额抵扣

情形	一般情况	深加工 13%产品
取得或开具收购发票或销售发票 (农业生产者销售的免税农产品)	买价×9%	10%
取得一般纳税人专票或海关进口缴款书	发票金额×9%	
取得 3%简易计税的小规模纳税人专票	发票金额×9%	
从批发零售环节购进免税蔬菜、部分鲜活肉蛋取得普通发票	不得抵扣进项税额	
部分行业	农产品进项税额核定扣除	

3. 保险服务进项税额抵扣

(1)提供保险服务的纳税人以实物赔付方式承担机动车辆保险责任的,自行向车辆修理劳务提供方购进的车辆修理劳务,其进项税额可以按规定从保险公司销项税额中抵扣。

(2)提供保险服务的纳税人以现金赔付方式承担机动车辆保险责任的,将应付给被保险人的赔偿金直接支付给车辆修理劳务提供方,不属于保险公司购进车辆修理劳务,其进项税额不得从保险公司销项税额中抵扣。

(3)纳税人提供的其他财产保险服务,比照上述规定执行。

4. 其他进项税额抵扣规定

纳税人自办理税务登记至登记为一般纳税人期间,未取得生产经营收入,未按照销售额和征收率简易计算应纳税额申报缴纳增值税的,其在此期间取得的增值税扣税凭证,可以在登记为一般纳税人后抵扣进项税额。

【例题 27·单选题】某水果批发公司为增值税一般纳税人,2021 年 3 月从农民手中收购黄桃一批,开具的收购发票上注明收购价款为 20 000 元,另支付运费,收到了增值税一般纳税人运输公司的增值税专用发票注明价款为 500 元。则此业务可以抵扣的进项税额为(　)元。

A. 150　　　　　B. 200

C. 1 845　　　　D. 2 000

解析 ▶ 可以抵扣的进项税额 = 20 000×9%+500×9% = 1 800+45 = 1 845(元)。　答案 ▶ C

【例题 28·单选题】某公司为增值税一般纳税人,2021 年 3 月报销员工上月差旅费,取得如下票据:火车票金额合计 3 815 元;境内机票行程单票款、燃油附加费合计 4 905 元,机场建设费(民航发展基金)合计 100 元;境外机票行程单金额合计 12 304 元;注明员工身份证号的汽车票合计 412 元;住宿费一般纳税人开具的专用发票注明金额 700 元;餐费普通发票注明金额 560 元。则当月准予抵扣的进项税额为（　）元。

　　A. 774　　　　　　　B. 732

　　C. 700　　　　　　　D. 630

解析 ▶

火车票和机票允许抵扣进项税额＝（3 815＋4 905）/（1＋9%）×9%＝720（元）；

境外机票不允许抵扣进项税额；

汽车票允许抵扣进项税额＝412/（1＋3%）×3%＝12（元）；

住宿费允许抵扣进项税额＝700×6%＝42（元）；

餐费不允许抵扣进项税额。

则当月允许抵扣的进项税额＝720＋12＋42＝774（元）。

答案 ▶ A

（二）不得抵扣的进项税额（见表2-36）

表2-36　不得抵扣的进项税额

类别	具体内容
身份不符合	（1）一般纳税人会计核算不健全，或不能准确提供税务资料。 （2）超标但未申办一般纳税人的。 【提示】经税务机关核准恢复抵扣进项税额资格后，其在停止抵扣期间发生的全部进项税额均不得抵扣
票据不符合	（1）未取得规定的增值税专用发票等扣税凭证。 （2）纳税人凭完税凭证抵扣进项税额的，应当具备书面合同、付款证明、境外单位对账单或发票。资料不全的不得抵扣
用途不符合	（1）用于简易计税项目、免税项目、集体福利或个人消费的购进货物、劳务、服务、无形资产和不动产。 【提示1】购入材料等要准确划分可以抵扣和不可抵扣范围。否则按收入比例划分可以抵扣部分。 【提示2】专用于不得抵扣范围的固定资产、无形资产或不动产，不得抵扣进项税额；共用的，可以抵扣全部进项税额。 【提示3】自2018年1月1日起，纳税人租入固定资产、不动产，既用于一般计税方法计税项目，又用于简易计税方法计税项目、免征增值税项目、集体福利或者个人消费的，其进项税额准予从销项税额中全额抵扣。
用途不符合	（2）非正常损失的购进货物及相关的劳务和交通运输服务。 （3）非正常损失的在产品、产成品所耗用的购进货物（不含固定资产）或加工修理修配劳务和交通运输服务。 （4）非正常损失的不动产，以及该不动产所耗用的购进货物、设计服务和建筑服务。 （5）非正常损失的不动产在建工程所耗用的购进货物、设计服务和建筑服务。 【提示1】非正常损失，指因管理不善造成货物被盗、丢失、霉烂变质，以及因违反法律法规造成货物或不动产被依法没收、销毁、拆除。 【提示2】自然灾害和正常损耗的，进项税额可抵扣。 【提示3】在企业所得税中作为资产损失处理。 资产净损失＝损失资产成本＋进项税额转出－赔偿补偿 （6）购进的贷款服务、餐饮服务、居民日常服务、娱乐服务。 【提示1】纳税人接受贷款服务向贷款方支付的有关投融资顾问费、手续费、咨询费等，不得抵扣进项税额。 【提示2】住宿服务和旅游服务，符合条件可凭票抵扣进项税额。 【提示3】境内旅客运输服务自2019年4月1日起可凭票或计算抵扣进项税额

【提示】进项抵扣规则速记口诀

大件混用都可抵，其他混用要划分；

管理不善不能抵，灾害次品都可抵；

运费伴随货物抵，客运货运都可抵；

吃饭不抵住宿抵；存款不征贷款不抵。

【例题29·单选题】根据增值税规定，

下列进项税额不得从销项税额中抵扣的是(　　)。

A. 因自然灾害损失的产品所耗用的进项税额

B. 购进同时用于增值税应税项目和免税项目的固定资产所支付的进项税额

C. 购进的同时用于集体福利和生产经营的不动产所支付的进项税额

D. 纳税人经税务机关核准恢复抵扣进项税额资格后，其在停止抵扣进项税额期间发生的进项税额

解析 ▶ 选项 A，因自然灾害损失的产品所耗用的进项税额可以抵扣，因管理不善造成损失产品的进项税额不可以抵扣；选项 B，同时用于应税项目和免税项目的固定资产的进项税额可以抵扣；选项 C，同时用于集体福利和生产经营的不动产所支付的进项税额可以抵扣；选项 D，纳税人经税务机关核准恢复抵扣进项税额资格后，其在停止抵扣进项税额期间发生的全部进项税额不得抵扣。

答案 ▶ D

【例题 30·单选题】下列项目所包含的进项税额，可以从销项税额中抵扣的是(　　)。

A. 生产过程中出现的报废产品

B. 非正常损失在产品耗用的货物和交通运输服务

C. 购进的贷款服务

D. 非正常损失的不动产在建工程所耗用的购进货物、设计服务和建筑服务

解析 ▶ 选项 B、C、D，不得抵扣进项税额。

答案 ▶ A

【例题 31·多选题】对于增值税一般纳税人，下列业务可以抵扣进项税额的有(　　)。

A. 化工厂接受小规模纳税人提供的货运服务取得专用发票

B. 皮具厂接受一般纳税人提供的鉴证咨询服务取得专用发票

C. 律师事务所购买自用的应征消费税的汽车取得税控机动车销售统一发票

D. 广告公司接受注明员工身份信息的铁路车票

E. 服装厂接受的娱乐服务

解析 ▶ 购进的贷款服务、餐饮服务、居民日常服务、娱乐服务，不得抵扣进项税额。

答案 ▶ ABCD

(三)不得抵扣进项税额的计算(见表2-37)

表 2-37　不得抵扣进项税额的计算

情形	具体规定
凭票抵扣情况	购入时取得专用发票 不得抵扣的进项税额=价款×税率或征收率
计算抵扣情况 (免税农产品)	不得抵扣的进项税额=成本÷(1-扣除率)×扣除率
无法划分用量	不得抵扣的进项税额=当期无法划分的全部进项税额×(当期简易计税方法计税项目销售额+免征增值税项目销售额)÷当期全部销售额 【提示】主管税务机关可按上述公式依据年度数据对不得抵扣的进项税额进行清算，对差异进行调整
已抵扣转不得抵扣	不得抵扣的进项税额=已抵扣进项税额×不动产净值率 不动产净值率=(不动产净值÷不动产原值)×100% 【提示】遇到税率调整变化，按旧税率做进项税额转出
不得抵扣转可抵扣	可抵扣进项税额=增值税扣税凭证注明或计算的进项税额×不动产净值率
返利收入	对商业企业向供货方收取的与商品销售量、销售额挂钩的各种返还收入，应冲减当期增值税进项税额。 冲减进项税额=当期取得的返还资金÷(1+税率)×税率 【提示】商业企业向供货方收取的各种返还收入，一律不得开具增值税专用发票

【例题 32 · 单选题】某商场(一般纳税人)，2021 年 3 月购进一批货物，取得增值税专用发票上注明销售额 20 万元，发票已经税务机关认证，增值税 2.6 万元，本月售出 80%，取得零售收入 22 万元，并按零售收入的 10% 取得厂家返利收入 2.2 万元，商场本月应纳增值税为( )万元。

A. -0.2   B. 0.18

C. 0.17   D. 0.2

解析 ▶ 返利收入应冲减当期进项税额。应纳增值税 = 22÷(1+13%)×13% - [2.6 - 2.2÷(1+13%)×13%] = 2.53 - (2.6 - 0.25) = 0.18(万元)。

答案 ▶ B

【例题 33 · 单选题】2021 年 3 月，某一般纳税人商贸公司，上月外购的一批化妆品因管理不善被盗，已知其账面成本 12 万元(其中含运费 2 万元)。化妆品和运费均已抵扣进项税额，则本期应转出的进项税额是( )万元。

A. 1.48   B. 1.20

C. 1.70   D. 1.10

解析 ▶ 进项税额转出金额 = (12-2)×13% + 2×9% = 1.48(万元)。

答案 ▶ A

【例题 34 · 单选题】甲企业为增值税一般纳税人，2020 年 5 月购进一台生产设备，取得的增值税专用发票注明价款 600 万元、增值税 78 万元，已抵扣进项税额。2021 年 2 月因管理不善，该设备被盗丢失。该设备已累计计提折旧 90 万元。关于甲企业此项业务税务处理的说法，正确的是( )。

A. 甲企业不需要转出进项税额

B. 甲企业应转出进项税额 102 万元

C. 甲企业应转出进项税额 66.3 万元

D. 甲企业应计提销项税额 86.7 万元

解析 ▶ 纳税人购进设备因管理不善被盗，其进项税额不得抵扣。需要转出进项税额 = 78×(600-90)/600 = 66.3(万元)。

答案 ▶ C

【例题 35 · 单选题】某食品加工厂为增值税一般纳税人，2021 年 1 月购进一批水果已全部领用加工生产增值税税率为 13% 的水果罐头，支付给某农业开发基地收购价款 10 000 元，取得普通发票，并支付不含税运费 3 000 元，取得一般纳税人开具的增值税专用发票，验收入库后，因管理不善损失 1/5，则该项业务准予抵扣的进项税额是( )元。

A. 872   B. 1 016

C. 1 430   D. 1 630

解析 ▶ 纳税人购进用于生产销售或委托加工 13% 税率货物的农产品，按照 10% 的扣除率计算进项税额。准予抵扣的进项税额 = (10 000×10% + 3 000×9%)×(1-1/5) = 1 016(元)。

答案 ▶ B

(四)进项税额加计抵减(见表 2-38)

表 2-38 进项税额加计抵减

项目	具体规定
政策	自 2019 年 4 月 1 日至 2021 年 12 月 31 日，允许生产、生活性服务业纳税人按照当期可抵扣进项税额加计 10%，抵减应纳税额。 【提示】 生产、生活性服务业纳税人，是指提供邮政服务、电信服务、现代服务、生活服务(四项服务)取得的销售额占全部销售额的比重超过 50% 的纳税人 2019 年 10 月 1 日至 2021 年 12 月 31 日，允许生活性服务业纳税人按照当期可抵扣进项税额加计 15%，抵减应纳税额
计算	当期计提加计抵减额 = 当期可抵扣进项税额×10%(或 15%) 当期可抵减加计抵减额 = 上期末加计抵减额余额 + 当期计提加计抵减额 - 当期调减加计抵减额

续表

项目	具体规定
抵税	纳税人应按照现行规定计算一般计税方法下的应纳税额(抵减前的应纳税额)后,区分以下情形加计抵减: (1)抵减前的应纳税额等于零的,当期可抵减加计抵减额全部结转下期抵减; (2)抵减前的应纳税额大于零,且大于当期可抵减加计抵减额的,当期可抵减加计抵减额全额从抵减前的应纳税额中抵减; (3)抵减前的应纳税额大于零,且小于或等于当期可抵减加计抵减额的,以当期可抵减加计抵减额抵减应纳税额至零。未抵减完的当期可抵减加计抵减额,结转下期继续抵减
其他规定	增值税一般纳税人出口货物劳务、发生跨境应税行为不适用加计抵减政策,其对应的进项税额不得计提加计抵减额。 对于出口与内销无法划分的进项税额,按照下列公式计算: 不得计提加计抵减额的进项税额=当期无法划分的全部进项税额×当期出口货物劳务和发生跨境应税行为的销售额÷当期全部销售额 加计抵减额只能用于抵减一般计税方法计算的应纳税额,不能抵减简易计税项目税额。 (3)加计抵减政策执行到期后,纳税人不再计提加计抵减额,结余的加计抵减额停止抵减。 (4)加计抵减计提时不做会计处理,抵减税额时会计分录为: 借:应交税费—未交增值税 　　贷:银行存款 　　　　其他收益

【提示】进项税额加计抵减政策适用细节规定(见图 2-2)。

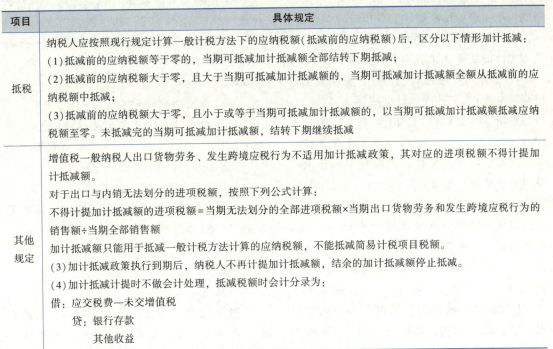
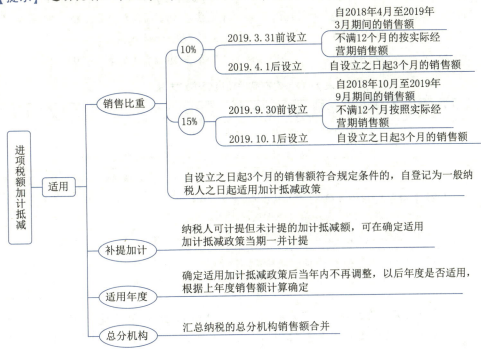

图 2-2　进项税额加计抵减政策适用细节的规定

【例题 36·单选题】下列关于进项税额加计抵减政策说法正确的是(　　)。

A. 自 2019 年 4 月 1 日至 2021 年 12 月

31 日,允许生产、生活性服务业纳税人按照当期可抵扣进项税额加计 15% 抵减应纳税额

B. 2019 年 10 月 1 日至 2021 年 12 月

31 日，允许生产、生活性服务业纳税人按照当期可抵扣进项税额加计 15% 抵减应纳税额

C. 抵减前的应纳税额等于零的，当期可抵减加计抵减额全部结转下期抵减

D. 当期可抵减加计抵减额＝上期末加计抵减额余额＋当期计提加计抵减额

解析 ▶▶ 选项 A，自 2019 年 4 月 1 日至 2021 年 12 月 31 日，允许生产、生活性服务业纳税人按照当期可抵扣进项税额加计 10% 抵减应纳税额；选项 B，2019 年 10 月 1 日至 2021 年 12 月 31 日，允许生活性服务业纳税人按照当期可抵扣进项税额加计 15%，抵减应纳税额。选项 D，当期可抵减加计抵减额＝上期末加计抵减额余额＋当期计提加计抵减额－当期调减加计抵减额。 答案 ▶▶ C

【例题 37·单选题】 某电信企业为增值税一般纳税人，2021 年 4 月销项税额为 86 万元，进项税额为 32 万元，全部属于允许抵扣的进项税额，上期末加计抵减额余额 5 万元。该企业当月实际缴纳的增值税是（ ）万元。

A. 45.80 B. 50.80
C. 54.00 D. 49.00

解析 ▶▶ 当期计提加计抵减额＝当期可抵扣进项税额×10%＝32×10%＝3.2（万元）。

当期可抵减加计抵减额＝上期末加计抵减额余额＋当期计提加计抵减额－当期调减加计抵减额＝5+3.2＝8.2（万元）。

抵减前应纳税额＝86－32＝54（万元）。

抵减后实际应纳税额＝54－8.2＝45.8（万元）。 答案 ▶▶ A

（五）农产品进项税额核定试点

1. 试点范围

以购进农产品为原料生产销售液体乳及乳制品、酒及酒精、植物油的增值税一般纳税人。

【提示 1】 生产企业为试点范围企业，不包括经销商企业。

【提示 2】 试点企业只有农产品进项税额抵扣用核定方法，农产品以外的货物或劳务按一般方法抵扣。

【提示 3】 试点企业购入所有农产品均不得凭票或计算抵扣进项税额，取得专用发票也应价税合计计入成本。

2. 核定方法（见表 2-39）

表 2-39　农产品进项税额核定方法

用途	方法	抵扣计算
继续生产	投入产出法	可抵进项税额＝耗用数量×购买单价×扣除率/(1+扣除率)
	成本法	可抵进项税额＝主营业务成本×农产品耗用率×扣除率/(1+扣除率)
	参照法	新办的试点纳税人或者试点纳税人新增产品的，参照同类单耗数量或耗用率计算
	【提示】公式中的扣除率按成品货物销售的适用税率确定。如成品为鲜奶则适用9%；如成品为酸奶则适用13%	
直接销售	可抵进项税额＝销售农产品数量/(1-损耗率)×平均购买单价×9%/(1+9%)	
不构成货物实体	可抵进项税额＝耗用农产品数量×平均购买单价×适用税率/(1+适用税率)	
	【提示】此处的适用税率一般为9%，用于加工13%税率的货物为10%	

【提示】 平均购买单价是指购买农产品期末平均买价，不包括买价之外单独支付的运费和入库前的整理费用。

期末平均买价＝（期初库存农产品数量×期初平均买价＋当期购进农产品数量×当期买价）/（期初库存农产品数量＋当期购进农产品数量）

【例题 38·单选题】 某白酒生产企业2021 年 2 月购进玉米一批用于生产白酒。当月销售 1 000 吨白酒，主营业务成本为 1 500 万元，农产品耗用率为 70%，玉米平均购买单价为 4 000 元/吨。按照成本法计算，则该月允许抵扣的农产品进项税额为（ ）万元。

A. 195　　　　　B. 172.57

C. 120.80　　　　D. 120

解析▶ 当期允许抵扣农产品增值税进项税额＝当期主营业务成本×农产品耗用率×扣除率÷(1+扣除率)＝1500×70%÷(1+13%)×13%＝120.8(万元)。　　**答案▶** C

十四、一般纳税人应纳税额计算 ★★★

扫我解疑难

(一)销项税额确认时间：纳税义务发生时间

(二)进项税额抵扣时间：不限制

增值税一般纳税人取得 2017 年 1 月 1 日及以后开具的增值税专用发票、海关进口增值税专用缴款书、机动车销售统一发票、收费公路通行费增值税电子普通发票，取消认证确认、稽核比对、申报抵扣的期限。

纳税人在进行增值税纳税申报时，应当通过本省(自治区、直辖市和计划单列市)增值税发票综合服务平台对上述扣税凭证信息进行用途确认。

(三)增量留抵退税

1. 增量留抵退税条件

同时符合以下条件的一般企业或部分先进制造业的纳税人，可以向主管税务机关申请退还增量留抵税额(见表 2-40)：

表 2-40　增量留抵退税条件

一般企业 (2019 年 4 月 1 日起)	部分先进制造业 (2019 年 6 月 1 日起)
(1)自 2019 年 4 月税款所属期起，连续六个月(连续两季度)增量留抵税额均大于零，且第六个月增量留抵税额不低于 50 万元；	(1)自 2019 年 6 月 1 日起增量留抵税额大于零；
(2)纳税信用等级为 A 级或者 B 级；(提交申请表时的信用级别)	
(3)申请退税前 36 个月未发生骗取留抵退税、出口退税或虚开增值税专用发票情形的；	
(4)申请退税前 36 个月未因偷税被税务机关处罚两次及以上的；	
(5)自 2019 年 4 月 1 日起未享受即征即退、先征后返(退)政策的	

【提示1】 部分先进制造业纳税人：是指生产并销售非金属矿物制品、通用设备、专用设备及计算机、通信和其他电子设备销售额占全部销售额的比重超过 50%的纳税人。

自 2021 年 4 月 1 日起，该政策适用范围中新增加了，生产并销售医药、化学纤维、铁路、船舶、航空航天和其他运输设备、电气机械和器材、仪器仪表销售额占全部销售额的比重超过 50%的纳税人。

【提示2】 增量留抵税额是和 2019 年 3 月底相比新增加的期末留抵税额。

2. 增量留抵退税计算(见表 2-41)

表 2-41　增量留抵退税计算

一般企业	允许退还的增量留抵税额＝增量留抵税额×进项构成比例×60%
部分先进制造业	允许退还的增量留抵税额＝增量留抵税额×进项构成比例

（续表）

【提示】 进项构成比例：为 2019 年 4 月至申请退税前一税款所属期内已抵扣的增值税专用发票(含税控机动车销售统一发票)、海关进口增值税专用缴款书、解缴税款完税凭证注明的增值税额占同期全部已抵扣进项税额的比重。

(四)其他规定

(1)民用航空发动机、新支线飞机和大型客机留抵退税，对相关业务形成的期末留抵税额予以退还。

(2)资产重组。

原纳税人在资产重组过程中，将全部资产、负债、劳动力一并转让给其他增值税一般纳税人并注销，其尚未抵扣的进项税额可结转至新纳税人处继续抵扣。

（3）限制。

纳税人按规定取得增值税留抵退税款的，不得再申请享受增值税即征即退、先征后返（退）政策。

【例题39·单选题】 某配件厂为增值税一般纳税人，2021年2月采用分期收款方式销售配件，合同约定不含税销售额150万元，当月应收取60%的货款。由于购货方资金周转困难，本月实际收到货款50万元，配件厂按照实际收款额开具了增值税专用发票。当月购进职工浴室使用的大型热水器一台，取得增值税专用发票，注明价款10万元。当月该配件厂应纳增值税是（　）万元。

A. 3.6 　　　　B. 5.1
C. 13.6 　　　 D. 11.7

解析 采取分期收款方式销售货物，纳税义务发生时间为合同约定收款日期的当天。外购货物用于集体福利或个人消费，其进项税额不得抵扣。

当月该配件厂应纳增值税 = 150×60%×13% = 11.7（万元）。　　**答案** D

【例题40·单选题】 甲公司（一般纳税人）为生产性企业，2021年1月提供装卸搬运和仓储服务取得不含税收入70万元。销售一台使用过的不得抵扣且未抵扣过进项税额的装卸机器一台，含税售价为3.09万元，开具了增值税普通发票。当月购入新款装卸机器一台，取得增值税专用发票注明价款30万元，另支付员工出差火车票款3 488元，无其他购进业务。该公司当月首次开始适用进项税额加计抵减政策，则当月应纳增值税是（　）元。

A. 600 　　　　B. 2 312
C. 3 928.80 　 D. −1 216.80

解析 当月销项税额 = 700 000×6% = 42 000（元）。

当月进项税额 = 300 000×13%+3 488/（1+9%）×9% = 39 000+288 = 39 288（元）。

当月计提加计抵减额 = 39 288×10% = 3 928.8（元）。

一般计税应纳税额 = 42 000−39 288 = 2712（元）。

当月计提加计抵减额 3 928.8 元大于 2 712 元，只能抵减 2 712 元，差额 1 216.8 元应结转后期继续抵减。

简易计税应纳税额 = 30 900/（1+3%）×2% = 600（元）。

应纳税额 = 2 712−2 712+600 = 600（元）。

答案 A

扫我解疑难

十五、简易计税★★★

（一）小规模纳税人简易计税

（1）小规模纳税人购进税控收款机的增值税额可以抵扣应纳税额，增值税普通发票和专用发票均可，不足抵免的可结转下期继续抵免。

普票可抵免税额 = 价款÷（1+适用税率）×适用税率

（2）小规模纳税人进口货物一律适用税率，不适用征收率。

（3）小微企业优惠：2019年1月1日至2021年3月31日，对月销售额10万元（含）以下（按季30万元）的增值税小规模纳税人，免征增值税。

自2021年4月1日至2022年12月31日，对月销售额15万元（含）以下（按季45万元）的增值税小规模纳税人，免征增值税。

（二）一般纳税人简易计税（见表2-42）

表2-42　一般纳税人简易计税

类别	具体内容
货物3%	（1）县级及县级以下小型水力发电单位生产的电力

类别	具体内容
货物 3%	(2)建筑用和生产建筑材料所用的砂、土、石料。 (3)以自己采掘的砂、土、石料或其他矿物连续生产的砖、瓦、石灰(不含黏土实心砖、瓦)。 (4)商品混凝土(仅限于以水泥为原料生产的水泥混凝土)。 (5)用微生物、微生物代谢产物、动物毒素、人或动物的血液或组织制成的生物制品。 (6)自来水。 (7)寄售商店代销寄售物品(包括居民个人寄售的物品)。 (8)典当业销售死当物品。 (9)生产销售和批发、零售罕见病药品及抗癌药。 (10)单采血浆站销售非临床用人体血液。 (11)药品经营企业销售生物制品。 (12)兽用药品经营企业销售兽用生物制品。 【提示】 (1)~(6)项需为纳税人自产货物
货物 5%	中外合作油(气)田开采的原油、天然气按实物征收增值税
建筑服务 3%	(1)以清包工方式提供的建筑服务。 (2)为甲供工程提供的建筑服务。 (3)为建筑工程老项目提供的建筑服务。 (4)销售自产货物的同时提供安装服务,其安装服务可以按照甲供工程选择适用简易计税方法计税
有形动产租赁 3%	均涉及到营改增之前的有形动产。 (1)以纳入营改增试点之日前取得的有形动产为标的物提供的经营租赁服务。 (2)在纳入营改增试点之日前签订的尚未执行完毕的有形动产租赁合同
其他服务 3%	(1)公共交通运输服务。 包括轮客渡、公交客运、地铁、城市轻轨、出租车、长途客运、班车。(不含铁路运输) (2)经认定的动漫企业为开发动漫产品提供的相关服务、在境内转让动漫版权。 (3)电影放映服务、仓储服务、装卸搬运服务、收派服务、文化体育服务。 (4)提供物业管理服务的纳税人,向服务接受方收取的自来水水费。(仅限水费) (5)提供非学历教育服务、教育辅助服务。 (6)非企业性单位中的一般纳税人提供研发和技术服务、信息技术服务、鉴证咨询服务,以及销售技术、著作权等无形资产。 (7)提供列明的金融服务。如农村合作银行、农村商业银行提供金融服务收入;中国农业银行、邮政储蓄银行提供农户贷款、农村企业和农村各类组织贷款取得的利息收入;资管产品管理人运营资管产品过程中发生的增值税应税行为。 (8)公路经营企业中的一般纳税人收取营改增试点前开工的高速公路的车辆通行费
不动产租售 5%	均涉及到营改增之前的老项目。 (1)销售 2016 年 4 月 30 日前取得的不动产。 (2)房地产开发企业销售自行开发的房地产老项目。 (3)房地产开发企业中的一般纳税人以围填海方式取得土地并开发的房地产项目,开工日期在 2016 年 4 月 30 日前的,属于房地产老项目。 (4)出租 2016 年 4 月 30 日前取得的不动产。 (5)一般纳税人 2016 年 4 月 30 日前签订的不动产融资租赁合同,或以 2016 年 4 月 30 日前取得的不动产提供的融资租赁服务。 (6)纳税人转让 2016 年 4 月 30 日前取得的土地使用权。 (7)一般纳税人收取试点前开工的一级公路、二级公路、桥、闸通行费

第 2 章

续表

类别	具体内容
不动产租售 5%	【提示】公路经营企业中的一般纳税人收取试点前开工的高速公路的车辆通行费，可以选择适用简易计税方法，减按 3% 的征收率计算应纳税额。 试点前开工的高速公路，是指相关施工许可证明上注明的合同开工日期在 2016 年 4 月 30 日前的高速公路
人力相关 5%	(1) 一般纳税人提供劳务派遣服务，选择差额计税。 (2) 一般纳税人提供安全保护服务，选择差额计税。 (3) 一般纳税人提供人力资源外包服务，选择简易计税

【提示1】人力资源外包和劳务派遣业务计税规则（见表 2-43）。

表 2-43　人力资源外包和劳务派遣业务计税规则

业务	销售额	具体规定
人力资源外包	一律差额计税	销售额不包括受客户委托代为向客户单位员工发放的工资及代理缴纳的社保、住房公积金。 一般纳税人：6%，销项税额-进项税额；可选简易计税，5%。 小规模纳税人：3%
劳务派遣	全额或差额计税	一般纳税人： (1) 全额一般计税：6%，销项税额-进项税额。 (2) 差额简易计税：5%。 扣除代用工单位支付给劳务派遣员工的工资、福利和社保、住房公积金
		小规模纳税人： (1) 全额简易计税：3%。 (2) 差额简易计税：5%

【提示2】适用简易计税方法的不能抵扣进项税额。

选择简易计税的，36 个月内不得变更计税方法。

【例题 41·多选题】一般纳税人发生下列应税行为，可以选择适用简易计税方法计税的有（　）。

A. 公共交通运输服务

B. 公路经营企业中的一般纳税人收取试点前开工的高速公路的车辆通行费

C. 一般纳税人以清包工方式提供的建筑服务

D. 房地产开发企业中的一般纳税人销售自行开发的房地产老项目

E. 一般纳税人销售自己使用过的已经抵扣过进项税额的固定资产

解析 ▶ 一般纳税人销售自己使用过的已抵扣进项税额的固定资产，应按一般计税方法计算增值税销项税额。　答案 ▶ ABCD

十六、进口环节增值税 ★★★

扫我解疑难

（一）一般货物进口征税规定（见表 2-44）

表 2-44　一般货物进口征税规定

项目	具体内容
征税范围	报关进口的应税货物应缴纳增值税

续表

项目	具体内容
纳税人	(1)进口货物的收货人或办理报关手续的单位和个人为纳税人。 (2)代理进口的货物以海关完税凭证上注明的人为纳税人
适用税率	按货物类别适用税率13%或9%，不适用征收率。 【提示】进口抗癌药品和罕见病药品减按3%征收进口环节增值税
税额计算	进口增值税=组成计税价格×税率
	组成计税价格=关税完税价格+关税+消费税 =(关税完税价格+关税)/(1-消费税税率)
	关税完税价格：包括货价、运抵我国境内输入地点起卸前的包装费、运费、保险费和其他劳务费等
	计算步骤：关税完税价格→关税→组成计税价格→增值税/消费税/车辆购置税

【提示】进口增值税属于进项税额，凭海关进口增值税专用缴款书上注明的增值税税额用于抵扣。

(二)跨境电子商务零售进口(见表2-45)

表2-45 跨境电子商务零售进口

项目	具体内容
纳税人	购买跨境电子商务零售进口商品的个人是纳税人。 电子商务企业、电子商务交易平台企业、物流企业可作代收代缴义务人
计税规则	自2019年1月1日起： (1)单次交易限值为5 000元，个人年度交易限值为26 000元。 (2)在限值以内进口的商品，关税税率暂设为0%；进口环节增值税、消费税取消免征税额，暂按法定应纳税额的70%征收。 (3)超过单次限值、累加后超过个人年度限值的单次交易，以及完税价格超过5000元限值的单个不可分割商品，均按照一般贸易方式全额征税。 (4)完税价格超过5 000元单次交易限值但低于26 000元年度交易限值，且订单下仅一件商品时，可自跨境电商零售渠道进口，按照货物税率全额征收关税和进口环节增值税、消费税，交易额计入年度交易总额，但年度交易总额超过年度交易限值的，应按一般贸易管理
计税依据	实际交易价格(货物零售价格、运费和保险费)作为完税价格
退税	自海关放行之日起30日内退货，可申请退税，并调整个人年度交易总额

【例题42·单选题】(2011年)甲进出口公司代理乙工业企业进口设备，同时委托丙货运代理人办理托运手续，海关进口增值税专用缴款书上的缴款单位是甲进出口公司。该进口设备的增值税纳税人是( )。

A. 甲进出口公司

B. 乙工业企业

C. 丙货运代理人

D. 国外销售商

解析 对报关进口的货物，以进口货物的收货人或办理报关手续的单位和个人为进口货物的纳税人。代理进口的货物以海关完税凭证上注明的人为纳税人。 答案 A

【例题43·单选题】某高档化妆品生产企业，2021年4月从国外进口一批高档化妆品，关税完税价格为80 000元，缴纳关税40 000元，高档化妆品消费税税率为15%。该企业进口环节应缴纳的增值税是( )元。

A. 18 071.56 B. 18 352.94

C. 23 000.00 D. 23 071.43

解析 ▶ 进口高档化妆品应纳增值税＝
（80 000 ＋ 40 000）÷（1 － 15%）× 13% ＝
18 352.94(元)。   **答案** ▶ B

十七、出口货物、劳务、服务的 增值税政策★

扫我解疑难

（一）出口政策及适用范围（见表2-46）

表2-46　出口政策及适用范围

政策	适用范围
免税并退税	1. 出口企业出口货物 包括自营出口货物和委托出口货物。 生产企业出口自产货物和视同自产货物，外贸企业出口货物。 2. 出口企业或其他单位视同出口货物 3. 出口企业对外提供加工修理修配劳务 是指对进境复出口货物或从事国际运输的运输工具进行的加工修理修配。 4. 一般纳税人提供适用增值税零税率的应税服务
免税不退税	1. 未负担进项税额：如免税货物出口 2. 未核算进项税额：如小规模纳税人出口
征税	列明情形：如明确取消出口退(免)税的货物、销售给特殊区域内的生活消费用品和交通运输工具、虚假备案等

【提示1】视同出口货物

(1)对外援助、对外承包、境外投资的出口货物；

(2)销售给特殊区域内单位或境外单位、个人的货物；

(3)免税品经营企业销售的货物；

(4)销售给国际金融组织或外国政府贷款国际招标建设项目的中标机电产品；

(5)向海上石油天然气开采企业销售自产海洋工程结构物；

(6)销售给国际运输企业用于国际运输工具上的货物；

(7)销售给特殊区域内生产企业生产耗用且不向海关报关而输入特殊区域的水(包括蒸汽)、电力、燃气。

【提示2】视同自产货物(见表2-47)。

表2-47　视同自产货物

情形	具体内容
满足5个条件	持续经营以来从未发生骗取出口退税等违法行为且同时符合下列条件的生产企业出口的外购货物，可视同自产货物适用增值税退(免)税政策： (1)已取得增值税一般纳税人资格； (2)已持续经营2年及2年以上； (3)纳税信用等级A级； (4)上一年度销售额5亿元以上； (5)外购出口的货物与本企业自产货物同类型或具有相关性

第 2 章

续表

情形	具体内容
无涉税违法，但不同时符合上述 5 个条件，符合下列条件之一的，可视同自产货物	(1)同时符合下列条件的外购货物： ①与本企业生产的货物名称、性能相同； ②使用本企业注册商标或境外单位或个人提供给本企业使用的商标； ③出口给进口本企业自产货物的境外单位或个人
	(2)与本企业所生产的货物属于配套出口，且出口给进口本企业自产货物的境外单位或个人的外购货物，符合下列条件之一的： ①用于维修本企业出口的自产货物的工具、零部件、配件； ②不经过本企业加工或组装，出口后能直接与本企业自产货物组合成成套设备的货物
	(3)经集团公司总部所在地的地级以上税务局认定的集团公司，其控股的生产企业之间收购的自产货物以及集团公司与其控股的生产企业之间收购的自产货物
	(4)同时符合下列条件的委托加工货物： ①与本企业生产的货物名称、性能相同，或者是用本企业生产的货物再委托深加工的货物； ②出口给进口本企业自产货物的境外单位或个人； ③委托方与受托方必须签订委托加工协议，且主要原材料必须由委托方提供，受托方不垫付资金，只收取加工费，开具加工费(含代垫的辅助材料)的增值税专用发票
	(5)用于本企业中标项目下的机电产品
	(6)用于对外承包工程项目下的货物
	(7)用于境外投资的货物
	(8)用于对外援助的货物
	(9)生产自产货物的外购设备和原材料(农产品除外)

【提示3】 来料加工和进料加工复出口货物出口增值税政策

来料加工复出口货物：只免不退

进料加工复出口货物：又免又退

【例题44·多选题】 (2013年)持续经营以来从未发生骗取出口退税等违法行为的生产企业同时符合特定条件出口外购货物，可视同自产货物适用增值税退(免)税政策，该特定条件包括(   )。

A. 已取得增值税一般纳税人资格

B. 已持续经营 2 年及 2 年以上

C. 纳税信用等级为 B 级及以上

D. 上一年度销售额 3 亿元以上

E. 外购出口的货物与本企业自产货物同类型或具有相关性

解析▶ 持续经营以来从未发生骗取出口退税等违法行为且同时符合下列条件的生产企业出口的外购货物，可视同自产货物适用

增值税退(免)税政策：

(1)已取得增值税一般纳税人资格；

(2)已持续经营 2 年及 2 年以上；

(3)纳税信用等级 A 级；

(4)上一年度销售额 5 亿元以上；

(5)外购出口的货物与本企业自产货物同类型或具有相关性。 答案▶ ABE

【例题45·多选题】 (2011年)生产企业出口的视同自产货物，可以实行"免、抵、退"税管理办法。下列货物视同自产货物的有(   )。

A. 外购的与本企业所生产的产品名称、性能相同，使用本企业注册商标，并出口给进口本企业自产货物的外商的产品

B. 外购的与本企业所生产的产品配套出口，不经过本企业加工或组装，出口后能直接与本企业自产货物组合成成套产品，并出口给进口本企业自产货物的外商的产品

C. 外购的与本企业所生产的产品配套出口，出口给进口本企业自产货物外商的，用于维修本企业出口的自产货物的零部件

D. 委托加工收回的与本企业所生产的产品名称、性能不同的产品，出口给进口本企业自产货物的外商的产品

E. 用本企业生产的货物再委托深加工收回的货物，出口给进口本企业代理出口货物的外商

解析 选项D，必须与本企业所生产的产品名称、性能相同；选项E，出口给进口本企业自产货物的外商，生产企业委托加工收回的货物才可视同自产货物办理退税。

答案 ABC

【例题46·多选题】下列选项中，适用出口免征增值税政策的有（　　）。

A. 已使用过的设备（购进时未取得增值税专用发票）

B. 国家计划内出口的卷烟

C. 特殊区域内的企业出口的特殊区域内的货物

D. 以旅游购物贸易方式报关出口的货物

E. 进料加工复出口的货物

解析 进料加工复出口的货物实行免税并退税的政策。

答案 ABCD

【例题47·多选题】（2015年）下列服务免征增值税的有（　　）。

A. 境内单位为出口货物提供邮政服务

B. 境外单位为境内单位提供有形动产租赁服务

C. 境内单位会议展览地点在境外的会议展览服务

D. 境内单位存储地点在境外的仓储服务

E. 境内单位为境外工程提供勘探服务

解析 选项ACDE均属于免税的应税服务，选项B境外单位为境内单位提供的有形动产租赁服务，属于增值税征税范围。

答案 ACDE

（二）出口退税计算

1. 退税方法（见表2-48）

表2-48　退税方法及其适用范围

方法	适用范围	关键
免抵退税	(1)生产企业出口自产和视同自产货物及对外提供加工修理修配劳务； (2)列明的生产企业出口非自产货物； (3)外贸企业直接将服务或自行研发的无形资产出口	自产
免退税	(1)不具备生产能力的出口企业（外贸企业）或其他单位出口货物劳务； (2)外贸企业外购服务或无形资产出口	外购

2. 出口退税率（见表2-49）

表2-49　出口退税率的具体规定

项目	具体规定
一般规定	(1)除明确有规定退税率的情况外，出口货物退税率为其适用税率。 (2)服务和无形资产的退税率为其适用的增值税税率。 【提示】货物退税率≤征税率；服务、无形资产退税率=征税率
特殊规定	(1)外贸企业购进按简易办法征税的货物、从小规模纳税人购进的货物，其退税率分别为简易办法实际执行的征收率、小规模纳税人征收率。 上述出口货物取得增值税专用发票的，退税率按照增值税专用发票上的税率和出口货物退税率孰低的原则确定。 (2)出口企业委托加工修理修配货物，其加工修理修配费用的退税率，为出口货物的退税率

续表

项目	具体规定
其他规定	适用不同退税率的货物、劳务及跨境应税行为，应分开报关、核算并申报退(免)税，否则从低适用退税率

3. 退税依据(见表 2-50)

表 2-50　退税依据

情形	退税依据
生产企业出口货物、劳务 (进料加工复出口货物除外)	出口货物、劳务的实际离岸价(FOB)
进料加工复出口货物	出口货物离岸价-出口货物耗用的保税进口料件金额
国内购进免税原材料加工后出口	出口货物离岸价-出口货物所含的国内购进免税原材料金额
外贸企业出口货物 (委托加工修理修配货物除外)	购进出口货物的增值税专用发票注明的金额或海关进口增值税专用缴款书注明的完税价格
外贸企业出口委托加工修理修配货物	加工修理修配费用增值税专用发票注明的金额
出口进项税额未计算抵扣的已使用过的设备	退(免)税计税依据=增值税专用发票上的金额或海关进口增值税专用缴款书注明的完税价格×设备净值÷设备原值 设备净值=设备原值-累计折旧

4. 免退税计算

应退税额=不含增值税购进金额×退税率

5. 免抵退税计算(见表 2-51)

表 2-51　免抵退税计算

类别	计算公式
基本公式	(1)免抵退税不得免征和抵扣的税额=出口离岸价格×外汇牌价×(出口货物征税率-退税率) (2)当期应纳税额=内销销项税额-(进项税额-免抵退税不得免征和抵扣税额)-上期末留抵税额 (3)免抵退税额=出口离岸价格×外汇牌价×退税率 (4)比较后确定应退税额、免抵税额或留抵税额
修正公式	如果出口企业存在免税料件购进的情况(国内购进无进项且不计提进项的免税料件或进料加工保税进口料件)，应在外销额中减除免税料件的价款或组价。 (1)免抵退税不得免征和抵扣的税额=出口离岸价格×外汇牌价×(出口货物征税率-退税率)-免抵退税不得免征和抵扣税额抵减额 (2)免抵退税不得免征和抵扣税额抵减额=当期免税购进原材料价格×(出口货物征税率-出口货物退税率) (3)当期应纳税额=内销销项税额-(进项税额-免抵退税不得免征和抵扣税额)-上期末留抵税额 (4)免抵退税额=出口离岸价格×外汇牌价×退税率-免抵退税额抵减额 (5)免抵退税额抵减额=当期免税购进原材料价格×出口货物退税率 (6)比较后确定应退税额、免抵税额或留抵税额

【提示】免税料件的减除方法：

(1)购进法：购进多少，减除多少。

(2)实耗法：耗用多少，减除多少。

计算进料加工出口货物耗用的保税进

料件金额=出口离岸价×计划分配率

计划分配率=计划进口总值÷计划出口总值×100%

【例题 48·单选题】生产企业进料加工

复出口货物，其增值税的退（免）税计税依据是（ ）。

A. 按出口货物的离岸价扣除出口货物所含的海关保税进口料件的金额后确定

B. 出口货物的实际离岸价

C. 出口货物的到岸价格

D. 按出口货物的到岸价扣除出口货物所含的国内购进免税原材料的金额后确定

解析 ▶生产企业进料加工复出口货物，其增值税的退（免）税计税依据按出口货物的离岸价（FOB）扣除出口货物所含的海关保税进口料件的金额后确定。 **答案** ▶A

【例题49·单选题】某自营出口生产企业是实行电子账册的增值税一般纳税人，专业从事进料加工业务，按实耗法计算，前一期已核销的实际分配率为30%，出口货物的征税率为13%，退税率为10%。2021年3月有关经营业务为：购进原材料一批，取得的增值税专用发票注明的价款200万元，外购货物准予抵扣进项税额26万元通过认证。上期末留抵税额9万元。本月内销货物不含税销售额100万元，收款113万元存入银行。本月进料加工出口货物离岸价折合人民币210万元。该企业当月应退的增值税税额为（ ）万元。

A. 17.59　　　　B. 14.70

C. 12.11　　　　D. 13.33

解析 ▶免抵退税不得免征和抵扣税额 = $210 \times (1-30\%) \times (13\%-10\%) = 4.41$（万元）。

当期应纳税额 = $100 \times 13\% - (26-4.41) -$

$9 = -17.59$（万元）。

免抵退税额 = $210 \times (1-30\%) \times 10\% = 14.70$（万元）。

因为 $14.70 < 17.59$，当期应退税 14.70 万元。

留抵税额 = $17.59 - 14.70 = 2.89$（万元）。 **答案** ▶B

【例题50·单选题】（2012年改）某服装厂为增值税一般纳税人，增值税税率13%，退税率10%。2021年3月外购棉布一批，取得的增值税专用发票注明价款200万元，增值税26万元，货已入库。当月进口料件一批，海关核定的完税价格25万美元，已按购进法向税务机关办理了《生产企业进料加工贸易免税证明》。当月出口服装的离岸价格75万美元，内销服装不含税销售额80万元。该服装厂上期期末留抵税额5万元。假设美元比人民币的汇率为1：6.4，服装厂进料加工复出口符合相关规定。该服装厂当期应退税额（ ）万元。

A. 0　　　　　　B. 11.00

C. 29.00　　　　D. 72.80

解析 ▶当期免抵退税不得免征和抵扣税额 = $(75-25) \times 6.4 \times (13\%-10\%) = 9.6$（万元），当期应纳税额 = $80 \times 13\% - (26-9.6) - 5 = -11$（万元），免抵退税额 = $(75-25) \times 6.4 \times 10\% = 32$（万元），应退税额为11万元。 **答案** ▶B

（三）旅游购物退税政策（见表2-52）

表2-52　旅游购物退税政策

项目	具体内容
适用范围	境外旅客：在境内连续居住不超183天的外国人和港澳台同胞
适用货物	不包括禁止、限制出境物品；退税商店销售的免税物品等
符合条件	(1)同人同日同一退税商店购买的退税物品金额达500元人民币； (2)退税物品未启用或消费； (3)离境日距退税物品购买日不超过90天； (4)所购退税物品由境外旅客本人随身携带或随行托运出境
退税率	适用13%税率的物品，退税率为11%； 适用9%税率的物品，退税率为8%

续表

项目	具体内容
退税计算	应退增值税额＝退税物品销售发票金额(含增值税)×退税率
退税方式	退税币种：人民币。 现金和转账方式退税。 退税额超过 10 000 元的，以转账方式退税；未超过 10 000 元的，自行选择退税方式

十八、征收管理★★

扫我解疑难

（一）纳税义务发生时间（见表 2-53）

表 2-53　纳税义务发生时间

情形	纳税义务发生时间
销售货物、劳务、服务、无形资产、不动产	收讫销售款或者取得索取销售款凭据的当天； 先开发票的，为开具发票当天
进口货物	报关进口当天
预收款	一般货物：货物发出时
	长期货物：收到预收款或合同约定的收款日当天 （生产工期超过 12 个月的大型机械设备、船舶、飞机等）
	租赁服务：收到预收款的当天
直接收款	不论货物是否发出，均为收到销售款或取得索取销售款凭据的当天
托收承付委托收款方式	发出货物并办妥托收手续的当天
赊销和分期收款方式	书面合同约定的收款日期当天； 无书面合同的或者书面合同没有约定收款日期的，为货物发出的当天
委托代销	收到代销单位的代销清单； 收到全部或者部分货款； 发出代销货物满 180 天的当天
视同销售	货物移送的当天
	服务、无形资产转让完成的当天或不动产权属变更当天
金融商品转让	所有权转移的当天
扣缴义务	纳税义务发生当天
建筑服务	被工程发包方从应支付的工程款中扣押的质押金、保证金，未开具发票的，以纳税人实际收到质押金、保证金的当天为纳税义务发生时间

（二）纳税期限

（1）以月（季）为纳税期：期满之日起 15 日内申报纳税。

以 1 个季度为纳税期的有小规模纳税人、银行、财务公司、信托投资公司、信用社等。

按固定期限纳税的小规模纳税人可以选择以 1 个月或 1 个季度为纳税期限，一经选择，一个会计年度内不得变更。

（2）以天（1 日、3 日、5 日、10 日、

15 日）为纳税期；期满之日起 5 日内预缴，次月 1 日起 15 日内申报结清上月税款。

（3）进口货物：海关填发缴款书之日起 15 日内缴纳税款。

（三）纳税地点（见表 2-54）

表 2-54　纳税地点

类型		纳税地点
固定业户	原地经营	机构所在地； 总分机构分别纳税或批准后在总机构处汇总纳税
	异地经营 （外县市）	报告外出经营事项：机构所在地纳税。 未报告：销售地或者劳务发生地纳税；未申报的，由机构所在地补征
非固定业户		销售地或者劳务发生地； 未申报的由机构所在地或者居住地补征
进口货物		报关地海关
扣缴义务人		机构所在地或居住地

【例题 51·单选题】下列增值税纳税人中，以 1 个月为纳税期限的是（　）。

A. 信用社　　　　B. 商业银行

C. 保险公司　　　D. 财务公司

解析 ▶ 以 1 个季度为纳税期限的规定适用于小规模纳税人、银行、财务公司、信托投资公司、信用社，以及财政部和国家税务总局规定的其他纳税人。

答案 ▶ C

十九、特定企业（交易行为）计税规则★★★（见表 2-55）

扫我解疑难

表 2-55　特定企业（交易行为）计税规则

项目	具体内容
一般计税 or 简易计税	可选简易计税情形： 建筑业：清包工、甲供工程、老项目。 不动产转让或出租：老项目
预缴情形	纳税人销售不动产； 纳税人出租与机构所在地不在同一县（市）的不动产； 纳税人跨地区提供建筑服务（跨地级市）； 房地产预售； 建筑服务预收款。 【提示】其他个人无需预缴税款
预征率	速记口诀：**房企转让都是 3，其他转让都是 5，建筑用 2、3，租赁用 3、5**

（一）转让不动产（房企销售自行开发的房地产项目除外）

转让不动产计税方法见表 2-56。

表 2-56　转让不动产计税方法

计税方法	类别	销售额	计税公式
一般计税	非自建 自建	全额	销项税额=销售额÷(1+9%)×9%
简易计税	自建	全额	应纳税额=销售额÷(1+5%)×5%
	非自建	差额	应纳税额=(销售额-购置原价或作价)÷(1+5%)×5%
预缴税款	自建	全额	预缴税款=销售额÷(1+5%)×5%
	非自建	差额	预缴税款=(销售额-购置原价或作价)÷(1+5%)×5%

【提示1】个人购买的住房转让(见表 2-57)。

表 2-57　个人购买的住房转让

区域	不满 2 年	满 2 年
北上广深	全额 5%	普通免税,非普通差额 5%
其他地区	全额 5%	免税

全额计税应纳税额=销售额÷(1+5%)×5%

差额计税应纳税额=(销售额-购置原价或作价)÷(1+5%)×5%

【提示2】差额计税具体规定:

(1)纳税人转让不动产,按规定差额计税的,如因丢失等原因无法提供取得不动产时的发票,可向税务机关提供能证明契税计税金额的完税凭证等资料,进行差额扣除。

(2)纳税人同时保留取得不动产时的发票和其他能证明契税计税金额的完税凭证等资料的,应当凭发票进行差额扣除。

(3)以契税计税金额进行差额扣除的公式(见表 2-58)。

表 2-58　以契税计税金额进行差额扣除的公式

情形	计税公式
2016 年 4 月 30 日及以前缴纳契税	增值税应纳税额=[全部交易价格(含增值税)-契税计税金额(含营业税)]÷(1+5%)×5%
2016 年 5 月 1 日及以后缴纳契税	增值税应纳税额=[全部交易价格(含增值税)÷(1+5%)-契税计税金额(不含增值税)]×5%

(二)房企销售自行开发的房地产项目

房企销售自行开发房地产项目的计税方法见表 2-59。

表 2-59　房企销售自行开发房地产项目计税方法

类别	计税方法	计税公式
申报纳税	一般计税	销项税额=(销售额-土地价款)/(1+9%)×9%
	简易计税	应纳税额=销售额/(1+5%)×5%
预收款预缴	一般计税	预缴税款=预收款/(1+9%)×3%
	简易计税	预缴税款=预收款/(1+5%)×3%

【提示1】 房企差额计税规定：

当期允许扣除的土地价款＝（当期销售房地产项目建筑面积÷房地产项目可供销售建筑面积）×支付的土地价款

房地产项目可供销售建筑面积指可出售的总建筑面积，不包括未单独作价结算的配套公共设施建筑面积。

【提示2】 房企进项税额的规定：

房地产开发企业的一般纳税人销售自行开发的房地产项目，兼有一般计税方法计税、简易计税方法计税、免征增值税的房地产项目而无法划分不得抵扣的进项税额的，应以《建筑工程施工许可证》注明的"建设规模"为依据进行划分。

不得抵扣的进项税额＝当期无法划分的全部进项税额×（简易计税、免税房地产项目建设规模÷房地产项目总建设规模）

（三）不动产经营租赁

不动产经营租赁计税方法见表2-60。

表2-60　不动产经营租赁计税方法

类别	计税方法	计税公式
申报纳税	一般计税	销项税额＝租金收入/(1+9%)×9%
	简易计税	应纳税额＝租金收入/(1+5%)×5%
		个人出租住房：应纳税额＝租金收入/(1+5%)×1.5%
预缴税款	一般计税	预缴税款＝租金收入/(1+9%)×3%
	简易计税	预缴税款＝租金收入/(1+5%)×5%
		个人出租住房：预缴税款＝租金收入/(1+5%)×1.5%

【提示】 出租不动产特别规定：

(1)租赁合同中约定免租期的，不属于视同销售服务。

(2)其他个人采取一次性收取租金形式出租不动产，租金收入可在对应的租赁期内平均分摊，分摊后月租金不超过10万元的(2021年4月1日后未超过15万元的)，可享受小微企业免征增值税优惠。

(3)经营租赁方式出租土地，按不动产经营租赁服务计税。

（四）跨县(市、区)建筑服务

跨县(市、区)建筑服务计税方法见表2-61。

表2-61　跨县(市、区)建筑服务计税方法

类别	计税方法	计税公式
申报纳税	一般计税	销项税额＝总包款/(1+9%)×9%
	简易计税	应纳税款＝(总包款-分包款)/(1+3%)×3%
预缴税款	一般计税	预缴税款＝(总包款-分包款)/(1+9%)×2%
	简易计税	预缴税款＝(总包款-分包款)/(1+3%)×3%

【提示1】 纳税人提供建筑服务取得预收款，应在收到预收款时，以取得的预收款扣除支付的分包款后的余额按上述方法和预征率预缴增值税。

【提示2】 比较建筑服务和房企不动产销售的计税规则(见表2-62)。

表 2-62　建筑服务和房企不动产销售计税规则的比较

业务	一般计税	简易计税
建筑服务销售额	全额计税	差额计税 扣除分包款
房企不动产销售额	差额计税 扣除土地价款	全额计税

【提示3】纳税人在同一地级行政区范围内跨县(市、区)提供建筑服务，不适用本政策。

(五)资管产品计税规定(见表 2-63)

表 2-63　资管产品计税规定

项目		具体规定
纳税人		资管产品管理人
计税方法	简易计税	资管产品管理人运营资管产品过程中发生的增值税应税行为(资管产品运营业务)暂适用简易计税方法，按照3%的征收率缴纳增值税
	一般计税	管理人接受投资者委托或信托对受托资产提供的管理服务以及管理人发生的除上述按照简易计税方法计税的其他增值税应税行为(其他业务)，按照现行规定缴纳增值税
	应分别核算二类业务销售额和应纳税额，未分别核算运营业务不得简易计税	
	贷款服务	以2018年1月1日起产生的利息及利息性质的收入为销售额
	金融商品转让	转让2017年12月31日前取得的股票(不包括限售股)、债券、基金、非货物期货，可以选择按照实际买入价计算销售额，或者以2017年最后一个交易日的股票收盘价、债券估值、基金份额净值、非货物期货结算价格作为买入价计算销售额

【总结】各类预缴规则(见表 2-64)。

按规定应预缴税款的小规模纳税人，凡在预缴地实现的月销售额未超过10万元(2021年4月1日起未超过15万元)的，当期无须预缴税款。

表 2-64　各类预缴规则

类别	预缴计算公式
非房企转让不动产	一般或简易：全额或差额/(1+5%)×5%
房企转让不动产	一般：预收款/(1+9%)×3% 简易：预收款/(1+5%)×3%
不动产经营租赁	一般：租金全额/(1+9%)×3% 简易：租金全额/(1+5%)×5%
建筑服务	一般：(总包款-分包款)/(1+9%)×2% 简易：(总包款-分包款)/(1+3%)×3%

【例题 52·单选题】2021年3月，某一般纳税人商贸公司将一栋办公楼对外转让，取得全部价款 5 600 万元，该办公楼为 2017 年以 3 200 万元购进。则企业应当预缴的税款为(　)万元。

A. 112.54　　　　B. 189.52
C. 152.36　　　　D. 114.29

解析▶该企业应预缴税款=(5 600-3 200)/(1+5%)×5%=114.29(万元)。

答案▶D

【例题53·单选题】2020年11月，张某销售一套位于北京的别墅，取得含税销售收入1 600万元，该住房于2015年3月购进，购进时支付房价700万元，取得发票，交纳契税28.5万元，张某销售住房应纳增值税是（　）万元。

A. 0　　　　　　B. 42.86

C. 76.19　　　　D. 80

解析 ▶ 北上广深住房转让政策：个人将购买2年以上（含2年）的非普通住房对外销售的，以销售收入减去购买住房价款后的差额按5%的征收率缴纳增值税。

张某应纳增值税=（1 600-700）÷（1+5%）×5%=42.86（万元）。 答案 ▶ B

【例题54·单选题】2021年3月甲建筑公司承包外市一家制药厂厂房改造工程，当月竣工结算，取得含税工程总价款为2 000万元。发生分包支出含税金额400万元，取得分包企业开具的增值税专用发票。该业务适用一般计税方法计税。2021年3月，甲应在建筑服务发生地预缴的增值税是（　）万元。

A. 29.09　　　　B. 29.36

C. 43.24　　　　D. 43.64

解析 ▶ 纳税人跨地级市提供建筑服务，适用一般计税方法计税的，甲应预缴税款=（全部价款和价外费用-支付的分包款）÷（1+9%）×2%=（2 000-400）÷（1+9%）×2%=29.36（万元）。 答案 ▶ B

【例题55·单选题】某房地产开发企业为增值税一般纳税人，2019年6月销售自行开发的房地产项目，取得含税销售收入600万元，另取得延期付款利息50万元。购买土地时向政府部门支付的土地价款总额为210万元，房地产项目可供销售的建筑面积为1 000万平方米，当期销售房地产项目建筑面积为500万平方米，适用一般计税方法计税，不考虑其他涉税事项。该房地产开发企业当期应缴纳增值税是（　）万元。

A. 45.45　　　　B. 45.00

C. 55.00　　　　D. 36.33

解析 ▶ 房地产开发企业中的一般纳税人销售自行开发的房地产项目，适用一般计税方法计税的，按照取得的全部价款和价外费用，扣除当期销售房地产项目对应的土地价款后的余额计算销售额。

当期允许扣除的土地价款=（当期销售房地产项目建筑面积÷房地产项目可供销售建筑面积）×支付的土地价款=（500÷1 000）×210=105（万元）。

计税销售额=（全部价款和价外费用-当期允许扣除的土地价款）÷（1+9%）=（600+50-105）÷（1+9%）=500（万元）。

该房地产开发企业当期应缴纳增值税=500×9%=45（万元）。 答案 ▶ B

【例题56·单选题】位于甲市的增值税一般纳税人贸易公司，2020年3月将其位于乙市的一个商铺出租，当月预收一年租金133.1万元，已知该商铺为2016年10月购入，当月准予抵扣的进项税额为4万元，不考虑其他涉税事项。则当月应在甲市缴纳增值税是（　）万元。

A. 3　　　　　　B. 3.33

C. 6.98　　　　D. 10.99

解析 ▶ 一般纳税人出租营改增后取得的不动产，应采用一般计税方法计算增值税。在乙市预缴税款=133.1÷（1+9%）×3%=3.66（万元），在甲市申报缴纳税款=133.1÷（1+9%）×9%-4-3.66=3.33（万元）。

答案 ▶ B

二十、增值税发票★

扫我解疑难

（一）一般纳税人不得使用增值税专用发票的情形

（1）会计核算不健全，不能向税务机关准确提供相关税务资料的；

（2）应当办理一般纳税人资格登记而未办理的；

（3）有征管法规定的税收违法行为，拒不

接受税务机关处理的；

（4）有下列违法行为，经税务机关责令限期改正而未改正的：

虚开专票、私印专票、借用他人专票、未按规定开具专票、未按规定保管专票和专用设备、未按规定接受税务机关检查。有上述情形，应暂扣其结存的专票和税控专用设备。

（二）不得开具增值税专用发票的情形

（1）向消费者个人销售货物、提供应税劳务或者发生应税行为的。例如，为自然人提供的保险服务。

（2）销售货物、提供应税劳务或者发生应税行为适用增值税免税规定的，法律、法规及国家税务总局另有规定的除外。

（3）试点纳税人提供有形动产融资性售后回租服务，向承租方收取的有形动产价款本金。

（4）金融商品转让。

（5）提供旅游服务，从全部价款和价外费用中扣除的对外支付旅游费用。

（6）教育部考试中心及其直属单位代为收取并支付给境外的考试费。

（就支付给境外单位的考试费统一扣缴增值税）

（7）劳务派遣或安全保护服务选择差额纳税的，向用工单位收取用于支付给劳务派遣员工工资、福利和为其办理社会保险及住房公积金的费用。

（8）人力资源外包，向委托方收取并代为发放的工资和代理缴纳的社会保险、住房公积金。

（9）经纪代理服务，向委托方收取并代为支付的政府性基金或行政事业性收费。

（10）签证代理服务，向委托方收取并代为支付的签证费、认证费。

（11）代理进口免增值税货物，向委托方收取并代为支付的款项。

（12）部分适用增值税简易征收政策规定的：

①增值税一般纳税人的单采血浆站销售非临床用人体血液选择简易计税的。

②纳税人销售旧货，按简易办法依 3% 征收率减按 2% 征收增值税的。

③纳税人销售自己使用过的固定资产，适用按简易办法依 3% 征收率减按 2% 征收增值税政策的。

【提示】纳税人销售自己使用过的固定资产，适用简易办法依照 3% 征收率减按 2% 征收增值税政策的，可以放弃减税，按照简易办法依照 3% 征收率缴纳增值税，并可以开具增值税专用发票。

（三）小规模自开增值税专用发票

自 2020 年 2 月 1 日起，纳入增值税小规模纳税人自开增值税专用发票试点的小规模纳税人需要开具增值税专用发票的，可以通过新系统自行开具，主管税务机关不再为其代开。

（四）小规模代开专用发票

增值税小规模纳税人月销售额不超过免征增值税标准的，当期因代开增值税专用发票（含货物运输业增值税专用发票）已经缴纳的税款，在增值税专用发票全部联次追回或者按规定开具红字增值税专用发票后，可以向主管税务机关申请退还。

（五）增值税专用发票开具要求

（1）项目齐全，与实际交易相符；

（2）字迹清楚，不得压线、错格；

（3）发票联和抵扣联加盖发票专用章；

（4）按照增值税纳税义务的发生时间开具。

（六）丢失增值税专用发票

（1）同时丢失发票联和抵扣联，可凭加盖销售方发票专用章的相应发票的记账联复印件，作为进项税额抵扣凭证、退税凭证或记账凭证。

（2）丢失抵扣联，可凭相应发票的发票联复印件，作为进项税额抵扣凭证、退税凭证。

（3）丢失发票联，可凭相应发票的抵扣联复印件，作为记账凭证。

（七）任何单位和个人不得有下列虚开发票行为

（1）为他人、为自己开具与实际经营业务情况不符的发票；

（2）让他人为自己开具与实际经营业务情况不符的发票；

（3）介绍他人开具与实际经营业务情况不符的发票。

（八）增值税发票开具备注规定

（1）建筑服务：备注建筑服务发生地县（市、区）名称及项目名称；

（2）销售不动产：备注不动产详细地址；

（3）保险机构代收车船税：备注代收车船税税款信息；

（4）货物运输：备注起运地、到达地、车种车号、运输货物信息等。

【例题 57·单选题】（2012 年）增值税小规模纳税人发生下列销售行为，可以申请税务机关代开增值税专用发票的是（　）。

A. 销售旧货

B. 销售自己使用过的固定资产（未放弃减税）

C. 销售边角余料

D. 销售免税货物

解析 ▶ 其他选项只能开具增值税普通发票。

答案 ▶ C

真题精练

一、单项选择题

1.（2020 年）根据一般纳税人转让取得不动产的增值税管理办法规定，下列说法中正确的是（　）。

A. 取得的不动产，包括抵债取得的不动产

B. 转让 2015 年取得的不动产，以取得的全部价款和价外费用扣除不动产购置原价后的余额为计税销售额

C. 转让 2018 年自建的不动产，可以选择适用简易计税方法

D. 取得不动产转让收入，应向不动产所在地主管税务机关申报纳税

2.（2020 年）下列项目，允许抵扣增值税进项税额的是（　）。

A. 纳税人取得增值税电子普通发票的道路通行费

B. 个人消费的购进货物

C. 纳税人购进的娱乐服务

D. 纳税人支付的贷款利息

3.（2020 年）某企业为增值税小规模纳税人，2020 年 1 月出售作为固定资产使用过的卡车和电脑，分别取得含税收入 3 万元和 1.5 万元，开具增值税普通发票。销售边角料取得含税收入 2 万元，假设不考虑小规模纳税人免税政策，该企业当月应缴纳增值税（　）万元。

A. 0.13　　　　B. 0.19

C. 0.15　　　　D. 0.16

4.（2020 年）金融机构提供贷款服务，增值税计税销售额是（　）。

A. 贷款利息收入扣除金融服务收取的手续费的余额

B. 取得的全部利息收入扣除借款利息后的余额

C. 取得的全部利息及利息性质的收入

D. 结息当日收取的全部利息应计入下期销售额

5.（2020 年）某网约车电商平台为增值税一般纳税人，2019 年 11 月提供网约车服务，开具普通发票不含税收入额 5 000 万元，支付网约车司机服务费 3 800 万元。网约车服务选择简易计税，该电商平台当月应缴纳增值税（　）万元。

A. 60　　　　B. 33

C. 250　　　　D. 150

6.（2020 年）甲个体工商户（小规模纳税人）出租住房，2020 年 3 月一次性收取全年租金 120 万元（含税），甲当月应缴纳增

值税( )万元。

A. 9.91 　　　　　 B. 0

C. 5.17 　　　　　 D. 1.71

7.（2020 年）关于增值税境外旅客购物离境退税政策，说法正确的是（ ）。

A. 一次购买金额达到 300 元可以退税

B. 退税币种为退税者所在国货币

C. 退税物品不包括退税商店销售的增值税免税物品

D. 境外旅客是指在中国境内居住满 365 天的个人

8.（2020 年）根据增值税农产品进项税额核定办法的规定，说法正确的是（ ）。

A. 扣除率为购进货物的适用税率

B. 耗用率由试点纳税人向主管税务机关申请核定

C. 核定扣除的纳税人购进农产品可选择依扣税凭证抵扣

D. 卷烟生产属于核定扣除试点范围

9.（2020 年）某企业为增值税一般纳税人，2020 年 12 月销售建材、提供运输服务，取得建材不含税销售款 100 万元，取得运输服务不含税收入 3 万元，当期允许抵扣的进项税款 6.5 万元，则本期应缴纳增值税( )万元。

A. 6.77 　　　　　 B. 2.77

C. 18.00 　　　　　 D. 16.89

10.（2020 年）某生产企业为增值税一般纳税人，2019 年 12 月销售应税货物不含税销售额为 600 万元，销售免税货物销售额 200 万元，货物耗用材料的进项税额为 65 万元，无法划分用途，该企业当月应缴纳的增值税为( )万元。

A. 67.75 　　　　　 B. 94.25

C. 78.00 　　　　　 D. 29.25

11.（2020 年）某生产企业为增值税一般纳税人，2020 年 4 月其员工因公出差取得如下票据：注明本单位员工身份信息的铁路车票，票价共计 10 万元；注明本单位员工身份信息的公路客票，票价共计 3 万

元；道路通行费增值税电子普通发票，税额共计 2 万元。该企业当月可以抵扣增值税进项税额( )万元。

A. 0.83 　　　　　 B. 2.91

C. 0.91 　　　　　 D. 3.07

12.（2020 年）某生产性服务企业为增值税一般纳税人，符合进项税额加计抵减政策条件。2019 年 12 月销售服务，开具增值税专用发票注明税额 25 万元；购进服务取得增值税专用发票上注明税额 13 万元，其中 10% 的服务用于提供适用简易计税的服务；进项税额上期末加计抵减余额为 3 万元。假设当月取得增值税专用发票当月勾选抵扣。该企业当月应缴纳增值税( )万元。

A. 7.70 　　　　　 B. 8.55

C. 9.13 　　　　　 D. 10.30

13.（2020 年）一般纳税人提供下列服务，可以选择简易计税方法按 5% 征收率计算缴纳增值税的是( )。

A. 公共交通运输服务

B. 不动产经营租赁

C. 建筑服务

D. 文化体育服务

14.（2020 年）下列关于增值税汇总纳税的说法，正确的是( )。

A. 分支机构发生当期已预缴税款，在总机构当期应纳税额抵减不完的，可以结转下期继续抵扣

B. 总机构汇总的销售额，不包括总机构本身的销售额

C. 总机构汇总的进项税额，为各分支机构发生的进项税额

D. 分支机构预缴税款的预征率由国务院确定，不得调整

15.（2020 年）关于小规模纳税人增值税的税务处理，下列说法正确的是( )。

A. 购进复印纸可以凭取得的增值税电子普通发票抵扣进项税额

B. 销售使用过的固定资产按照 5% 征收

率减按 1.5% 计算应纳税额

C. 计税销售额为不含税销售额

D. 购进税控收款机支付的增值税不得抵减当期应纳增值税

16. (2020 年)某生产企业为增值税一般纳税人，生产销售货物适用税率 9%。2020 年 1 月从农业生产者购进免税农产品，开具农产品收购发票，注明金额为 40 万元；从小规模纳税人购入农产品，取得增值税专用发票，注明金额 8 万元、税额 0.24 万元。假设农产品未纳入核定扣除范围，取得的增值税扣税凭证当月计算抵扣进项税额。该企业当月可抵扣的进项税额为( )万元。

A. 3.84   B. 3.60

C. 4.24   D. 4.32

17. (2020 年)某工业企业为增值税一般纳税人，2020 年 6 月销售货物，开具增值税专用发票注明金额 300 万元，在同一张发票金额栏注明的折扣金额共计 50 万元，为鼓励买方及早付款，给予现金折扣 N/90、1/45、2/30，买方于第 45 天付款。该企业上述业务销项税额为( )万元。

A. 32.50   B. 32.11

C. 39.00   D. 38.61

18. (2020 年)2020 年 3 月，某生产企业出口自产货物销售额折合人民币 2 000 万元，内销货物不含税销售额 800 万元。为生产货物购进材料取得增值税专用发票注明金额为 4 600 万元、税额为 598 万元，已知该企业出口货物适用税率为 13%，出口退税率为 11%，当月取得的增值税专用发票已勾选抵扣进项税额，期初无留抵税额。该公司当月出口货物应退增值税( )万元。

A. 338   B. 454

C. 598   D. 220

19. (2020 年)某生产企业为增值税一般纳税人，于 2019 年 12 月销售其 2016 年 5 月购入的不动产，开具增值税专用发票，

注明金额为 4 500 万元；该不动产与企业在同一县市，购入时取得的增值税专用发票上注明金额为 2 300 万元，税额为 253 万元(已抵扣进项税额)，缴纳契税 69 万元。该企业增值税销项税额为( )万元。

A. 108.71   B. 152.00

C. 405.00   D. 296.29

20. (2020 年)某建筑企业为增值税一般纳税人，2019 年 12 月取得非同一地级市跨县市建筑工程劳务款 1 500 万元(含税)；支付分包工程款 600 万元(含税)，分包款取得合法有效凭证。该建筑服务项目选用一般计税方法。该企业当月应在劳务发生地预缴增值税( )万元。

A. 17.48   B. 18.00

C. 26.21   D. 16.51

21. (2019 年)关于增值税纳税人的规定，说法正确的是( )。

A. 单位租赁或承包给其他单位或个人经营的，以出租人为纳税人

B. 报关进口货物，以进口货物的发货人为纳税人

C. 境外单位在境内提供应税劳务，一律以购买者为纳税人

D. 资管产品运营过程中发生的增值税行为，以资管产品管理人为纳税人

22. (2019 年)下列纳税人，必须办理一般纳税人登记的是( )。

A. 其他个人

B. 非企业性单位

C. 不经常发生应税行为的单位

D. 年应税销售额超过 500 万元且经常发生应税行为的工业企业

23. (2019 年)下列各项中，应视同销售货物或服务，征收增值税的是( )。

A. 王某无偿向其他单位转让无形资产(用于非公益事业)

B. 某公司将外购饮料用于职工福利

C. 某建筑公司外购水泥发生非正常损失

D. 个人股东无偿借款给单位

24. (2019年改)根据增值税的相关规定，下列表述正确的是( )。

    A. 单位取得存款利息应缴纳增值税

    B. 单位获得的保险赔付需要缴纳增值税

    C. 工会组织收取的工会经费应缴纳增值税

    D. 纳税人取得2020年的财政补贴收入，与其销售收入或者数量直接挂钩的，不征收增值税

25. (2019年)境外自然人为境内单位提供宣传画册设计服务，境内单位支付含增值税服务费10 300元，境内单位应扣缴增值税( )元。

    A. 0   B. 300.00

    C. 618.00   D. 583.02

26. (2019年)某企业为增值税一般纳税人，2019年4月提供汽车租赁服务，开具增值税专用发票，注明金额50万元；提供汽车车身广告位出租服务，开具增值税专用发票，注明金额60万元；出租上月购置房屋，开具增值税专用发票，注明金额100万元。该企业当月上述业务增值税销项税额( )万元。

    A. 15.60   B. 18.90

    C. 23.30   D. 25.60

27. (2019年)某企业为增值税一般纳税人，2019年3月销售钢材一批取得含税销售额58万元。2019年5月因质量问题该批钢材被全部退回，企业按规定开具红字发票；5月销售钢材取得不含税销售额150万元。该企业5月增值税销项税额( )万元。

    A. 11.50   B. 11.96

    C. 12.83   D. 13.00

28. (2019年)某食品生产企业为增值税一般纳税人，2019年4月销售货物，开具的增值税专用发票上注明金额120万元。开收据收取包装物押金3万元、优质费2万元。包装物押金单独记账核算，其期限

规定为6个月。该企业当月增值税销项税额( )万元。

    A. 15.60   B. 15.83

    C. 15.95   D. 16.18

29. (2019年改)某酒店为增值税一般纳税人，适用进项税额加计抵减政策，2020年5月一般计税项目销项税额200万元，当期可抵扣进项税额150万元，上期留抵税额10万元，则当期可计提的加计抵减额( )万元。

    A. 14.00   B. 15.00

    C. 16.00   D. 22.50

30. (2019年)某制药厂为增值税一般纳税人，2019年5月销售应税药品取得不含税收入100万元，销售免税药品取得收入50万元，当月购入原材料一批，取得增值税专用发票，注明税款6.8万元；应税药品与免税药品无法划分耗料情况。该制药厂当月应缴纳增值税( )万元。

    A. 6.20   B. 8.47

    C. 10.73   D. 13.00

31. (2019年)关于小规模纳税人缴纳增值税，下列说法正确的是( )。

    A. 销售自己使用过的不动产，以3%征收率减按2%计算缴纳增值税

    B. 提供建筑服务，以取得的全部价款和价外费用为销售额，按照3%征收率计算缴纳增值税

    C. 出租不动产按照5%征收率计算缴纳增值税(不含个人出租住房)

    D. 销售边角料收入应按照3%征收率减按2%计算缴纳增值税

32. (2019年)某境外旅客2019年10月5日在内地某退税商店购买了一件瓷器，价税合计金额2 260元，取得退税商店开具的增值税普通发票及退税申请单，发票注明税率13%。2019年10月10日该旅客离境，应退增值税( )元。

    A. 220.00   B. 223.96

    C. 248.60   D. 260.00

33. （2019 年）某生产企业 2019 年 2 月 10 日签订货物销售合同，合同约定 2019 年 3 月 10 日发货，3 月 15 日收款，生产企业按约定发货，5 月 5 日收到货款，则增值税纳税义务的发生时间是（ ）。

    A. 2019 年 2 月 10 日

    B. 2019 年 3 月 10 日

    C. 2019 年 5 月 5 日

    D. 2019 年 3 月 15 日

34. （2019 年）A 单位发生的下列行为中，不属于虚开增值税专用发票的是（ ）。

    A. 未在商场购物，让商场开具增值税专用发票

    B. 购买用于劳动保护的 20 双雨鞋，让商场开具 25 双雨鞋的增值税专用发票

    C. 从 B 单位购买货物，但让 C 单位为本单位开具增值税专用发票

    D. 其他个人为本单位提供商铺租赁服务，取得税务机关代开增值税专用发票

35. （2018 年）关于增值税起征点的规定，下列说法正确的是（ ）。

    A. 仅对销售额中超过起征点的部分征税

    B. 起征点的调整由各省、自治区、直辖市税务局规定

    C. 起征点的适用范围包括自然人和登记为一般纳税人的个体工商户

    D. 对自然人销售额未达到规定起征点的，免征增值税

36. （2018 年改）2017 年 5 月，某公司（增值税一般纳税人）购入不动产用于办公，取得增值税专用发票上注明金额 2 000 万元，税额 100 万元，进项税额已按规定申报抵扣。2019 年 1 月，该办公楼改用于职工宿舍，当期净值 1 800 万元。该办公楼应转出进项税额（ ）万元。

    A. 85.71   B. 100.00

    C. 198.00   D. 90.00

37. （2018 年）下列情形中，应征收增值税的是（ ）。

    A. 法国 A 公司向我国 B 公司销售位于我国境内的办公楼

    B. 英国 E 公司向我国 F 公司销售完全在英国境内使用的无形资产

    C. 美国 G 公司向我国 H 公司提供在美国境内的会议展览服务

    D. 德国 C 公司向我国 D 公司出租完全在德国境内使用的客车

38. （2018 年）2018 年 5 月，某建筑安装公司（增值税一般纳税人）以清包工方式提供建筑服务，取得含税收入 1 000 万元；销售 2016 年 4 月 30 日前自建的不动产，取得含税收入 800 万元。上述业务均选择简易计税方法计税。该公司当月应纳增值税（ ）万元。

    A. 52.43   B. 70.92

    C. 85.72   D. 67.23

39. （2018 年）一般纳税人销售自行开发生产软件产品的增值税优惠政策是（ ）。

    A. 即征即退   B. 先征后退

    C. 减半征收   D. 先征后返

40. （2018 年）关于进口货物（非应税消费品）增值税计税依据的规定，下列说法正确的是（ ）。

    A. 以到岸价格为计税依据

    B. 以关税完税价格与关税税额之和为计税依据

    C. 以海关审定的成交价格与关税税额之和为计税依据

    D. 以海关审定的成交价格为计税依据

41. （2017 年）企业取得的下列收入，不征收增值税的是（ ）。

    A. 供电企业收取的并网费

    B. 房屋租赁费

    C. 电力公司向发电企业收取的过网费

    D. 存款利息

42. （2017 年）关于增值税的销售额，下列说法正确的是（ ）。

    A. 经纪代理服务，以取得的全部价款和价外费用为销售额

    B. 旅游服务，一律以取得的全部价款和

价外费用为销售额

C. 航空运输企业的销售额，不包括收取的机场建设费

D. 劳务派遣服务，一律以取得的全部价款和价外费用为销售额

43. (2017 年改)某货物运输企业为增值税一般纳税人，2019 年 10 月提供货物运输服务，取得不含税收入 480 000 元；出租闲置车辆取得含税收入 68 000 元；提供车辆停放服务，取得含税收入 26 000 元，以上业务均选择一般计税方法。该企业当月销项税额是( )元。

A. 50 961.47

B. 53 169.80

C. 73 214.16

D. 54 014.16

44. (2017 年改)某商场为增值税一般纳税人，2019 年 10 月举办促销活动，全部商品八折销售。实际取得含税收入 380 000 元，销售额和折扣额均在同一张发票金额栏上分别注明。上月销售商品本月发生退货，向消费者退款 680 元，已按规定开具增值税红字发票。该商场当月销项税额是( )元。

A. 43 638.58

B. 55 213.68

C. 64 600.00

D. 80 750.00

45. (2017 年改)某金银饰品店为增值税一般纳税人，2019 年 10 月销售金银首饰取得不含税销售额 50 万元，另以旧换新销售金银首饰，按新货物销售价格确定的含税收入 25.2 万元，收回旧金银首饰作价 11.6 万元(含税)。当月进项税额 5.6 万元。该金银饰品店当月应纳增值税( )万元。

A. 3.99 　　　 B. 2.63

C. 4.61 　　　 D. 2.46

46. (2016 年)根据增值税现行政策规定，下列业务属于在境内销售服务、无形资产

或不动产的是( )。

A. 境外单位为境内单位提供境外矿山勘探服务

B. 境外单位向境内单位出租境外的厂房

C. 境外单位向境内单位销售在境外的不动产

D. 境外单位向境内单位提供运输服务

47. (2016 年改)某超市为增值税一般纳税人，2019 年 12 月销售蔬菜取得零售收入 24 000 元，销售粮食、食用油取得零售收入 13 200 元，销售其他商品取得零售收入 98 000 元，2019 年 12 月该超市销项税额为( )元。

A. 18 518.97

B. 12 364.24

C. 16 157.27

D. 18 918.33

48. (2016 年改)某便利店为增值税小规模纳税人，按月申报交纳增值税。2019 年 6 月销售货物取得含税收入 140 000 元，代收水电煤等公共事业费共计 150 000 元，取得代收手续费收入 1 500 元，该便利店 2019 年 6 月应纳增值税( )元。

A. 3 617.43

B. 4 121.36

C. 1 236.48

D. 2 664.05

49. (2016 年)2016 年 7 月，张某销售一套住房，取得含税销售收入 460 万元，该住房于 2015 年 3 月购进，购进时支付房价 100 万元，手续费 0.2 万元，契税 1.5 万元，张某销售住房应纳增值税( )万元。

A. 21.90 　　 B. 17.14

C. 12.05 　　 D. 0

50. (2016 年改)2019 年 7 月，王某出租一处住房，预收半年租金 48 000 元，王某收取租金应纳增值税( )元。

A. 720.00 　　 B. 0

C. 685.71 　　 D. 2 285.71

51. (2016 年)某企业为增值税一般纳税人，

2016年5月买入A上市公司股票，买入价280万元，支付手续费0.084万元。当月卖出其中的50%，发生买卖负差10万元。2016年6月，卖出剩余的50%，卖出价200万元，支付手续费0.06万元，印花税0.2万元。该企业2016年6月应纳增值税（　　）万元（以上价格均为含税价格）。

A. 3.00　　　　　　B. 3.38

C. 2.81　　　　　　D. 2.83

52.（2016年）根据"营改增"试点过渡政策的规定，下列项目免征增值税的是（　　）。

A. 销售不动产

B. 退役士兵创业就业

C. 个人转让著作权

D. 飞机修理

53.（2016年）下列业务中免征增值税的是（　　）。

A. 残疾人福利企业销售自产产品

B. 民办职业培训机构的培训业务

C. 残疾人福利机构提供的育养服务

D. 单位销售自建住房

54.（2016年）下列业务不属于增值税视同销售的是（　　）。

A. 单位无偿向其他企业提供广告服务

B. 单位无偿为其他个人提供交通运输服务

C. 单位无偿为关联企业提供建筑服务

D. 单位以自建的房产抵偿建筑材料款

55.（2016年）某建筑工程公司为甲市增值税一般纳税人，2016年6月到乙市提供建筑服务（建筑用主要材料由建设单位提供），取得含税价款5 768万元，该建筑工程公司将承包工程中的电梯安装业务分包给某电梯安装企业，支付含税分包款618万元，取得增值税普通发票。建筑工程公司购进建筑用辅助材料的进项税额为20万元，该工程公司上述业务税务处理正确的是（　　）。

A. 可以选择简易方法计算增值税，在乙

市预缴增值税150万元

B. 应按一般计税方法计算增值税，在乙市预缴增值税280万元

C. 应按一般计税方法计算增值税，在甲市缴纳增值税280万元

D. 可以选择简易方法计算增值税，在甲市缴纳增值税150万元

56.（2016年改）某企业为增值税小规模纳税人，按月申报交纳增值税。2019年6月销售货物取得含税收入152 000元，出租仓库取得含税收入35 000元，初次购进税控系统专用设备，取得增值税专用发票，注明价税合计金额2 200元。2019年6月该企业应缴纳增值税（　　）元。

A. 2 861.51

B. 3 893.85

C. 653.64

D. 1 300.89

57.（2016年）下列关于一般计税方法下预缴增值税的说法中，错误的是（　　）。

A. 出租2016年5月1日后取得的、与机构所在地不在同一县（市）的不动产，应按照3%的预征率在不动产所在地预缴税款

B. 销售2016年5月1日后取得的不动产，应以取得的全部价款和价外费用减除该项不动产购置原价后的余额，按照5%的预征率在不动产所在地预缴税款

C. 房地产开发企业销售其2016年4月30日前开工的老项目，应以取得的全部价款和价外费用按照5%的预征率在不动产所在地预缴税款

D. 跨市提供建筑服务，应以取得的全部价款和价外费用扣除支付的分包款后的余额，按照2%的预征率在建筑服务发生地预缴税款

58.（2014年改）某果汁加工厂为增值税一般纳税人，2019年8月，外购的一批免税农产品生产的果汁因管理不善全部毁损，账面成本22 620元，外购库存的一批包

装物因发生自然灾害全部毁损，账面成本 32 000 元，农产品和包装物的进项税额均已抵扣，该加工厂 2019 年 8 月农产品应转出进项税额(　　)元。

A. 2 940.60

B. 2 513.33

C. 8 380.60

D. 8 820.00

二、多项选择题

1. (2020 年)下列业务属于增值税视同销售行为的有(　　)。

A. 运输公司无偿向新冠疫区运输抗疫物资

B. 超市将购进的食用油发放给本企业员工

C. 汽车厂将自产汽车分配给股东

D. 软件开发企业向另一企业无偿提供软件维护服务

E. 食品厂将委托加工收回的食品无偿赠送给关联方

2. (2020 年)下列项目中，免征增值税的有(　　)。

A. 学生勤工俭学

B. 婚姻介绍服务

C. 福利彩票发行收入

D. 职业培训机构提供的培训

E. 幼儿园收取的赞助费

3. (2020 年)下列服务中，增值税一般纳税人可以选择简易计税办法计税的(　　)。

A. 公共交通运输服务

B. 劳务派遣服务

C. 清包工方式建筑服务

D. 融资性售后回租

E. 人力资源外包服务

4. (2020 年)关于增值税征收范围中，正确的有(　　)。

A. 道路通行服务按不动产租赁

B. 向客户收取退票费按其他现代服务

C. 融资租赁按金融服务

D. 车辆停放按有形动产租赁

E. 融资性售后回租按租赁服务

5. (2020 年)2019 年 6 月 1 日起，部分先进制造业退还增量留抵税额需满足的条件有(　　)。

A. 自 2019 年 4 月 1 日起未享受即征即退、先征后返(退)政策

B. 申请退税前 36 个月未发生骗取留抵退税、出口退税、虚开增值税专用发票情形

C. 申请退税前 36 个月未因偷税被税务机关处罚两次及以上

D. 第 6 个月增量留抵税额不低于 100 万

E. 纳税信用等级为 A 级或 B 级

6. (2020 年)根据跨境电子商务零售进口商品征税规定，下列说法正确的有(　　)。

A. 购买跨境电子商务零售进口商品的个人作为纳税人

B. 跨境电子商务零售进口商品缴纳行邮税

C. 电子商务交易平台可作为进口环节税款代收代缴义务人

D. 跨境电子商务零售进口商品超过单次交易限值，按照一般贸易方式全额征税

E. 物流企业可作为进口环节税款代收代缴义务人

7. (2020 年)根据增值税一般纳税人即征即退政策的规定，下列说法正确的有(　　)。

A. 对提供管道运输服务增值税实际税负超过 3%的部分即征即退

B. 对销售自产磷石膏资源综合利用产品，增值税即征即退 70%

C. 对提供有形动产融资租赁服务增值税实际税负超过 5%的部分即征即退

D. 对销售自产利用风力生产的电力产品，增值税即征即退 70%

E. 对销售自行开发生产的软件产品增值税实际税负超过 3%的部分即征即退

8. (2020 年)根据增值税进项税额加计抵减政策规定，下列说法正确的有(　　)。

A. 当期转出的进项税额，应相应调减加计抵减额

B. 加计抵减政策执行到期后，结余的加计抵减额可以继续抵减

C. 不得从销项税额中抵扣的进项税额，不得计提加计抵减额

D. 小规模纳税人适用增值税加计抵减政策

E. 出口货物对应的进项税额可以计提加计抵减额

9. (2020年)根据增值税纳税义务发生时间的相关规定，下列说法正确的有( )。

A. 视同销售无形资产，为无形资产转让的当天

B. 采取赊销方式销售货物，为实际收款的当天

C. 采取托收承付方式销售货物，为发出货物的当天

D. 提供租赁服务采取预收款方式的，为收到预收款的当天

E. 从事金融商品转让，为金融商品所有权转让的当天

10. (2019年)根据增值税纳税人登记管理的规定，下列说法正确的有( )。

A. 个体工商户年应税销售额超过小规模纳税人标准的，不能登记为一般纳税人

B. 增值税纳税人应税销售额超过小规模纳税人标准的，除另有规定外，应当向主管税务机关办理一般纳税人登记

C. 非企业性单位、不经常发生应税行为的企业，可以选择按照小规模纳税人纳税

D. 纳税人登记时所依据的年应纳税额，不包括税务机关代开发票的销售额

E. 纳税人偶然发生的销售无形资产、转让不动产的销售额，不计入应税行为年应税销售额

11. (2019年改)下列行为应视同销售缴纳增值税的有( )。

A. 在线教育平台向特定学员提供免费试听课程

B. 化工试剂公司以固定资产入股投资

C. 健身俱乐部向本单位员工免费提供健身服务

D. 煤矿公司为员工购买瓦斯报警装置

E. 食品有限公司将外购食品给员工发放福利

12. (2019年)下列服务中，属于适用增值税进项税额加计抵减政策的有( )。

A. 餐饮服务　　B. 湿租业务

C. 贷款服务　　D. 旅游服务

E. 不动产经营租赁服务

13. (2019年)关于增值税一般纳税人购进和租用固定资产进项税额抵扣，下列说法正确的有( )。

A. 购进固定资产，既用于一般计税方法计税项目，又用于免征增值税项目，进项税额可以全额从销项税额中抵扣

B. 购进固定资产，专用于简易计税方法计税项目，进项税额不得从销项税额中抵扣

C. 购进固定资产，既用于一般计税方法计税项目，又用于免征增值税项目，进项税额不得从销项税额中抵扣

D. 租入固定资产，既用于一般计税方法计税项目，又用于免征增值税项目，其进项税额准予从销项税额中全额抵扣

E. 购买时不得抵扣且未抵扣进项税额的固定资产，发生用途改变用于允许抵扣进项税额的应税项目，可在改变用途的次月按规定计算可抵扣的进项税额

14. (2019年)一般纳税人发生下列应税行为，可以选择简易计税方法计税的有( )。

A. 人力资源外包服务

B. 收派服务

C. 公交客运服务

D. 物业管理服务

E. 以清包工方式提供建筑服务

15. (2019年)下列各项中，关于提供不动产经营租赁服务的增值税政策表述正确的有( )。

A. 纳税人以经营租赁方式将土地出租给他人使用，按照销售无形资产缴纳增值税

B. 其他个人出租不动产均按 5% 征收率计算应纳税额

C. 个体商户出租住房，应按 5% 征收率减按 1.5% 计算应纳税额

D. 其他个人出租不动产，向不动产所在地主管税务机关申请代开增值税专用发票

E. 出租不动产，租赁合同中约定免租期的，不属于视同销售服务

16. (2018 年)一般纳税人发生的下列应税行为中，可以选择简易计税方法计算增值税的有(   )。

A. 电影放映服务

B. 铁路旅客运输服务

C. 收派服务

D. 融资性售后回租服务

E. 仓储服务

17. (2018 年)下列纳税人中，年应税销售额超过规定标准但可以选择按照小规模纳税人纳税的有(   )。

A. 会计核算健全的单位

B. 非企业性单位

C. 不经常发生应税行为的企业

D. 不经常发生应税行为的个体工商户

E. 自然人

18. (2018 年改)下列情形中，一般纳税人不得开具增值税专用发票的有(   )。

A. 纳税人销售旧货，按简易办法依 3% 征收率减按 2% 征收增值税的

B. 纳税人销售自己使用过的固定资产，适用按简易办法依 3% 征收率减按 2% 征收增值税政策的

C. 将货物销售给消费者个人

D. 将货物无偿赠送给一般纳税人

E. 金融商品转让

19. (2018 年)下列应按照"有形动产租赁服务"缴纳增值税的有(   )。

A. 航空运输的干租业务

B. 有形动产经营性租赁

C. 远洋运输的期租业务

D. 水路运输的程租业务

E. 有形动产融资租赁

20. (2018 年)关于增值税纳税义务和扣缴义务发生时间，下列说法正确的有(   )。

A. 从事金融商品转让的，为收到销售额的当天

B. 赠送不动产的，为不动产权属变更的当天

C. 以预收款方式提供租赁服务的，为服务完成的当天

D. 以预收款方式销售货物(除特殊情况外)的，为货物发出的当天

E. 扣缴义务发生时间为纳税人增值税纳税义务发生的当天

21. (2018 年)下列销售额应计入增值税纳税人判定标准的有(   )。

A. 纳税评估调整的销售额

B. 稽查查补的销售额

C. 税务机关代开发票销售额

D. 偶尔发生的销售无形资产销售额

E. 免税销售额

22. (2018 年)关于增值税计税销售额，下列说法正确的有(   )。

A. 航空运输服务，代收的机场建设费不计入计税销售额

B. 以物易物方式下销售货物，双方以各自发出的货物核算销售额

C. 客运场站服务，以其取得的全部价款和价外费用为计税销售额

D. 贷款服务以实收利息和应收未收利息之和为计税销售额

E. 销售折扣方式销售货物，折扣额不得从销售额中扣除

23. (2016 年)增值税一般纳税人发生的下列业务中可以选择简易方法计算缴纳增值税的有(   )。

A. 销售 2016 年 4 月 30 日前购进的钢材

B. 销售 2016 年 4 月 30 日前购进的不动产

C. 增值电信服务

第 2 章

D. 公共交通服务

E. 装卸搬运服务

24.（2016年改）下列业务应征收增值税的有（　）。

A. 残疾人本人为社会提供的服务

B. 残疾人福利企业销售自产产品

C. 金融机构间的资金往来业务

D. 担保机构为大型民营企业提供的担保业务

E. 军队出租空余房产

25.（2015年）下列属于增值税征税范围的有（　）。

A. 单位聘用的员工为本单位提供的运输业务

B. 航空运输企业提供湿租的业务

C. 出租车公司向使用本公司自有出租车的司机收取的管理费用

D. 广告公司提供的广告代理业务

E. 房地产评估咨询公司提供的房地产评估业务

26.（2015年）下列服务免征增值税的有（　）。

A. 境内单位为出口货物提供邮政服务

B. 境外单位为境内单位提供有形动产租赁服务

C. 境内单位会议展览地点在境外的会议展览服务

D. 境内单位存储地点在境外的仓储服务

E. 境内单位为境外工程提供勘探服务

三、计算题

1.（2020年）某金融机构为增值税一般纳税人，按季申报缴纳增值税。2019年第二季度经营业务如下：

（1）向企业发放贷款取得利息收入8 000万元，利息支出1 600万元。

（2）转让债券，卖出价2 200万元，该债券于2017年6月买入，买入价1 400万元；该金融机构2019年第一季度转让债券亏损80万元。2018年底转让债券仍有负差100万元。

（3）为企业客户提供金融服务取得手续费收入53万元；代理发行国债取得手续费收入67万元。

（4）承租居民贾某门市房作为营业网点，租赁期限为3年，合同规定按季度支付租金。支付本季度租金价税合计4.2万元，取得税务机关代开的增值税专用发票；购进自动存取款设备，取得增值税专用发票，注明金额100万元、税额13万元，该设备已按固定资产入账。

上述收入均为含税收入。本季度取得的相关票据均按规定申报抵扣进项税额。

要求：根据上述资料，回答下列问题。

（1）业务（1）销项税额为（　）万元。

A. 362.26　　B. 480.00

C. 384.00　　D. 452.83

（2）业务（2）销项税额为（　）万元。

A. 35.09　　B. 40.75

C. 43.20　　D. 124.53

（3）业务（3）销项税额为（　）万元。

A. 6.79　　B. 3.18

C. 3.00　　D. 7.20

（4）该金融机构本季度应缴纳增值税（　）万元。

A. 486.54　　B. 487.17

C. 477.72　　D. 487.35

2.（2019年）某软件企业为增值税一般纳税人（享受软件业税收优惠），2019年5月发生如下业务：

（1）销售自行开发的软件产品，取得不含税销售额260万元，提供软件技术服务，取得不含税服务费35万元。

（2）购进用于软件产品开发及软件技术服务的材料，取得增值税专用发票，注明金额30万元，税额3.9万元。

（3）员工国内出差，报销时提供标有员工身份信息的航空运输电子客票行程单，注明票价2.18万元，民航发展基金0.12万元。

（4）转让2010年度购入的一栋写字楼，取得含税收入 8 700 万元,该企业无法提供写字楼发票,提供的契税完税凭证上注明的计税金额为 2 200 万元。该企业转让写字楼选择按照简易计税方法计税。

已知:该企业不适用进项税额加计抵减政策。

要求:根据上述资料,回答下列问题。

(1)业务(1)销项税额为( )万元。

A. 15.60　　　　B. 38.35

C. 35.90　　　　D. 17.70

(2)该公司当期可抵扣的进项税额为( )万元。

A. 4.08　　　　B. 4.50

C. 4.49　　　　D. 4.09

(3)业务(4)应缴纳增值税( )万元。

A. 189.32　　　　B. 414.29

C. 309.52　　　　D. 253.40

(4)该企业 2019 年 5 月实际缴纳增值税( )万元(考虑即征即退优惠政策后)。

A. 318.94　　　　B. 446.11

C. 341.34　　　　D. 340.93

3. (2018 年改)某房地产开发公司(增值税一般纳税人)2019 年 10 月发生如下业务:

(1)销售 2016 年 3 月开工建设的住宅项目,取得含税收入 166 000 万元,从政府部门取得土地时支付土地价款 78 000 万元。该项目选择简易计税方法计税。

(2)支付甲建筑公司工程价款,取得增值税专用发票,注明金额 12 000 万元,税额 1 080 万元。

(3)出租一栋写字楼,合同约定租期为 3 年,每年不含税租金 4 800 万元,每半年支付一次租金,本月收到 2019 年 10 月至 2020 年 3 月租金,开具增值税专用发票,注明金额 2 400 万元;另收办公家具押金 160 万元,开具收据。该业务适用一般计税方法。

(4)购进小轿车一辆,支付不含税价款 20 万元、增值税 2.6 万元,取得机动车销售统一发票。

(5)支付桥、闸通行费,取得桥、闸通行费发票,注明金额 1.05 万元。

已知:本月取得的相关凭证均符合税法规定,并在本月抵扣进项税额。

要求:根据上述资料,回答下列问题。

(1)业务(1)应纳增值税( )万元。

A. 2 563.11　　　　B. 4 834.95

C. 7 904.76　　　　D. 4 190.48

(2)业务(2)准予从销项税额中抵扣的进项税额为( )万元。

A. 0　　　　B. 720

C. 1 080　　　　D. 480

(3)业务(3)增值税销项税额为( )万元。

A. 114.29　　　　B. 216.00

C. 281.60　　　　D. 121.90

(4)该公司当月应纳增值税( )万元。

A. 3 131.05

B. 7 866.13

C. 8 086.13

D. 7 904.76

4. (2017 年改)某金融机构为增值税一般纳税人,以 1 个季度为纳税期限,2020 年第一季度发生下列业务:

(1)提供贷款服务取得不含税贷款利息收入 1 200 万元,提供货币兑换服务取得不含税收入 25 万元。发生人员工资支出 65 万元。

(2)转让金融商品,卖出价 10 557.60 万元,另发生手续费支出,取得增值税专用发票,注明金额 9 万元,税额 0.54 万元。该批金融商品买入价 4 536.80 万元。上述卖出价与买入价均为含税价格。

(3)以自有资金对外投资,按合同约定每季度收取固定利润 3 000 万元(含增值税)。由于被投资方资金紧张,本季度未收到应收的固定利润。

(4)购进办公设备取得增值税专用发票,注明税额 68 万元,为改善服务条件,

2020年2月购买写字楼，取得增值税专用发票，注明税额1 530万元。

假设本期取得的相关票据均符合税法规定，并在当期按照规定认证抵扣进项税额。

要求：根据上述资料，回答下列问题。

(1)业务(1)的销项税额是( )万元。

A. 34.50　　　　B. 72.00

C. 34.20　　　　D. 73.50

(2)业务(2)的销项税额是( )万元。

A. 340.80　　　　B. 597.06

C. 340.26　　　　D. 597.60

(3)业务(3)的销项税额是( )万元。

A. 169.81　　　　B. 180.00

C. 0　　　　D. 300.00

(4)2020年第一季度该金融机构增值税进项税额留抵( )万元。

A. 758.17　　　　B. 1 014.43

C. 402.43　　　　D. 1 184.20

四、综合分析题

1.(2020年)甲市H宾馆为增值税一般纳税人，主要从事住宿、餐饮、会议场地出租及配套服务，符合增值税进项税额加计抵减政策。2019年12月发生如下业务：

(1)提供住宿服务取得不含税销售额3 000万元；提供餐饮服务取得不含税销售额420万元(含外卖食品收入20万元)；提供会议场地出租服务取得不含税租金300万元(含配套服务收入40万元)。

(2)当月购进业务发生进项税额共计180万元，均取得合法的增值税专用发票及其他扣税凭证，按规定申报抵扣进项税额。当月因非正常损失进项税额转出2万元。

(3)为调整经营结构，将位于邻省乙市的一处酒店房产出售，取得不含税收入9 980万元。该酒店房产于2015年4月购进，购进时取得的营业税发票注明金额为1 260万元。没有评估价格。H宾馆选择按照简易计税方法计算缴纳增值税。

(4)将位于邻省丙市的一处酒店式公寓房产投资于K物业管理公司，该房产2017年购置时取得的增值税专用发票上注明价款1 200万元、税款132万元。评估机构给出的评估价格为1 500万元(含税)，双方约定以此价格投资入股并办理房产产权变更手续。K公司当月以长租形式出租酒店式公寓取得不含税租金500万元(含配套服务收入60万元)。

要求：根据上述资料，回答下列问题。

(1)业务(1)销项税额为( )万元。

A. 219.60　　　　B. 231.00

C. 223.20　　　　D. 232.20

(2)H宾馆当月可抵减的加计抵减进项税额为( )万元。

A. 27.00　　　　B. 17.80

C. 18.00　　　　D. 26.70

(3)业务(4)H宾馆应在丙市预缴增值税( )万元。

A. 8.81　　　　B. 68.81

C. 11.43　　　　D. 8.00

(4)关于H宾馆、K公司上述业务的税务处理，下列说法正确的有( )。

A. H宾馆提供的会议场地出租及配套服务，按"会议展览服务"缴纳增值税

B. H宾馆转让乙市酒店房产计算缴纳土地增值税时，可按发票所载金额，按4年计算加计扣除金额

C. H宾馆提供餐饮服务时销售的外卖食品收入，按"餐饮服务"缴纳增值税

D. K公司以长租形式出租酒店式公寓并提供配套服务，按"不动产经营租赁服务"缴纳增值税

E. H宾馆将丙市酒店式公寓房产投资于K公司，应计算缴纳土地增值税

2.(2017年改)某建筑企业为增值税一般纳税人，位于A市市区，2019年11月发生如下业务：

(1)在机构所在地提供建筑服务，开具增值税专用发票注明金额400万元，税额

36万元。另在B市提供建筑服务，取得含税收入220万元，其中支付分包商工程价款取得增值税专用发票注明金额50万元，税额4.5万元。上述建筑服务均适用一般计税方法。

(2)购买一批建筑材料，用于一般计税方法项目，取得增值税专用发票注明金额280万元，税额36.4万元。

(3)在机构所在地提供建筑服务，该项目为老项目，企业选择适用简易计税方法，开具增值税专用发票注明金额200万元。

(4)购买一台专业设备，取得增值税专用发票注明金额3万元，税额0.39万元。该设备专用于建筑工程老项目，该老项目选择适用简易计税方法。

(5)购买一台办公用固定资产，取得增值税专用发票注明金额10万元，税额1.3万元。既用于一般计税项目也用于简易计税项目。

(6)购买办公用品，取得增值税专用发票注明金额5万元，税额0.65万元。无法划清是用于一般计税项目还是简易计税项目。

假定本月取得相关票据符合税法规定，并在本月按照规定抵扣进项税额。

要求：根据上述资料，回答下列问题。

(1)该企业在B市提供建筑服务应预缴增值税( )万元。

A. 4.50 B. 3.04
C. 6.66 D. 0

(2)关于业务(4)的增值税处理，下列说法正确的有( )。

A. 若该设备将来转用于一般计税方法项目，按原值计算抵扣进项税额

B. 该设备进项税额由纳税人自行决定是否抵扣

C. 购买时抵扣进项税额0.39万元

D. 若该设备将来转用于一般计税方法项目，按净值计算抵扣进项税额

E. 购买时不得抵扣进项税额

(3)业务(5)中可以从销项税额中抵扣进项税额( )万元。

A. 1.31 B. 1.28
C. 1.30 D. 0

(4)业务(6)中可以从销项税额中抵扣进项税额( )万元。

A. 0.65 B. 0.49
C. 0.85 D. 0

(5)该企业当月在A市申报缴纳增值税( )万元。

A. 15.26 B. 14.44
C. 16.56 D. 13.35

(6)该企业当月在A市申报缴纳城市维护建设税( )万元。

A. 1.03 B. 1.01
C. 1.16 D. 0.93

真题精练答案及解析

一、单项选择题

1. A 【解析】选项B，转让2015年取得的不动产，可以选择适用简易计税方法计税，以取得的全部价款和价外费用扣除不动产购置原价或者取得不动产时的作价后的余额为销售额，按照5%的征收率计算应纳税额；选择适用一般计税方法计税的，以取得的全部价款和价外费用为销售额计算应纳税额。选项C，一般纳税人转让其2016年5月1日后自建的不动产，适用一般计税方法，以取得的全部价款和价外费用为销售额计算应纳税额，不得选择适用简易计税方法；选项D，应向机构所在地主管税务机关申报纳税。

2. A 【解析】选项A，纳税人支付的道路通行费，按照收费公路通行费增值税电子普通发票上注明的增值税额抵扣进项税额；选项B，购进货物用于个人消费，不得抵

扣进项税额；选项 C、D，纳税人购进贷款服务、娱乐服务，不得抵扣进项税额。

3. C 【解析】小规模纳税人（除其他个人外）销售自己使用过的固定资产，按 3% 征收率减按 2% 征收增值税；小规模纳税人销售边角料收入，按 3% 征收率征收增值税。应缴纳增值税 =（3+1.5）÷（1+3%）×2%+2÷（1+3%）×3%=0.15（万元）。

4. C 【解析】贷款服务，以提供贷款服务取得的全部利息及利息性质的收入为销售额。

5. D 【解析】网约车服务属于公共交通运输服务，可以选择简易计税方法计税，适用 3% 的征收率。应缴纳增值税 = 5 000×3%=150（万元）。

6. D 【解析】属于小规模纳税人的个体工商户出租住房，按 5% 征收率减按 1.5% 计算应纳税额。纳税人提供租赁服务采取预收款方式的，其纳税义务发生时间为收到预收款的当天。应缴纳增值税 = 120÷（1+5%）×1.5%=1.71（万元）。

7. C 【解析】选项 A，境外旅客申请退税，应当同时符合以下条件：

(1)同一境外旅客同一日在同一退税商店购买的退税物品金额达到 500 元人民币；

(2)退税物品尚未启用或消费；

(3)离境日距退税物品购买日不超过 90 天；

(4)所购退税物品由境外旅客本人随身携带或随行托运出境。

选项 B，退税币种为人民币；选项 D，境外旅客，是指在中华人民共和国境内连续居住不超过 183 天的外国人和港澳台同胞。

8. B 【解析】选项 A，扣除率为销售货物的适用税率。选项 C，核定扣除的纳税人购进农产品不再凭增值税扣税凭证抵扣增值税进项税额。选项 D，卷烟生产不属于核定扣除试点范围。自 2012 年 7 月 1 日起，增值税一般纳税人购进农产品为原料生产销售液体乳及乳制品、酒及酒精、植物油

的，纳入农产品增值税进项税额核定扣除试点范围。

9. A 【解析】本题业务中，销售建材、提供运输服务没有强调是同一项销售行为中同时发生的，所以属于兼营，应分别核算，分别按照适用税率征收增值税，本期应缴纳的增值税 = 100×13%+3×9%−6.5=6.77（万元）。

10. D 【解析】应纳增值税 = 600×13%−65×600÷（600+200）=29.25（万元）。

11. B 【解析】铁路车票进项税额 = 票面金额÷（1+9%）×9%

公路、水路等其他客票进项税额 = 票面金额÷（1+3%）×3%

该企业当月可以抵扣增值税进项税额 = 10÷（1+9%）×9%+3÷（1+3%）×3%+2=2.91（万元）。

12. C 【解析】本期可加计抵减额 = 3+13×（1−10%）×10%=4.17（万元）。

该企业当月应缴纳增值税 = 25−13×（1−10%）−4.17=9.13（万元）。

13. B 【解析】选项 A、C、D，可以选择简易计税方法按照 3% 的征收率计算缴纳增值税。

14. A 【解析】选项 B，总机构汇总的销售额，为总机构及其分支机构按照增值税现行规定核算汇总的销售额，包括总机构本身的销售额。选项 C，总机构汇总的进项税额，是指总机构及其分支机构因发生《应税服务范围注释》所列业务而购进货物或者接受加工修理修配劳务和应税服务，支付或者负担的增值税税额。选项 D，分支机构预征率由财政部和国家税务总局规定，并适时予以调整。

15. C 【解析】选项 A，小规模纳税人适用增值税简易计税办法计征增值税，不涉及抵扣增值税进项税额；选项 B，个人出租住房，应按照 5% 的征收率减按 1.5% 计算应纳增值税。小规模纳税人销售使用过的固定资产，按照 3% 征收率减按

2%计算应纳增值税。选项 D，小规模纳税人购置税控收款机，可按照取得的增值税专用发票上注明的增值税税额，抵免当期应纳增值税，或者按照取得的增值税普通发票上注明的价款计算可抵免的税额，公式为：可抵免的税额＝价款÷（1+适用税率）×适用税率。

16. D 【解析】从农业生产者购进免税农产品加工生产 9%税率货物的，农产品的扣除率为 9%。从按照简易计税方法依照 3%征收率计算缴纳增值税的小规模纳税人取得增值税专用发票的，以增值税专用发票上注明的金额和 9%的扣除率计算进项税额。该企业当月可抵扣进项税额＝（40+8）×9%＝4.32（万元）。

17. A 【解析】折扣销售，如果销售额和折扣额在同一张发票上分别注明，可以按折扣后的销售额征收增值税，销售额和折扣额在同一张发票上分别注明是指销售额和折扣额在同一张发票上的"金额"栏分别注明，未在同一张发票"金额"栏注明折扣额，而仅在发票的"备注"栏注明折扣额的，折扣额不得从销售额中减除。现金折扣不得在销售额中扣除。该企业上述业务销项税额＝（300－50）×13%＝32.5（万元）。

18. D 【解析】当月不得免征和抵扣税额＝当月出口货物离岸价格×外汇人民币折合率×（出口货物适用税率－出口货物退税率）＝2 000×（13%－11%）＝40（万元）。
当期应纳税额＝当期销项税额－（当期进项税额－当期不得免征和抵扣税额）＝800×13%－（598－40）＝－454（万元）。
当期免抵退税额＝当期出口货物离岸价格×外汇人民币折合率×出口货物退税率＝2 000×11%＝220（万元）。
当期免抵退税额 220 万元<当期期末留抵税额 454 万元，则当期应退增值税＝当期免抵退税额＝220（万元）。

19. C 【解析】一般纳税人转让其 2016 年

5 月 1 日后取得(不含自建)的不动产，适用一般计税方法，以取得的全部价款及价外费用为销售额计算销项税额。销项税额＝4 500×9%＝405（万元）。

20. D 【解析】一般纳税人跨县(市、区)提供建筑服务，适用一般计税方法计税的，以取得的全部价款和价外费用扣除支付的分包款后的余额，按照 2%的预征率计算应预缴税款。
应预缴增值税＝（全部价款和价外费用－支付的分包款）÷（1+适用税率）×2%＝（1 500－600）÷（1+9%）×2%＝16.51（万元）。

21. D 【解析】选项 A，单位租赁或承包给其他单位或者个人经营的，以承租人或承包人为纳税人；选项 B，对报关进口的货物，以进口货物的收货人或办理报关手续的单位和个人为进口货物的纳税人；选项 C，境外的单位或个人在境内提供应税劳务，在境内未设有经营机构的，其应纳税款以境内代理人为扣缴义务人，在境内没有代理人的，以购买者为扣缴义务人。

22. D 【解析】选项 A，年应税销售额超过规定标准的其他个人不能登记为一般纳税人；选项 B，年应税销售额超过规定标准的非企业性单位，可选择按照小规模纳税人纳税；选项 C，年应税销售额超过规定标准但不经常发生应税行为的单位和个体工商户可选择按照小规模纳税人纳税。

23. A 【解析】选项 A，单位或者个人向其他单位或者个人无偿转让无形资产或者不动产(未用于公益事业或者以社会公众为对象)，应视同销售征收增值税；选项 B、C、D，不视同销售，无需缴纳增值税。

24. D 【解析】自 2020 年 1 月 1 日起，纳税人取得的财政补贴收入，与其销售货物、劳务、服务、无形资产、不动产的收入或者数量直接挂钩的，应计算增值税。纳税人取得其他情形的财政补贴收入，不属于增值税应税收入，不征收增值税。选项A、B，属于增值税不征税项目；选项C，各党派、共青团、工会、妇联、中科协、青联、台联、侨联收取党费、团费、会费，以及政府间国际组织收取会费，属于非经营活动，不征收增值税。

25. D 【解析】境外自然人为境内单位提供的宣传画册设计服务，适用增值税税率为6%。应扣缴税额 = 10 300÷1.06×6% = 583.02(元)。

26. C 【解析】该企业当月上述业务增值税销项税额 = (50 + 60)×13% + 100×9% = 23.30(万元)。

27. A 【解析】自2019年4月1日起，增值税一般纳税人在增值税税率调整前已按原16%、10%适用税率开具的增值税发票，发生销售折让、中止或者退回等情形需要开具红字发票的，按照原适用税率开具红字发票。

该企业5月增值税销项税额 = 150×13% - 58÷(1+16%)×16% = 11.50(万元)。

28. B 【解析】优质费属于价外费用，需要并入销售额计算增值税，食品生产企业收取的包装物押金一年以内且未超过企业规定期限，单独核算的，不并入销售额征税。

该企业当月增值税销项税额 = [120 + 2÷(1+13%)]×13% = 15.83(万元)。

29. D 【解析】2019年10月1日至2021年12月31日，允许生活性服务业纳税人按照当期可抵扣进项税额加计15%，抵减应纳税额。可计提的加计抵减额 = 150×15% = 22.5(万元)。

30. B 【解析】不得抵扣的进项税额 = 当期无法划分的全部进项税额×(当期简易计税方法计税项目销售额+免征增值税项目销售额)÷当期全部销售额 = 6.8×50÷(100+50) = 2.27(万元)。

当期准予抵扣的进项税额 = 6.8 - 2.27 = 4.53(万元)。

当期应纳增值税 = 100×13% - 4.53 = 8.47(万元)。

31. C 【解析】选项A，小规模纳税人销售自己使用过的不动产，按照5%的征收率计算增值税；小规模纳税人(除其他个人外)销售自己使用过的固定资产，未放弃减税的，适用简易办法依照3%征收率减按2%征收增值税；选项B，小规模纳税人提供建筑服务，以取得的全部价款和价外费用扣除支付的分包款后的余额为销售额，按照3%的征收率计算增值税；选项D，小规模纳税人销售边角料收入应按照3%的征收率计算增值税。

32. C 【解析】适用13%税率的境外旅客购物离境退税物品，退税率为11%。应退增值税额的计算公式：

应退增值税额 = 退税物品销售发票金额(含增值税)×退税率

应退增值税额 = 2260×11% = 248.60(元)。

33. D 【解析】采取赊销和分期收款方式销售货物，纳税义务发生时间为书面合同约定的收款日期的当天，无书面合同的或者书面合同没有约定收款日期的，为货物发出的当天。

34. D 【解析】虚开增值税专用发票具体包括以下行为：

(1)没有货物购销或者没有提供或接受应税劳务而为他人、为自己、让他人为自己、介绍他人开具专用发票。

(2)有货物购销或者提供或接受了应税劳务但为他人、为自己、让他人为自己、介绍他人开具数量或者金额不实的专用发票。

(3)进行了实际经营活动，但让他人为自己代开专用发票。

35. D 【解析】选项A，销售额超过起征点的，全额纳税；选项B，起征点的调整由财政部和国家税务总局规定；选项C，增值税起征点的适用范围限于个人，不包括登记为一般纳税人的个体工商户。

36. D　【解析】不动产净值率＝1 800÷2 000×100%＝90%，该办公楼应转出进项税额＝90%×100＝90（万元）。

37. A　【解析】境外单位或者个人向境内单位或者个人销售完全在境外发生的服务、境外单位或者个人向境内单位或者个人销售完全在境外使用的无形资产、境外单位或者个人向境内单位或者个人出租完全在境外使用的有形动产，免征增值税。

38. D　【解析】应纳增值税＝1 000÷（1+3%）×3%+800÷（1+5%）×5%＝29.13+38.10＝67.23（万元）。

39. A　【解析】增值税一般纳税人销售其自行开发生产的软件产品，按13%税率征收增值税后，对其增值税实际税负超过3%的部分实行即征即退政策。

40. B　【解析】非应税消费品的进口货物，其增值税计税依据是关税完税价格与关税税额之和。

41. D　【解析】存款利息不征收增值税，选项A、B、C均征收增值税。

42. C　【解析】选项A，经纪代理服务，以取得的全部价款和价外费用，扣除向委托方收取并代为支付的政府性基金或者行政事业性收费后的余额为销售额；选项B，纳税人提供旅游服务，可以选择以取得的全部价款和价外费用，扣除向旅游服务购买方收取并支付给其他单位或者个人的住宿费、餐饮费、交通费、签证费、门票费和支付给其他接团旅游企业的旅游费用后的余额为销售额；选项D，纳税人提供劳务派遣服务，可以以取得的全部价款和价外费用为销售额，也可以选择差额纳税，以取得的全部价款和价外费用，扣除代用工单位支付给劳务派遣员工的工资、福利和为其办理社会保险及住房公积金后的余额为销

售额。

43. B　【解析】提供货物运输服务，按交通运输服务缴纳增值税，税率是9%；出租闲置车辆，按有形动产租赁服务缴纳增值税，税率是13%；提供车辆停放服务，按不动产租赁服务缴纳增值税，税率是9%。

该企业当月销项税额＝480 000×9%+68 000÷（1+13%）×13%+26 000÷（1+9%）×9%＝53 169.80（万元）。

44. A　【解析】当月销项税额＝380 000÷（1+13%）×13%-680÷（1+13%）×13%＝43 638.58（元）。

45. D　【解析】采取以旧换新方式销售金银首饰的，按实际收取的不含增值税的价款计算纳税。

当月应纳增值税＝50×13%+（25.2-11.6）÷（1+13%）×13%-5.6＝2.46（万元）。

46. D　【解析】在境内销售服务、无形资产或者不动产，是指：（1）服务（租赁不动产除外）或者无形资产（自然资源使用权除外）的销售方或者购买方在境内；（2）所销售或者租赁的不动产在境内；（3）所销售自然资源使用权的自然资源在境内；（4）财政部和国家税务总局规定的其他情形。

47. B　【解析】根据规定，免征蔬菜流通环节增值税。粮食、食用油均适用9%的增值税税率。

销项税额＝13 200÷（1+9%）×9%+98 000÷（1+13%）×13%＝12 364.24（元）。

48. B　【解析】代收水电煤等公共事业费不缴纳增值税。

应纳增值税＝（140 000+1 500）÷1.03×3%＝4 121.36（元）。

49. A　【解析】个人将购买不足2年的住房对外销售，按5%的征收率全额缴纳增值税。

张某应纳增值税＝460÷（1+5%）×5%＝

21.90(万元)。

50. B 【解析】自 2019 年 1 月 1 日起，其他个人采取预收款形式出租不动产，取得的预收租金收入，可在预收款对应的租赁期内平均分摊，分摊后的月租金收入不超过 10 万元的，可享受小规模纳税人免征增值税优惠政策。本题中分摊后的月租金收入不超过 10 万元，所以可以免征增值税。应纳增值税＝0。

51. D 【解析】金融商品转让，按照卖出价扣除买入价后的余额为销售额；转让金融商品出现的正负差，按盈亏相抵后的余额为销售额。该企业 2016 年 6 月应纳增值税＝(200-280×50%-10)÷(1+6%)×6%＝2.83(万元)。

52. C 【解析】个人转让著作权属于"营改增"过渡政策中免征增值税的项目。

53. C 【解析】残疾人福利机构提供的育养服务属于"营改增"过渡政策中免征增值税的项目。

54. D 【解析】单位或者个体工商户向其他单位或者个人无偿提供服务、转让无形资产或者不动产，视同销售，但用于公益事业或者以社会公众为对象的除外。抵偿债务不属于视同销售行为。

55. A 【解析】一般纳税人跨市提供建筑服务，选择适用简易计税方法计税的，以取得的全部价款和价外费用扣除支付的分包款后的余额，按照3%的征收率计算应预缴税款。应预缴税款＝(5 768-618)÷(1+3%)×3%＝150(万元)。

56. B 【解析】小规模纳税人初次购置税控系统专用设备，取得增值税专用发票，准予价税合计全额抵减应纳增值税税额。小规模纳税人出租不动产，适用5%的征收率。2019 年 6 月该企业应缴纳增值税＝152 000÷(1+3%)×3%+35 000÷(1+5%)×5%-2 200＝3 893.85(元)。

57. C 【解析】房地产开发企业中的一般纳税人销售房地产老项目，适用一般计税方法计税的，应以取得的全部价款和价外费用，按照3%的预征率在不动产所在地预缴税款后，向机构所在地主管税务机关进行纳税申报。

58. B 【解析】纳税人购进用于生产销售或委托加工13%税率货物的农产品，按照10%的扣除率计算进项税额。自然灾害造成的损失不必进项税额转出。该加工厂2019 年 8 月应转出进项税额＝22 620÷(1-10%)×10%＝2 513.33(元)。

二、多项选择题

1. CDE 【解析】选项 A，单位无偿提供服务但用于公益事业的，不属于视同销售行为；选项 B，外购货物用于集体福利、个人消费，进项税额不得抵扣，不视同销售；选项 C、E，将自产、委托加工或购买的货物分配给股东或投资者，将自产、委托加工或购买的货物无偿赠送，增值税视同销售；选项 D，单位或个体工商户向其他单位或个人无偿提供服务视同销售，但用于公益事业或以社会公众为对象除外。

2. ABC 【解析】选项 A、B、C，学生勤工俭学提供的服务、婚姻介绍服务、福利彩票、体育彩票的发行收入，免征增值税；选项 D，提供学历教育的学校提供的教育服务收入免税，但不包括职业培训机构等国家不承认学历的教育机构提供的教育服务；选项 E，从事教育的学校提供的教育服务免税收入包括：学费、住宿费、伙食费等，但不包括学校以各种名义收取的赞助费、择校费等。

3. ABCE 【解析】选项 D，属于贷款服务，不属于可以选择简易计税的列举范围。

4. AB 【解析】选项 C，属于租赁服务；选项 D，属于不动产租赁服务；选项 E，属于贷款服务。

5. ABCE 【解析】自 2019 年 6 月 1 日起，同时符合以下条件的部分先进制造业纳税人，可以自 2019 年 7 月及以后纳税申报期向主管税务机关申请退还增量留抵税额：

（1）增量留抵税额大于零；

（2）纳税信用等级为 A 级或者 B 级；

（3）申请退税前 36 个月未发生骗取留抵退税、出口退税或虚开增值税专用发票情形；

（4）申请退税前 36 个月未因偷税被税务机关处罚两次及以上；

（5）自 2019 年 4 月 1 日起未享受即征即退、先征后返（退）政策。

6. ACE 【解析】选项 B，跨境电子商务零售进口商品按照货物征收关税和进口环节增值税、消费税；选项 D，完税价格超过 5 000 元单次交易限值但低于 26 000 元年度交易限值，且订单下仅一件商品时，可以自跨境电商零售渠道进口，按照货物税率全额征收关税和进口环节增值税、消费税，交易额计入年度交易总额，但年度交易总额超过年度交易限值的，应按一般贸易管理。

7. ABE 【解析】选项 C，经人民银行、银保监会或者商务部批准从事融资租赁业务的试点纳税人中的一般纳税人，提供有形动产融资租赁服务和有形动产融资性售后回租服务，对其增值税实际税负超过 3% 的部分实行增值税即征即退政策；选项 D，自 2015 年 7 月 1 日起，对纳税人销售自产的利用风力生产的电力产品，实行增值税即征即退 50% 的政策。

8. AC 【解析】选项 B，加计抵减政策执行到期后，纳税人不再计提加计抵减额，结余的加计抵减额停止抵减；选项 D，小规模纳税人不适用增值税加计抵减政策；选项 E，纳税人出口货物劳务、发生跨境应税行为不适用加计抵减政策，其对应的进项税额不得计提加计抵减额。

9. ADE 【解析】选项 B，采取赊销和分期收款方式销售货物，增值税纳税义务发生时间为书面合同约定的收款日期的当天；无书面合同的或者书面合同没有约定收款日期的，为货物发出的当天；选项 C，采取

托收承付和委托银行收款方式销售货物，增值税纳税义务发生时间为发出货物并办妥托收手续的当天。

10. BCE 【解析】选项 A，个体工商户年应税销售额超过小规模纳税人标准的，除另有规定外，应当向主管税务机关办理一般纳税人登记；选项 D，年应税销售额包括纳税申报销售额、稽查查补销售额、纳税评估调整销售额，其中，纳税申报销售额中包括免税销售额和税务机关代开发票销售额。

11. AB 【解析】选项 A，属于单位或者个体工商户向其他单位或者个人无偿提供服务，要视同销售处理；选项 B，属于将自产、委托加工或购进的货物作为投资，提供给其他单位，要视同销售处理。

12. ADE 【解析】自 2019 年 4 月 1 日至 2021 年 12 月 31 日，提供邮政服务、电信服务、现代服务、生活服务四项服务的纳税人按照当期可抵扣进项税额加计 10%，抵减应纳税额。2019 年 10 月 1 日至 2021 年 12 月 31 日，允许生活性服务业纳税人按照当期可抵扣进项税额加计 15%，抵减应纳税额。选项 B，湿租业务，属于航空运输服务；选项 C，属于金融服务，这两项不适用进项税额加计抵减的政策。

13. ABDE 【解析】发生兼用于简易计税方法计税项目、免征增值税项目、集体福利或者个人消费的购进货物、劳务、服务、无形资产和不动产的进项税额准予全部抵扣。自 2018 年 1 月 1 日起，纳税人租入固定资产、不动产，既用于一般计税方法计税项目，又用于简易计税方法计税项目、免征增值税项目、集体福利或个人消费的，其进项税额准予从销项税额中全额抵扣。

14. ABCE 【解析】选项 D，提供物业管理服务的纳税人，向服务接受方收取的自来水水费，以扣除其对外支付的自来水水

费后的余额为销售额，按照简易计税方法依3%的征收率计算缴纳增值税。物业管理服务中，仅对收取的水费可以采用简易计税方法，并不是所有物业服务收入都可以简易计税。

15. DE 【解析】选项A，纳税人以经营租赁方式将土地出租给他人使用，按照不动产经营租赁服务缴纳增值税；选项B、C，其他个人和属于小规模纳税人的个体工商户出租住房，按照5%的征收率减按1.5%计算应纳税额。

16. ACE 【解析】选项B、D，一般纳税人提供的铁路旅客运输服务和融资性售后回租服务，没有可以选择按照简易计税方法计算缴纳增值税的规定。

17. BCD 【解析】年应税销售额超过规定标准但不经常发生应税行为的单位和个体工商户，以及非企业性单位、不经常发生应税行为的企业，可选择按照小规模纳税人纳税。选项A，年应税销售额超过规定标准、会计核算健全的单位，除另有规定外，应登记为一般纳税人纳税；选项E，自然人必须按小规模纳税人纳税，不可以选择登记为一般纳税人纳税。

18. ABCE 【解析】属于下列情形之一的，不得开具增值税专用发票：
(1)向消费者个人销售货物、提供应税劳务或者发生应税行为的。
(2)销售货物、提供应税劳务或者发生应税行为适用增值税免税规定的，法律、法规及国家税务总局另有规定的除外。
(3)部分适用增值税简易征收政策规定的。(此处不再赘述)
选项D，将货物无偿赠送给一般纳税人，属于增值税视同销售情形，可以开具增值税专用发票。

19. ABE 【解析】远洋运输的期租业务和水路运输的程租业务，按照"交通运输服务"缴纳增值税。

20. BDE 【解析】选项A，纳税人从事金融

商品转让的，为金融商品所有权转移的当天；选项C，纳税人提供租赁服务采取预收款方式的，其纳税义务发生时间为收到预收款的当天。

21. ABCE 【解析】年应税销售额是指纳税人在连续不超过12个月或4个季度的经营期内累计应征增值税销售额，包括纳税申报销售额、稽查查补销售额、纳税评估调整销售额。"纳税申报销售额"是指纳税人自行申报的全部应征增值税销售额，其中包括免税销售额和税务机关代开发票销售额。纳税人偶然发生的销售无形资产、转让不动产的销售额，不计入应税行为年应税销售额。

22. ABE 【解析】选项C，一般纳税人提供客运场站服务，以其取得的全部价款和价外费用，扣除支付给承运方运费后的余额为销售额；选项D，贷款服务，以提供贷款服务取得的全部利息及利息性质的收入为销售额。

23. BDE 【解析】选项A、C没有可以选择按简易方法计算缴纳增值税的规定。

24. BD 【解析】选项A、C、E，免征增值税。

25. BCDE 【解析】单位聘用的员工为本单位或者雇主提供取得工资的服务，不征收增值税。

26. ACDE 【解析】选项A、C、D、E均属于免税的应税服务，选项B境外单位为境内单位提供的有形动产租赁服务，属于增值税征税范围。

三、计算题

1. (1)D；(2)B；(3)A；(4)B。
【解析】
(1)业务(1)销项税额 = 8 000/(1+6%)×6% = 452.83(万元)。
(2)金融商品转让，按照卖出价扣除买入价后的余额为销售额，转让金融商品出现的正负差，按盈亏相抵后的余额为销售额，若相抵后出现负差，可结转下一纳税

期与下期转让金融商品销售额相抵，但年末时仍出现负差的，不得转入下一个会计年度。

业务（2）销项税额＝（2 200－1 400－80）/（1+6%）×6%＝40.75（万元）。

（3）业务（3）销项税额＝（53+67）/（1+6%）×6%＝6.79（万元）。

（4）销项税额合计＝452.83+40.75+6.79＝500.37（万元）；

准予抵扣的进项税额＝4.2/（1+5%）×5%+13＝13.2（万元）；

该金融机构本季度应缴纳增值税＝500.37－13.2＝487.17（万元）。

2. （1）C；（2）A；（3）C；（4）A。

【解析】

（1）业务（1）的销项税额＝260×13%+35×6%＝35.9（万元）。

（2）当期可以抵扣的进项税额＝3.9+2.18÷（1+9%）×9%＝4.08（万元）。

（3）业务（4）应缴纳的增值税＝（8 700－2 200）÷（1+5%）×5%＝309.52（万元）。

（4）增值税一般纳税人销售其自行开发生产的软件产品，按13%适用税率征收增值税后，对其增值税实际税负超过3%的部分实行即征即退政策。

销售自行开发的软件产品应纳增值税＝260×13%－4.08×260/（260+35）＝30.20（万元）。

实际税负＝30.20÷260×100%＝11.62%＞3%。

因此，销售自行开发的软件产品实际应纳增值税＝260×3%＝7.8（万元）。

提供软件技术服务部分应纳增值税＝35×6%－4.08×35/（260+35）＝1.62（万元）。

5月实际缴纳增值税＝7.8+1.62+309.52＝318.94（万元）。

3. （1）C；（2）C；（3）B；（4）D。

【解析】

（1）业务（1）应纳增值税＝166 000÷（1+5%）×5%＝7 904.76（万元）。

（2）业务（2）准予抵扣的进项税额＝1 080（万元）。

（3）业务（3）增值税的销项税额＝2 400×9%＝216（万元）。

（4）该公司当月一般计税方法的应纳税额＝216－1 080－2.6－1.05÷（1+5%）×5%＝－866.65（万元）。

简易计税方法的应纳税额＝7 904.76（万元）。

该公司当月应纳税额＝7 904.76（万元）。

4. （1）D；（2）A；（3）A；（4）B。

【解析】

（1）提供货币兑换服务，属于直接收费金融服务。贷款服务和直接收费金融服务，税率均为6%。

业务（1）的销项税额＝（1 200+25）×6%＝73.50（万元）。

（2）金融商品转让，按照卖出价扣除买入价后的余额为销售额。发生的手续费支出，不能从销售额中扣除。

业务（2）的销项税额＝（10 557.60－4 536.80）÷（1+6%）×6%＝340.80（万元）。

（3）以货币资金投资收取的固定利润或者保底利润，按照贷款服务缴纳增值税。

业务（3）的销项税额＝3 000÷（1+6%）×6%＝169.81（万元）。

（4）发生手续费支出，取得增值税专用发票，可以抵扣进项税额。业务（2）的进项税额＝0.54（万元）。

购进办公设备取得增值税专用发票，可以抵扣进项税额；

业务（4）的进项税额＝68+1 530＝1 598（万元）。

当期的销项税额＝73.5+340.8+169.81＝584.11（万元）。

2020年第一季度该金融机构增值税进项税额留抵＝584.11－（0.54+1 598）＝－1 014.43（万元）。

增值税为负数，1 014.43万元可以作为留抵税额在下期抵扣。

四、综合分析题

1. （1）C；（2）D；（3）D；（4）ACE。

【解析】

（1）提供餐饮服务的纳税人销售的外卖食品，按照"餐饮服务"缴纳增值税；宾馆、旅馆、旅社、度假村和其他经营性住宿场所提供会议场地及配套服务的活动，按照"会议展览服务"缴纳增值税。业务（1）销项税额＝（3 000＋420＋300）×6%＝223.20（万元）。

（2）2019年10月1日至2021年12月31日，允许生活性服务业纳税人按照当期可抵扣进项税额加计15%，抵减应纳税额。H宾馆当月可抵减的加计抵减进项税额＝（180-2）×15%＝26.70（万元）。

（3）一般纳税人转让（视同销售）其2016年5月1日后取得的不动产的，适用一般计税方法计税，以取得的全部价款和价外费用扣除不动产购置原价或者取得不动产时的作价后的余额按照5%的预征率预缴增值税：业务（4）H宾馆应在丙市预缴增值税＝（1 500-1 200-132）÷（1＋5%）×5%＝8.00（万元）。

（4）选项B，纳税人转让旧房及建筑物，凡不能取得评估价格，但能提供购房发票的，可按发票所载金额并从购买年度起至转让年度止每年加计5%计算扣除。计算扣除项目时"每年"按购房发票所载日期起至售房发票开具之日止，每满12个月计1年；超过1年，未满12个月但超过6个月的，可以视同为1年。本题中2015年4月购入、2019年12月转出，按照5年计算加计扣除金额。选项D，纳税人以长（短）租形式出租酒店式公寓并提供配套服务的，按照"住宿服务"缴纳增值税。

2. （1）B；（2）DE；（3）C；（4）B；（5）B；（6）B。

【解析】

（1）一般纳税人跨市提供建筑服务，适用一般计税方法计税的，以取得的全部价款和价外费用扣除支付的分包款后的余额，按照2%的预征率计算应预缴税款。应预缴税款＝（全部价款和价外费用-支付的分包款）÷（1＋9%）×2%。

该企业在B市提供建筑服务应预缴增值税＝（220-54.5）÷（1＋9%）×2%＝3.04（万元）。

（2）购买专业设备用于适用简易计税方法的建筑工程老项目，购买时不得抵扣进项税额。不得抵扣且未抵扣进项税额的固定资产，发生用途改变，用于允许抵扣进项税额的应税项目，按净值计算抵扣进项税额。

（3）用于简易计税方法计税项目、免征增值税项目、集体福利或者个人消费的购进货物、加工修理修配劳务、服务、无形资产和不动产，不得抵扣进项税额。其中涉及的固定资产、无形资产、不动产，仅指专用于上述项目的固定资产、无形资产（不包括其他权益性无形资产）、不动产。但是发生兼用于上述不允许抵扣项目情况的，该进项税额准予全部抵扣。

业务（5）中可以从销项税额中抵扣进项税额＝1.30（万元）。

（4）适用一般计税方法的纳税人，兼营简易计税方法计税项目、免征增值税项目而无法划分不得抵扣的进项税额，按照下列公式计算不得抵扣的进项税额：

不得抵扣的进项税额＝当期无法划分的全部进项税额×（当期简易计税方法计税项目销售额＋免征增值税项目销售额）÷当期全部销售额

可以抵扣的进项税额＝当期无法划分的全部进项税额-不得抵扣的进项税额

业务（6）中可以从销项税额中抵扣进项税额＝0.65-0.65×200÷[400＋220÷（1＋9%）＋200]＝0.49（万元）。

（5）纳税人跨市提供建筑服务，在建筑服务发生地预缴税款后，向机构所在地主管税务机关进行纳税申报，计算当期应纳税款，扣除已预缴的税款后的余额在机构所在地缴纳。

业务（1）销项税额 = 36 + 220 ÷ (1 + 9%) × 9% = 54.17（万元），可抵扣进项税额 = 4.5（万元）；

业务（2）可抵扣进项税额 = 36.4（万元）；

业务（3）应缴纳增值税 = 200 × 3% = 6（万元）；

业务（4）可抵扣进项税额 = 0；

业务（5）可抵扣进项税额 = 1.3（万元）；

业务（6）可以抵扣进项税额 = 0.49（万元）；

该企业当月在 A 市申报缴纳增值税 = 54.17 − 4.5 − 36.4 − 1.3 − 0.49 − 3.04 + 6 = 14.44（万元）。

（6）该企业当月在 A 市申报缴纳城市维护建设税 = 14.44 × 7% = 1.01（万元）。

同步训练　限时200分钟

扫我做试题

一、单项选择题

1. 下列单位或个人中，不属于增值税纳税人的是（　　）。

A. 资管产品管理人

B. 以发包人名义对外经营并由发包人承担相关法律责任的发包人

C. 授权集团内其他纳税人（第三方）为发包方提供建筑服务，并由第三方直接与发包方结算工程款的第三方

D. 进口货物的发货人

2. 下列关于增值税一般纳税人登记条件判定中，年应税销售额的说法正确是（　　）。

A. 年应税销售额是指 1 月 1 日至 12 月 31 日内累计应征增值税销售额

B. 年应税销售额包括纳税申报销售额、稽查查补销售额、纳税评估调整销售额

C. 纳税人偶然发生的转让不动产的销售额，不计入年应税销售额；但销售无形资产销售额应计入

D. 有扣除项目的纳税人，年销售额以扣除之后的销售额计算

3. 下列有关增值税征税范围表述不正确的是（　　）。

A. 出租车公司向使用本公司自有出租车的出租车司机收取的管理费用，属于"陆路运输服务"

B. 航空运输的湿租业务，属于"航空运输服务"

C. 停车费，属于"不动产经营租赁服务"

D. 航空地面服务，属于"航空运输服务"

4. 下列业务属于增值税中的混合销售的是（　　）。

A. 建材商店向甲销售建材，同时为乙提供装饰服务

B. 家具城销售家具并送货上门

C. 生活广场销售货物并提供餐饮服务

D. 超市销售不同税率的货物

5. 下列经营行为中，属于增值税混合销售行为的是（　　）。

A. 4S 店销售汽车及内饰用品

B. 商场销售空调并提供安装服务

C. 餐厅提供餐饮及音乐舞蹈表演

D. 酒店提供住宿及机场接送服务

6. 下列关于增值税征税范围的说法中，不正确的有（　　）。

A. 电力公司向发电企业收取的过网费，应当征收增值税

B. 存款利息，不征收增值税

C. 在资产重组过程中，通过合并、分立等方式，将全部或者部分实物资产以及与其相关联的债权、债务和劳动力一并转让给其他单位的，其中涉及的货物转让应征收

增值税

D. 根据国家指令无偿提供的铁路运输服务、航空运输服务，属于用于公益事业的服务，不征收增值税

7. 关于财政补贴的增值税相关规定，下列表述正确的是（　　）。

A. 自 2020 年 1 月 1 日起，纳税人取得的财政补贴收入，与其销售货物、劳务、服务、无形资产、不动产的收入或者数量直接挂钩的，不应计算增值税

B. 自 2020 年 1 月 1 日起，纳税人取得的财政补贴收入，与其销售货物、劳务、服务、无形资产、不动产的收入或者数量直接挂钩的，应计算增值税

C. 自 2020 年 1 月 1 日起，纳税人取得的财政补贴收入，无论是否与其销售货物、劳务、服务、无形资产、不动产的收入或者数量挂钩，均应计算增值税

D. 2020 年 1 月 1 日后收到 2019 年 12 月 31 日以前销售新能源汽车对应的中央财政补贴收入，应缴纳增值税

8. 下列各项业务适用 13% 税率的是（　　）。

A. 有形动产租赁服务

B. 不动产租赁服务

C. 建筑服务

D. 基础电信服务

9. 下列各项业务，不适用 5% 征收率的是（　　）。

A. 房地产开发企业中的一般纳税人销售自行开发的房地产老项目，选择适用简易计税方法的

B. 小规模纳税人销售不动产

C. 一般纳税人出租其 2016 年 4 月 30 日前取得的不动产，选择按简易计税方法的

D. 一般纳税人销售旧货

10. 下列境内单位和个人的跨境业务中，不适用增值税零税率的是（　　）。

A. 转让技术

B. 提供设计服务

C. 提供建筑服务

D. 提供国际运输服务

11. 某企业为增值税一般纳税人，2021 年 4 月销售自己使用过的设备一台，取得不含增值税收入 60 万元，该设备 2018 年购进时取得了增值税专用发票，注明价款 75 万元，已抵扣进项税额。该企业销售此设备的增值税销项税额是（　　）万元。

A. 0　　　　　　B. 1.20

C. 2.40　　　　　D. 7.80

12. 2020 年 8 月，二手车经销企业甲（一般纳税人）销售自行收购的旧车一批，取得含增值税销售额 281.4 万元，另销售自己使用过的小汽车一辆，取得含税收入 8.24 万元（未放弃减税），已知该车为 2008 年购入，购入时未抵扣增值税。无其他涉税事项，则甲当月的应纳增值税为（　　）万元。

A. 1.44　　　　　B. 1.56

C. 1.82　　　　　D. 5.62

13. 某位于市区的增值税一般纳税人软件公司，2021 年 3 月销售自行开发生产的软件产品，取得不含增值税销售额 120 000 元，销售进口后经本地化改造后的软件取得不含增值税销售额 200 000 元。本月购进一批电脑用于软件设计，取得的增值税专用发票注明金额 42 000 元；无其他涉税事项，该企业上述业务应退增值税（　　）元。

A. 9 600　　　　B. 26 540

C. 36 140　　　　D. 42 000

14. 2021 年 3 月，某个体工商户（小规模纳税人）出租一处住房，预收 1 年租金 15 万元，此项业务，该个体工商户当月应缴纳增值税（　　）万元。

A. 0　　　　　　B. 0.21

C. 0.47　　　　　D. 0.71

15. 2021 年 3 月，王某出租一处商铺，预收 1 年租金 180 万元，王某收取租金应缴纳增值税（　　）万元。

A. 0　　　　　　B. 2.57

C. 8.57　　　　　D. 9.00

16. 某一般纳税人集团总部 2021 年 2 月取得如下收入：集团总部向银行贷款，之后划拨给下属单位使用，按银行利率收取统借统还利息 13 万元，银行存款利息 3 万元，非保本理财产品收益 8 万元。无其他涉税事项，则该集团总部当月的应纳增值税为（　）万元。
   A. 0　　　　　　　B. 0.17
   C. 0.62　　　　　D. 1.36

17. 增值税一般纳税人的下列业务中，应以销售额全额作为销售额计算增值税额或销项税额的是（　）。
   A. 融资性售后回租
   B. 房地产开发企业销售其开发的房地产项目（一般计税方法）
   C. 经纪代理服务
   D. 贷款服务

18. 某增值税一般纳税人为日化生产企业，2020 年 11 月销售日化产品取得不含增值税销售额 700 万元，另收取包装物押金 15.21 万元，合同约定 3 个月内返还包装物并退还全部押金；当月没收以前收取的逾期包装物的押金 1.13 万元。该企业 2020 年 11 月上述业务的增值税计税销售额为（　）万元。
   A. 701.00　　　　B. 701.13
   C. 713.46　　　　D. 715.21

19. 甲旅游公司（一般纳税人）组织多个国内旅行团，2021 年 1 月收取参团人员旅游费用共计 82 万元。为参团人员支出以下款项：机票费用 12 万元，酒店住宿费用 15 万元，景区门票费用 4 万元；向境内负责当地接待的旅行社支付了旅游费用 26 万元。另支付本公司导游交通及食宿费用共计 0.35 万元，导游劳务报酬 2 万元。该旅游公司当月选择差额计税的情形下的增值税销项税额为（　）万元。
   A. 1.28　　　　　B. 1.40
   C. 1.42　　　　　D. 4.64

20. 某货物运输企业为增值税一般纳税人，

2021 年 1 月提供货物运输服务，取得不含增值税收入 480 000 元；出租闲置车辆取得含增值税收入 68 000 元；提供车辆停放服务，取得含增值税收入 26 000 元，以上业务均适用一般计税方法。上述业务，该企业当月销项税额（　）元。
   A. 53 169.80　　　B. 65 256.92
   C. 94 056.92　　　D. 95 258.12

21. 某服装厂为增值税一般纳税人，2021 年 1 月采用分期收款方式销售了一批服装，合同注明含增值税金额为 135.6 万元，并约定分别在 1、2、3 月各收取 1/3 的金额。当月实际收取了货款 33.9 万元，并按实际收款金额开具了发票。另出租一台闲置设备，合同注明租期 2 年，一次性收取了全部含增值税租金 33.9 万元，则该企业 2021 年 1 月增值税销项税额为（　）万元。
   A. 7.80　　　　　B. 9.10
   C. 15.60　　　　　D. 19.50

22. 某企业是增值税一般纳税人，发生的下列项目，应将其已经申报抵扣的进项税额从当期进项税额中转出的是（　）。
   A. 车间报废产品所耗用的购进货物
   B. 由于管理不善被盗的产成品所耗用的购进货物
   C. 将购进的货物用于管理部门办公使用
   D. 将购进的货物无偿赠送给某单位

23. 甲果汁生产企业为增值税一般纳税人，2021 年 1 月从农民手中收购苹果用于生产果汁，收购凭证上注明买价为 30 万元。另委托某一般纳税人运输企业将苹果运回企业所在地，支付不含增值税运费 0.6 万元，取得增值税专用发票。本月该批苹果已被生产领用。该果汁生产企业 2021 年 1 月可以抵扣的进项税额是（　）万元。
   A. 3.05　　　　　B. 3.12
   C. 3.66　　　　　D. 3.97

24. 甲生产企业一般纳税人，2021 年 2 月进口加工原料一批，关税完税价格为 120 万元，关税税率为 10%，取得了海关填发的进口增值税专用缴款书。另将材料运回本企业仓库，支付了境内运费并取得了一般纳税人开具的增值税专用发票，注明价款 4 万元。无其他涉税事项，则当月可以抵扣的进项税额是（   ）万元。

A. 15.72　　　　　B. 17.28

C. 17.52　　　　　D. 23.00

25. 甲客运公司为增值税一般纳税人，2020 年 5 月购入同款大巴车 3 辆，取得增值税专用发票注明税款共计 23.4 万元，将其中一辆用于接送员工上下班使用，其余两辆用于公司客运经营。则当月可以抵扣的进项税额是（   ）万元。

A. 0　　　　　B. 7.80

C. 15.60　　　　　D. 23.40

26. 某乳制品生产企业 2021 年 1 月购进总价 150 万元的鲜牛乳用于生产奶酪。已知当月销售奶酪共计取得含增值税销售收入 360 万元，其对应的主营业务成本为 200 万元，其中农产品耗用率为 60%。按照成本法计算，本月允许抵扣的农产品进项税额是（   ）万元。

A. 9.91　　　　　B. 10.81

C. 13.81　　　　　D. 23.00

27. 某公司为增值税一般纳税人，2021 年 1 月取得如下票据：员工境外出差机票行程单金额合计 25 400 元；聘请某教授来公司培训的境内机票行程单金额合计 3 900 元；总经理报销的酒店（一般纳税人）住宿费增值税专用发票注明金额 700 元，餐费普通发票注明金额 780 元。则当月准予抵扣的进项税额是（   ）元。

A. 21.00　　　　　B. 42.00

C. 364.02　　　　　D. 2 461.27

28. 根据规定，生产、生活性服务业纳税人享受加计抵减政策，所称生产、生活性服务业纳税人，是指提供邮政服务、电信服务、现代服务、生活服务取得的销售额占全部销售额的比重超过（   ）的纳税人。

A. 30%　　　　　B. 50%

C. 60%　　　　　D. 80%

29. 2021 年 2 月，某旅游开发有限公司（一般纳税人）经营游览场所取得旅游景点门票含增值税收入 450 万元；在景区内经营旅游观光电瓶车取得含增值税收入 68 万元，支付不含增值税维修费 6 万元并取得一般纳税人开具的增值税专用发票。无其他涉税事项，该公司上述业务当月应纳增值税是（   ）万元。

A. 25.90　　　　　B. 28.54

C. 30.72　　　　　D. 31.08

30. 某纺织品生产企业为增值税一般纳税人，2021 年 3 月向商场销售纺织品取得价款 1 500 万元、销项税额 195 万元，开具增值税专用发票；向个体经销商销售纺织品取得销售收入 1 130 万元，开具普通发票；当月从棉农处购进棉花支付买价 300 万元，取得农产品销售发票。从一般纳税人处购进棉纱，支付不含增值税价款 800 万元，取得增值税专用发票并在当月通过认证抵扣。棉花和棉纱当月均全部领用，用于生产纺织品。无其他涉税事项，当月该纺织品生产企业应纳增值税是（   ）万元。

A. 242.36　　　　　B. 191.00

C. 272.00　　　　　D. 316.00

31. 某超市为增值税一般纳税人，2021 年 2 月从批发市场购入蔬菜取得普通发票注明买价 10 000 元；销售蔬菜取得零售收入 24 000 元，销售粮食、食用植物油取得零售收入 13 200 元，销售其他商品取得零售收入 98 000 元，当月该超市应纳增值税是（   ）元。

A. 18 518.97　　　　　B. 12 364.24

C. 16 157.27　　　　　D. 18 918.33

32. 某企业为增值税一般纳税人，2020 年 9 月从某花木栽培公司手中购入花卉

1 100 盆，取得的普通发票上注明价款为 110 580 元。该企业将 1/4 用于赠送某节日庆典，其余全部卖给客户取得产品不含增值税销售额 705 000 元。则该企业当月应纳增值税是(　)元。

A. 96 374.96　　　B. 74 647.80

C. 82 942.00　　　D. 102 243.45

33. 某超市为增值税一般纳税人，2021 年 2 月购进货物取得增值税专用发票上注明不含税金额 80 000 元；经批准初次购进增值税税控系统专用设备一台，取得增值税专用发票，注明价款 3 000 元，税款 390 元；本月销售货物取得零售收入共计 192 100 元。该超市 2 月应缴纳的增值税是(　)元。

A. 8 310　　　　　B. 8 390

C. 11 190　　　　　D. 8 900

34. 下列关于建筑服务征收增值税的表述中，错误的是(　)。

A. 一般纳税人以清包工方式提供的建筑服务，可以选择适用简易计税方法计税

B. 一般纳税人为建筑工程老项目提供的建筑服务，可以选择适用简易计税方法计税

C. 一般纳税人跨市提供建筑服务，适用一般计税方法计税的，应以取得的全部价款和价外费用为销售额计算应纳税额

D. 一般纳税人跨市提供建筑服务，选择适用简易计税方法计税的，应以取得的全部价款和价外费用按照 5% 的征收率计算应纳税额

35. 2021 年 12 月，某服务型企业(一般纳税人)将一栋办公楼对外转让，取得含增值税收入 2 800 万元。该办公楼为企业 2014 年购进，购进时支付总价款 1 300 万元。该企业选择适用简易计税方法，则该企业应预缴的增值税税款是(　)万元(以上金额均为含税金额)。

A. 43.69　　　　　B. 71.43

C. 81.55　　　　　D. 133.33

36. 2021 年 11 月，张某销售一套位于南京的别墅，取得含增值税销售收入 1 600 万元，该住房于 2015 年 3 月购进，购进时支付房价 700 万元，取得开发商开具的发票，另交纳契税等税费 28.5 万元，张某销售该住房应纳增值税是(　)万元。

A. 0　　　　　　　B. 42.86

C. 76.19　　　　　D. 80.00

37. 下列关于提供不动产经营租赁服务增值税征收管理的有关规定，表述不正确的是(　)。

A. 一般纳税人出租其 2016 年 4 月 30 日前取得的不动产，可以选择适用简易计税方法，按照 5% 的征收率计算应纳税额

B. 一般纳税人出租其 2016 年 5 月 1 日后取得的不动产，适用一般计税方法计税

C. 个体工商户(小规模纳税人)出租住房，按照 5% 的征收率减按 1.5% 计算应纳税额

D. 其他个人出租不动产(不含住房)，按照 3% 的征收率计算应纳税额

38. 2016 年 10 月，郭先生购买门店一间，支付价税合计款项 73.5 万元，按不含税价款 70 万元依照 3% 的税率缴纳契税 2.1 万元。2021 年 4 月郭先生将所购买的门店以 100 万元的含税价格出售。但因此前遭遇特殊原因，原购房发票已丢失。郭先生销售门店增值税应纳税额是(　)万元。

A. 0.98　　　　　B. 1.09

C. 1.16　　　　　D. 1.26

39. 位于甲市的自然人张某，将其位于乙市的一处住房出租，2021 年 3 月预收一年租金 24 万元。下列关于张某当月出租业务的增值税计税规则说法正确的是(　)。

A. 张某应按 5% 的征收率计算增值税，并在甲市申报缴纳

B. 张某应按 5% 的征收率计算增值税，并在乙市申报缴纳

C. 张某应按 5% 的征收率减按 1.5% 计算增值税，并在乙市预缴税款

第 2 章

D. 张某当月无须缴纳增值税

40. 某卷烟厂为增值税一般纳税人，2021年11月向农场收购烟叶用于生产卷烟，支付收购价款5万元，另按10%支付价外补贴。已开具烟叶收购发票并于当月全部领用，同时支付运费1万元，取得了一般纳税人开具的增值税专用发票。当月销售自产的卷烟取得不含增值税收入共计12万元。则该卷烟厂2020年11月应缴纳的增值税税额是（　　）万元。

A. 1.14　　　　　　B. 1.18

C. 0.81　　　　　　D. 1.22

41. 某软件开发企业为增值税一般纳税人，2021年4月销售自产软件产品取得不含增值税收入500万元，一并收取维护费15.82万元。购进办公用品，取得增值税专用发票，注明金额60万元，本月领用其中的50%。无其他涉税事项，该软件开发企业当月应退增值税是（　　）万元。

A. 43.60　　　　　B. 60.68

C. 65.83　　　　　D. 71.68

42. 某综合型食品加工企业为增值税一般纳税人，该食品加工企业设有农场种植小麦、玉米等粮食作物。2021年12月销售肉松面包取得不含增值税收入26 000元；销售自产玉米取得收入8 000元。当月从一般纳税人处购进用于生产面包的肉松支付不含增值税价款9 000元，取得增值税专用发票。当月生产面包、玉米耗用自来水，共计支付价款12 000元、进项税额360元，耗用电力支付价款7 000元（取得了增值税专用发票），生产面包与生产玉米耗用的水电情况无法准确划分。当月取得的增值税专用发票，均在当月通过认证并抵扣。2021年12月该企业应纳增值税是（　　）元。

A. 1 340.00　　　　B. 1 407.71

C. 1 238.82　　　　D. 2 380.00

43. 某配件厂为增值税一般纳税人，2021年1月采用分期收款方式销售配件，合同约定不含增值税销售额150万元，当月应收取60%的货款。由于购货方资金周转困难，本月实际收到货款50万元，配件厂按照实际收款额开具了增值税专用发票。当月购进职工浴室专门使用的大型热水器一台，取得增值税专用发票，注明价款10万元。无其他涉税事项，当月该配件厂应纳增值税是（　　）万元。

A. 3.60　　　　　　B. 5.10

C. 13.60　　　　　D. 11.70

44. 甲公司以提供生活服务为主，2021年适用进项税额加计抵减政策。已知其2月销项税额23.8万元，简易计税应纳税额3万元，当期可以抵扣的进项税额为20万元，上期末加计抵减余额1万元。则该公司2月应纳税额是（　　）万元。

A. -0.20　　　　　B. 0

C. 3.00　　　　　　D. 3.80

45. 甲公司为一般纳税人，2021年1月提供装卸搬运和仓储服务取得不含增值税收入70万元。销售一台使用过的未抵扣过进项税额的装卸机器一台，含税售价为3.09万元，开具了增值税普通发票。当月从一般纳税人处购入自产新款装卸机器一台，取得增值税专用发票注明价款30万元，另支付员工出差火车票款3 488元，无其他购进业务。该公司当月适用进项税额加计抵减政策，上期加计抵减额无余额。则当月应纳增值税是（　　）元。

A. 600.00　　　　　B. 2 312.00

C. 3 928.80　　　　D. -1 216.80

46. 下列关于增值税期末留抵退税说法不正确的是（　　）。

A. 一般企业允许退还的增量留抵税额＝增量留抵税额×进项构成比例×60%

B. 一般企业允许退还的增量留抵税额＝增量留抵税额×进项构成比例

C. 增量留抵税额是和2019年3月底相比新增的留抵税额

D. 自 2019 年 4 月 1 日起享受即征即退政策的纳税人不得享受期末留抵退税

47. 某交通运输企业为增值税一般纳税人，具备提供国际运输服务的条件和资质。2021 年 6 月该企业承接境内运输业务，收取运费价税合计 436 万元；当月购进柴油并取得增值税专用发票，注明价款 400 万元、税款 52 万元；当月购进两辆货车用于货物运输，取得增值税专用发票，注明价款 60 万元、税款 7.8 万元；当月对外承接将货物由境内载运出境的业务，收取价款 70 万美元。该运输企业当月应退增值税是（　　）万元（交通运输服务退税率 9%，美元对人民币汇率 1：7）。
   A. 0
   B. 12.77
   C. 23.80
   D. 44.10

48. 境外旅客申请离境退税，应当同时符合规定条件并采用特别计算方法，下列说法不正确的是（　　）。
   A. 同一境外旅客同一日在同一退税商店购买的退税物品金额应达到 500 元人民币
   B. 离境日距退税物品购买日不超过 90 天
   C. 适用 13% 税率的物品退税率为 13%
   D. 退税依据为销售发票注明的含增值税金额

49. 下列有关增值税纳税义务发生时间的表述中，不正确的是（　　）。
   A. 提供应税服务先开发票的，为开具发票当天
   B. 从事金融商品转让的，为金融商品所有权转移的当天
   C. 预收款方式提供租赁服务，为租赁服务完成的当天
   D. 增值税扣缴义务发生时间，为纳税人增值税纳税义务发生的当天

二、多项选择题

1. 下列关于增值税征税范围一般规定的表述，正确的有（　　）。
   A. 融资性售后回租服务，按照"租赁服务"缴纳增值税

B. 在游览场所经营游船取得的收入，按照"文化体育服务"缴纳增值税
   C. 以长（短）租形式出租酒店式公寓并提供配套服务的，按照"不动产租赁服务"缴纳增值税
   D. 已售票但客户逾期未消费取得的运输逾期票证收入，按照"交通运输服务"缴纳增值税
   E. 为客户办理退票而向客户收取的退票费、手续费等收入，按照"其他现代服务"缴纳增值税

2. 境外单位和个人的下列业务中，应在我国缴纳增值税的有（　　）。
   A. 转让位于境外的商铺
   B. 出租位于境内的写字楼
   C. 向境内单位转让一项商标，该商标完全在境内使用
   D. 向境内个人在境外提供餐饮服务
   E. 向境内个人出租完全在境外使用的汽车

3. 单位或个体工商户的下列行为，应当视同销售，缴纳增值税的有（　　）。
   A. 销售代销货物
   B. 将外购的货物作为福利发给职工
   C. 将委托加工收回的货物捐赠给个体户
   D. 将自产的货物用于分配给股东
   E. 将货物交付其他单位代销

4. 下列行为应视同销售缴纳增值税的有（　　）。
   A. 餐厅为某食品厂代销食品
   B. 电器厂以自产电器投资入股
   C. 高尔夫球场向本单位员工免费提供下场打球服务
   D. 航空公司根据国家指令无偿提供运输服务
   E. 出租不动产合同约定免租期的

5. 一般纳税人进口的下列货物中，适用 9% 增值税率的是（　　）。
   A. 淀粉
   B. 图书
   C. 原煤
   D. 农药
   E. 食用盐

6. 自 2019 年 4 月 1 日起，一般纳税人销售的下列货物中适用 9% 税率的是（　　）。
   A. 蜜饯　　　　　　B. 巴氏杀菌乳
   C. 中成药　　　　　D. 天然气
   E. 精制茶

7. 下列各项业务适用 5% 征收率的是（　　）。
   A. 房地产开发企业中的一般纳税人销售自行开发的房地产老项目，选择适用简易计税方法计税的
   B. 小规模纳税人销售不动产
   C. 一般纳税人出租其 2016 年 4 月 30 日前取得的不动产，选择按简易计税方法计税的
   D. 一般纳税人销售旧货
   E. 小规模纳税人提供交通运输服务

8. 下列业务免征增值税的有（　　）。
   A. 婚姻介绍服务
   B. 个人转让著作权
   C. 金融机构从事金融商品转让业务
   D. 一般纳税人提供管道运输服务
   E. 供热企业向居民个人供热部分的采暖费收入

9. 下列关于增值税计税销售额的规定，说法正确的有（　　）。
   A. 以物易物方式销售货物，双方是既买又卖的业务，分别按购销业务处理
   B. 以旧换新方式销售货物，以实际收取的不含增值税的价款计算缴纳增值税（金银首饰除外）
   C. 还本销售方式销售货物，不得从销售额中减除还本支出
   D. 销售折扣方式销售货物，不得从计税销售额中扣减折扣额
   E. 直销企业先将货物销售给直销员，直销员再将货物销售给消费者的，直销企业的销售额为其向直销员收取的全部价款和价外费用

10. 下列业务中，应以差额确认增值税计税销售额的有（　　）。
    A. 航空运输销售代理企业提供境内机票代理服务
    B. 直接收费金融服务
    C. 房企一般纳税人销售房地产采用简易计税方法的情形
    D. 金融商品转让
    E. 融资性售后回租

11. 融资租赁业务应以差额确认增值税计税销售额，计算销售额时允许从收入中扣除的项目有（　　）。
    A. 支付的借款利息
    B. 支付的发行债券利息
    C. 支付的车辆购置税
    D. 支付的资产购置价款
    E. 支付的资产购置过程中的运费等相关费用

12. 一般纳税人 2020 年 1 月购进的下列服务中，不得抵扣进项税额的有（　　）。
    A. 贷款服务　　　　B. 住宿服务
    C. 餐饮服务　　　　D. 摄影扩印服务
    E. 国内旅客运输服务

13. 下列表述符合增值税进项税额抵扣规定的有（　　）。
    A. 提供保险服务的纳税人以实物赔付方式承担机动车辆保险责任的，自行向车辆修理劳务提供方购进的车辆修理劳务，其进项税额可以按规定从保险公司销项税额中抵扣
    B. 纳税人从批发、零售环节购进适用免征增值税政策的蔬菜、部分鲜活肉蛋而取得的普通发票，不得作为计算抵扣进项税额的凭证
    C. 纳税人的交际应酬消费属于个人消费
    D. 纳税人购进的娱乐服务，可以抵扣进项税额
    E. 非正常损失的不动产在建工程所耗用的建筑服务的进项税额不得从销项税额中抵扣

14. 关于增值税加计抵减政策的说法，正确的有（　　）。
    A. 纳税人出口货物劳务、发生跨境应税

行为不适用加计抵减政策，其对应的进项税额不得计提加计抵减额

B. 纳税人兼营出口货物劳务、发生跨境应税行为且无法划分不得计提加计抵减额的进项税额，按照公式计算：不得计提加计抵减额的进项税额＝当期无法划分的全部进项税额×当期出口货物劳务和发生跨境应税行为的销售额÷当期全部销售额

C. 纳税人应单独核算加计抵减额的计提、抵减、调减、结余等变动情况

D. 未抵减完的当期可抵减加计抵减额，不得结转下期继续抵减

E. 按照现行规定不得从销项税额中抵扣的进项税额，不得计提加计抵减额

15. 某现代服务企业为增值税一般纳税人，2021年适用进项税额加计抵减政策。2021年4月销项税额为70万元，允许抵扣的进项税额为20万元，上期末加计抵减额余额8万元。关于该企业当月增值税计算的说法中，正确的有( )。

A. 当期计提加计抵减额为3万元

B. 当期可抵减加计抵减额为10万元

C. 当期可抵减加计抵减额为8万元

D. 抵减后实际应纳税额为42万元

E. 抵减后实际应纳税额为40万元

16. 同时符合列明条件的增值税纳税人(非先进制造业)，可以向主管税务机关申请退还增量留抵税额，下列选项属于列明条件的有( )。

A. 自2019年4月税款所属期起，连续六个月(连续两季度)增量留抵税额均大于零，且第六个月留抵税额不低于50万元

B. 纳税信用等级为A级、B级或C级

C. 申请退税前36个月未发生骗取留抵退税、出口退税或虚开增值税专用发票情形

D. 申请退税前36个月未因偷税被税务机关处罚

E. 自2019年4月1日起未享受即征即退、先征后返(退)政策

17. 下列业务中，增值税一般纳税人可以适用简易计税方法的有( )。

A. 为2016年5月1日后开工的建筑工程项目提供的建筑服务

B. 在纳入营改增试点之日前签订的尚未执行完毕的有形动产租赁合同

C. 提供非学历教育服务

D. 提供劳务派遣服务，选择全额计税

E. 典当业销售死当物品

18. 下列关于跨境电子商务零售进口相关的计税规则中，说法正确的有( )。

A. 销售跨境电子商务零售进口商品的个人是纳税人

B. 物流企业可作代收代缴义务人

C. 自2019年1月1日起，跨境电子商务零售进口的单次交易限值为5 000元，个人年度交易限值为26 000元

D. 在限值以内进口的商品，关税税率暂设为0%

E. 在限值以内进口的商品，进口环节增值税、消费税取消免征税额，暂按法定应纳税额的50%征收

19. 下列出口货物，可适用增值税"免税并退税"政策的有( )。

A. 加工企业来料加工复出口的货物

B. 生产企业出口的视同自产货物

C. 出口企业销售给特殊区域内的生活消费用品

D. 出口企业销售给特殊区域内生产企业生产耗用且不向海关报关而输入特殊区域的电力

E. 出口企业对外投资的出口货物

20. 下列选项中，不得开具增值税专用发票的有( )。

A. 房地产企业向消费者个人销售商品房

B. 某餐厅向消费者个人提供餐饮服务

C. 某农业种植基地向超市销售自产农产品

D. 小规模纳税人销售自己使用过的包

装物

E. 某咨询公司为企业提供咨询服务

三、计算题

1. 赵某系某高校退休教授，2020年下半年发生如下业务：

(1)7月为某房地产开发企业提供建筑设计服务，取得建筑设计费400 000元以及方案创意奖励50 000元。

(2)8月将一套闲置住房对外出租，一次性预收全年租金30 000元。

(3)9月将境内一套别墅转让，取得转让收入4 800 000元，该别墅于2019年5月购进，购进时支付价款3 000 000元。

(4)10月将2011年购买的有价证券通过证券交易机构出售，取得收入320 000元，该证券的购买价为240 000元。

(5)10月向新加坡某中介公司咨询投资业务，该公司不派人来华，以邮件、电话方式提供咨询服务，赵某支付给新加坡公司咨询费200 000元，资料费1 500元。

(6)12月将一项专利技术转让给国内某企业，已办理相关备案手续，取得收入130 000元。

根据上述资料，回答下列问题：

(1)赵某提供建筑设计服务应缴纳增值税（　　）元。

A. 12 000.00　　　　B. 13 500.00

C. 20 000.00　　　　D. 13 106.80

(2)赵某转让别墅应缴纳增值税（　　）元。

A. 0　　　　　　　　B. 85 714.29

C. 228 571.43　　　 D. 240 000.00

(3)赵某应代扣代缴增值税（　　）元。

A. 0　　　　　　　　B. 1 000.00

C. 11 405.66　　　　D. 626.21

(4)赵某合计应缴纳增值税（　　）元。

A. 242 106.80　　　 B. 241 678.23

C. 246 132.54　　　 D. 246 920.95

2. 某旅游公司为增值税一般纳税人，2021年2月发生以下业务：

(1)取得旅游费收入共计680万元，其中向境外旅游公司支付境外旅游费63.6万元，向境内其他单位支付旅游交通费60万元，住宿费24万元，门票费21万元，签证费1.8万元。支付本单位导游餐饮住宿费共计2.2万元，旅游公司选择按照扣除支付给其他单位相关费用后的余额为计税销售额，并开具普通发票（以上金额均含增值税）。

(2)将2020年5月在公司注册地购入的一套门市房对外出租，购入时进项税额已抵扣，本月一次性收取3个月含增值税租金12万元。

(3)委托一般纳税人的装修公司对自用房屋进行装修，取得该装修公司开具的增值税专用发票，注明装修费50万元；支付物业费，取得一般纳税人的物业公司开具的增值税专用发票注明金额3万元。

(4)将公司一台3年前购入的旅游车转为职工通勤班车，该车购进时取得了增值税专用发票注明价款60万元，增值税10.2万元，已抵扣进项税额。累计已提折旧40万元，该车评估价格14万元。

已知：本月取得的相关票据均符合税法规定并在本月认证抵扣。

根据上述材料，回答下列问题：

(1)下列关于境外旅游公司提供旅游业务的增值税的说法中，正确的是（　　）。

A. 该境外旅游公司应在中国自行申报缴纳增值税1.85万元

B. 该境外旅游公司应在中国自行申报缴纳增值税3.6万元

C. 境内旅游公司应代扣代缴境外旅游公司增值税3.6万元

D. 该境外旅游公司在中国不缴纳增值税

(2)该公司业务（4）应转出进项税额（　　）万元。

A. 6.80　　　　　　 B. 3.40

C. 10.20　　　　　　D. 2.38

(3)该公司当月实际抵扣的增值税进项税额（　　）万元。

A. 3.30 B. 0

C. 1.88 D. 1.28

(4)该公司当月应缴纳增值税( )万元。

A. 28.56 B. 27.14

C. 26.74 D. 27.63

3. 某商业零售企业为增值税一般纳税人，2020 年 1 月发生如下业务：

(1)采取以旧换新方式销售玉石首饰一批，旧玉石首饰作价 78 万元，实际收取新旧首饰差价款共计 90 万元；采取以旧换新方式销售原价为 3 500 元的金项链 200 条，每条收取差价款 1 500 元。上述金额均为增值税含税价。

(2)销售 1 500 件电子出版物给某单位，不含增值税价 500 元/件，开具了增值税专用发票后，发现部分电子出版物存在质量问题，经协商支付给该单位折让 5.45 万元(含税)，按规定开具了红字增值税专用发票。

(3)接受当地一般纳税人的甲运输企业的货运服务，取得的增值税专用发票上注明的不含税运费 15 万元，接受乙运输企业(小规模纳税人)的货运服务，取得增值税专用发票，注明不含税运费 10 万元。

(4)接受当地一般纳税人的某税务师事务所的税务咨询服务，取得增值税专用发票注明金额 20 万元；接受当地一家一般纳税人的广告公司提供广告服务，取得的增值税专用发票注明金额 8 万元。

(5)因仓库保管不善，上月从一般纳税人企业购进的一批速冻食品霉烂变质，该批速冻食品账面价值 30 万元，其中运费成本 4 万元(当地一般纳税人运输企业提供运输服务)，进项税额均已于上月抵扣。

根据上述资料，回答下列问题：

(1)该企业当月支付运费可抵扣的增值税进项税额为( )万元。

A. 1.95 B. 1.75

C. 1.65 D. 2.35

(2)该企业当月应转出进项税额( )万元。

A. 4.82 B. 3.74

C. 5.67 D. 5.71

(3)该企业当月增值税销项税额( )万元。

A. 37.87 B. 29.08

C. 38.89 D. 40.67

(4)该企业当月应缴纳增值税( )万元。

A. 38.78 B. 29.49

C. 39.70 D. 41.50

4. 某房产开发股份有限公司(增值税一般纳税人)，从事多业经营，2021 年 3 月发生如下业务：

(1)将某地开发建造商品房，当月全部售出，收到售房款 3 000 万元，另外代收房屋专项维修基金 240 万元。2017 年购置该土地使用权时支付价款 1 200 万元。

(2)经营酒店取得餐饮收入 200 万元，客房收入 250 万元。

(3)该房地产公司签订出租写字楼协议，月租金收入为 10 万元，从 2021 年 3 月起，租期 3 年，房地产公司 3 月份一次性收取第一年租金 120 万元。

(4)本期承包甲企业的室内装修工程，装饰、装修劳务费 1 300 万元、辅助材料费用 50 万元；甲企业自行采购的材料价款 2 400 万元及中央空调设备价款 120 万元，取得一般纳税人开具的增值税专用发票。

已知：无其他涉税事项，上述收入均为含税收入，建筑服务、销售不动产均采用一般计税方法计税。

根据上述资料，回答下列问题：

(1)该公司销售不动产的增值税销项税额为( )万元。

A. 330.00 B. 297.30

C. 198.00 D. 148.62

(2)该公司提供生活服务的增值税销项税额为( )万元。

A. 25.47 B. 27.00

C. 44.59 D. 49.50

(3)该公司提供建筑服务的增值税销项税额为( )万元。

A. 65.00　　　　B. 67.50
C. 111.47　　　D. 148.50

（4）该公司应纳增值税合计（　）万元。

A. 361.78　　　B. 295.47
C. 337.63　　　D. 324.05

5. 位于市区的某金融机构为增值税一般纳税人，2020 年第 4 季度业务收支情况如下：

（1）取得贷款利息收入 2 000 万元，另外取得加息、罚息收入 80 万元。

（2）开展股票买卖业务，买入价 900 万元，卖出价 1 000 万元。

（3）取得结算手续费收入 180 万元；取得结算罚款收入 30 万元。

（4）将 2 亿元人民币投资于某商业企业，每季度收取固定利润 1 200 万元。

（5）为电信部门代收电话费，当季度收入为 850 万元，支付给委托方价款 836 万元。

（6）受某公司委托发放贷款，金额 5 000 万元，贷款期限 3 个月，年利息率为 4.8%，已经收到贷款企业的利息并转交给委托方，该金融机构按贷款利息收入的 10% 收取手续费。

（7）第 4 季度从一般纳税人处购进办公用品一批，取得增值税专用发票，价税合计金额为 113 万元。

已知：上述收入均为含税收入。

根据以上资料，回答下列问题：

（1）计算业务（1）的增值税销项税额为（　）万元。

A. 124.80　　　B. 120.00
C. 117.74　　　D. 113.21

（2）该金融机构受托发放贷款业务的增值税销项税额为（　）万元。

A. 3.40　　　　B. 2.18
C. 1.36　　　　D. 0.34

（3）该金融机构从事股票买卖业务的增值税销项税额为（　）万元。

A. 5.66　　　　B. 56.60
C. 2.91　　　　D. 5.13

（4）该金融机构本季度应纳增值税为

（　）万元。

A. 204.34　　　B. 191.34
C. 187.00　　　D. 186.55

四、综合题

某艺术品生产企业为增值税一般纳税人，2020 年 11 月发生以下业务：

（1）销售一批货物给某商场，取得不含增值税销售收入 100 万元，同时取得货物包装物押金 10 万元（单独记账）、优质服务费 6.78 万元。

（2）本月企业初次购进增值税税控系统专用设备一批，取得增值税专用发票，注明价款为 2 万元，税金为 0.26 万元，且当月支付税控系统专用设备的技术维护费含税金额 0.5 万元，取得了技术维护服务单位开具的技术维护费发票。

（3）折扣销售甲产品给 A 商场，在同一张增值税专用发票"金额"栏上注明销售额 80 万元、折扣额 8 万元；另外，销售给 A 商场乙产品 240 件，乙产品不含增值税售价每件 3 840 元。

（4）采取以旧换新方式销售丙产品 100 件，每件不含增值税单价为 6 600 元，另支付给顾客每件旧产品收购款 600 元。

（5）销售给本企业职工外观损伤的乙产品 20 件，每件不含增值税售价 2 000 元。

（6）将价值 33 万元（不含增值税）的丙产品投资于 B 企业，另无偿赠送给 B 企业价值 7 万元（不含增值税）的丙产品。

（7）外购原材料一批，取得增值税专用发票注明价款 200 万元、增值税 26 万元，支付运输企业（一般纳税人）不含税运输费 20 万元，取得增值税专用发票，当月装修职工专用宿舍楼领用 20% 的外购材料。

（8）从小规模纳税人处购进一批材料，取得普通发票，注明价款 6 万元；从另一小规模纳税人处购进一批手套作为劳保用品，取得税务机关代开的增值税专用发票，注明税额 0.33 万元。

（9）本月外购一批小家电发给员工每人一

件，取得的增值税专用发票上注明价款
1.6万元；又向某孤儿院赠送去年购进的童
装一批，成本1万元，零售价3.39万元。

（10）进口一套生产设备，关税完税价格
15万元，进口关税税率为20%。

已知：以上相关发票均已通过税务机关
认证。

根据上述资料，回答下列问题：

（1）该企业进口环节应纳关税和增值税合
计（　　）万元。

A. 5.34　　　　　B. 3.06

C. 2.55　　　　　D. 3.00

（2）业务（2）可在增值税应纳税额中抵减
的金额为（　　）万元。

A. 2.34　　　　　B. 2.00

C. 2.76　　　　　D. 0.50

（3）该企业销售环节销项税额为（　　）
万元。

A. 70.76　　　　B. 73.14

C. 49.81　　　　D. 71.27

（4）该企业当期准予抵扣的进项税额合计
为（　　）万元。

A. 28.95　　　　B. 39.00

C. 24.91　　　　D. 31.92

（5）该企业当期应向税务机关缴纳增值税
税额（　　）万元。

A. 39.35　　　　B. 33.22

C. 35.78　　　　D. 22.14

（6）关于本题，下列说法正确的有（　　）。

A. 增值税一般纳税人初次购置增值税税
控系统专用设备支付的费用，可凭取得的
增值税专用发票，在增值税应纳税额中全
额抵减

B. 纳税人采取以旧换新方式销售货物的，
一律按照新货物对外销售价格征税

C. 外购材料用于装修职工宿舍楼，应视
同销售计算增值税

D. 本题中纳税人采取折扣方式销售货物，
折扣额可以从销售额中扣除

同步训练答案及解析

一、单项选择题

1. D 【解析】进口货物的收货人为增值税纳税人。

2. B 【解析】选项A，年销售额是指连续不超过12个月或4个季度的经营期内累计应征增值税销售额；选项C，纳税人偶然发生的销售无形资产、转让不动产的销售额，不计入年应税销售额；选项D，有扣除项目的纳税人，年销售额按未扣除之前的销售额计算。

3. D 【解析】航空地面服务属于"物流辅助服务"的范围。

4. B 【解析】选项A、C、D均属于增值税中的兼营。

5. B 【解析】一项销售行为如果既涉及货物又涉及服务，为混合销售。选项B，销售货物的同时提供安装服务，因此属于混合销售行为。

6. C 【解析】在资产重组过程中，通过合并、分立等方式，将全部或者部分实物资产以及与其相关联的债权、债务和劳动力一并转让给其他单位和个人的，不属于增值税的征税范围，其中涉及的货物转让，不征收增值税。

7. B 【解析】自2020年1月1日起，纳税人取得的财政补贴收入，与其销售货物、劳务、服务、无形资产、不动产的收入或者数量直接挂钩的，应计算增值税。纳税人取得其他情形的财政补贴收入，不属于增值税应税收入，不征收增值税。2020年1月1日后收到2019年12月31日以前销售新能源汽车对应的中央财政补贴收入，属于公告实施前取得中央财政补贴情形，无须缴纳增值税。

8. A 【解析】多数货物的销售或进口、加工修理修配劳务、有形动产租赁服务适用13%的增值税基本税率。

9. D 【解析】一般纳税人销售旧货，按简易办法依照3%征收率减按2%征收增值税。

10. C 【解析】适用增值税零税率的跨境行为范围包括：境内单位和个人提供的国际运输服务和航天运输、港澳台运输；境内单位和个人向境外单位提供的完全在境外消费的下列服务：研发、合同能源管理、设计、广播影视作品制作发行（不含播映放映）、软件、电路设计及测试、信息系统、业务流程管理、离岸服务外包业务、转让技术。选项C，跨境提供建筑服务不属于增值税零税率的范围。

11. D 【解析】一般纳税人销售自己使用过的2009年1月1日以后购进或者自制的固定资产，按照适用税率计算增值税销项税额。增值税销项税额 = 60×13% = 7.80（万元）。

12. B 【解析】自2020年5月1日至2023年12月底，对二手车经销企业销售旧车减按销售额0.5%征收增值税。销售旧车应纳税额 = 281.4/（1 + 0.5%）× 0.5% = 1.40（万元）；销售自己使用过的小汽车应纳税额 = 8.24/（1+3%）×2% = 0.16（万元）；甲当月应纳税额 = 1.4 + 0.16 = 1.56（万元）。

13. B 【解析】增值税一般纳税人销售其自行开发生产的软件产品，按13%税率征收增值税后，对其增值税实际税负超过3%的部分实行即征即退政策。将进口软件产品进行本地化改造后对外销售，其销售的软件产品可享受即征即退政策。

当期销售软件产品增值税应纳税额 = （120 000+200 000）×13%－42 000×13% = 36 140（元）；

税负 = 36 140/（120 000 + 200 000）×100% = 11.29%；

即征即退税额 = 36 140 －（120 000 + 200 000）×3% = 26 540（元）。

14. B 【解析】其他个人采取一次性收取租金的形式出租不动产，取得的租金收入可在租金对应的租赁期内平均分摊，分摊后的月租金收入不超过10万元的，可享受小微企业免征增值税优惠政策。本题个体工商户不属于其他个人，不能享受此项优惠。个体工商户（小规模纳税人）出租住房，按5%征收率减按1.5%计算增值税。

该个体工商户应纳增值税 = 15/1.05 × 1.5% = 0.21（万元）。

15. C 【解析】其他个人采取一次性收取租金的形式出租不动产，取得的租金收入可在租金对应的租赁期内平均分摊，分摊后的月租金收入不超过10万元的，可享受小微企业免征增值税优惠政策。本题王某不享受此项优惠。个人出租住房，按5%征收率减按1.5%计算增值税。本题出租的是商铺，也不能享受此项优惠。

王某应纳增值税 = 180/1.05×5% = 8.57（万元）。

16. A 【解析】统借统还业务的利息收入可以免征增值税。存款利息、非保本理财产品收益不征收增值税。

17. D 【解析】选项A，融资性售后回租服务，以取得的全部价款和价外费用（不含本金），扣除对外支付的借款利息、发行债券利息后的余额为销售额；选项B，房地产开发企业一般纳税人销售开发项目（选择简易计税的老项目除外），以取得的全部价款和价外费用，扣除受让土地时向政府部门支付的土地价款后的余额为销售额。选项C，经纪代理服务以取得的全部价款和价外费用，扣除向委托方收取并代为支付的政府性基金或行政事业性收费后的余额为销售额。

18. A 【解析】计税销售额 = 700+1.13÷（1+13%）= 701（万元）。

19. C 【解析】支付本公司导游交通及食宿

第2章

费用、导游劳务报酬不得扣除，所以增值税销项税额 = (82-12-15-4-26)/(1+6%)×6% = 1.42(万元)。

20. A 【解析】当月应确认销项税额 = 480 000×9% + 68 000÷(1+13%)×13% + 26 000÷(1+9%)×9% = 53 169.80(元)。

21. B 【解析】增值税纳税人以分期收款形式销售货物的，纳税义务发生时间为书面合同约定的收款日期当天，无书面合同的或者书面合同没有约定收款日期的，为货物发出的当天。租赁服务的纳税义务发生时间为收到预收款的当天。2021年1月销项税额 = 135.6/1.13×1/3×13%+33.9/1.13×13% = 9.10(万元)。

22. B 【解析】选项A，车间报废产品属于正常的生产过程中的耗费，不用进项税额转出；选项C，购进货物用于办公使用，其进项税额可以抵扣；选项D，购进货物分无偿赠送属于税法规定的视同销售，其进项税额可以抵扣；只有选项B，由于管理不善发生非正常损失的货物，需要作进项税额转出处理。

23. A 【解析】纳税人购进用于生产或者委托加工13%税率货物的农产品，按照10%的扣除率计算进项税额。该果汁生产企业准予抵扣的进项税额 = 30×10% + 0.6×9% = 3.05(万元)。

24. C 【解析】当期允许抵扣的进项税额 = 120×(1+10%)×13% + 4×9% = 17.52(万元)。

25. C 【解析】外购大巴车用于集体福利、个人消费不得抵扣进项税额，所以当月允许抵扣的进项税额 = 23.4÷3×2 = 15.60(万元)。

26. C 【解析】当期允许抵扣农产品增值税进项税额=当期主营业务成本×农产品耗用率×扣除率÷(1+扣除率) = 200×60%×13%÷(1+13%) = 13.81(万元)。

27. B 【解析】2019年4月1日起，国内旅客运输允许抵扣进项税额，但抵扣范围

限于与本单位签订劳动合同的员工，以及本单位作为用工单位接受的劳务派遣员工发生的国内旅客运输服务。境外机票不允许抵扣进项税额。餐费不允许抵扣进项税额。当月允许抵扣进项税额 = 700×6% = 42(元)。

28. B 【解析】所称生产、生活性服务业纳税人，是指提供邮政服务、电信服务、现代服务、生活服务取得的销售额占全部销售额的比重超过50%的纳税人。

29. B 【解析】提供游览场所、在游览场所经营电瓶车等取得的收入，按照"文化体育服务"缴纳增值税。该公司2021年2月应纳增值税 = (450+68)÷(1+6%)×6% - 6×13% = 28.54(万元)。

30. B 【解析】应纳增值税税额 = 195 + 1 130÷(1+13%)×13% - 300×10% - 800×13% = 191(万元)。

31. B 【解析】根据规定，免征蔬菜流通环节增值税。从批发、零售环节购进使用免税政策的蔬菜、部分鲜活肉蛋而取得的增值税普通发票，不得作为计算抵扣进项税额的凭证。
进项税额=0；
销项税额 = 13 200÷(1+9%)×9%+98 000÷(1+13%)×13% = 12 364.24(元)；
应纳增值税 = 12 364.24(元)。

32. B 【解析】从花木栽培公司购入的花卉属于免税农产品，可以计算抵扣进项税额；外购货物对外无偿赠送，视同销售，要依法计算征收增值税。应纳增值税 = 705 000/3 × 4 × 9% - 110 580 × 9% = 74 647.8(元)。

33. A 【解析】增值税纳税人2011年12月1日以后初次购买增值税税控系统专用设备(包括分开票机)支付的费用，可凭购买增值税税控系统专用设备取得的增值税专用发票，在增值税应纳税额中全额抵减(抵减额为价税合计额)，不足抵减的可结转下期继续抵减。应纳增值税 =

$192\ 100\div(1+13\%)\times13\%-80\ 000\times13\%-$
$(3\ 000+390)=8\ 310$（元）。

34. D 【解析】一般纳税人跨市提供建筑服务，选择适用简易计税方法计税的，应以取得的全部价款和价外费用扣除支付的分包款后的余额为销售额，按照3%的征收率计算应纳税额。

35. B 【解析】应预缴税款＝（全部价款和价外费用−不动产购置原价或者取得不动产时的作价）÷（1+5%）×5%。该企业应预缴税款＝（2 800−1 300）÷（1+5%）×5%＝71.43（万元）。

36. A 【解析】转让满2年的住房免增值税。北上广深住房转让政策：个人将购买2年以上（含2年）的非普通住房对外销售的，以销售收入减去购买住房价款后的差额按5%的征收率缴纳增值税。

37. D 【解析】其他个人出租不动产（不含住房），按照5%的征收率计算应纳税额。

38. D 【解析】纳税人以契税计税金额进行差额扣除的，2016年5月1日及以后缴纳契税的，按照下列公式计算增值税应纳税额：

增值税应纳税额＝［全部交易价格（含增值税）÷（1+5%）−契税计税金额（不含增值税）］×5%。

郭先生销售门店的增值税应纳税额＝［100÷（1+5%）−70］×5%＝1.26（万元）。

39. D 【解析】其他个人无须预缴税款，应直接向不动产所在地主管税务机关申报纳税。个人出租住房应纳税额＝含税销售额÷（1+5%）×1.5%。2019年1月1日至2021年3月31日，其他个人采取一次性收取租金形式出租不动产取得的租金收入，可在对应的租赁期内平均分摊，分摊后的月租金收入未超过10万元的，免征增值税。

40. C 【解析】纳税人收购烟叶实际支付的价款总额包括纳税人支付给烟叶生产销售单位和个人的烟叶收购价款和价外补贴。其中，价外补贴统一按烟叶收购价款的10%计算。自2019年4月1日起，纳税人购进用于生产销售或委托加工13%税率货物的农产品，买价按照10%的扣除率计算进项税额。

购进烟叶准予抵扣的进项税额＝5×（1+10%）×（1+20%）×10%＝0.66（万元）。

该卷烟厂11月应纳增值税＝12×13%−0.66−1×9%＝0.81（万元）。

41. A 【解析】纳税人销售软件产品并随同销售一并收取的软件安装费、维护费、培训费等收入，应按照增值税混合销售的有关规定征收增值税，并可享受软件产品增值税即征即退政策。

应纳增值税＝［500+15.82÷（1+13%）］×13%−60×13%＝59.02（万元），实际税负的3%＝［500+15.82÷（1+13%）］×3%＝15.42（万元），超过15.42万元的部分即征即退，59.02−15.42＝43.60（万元）。

42. C 【解析】该综合型食品加工企业销售的自产玉米属于免税农产品的范围，外购货物用于生产免税农产品的进项税额是不得抵扣的。当月购进自来水、电力可以抵扣的进项税额＝（360+7 000×13%）×26 000÷（26 000+8 000）＝971.18（元）。当月应纳增值税＝26 000×13%−9 000×13%−971.18＝1 238.82（元）。

43. D 【解析】采取分期收款方式销售货物，纳税义务发生时间为合同约定收款日期的当天。外购货物用于集体福利个人消费，其进项税额不得抵扣。当月该配件厂应纳增值税＝150×60%×13%＝11.70（万元）。

44. C 【解析】当期计提加计抵减额＝20×15%＝3（万元）；

当期可抵减加计抵减额＝1+3＝4（万元）；

当期一般计税抵减前应纳税额＝23.8−20＝3.8（万元）；

则当期应纳税额＝3.8−3.8+3＝3（万元）；

未抵减完的当期可抵减加计抵减额 0.2 万元(4-3.8),结转下期继续抵减。

【提示】加计抵减额不得抵减简易计税的应纳税额。抵减前的应纳税额大于零,且小于或等于当期可抵减加计抵减额的,以当期可抵减加计抵减额抵减应纳税额至零。未抵减完的当期可抵减加计抵减额,结转下期继续抵减。

45. A 【解析】当月销项税额 = 700 000 × 6% = 42 000(元);

当月进项税额 = 300 000×13%+3 488/(1+9%)×9% = 39 288(元);

当月计提加计抵减额 = 39 288 × 10% = 3 928.8(元);

当期一般计税抵减前应纳税额 = 42 000 - 39 288 = 2 712(元);

当月计提加计抵减额 3 928.8 元大于 2 712 元,只能抵减 2 712 元,差额 1 216.8 元应结转后期。

简易计税应纳税额 = 30 900/(1+3%) × 2% = 600(元);

应纳税额 = 2 712-2 712+600 = 600(元)。

46. B 【解析】部分先进制造业允许退还的增量留抵税额 = 增量留抵税额×进项构成比例。

47. C 【解析】当期不得免征和抵扣税额 = 70×7×(9%−9%) = 0;

当期应纳增值税 = 436÷(1+9%)×9% − (52+7.8) = −23.80(万元);

当期免抵退税额 = 70×7×9% = 44.10(万元);

当期期末留抵税额<当期免抵退税额;

当期应退税额 = 23.80(万元)。

48. C 【解析】选项 C,适用 13% 税率的物品退税率为 11%,适用 9% 税率的物品退税率为 8%。

49. C 【解析】纳税人提供租赁服务采取预收款方式的,其纳税义务发生时间为收到预收款的当天。

二、多项选择题

1. BDE 【解析】选项 A,融资性售后回租服务,按照"贷款服务"缴纳增值税;选项 C,纳税人以长(短)租形式出租酒店式公寓并提供配套服务的,按照"住宿服务"缴纳增值税。

2. BC 【解析】选项 B,所销售或租赁的不动产在境内,应在境内纳税;选项 C,境外单位或者个人向境内单位或者个人销售完全在境外使用的无形资产,不属于境内业务。但完全在境内使用的,应纳税;选项 D,属于境外单位或者个人向境内单位或者个人销售完全在境外发生的服务,不属于境内业务,不纳税。选项 E,属于境外单位或者个人向境内单位或者个人出租完全在境外使用的有形动产,不属于在我国境内销售服务,不纳税。

3. ACDE 【解析】将外购的货物作为非货币福利发给职工属于不得抵扣进项税额的情形,不属于视同销售。

4. AB 【解析】选项 A,属于销售代销货物,要视同销售处理;选项 B,属于将自产、委托加工或购进的货物作为投资,提供给其他单位,要视同销售处理;选项 C,单位为员工提供服务,属于非经营活动,不缴纳增值税;选项 D,根据国家指令无偿提供运输服务,不征增值税;选项 E,出租不动产合同约定免租期的,不属于增值税视同销售服务。

5. BDE 【解析】淀粉和原煤适用 13% 增值税税率。

6. BD 【解析】选项 A、C、E,均适用 13% 的增值税基本税率。

7. ABC 【解析】选项 D,一般纳税人销售旧货,按简易办法依照 3% 征收率减按 2% 征收增值税(未放弃减税)。选项 E,小规模纳税人提供交通运输服务按 3% 征收率征收增值税。

8. ABE 【解析】选项 C,个人从事金融商品转让业务免征增值税;选项 D,一般纳税人提供管道运输服务,对其增值税实际税负超过 3% 的部分实行增值税即征即退政策。

9. ACDE 【解析】以旧换新业务中，只有金银首饰以旧换新，按实际收取的不含增值税的价款计税，其他货物以旧换新均以新货物不含税价计税，不得扣减旧货物的收购价格。

10. ADE 【解析】选项 B，直接收费金融服务应以收入全额作为计税销售额；选项 C，房企一般纳税人销售房地产（选择简易计税的老项目除外）属于差额确认销售额情况。

11. ABC 【解析】融资租赁业务，以取得的全部价款及价外费用，扣除支付的借款利息、发行债券利息、车辆购置税后的余额为销售额。

12. ACD 【解析】购进的贷款服务、餐饮服务、居民日常服务和娱乐服务，不得抵扣进项税额。国内旅客运输服务2019年4月1日后符合规定的，可以抵扣进项税额。

13. ABCE 【解析】选项 D，一般纳税人购进的贷款服务、餐饮服务、居民日常服务和娱乐服务，不得抵扣进项税额。

14. ABCE 【解析】选项 D，未抵减完的当期可抵减加计抵减额，结转下期继续抵减。

15. BE 【解析】当期计提加计抵减额＝当期可抵扣进项税额×10%＝20×10%＝2（万元）；

当期可抵减加计抵减额＝上期末加计抵减额余额＋当期计提加计抵减额－当期调减加计抵减额＝8＋2＝10（万元）；

抵减前应纳税额＝70－20＝50（万元）；

抵减后实际应纳税额＝50－10＝40（万元）。

16. CE 【解析】选项 A，自2019年4月税款所属期起，连续六个月（连续两季度）增量留抵税额均大于零，且第六个月增量留抵税额不低于50万元；选项 B，纳税信用等级为A级或者B级；选项 D，申请退税前36个月未因偷税被税务机关处罚两次及以上的。

17. BC 【解析】选项 A，为2016年4月30日前开工的建筑工程老项目提供的建筑服务可以选择简易计税；选项 D，一般纳税人提供劳务派遣服务，选择差额计税的应适用简易计税方法；选项 E，必须适用简易计税方法。

18. BCD 【解析】选项 A，购买跨境电子商务零售进口商品的个人是纳税人；选项 E，在限值以内进口的商品，进口环节增值税、消费税取消免征税额，暂按法定应纳税额的70%征收。

19. BDE 【解析】选项 A，适用"免税不退税"政策；选项 C，适用"不免税也不退税"政策。

20. ABC 【解析】向消费者个人销售服务、无形资产或者不动产，以及适用免税政策的行为都是不得开具增值税专用发票的情形。

三、计算题

1. （1）D；（2）C；（3）C；（4）B。

【解析】

业务（1）：赵某属于其他个人，提供建筑设计服务，应按小规模纳税人纳税，适用3%的征收率。

应纳增值税＝（400 000＋50 000）÷（1＋3%）×3%＝13 106.80（元）。

业务（2）：2019年1月1日至2021年3月31日，其他个人采取一次性收取租金的形式出租不动产，取得的租金收入可在租金对应的租赁期内平均分摊，分摊后的月租金收入不超过10万元的，可享受小微企业免征增值税优惠政策。该业务应纳增值税为0。

业务（3）：个人将购买不足2年的住房对外销售的，按照5%的征收率全额缴纳增值税。

应纳增值税＝4 800 000÷（1＋5%）×5%＝228 571.43（元）。

业务（4）：个人从事金融商品转让业务免征增值税。应纳增值税为0。

第2章

业务(5)：境外单位或者个人在境内提供应税行为，在境内未设有经营机构的，扣缴义务人按照下列公式计算应扣缴税额：应扣缴税额＝接受方支付的价款÷(1+税率)×税率。

应代扣代缴增值税＝(200 000+1 500)÷(1+6%)×6%＝11 405.66(元)。

业务(6)：转让技术免征增值税。

赵某合计应纳增值税＝13 106.80+228 571.43＝241 678.23(元)。

2. (1)D；(2)B；(3)D；(4)A。

【解析】

业务(1)中，境外旅游公司无须在境内缴纳增值税。境外单位或个人向境内单位或个人销售完全在境外发生的服务，不属于增值税征税范围。

业务(4)进项税转出额＝10.2×(20/60)＝3.4(万元)。

实际抵扣的增值税进项税额＝50×9%+3×6%−3.4＝1.28(万元)。

业务(1)增值税销项税额＝(680−63.6−60−24−21−1.8)/1.06×6%＝28.85(万元)。

应纳增值税额＝28.85+12/1.09×9%−1.28＝28.56(万元)。

3. (1)C；(2)B；(3)B；(4)B。

【解析】

业务(1)：以旧换新方式销售玉石首饰，按新玉石首饰的作价征税，不得扣除旧首饰的作价；以旧换新方式销售金银首饰，按实际收取的价款征收。

销项税额＝(78+90+200×1 500÷10 000)÷(1+13%)×13%＝22.78(万元)。

业务(2)：因质量原因而给予对方的销售折让可以通过开具红字专用发票从销售额中减除。电子出版物适用9%税率。

销项税额＝[1 500×500÷10 000−5.45÷(1+9%)]×9%＝6.30(万元)。

业务(3)：接受运输企业运输服务，取得增值税专用发票，按发票注明税额抵扣进项税额。

进项税额＝15×9%+10×3%＝1.65(万元)。

业务(4)：税务咨询和广告服务均属于"现代服务"，适用6%的税率，取得增值税专用发票，可以抵扣进项税额。

进项税额＝(20+8)×6%＝1.68(万元)。

业务(5)：外购货物因管理不善霉烂变质，进项税额不得抵扣，已抵扣的进项税额作进项税额转出处理。

进项税额转出＝(30−4)×13%+4×9%＝3.74(万元)；

当月增值税销项税额合计＝22.78+6.30＝29.08(万元)；

当月增值税进项税额合计＝1.65+1.68＝3.33(万元)；

当月应纳增值税＝29.08−(3.33−3.74)＝29.49(万元)。

4. (1)D；(2)A；(3)C；(4)B。

【解析】

(1)业务(1)：房地产开发企业中的一般纳税人销售自行开发的房地产项目，适用一般计税方法计税，按照取得的全部价款和价外费用，扣除当期销售房地产项目对应的土地价款后的余额计算销售额。对房地产主管部门或其指定机构、公积金管理中心、开发企业以及物业管理单位代收的住房专项维修基金，不计征增值税。

增值税销项税额＝(3 000−1 200)÷(1+9%)×9%＝148.62(万元)。

(2)业务(2)：酒店餐饮收入及客房收入按生活服务缴纳增值税。增值税销项税额＝(200+250)÷(1+6%)×6%＝25.47(万元)。

(3)业务(4)：提供装饰服务增值税销项税额＝(1 300+50)÷(1+9%)×9%＝111.47(万元)。

(4)业务(3)：出租不动产应按9%的税率缴纳增值税。应纳增值税＝120÷(1+9%)×9%＝9.91(万元)。

当期可以抵扣的进项税额为零，该房地产公司合计应纳增值税＝148.62+25.47+111.47+9.91＝295.47(万元)。

5.（1）C；（2）D；（3）A；（4）B。

【解析】

（1）贷款服务，以提供贷款服务取得的全部利息及利息性质的收入为销售额。

增值税销项税额=（2 000+80）÷（1+6%）×6%=117.74（万元）。

（2）受托发放贷款业务收取手续费的增值税销项税额=5 000×4.8%÷12×3×10%÷（1+6%）×6%=0.34（万元）。

（3）金融企业从事股票买卖业务，以股票的卖出价减去买入价后的余额为销售额。

增值税销项税额=（1 000-900）÷（1+6%）×6%=5.66（万元）。

（4）业务（3）：增值税销项税额=（180+30）÷（1+6%）×6%=11.89（万元）。

业务（4）：以货币资金投资收取的固定利润或者保底利润，按照贷款服务缴纳增值税。

增值税销项税额=1 200÷（1+6%）×6%=67.92（万元）。

业务（5）：代收电话费属于经纪代理服务。

增值税销项税额=（850-836）÷（1+6%）×6%=0.79（万元）。

业务（7）：可以抵扣的进项税额=113÷（1+13%）×13%=13（万元）。

第4季度应缴纳的增值税=117.74+5.66+11.89+67.92+0.79+0.34-13=191.34（万元）。

四、综合题

（1）A；（2）C；（3）C；（4）C；（5）D；（6）AD。

【解析】

（1）进口环节应纳关税=15×20%=3（万元）。

进口环节应纳增值税=（15+3）×13%=2.34（万元）。

进口环节应纳税金合计=3+2.34=5.34（万元）。

（2）自2011年12月1日起，增值税纳税人初次购买增值税税控系统专用设备支付的费用以及缴纳的技术维护费可在增值税应纳税额中全额抵减。

可在增值税应纳税额中抵减的金额=2+0.26+0.5=2.76（万元）。

（3）单独记账的包装物押金未逾期，不并入销售额征税。收取的优质服务费属于价外费用，要换算为不含税金额计税。折扣销售，销售额和折扣额在同一张发票"金额"栏分别注明的，按扣除折扣额后的金额计税。采取以旧换新方式销售产品，应按新产品的售价计税。

销项税额=[100+6.78÷（1+13%）]×13%+（80-8）×13%+240×3 840×13%÷10 000+100×6 600×13%÷10 000+20×2 000×13%÷10 000+（33+7）×13%+3.39÷（1+13%）×13%=49.81（万元）。

（4）外购原材料装修职工宿舍楼，属于将外购货物用于集体福利，不得抵扣进项税额；外购小家电发给员工，属于将外购货物用于职工福利，不得抵扣进项税额。

进项税额=（26+20×9%）×80%+0.33+2.34=24.91（万元）。

（5）应纳增值税=49.81-24.91-2.76=22.14（万元）。

（6）选项B，纳税人采取以旧换新方式销售货物的（金银首饰除外），应按新货物的同期销售价格确定销售额；选项C，外购材料用于装修职工宿舍楼，属于将外购的货物用于集体福利，属于不得抵扣进项税额的情形，不属于视同销售。

第3章　消费税

考情解密

历年考情概况

本章为重点内容，考试中各类题型均会涉及，尤其应重点把握和增值税相结合的计算综合题。历年考试中所占分值为 20 分左右。

近年考点直击

考点	主要考查题型	考频指数	考查角度
纳税人和纳税环节	单选题、多选题	★★	各类消费品的环节纳税
税目	单选题、多选题	★★★	判定货物是否属于消费品
税率	单选题、多选题	★★	从高适用税率情形
计税依据和应纳税额计算	单选题、多选题、计算题、综合题	★★★	各环节计税依据规定
已纳税款扣除	单选题、多选题、计算题、综合题	★★★	是否属于扣税范围 扣税计算
征收管理	单选题、多选题	★★	纳税义务发生时间和纳税地点记忆

本章2021年考试主要变化

本章考试内容无实质性变化。

考点详解及精选例题

一、消费税的特点★

扫我解疑难

1. 征税范围具有选择性(特定消费品)

2. 征税环节具有单一性(卷烟、超豪华小汽车除外)

3. 征收方法具有多样性(从价、从量、复合)

4. 税收调节具有特殊性(增值税+消费税双重调节)

5. 消费税具有转嫁性(间接税)

二、消费税的纳税人、纳税环节和扣缴义务人★★

扫我解疑难

(一)纳税人

在境内生产、委托加工和进口《消费税暂行条例》规定的消费品的单位和个人，以及国务院确定的销售《消费税暂行条例》规定的消费品的其他单位和个人为消费税的纳税人。

（二）纳税环节（见图3-1）

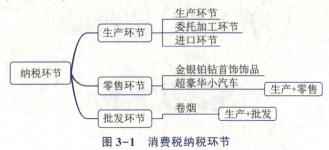

图 3-1　消费税纳税环节

【例题1·单选题】（2012年）根据消费税规定，成品油纳税环节是（　）。

A. 批发环节

B. 加油站加油环节

C. 生产销售环节

D. 消费者购车环节

解析　成品油的纳税环节是生产销售环节。

答案　C

【例题2·多选题】（2011年）下列关于消费税纳税环节的说法，正确的有（　）。

A. 金店销售金银饰品在销售环节纳税

B. 啤酒屋自制的啤酒在销售时纳税

C. 白酒在生产环节和批发环节纳税

D. 销售珍珠饰品在零售环节纳税

E. 成品油在零售环节纳税

解析　选项C，白酒在批发环节不征收消费税；选项D，珍珠饰品在零售环节不征收消费税；选项E，成品油纳税环节在生产环节（包括委托加工和进口环节）。

答案　AB

（三）扣缴义务人

（1）委托加工的应税消费品，委托方为消费税纳税人，其应纳消费税由受托方（受托方为个人除外）在向委托方交货时代收代缴税款。

（2）跨境电子商务零售进口商品按照货物征收进口环节消费税，购买跨境电子商务零售进口商品的个人作为纳税义务人，电子商务企业、电子商务交易平台企业或物流企业可作为代收代缴义务人。

三、消费税税目★★★（见表3-1）

扫我解疑难

表 3-1　消费税税目

类别	税目	详解
健康	烟	包括：卷烟、雪茄烟、烟丝。 卷烟包括：进口卷烟、白包卷烟、手工卷烟、未纳入计划的企业及个人生产的卷烟
	酒	包括：白酒、黄酒、啤酒、其他酒。 啤酒包括：无醇啤酒、啤酒源、菠萝啤酒、果啤、啤酒屋利用啤酒生产设备生产的啤酒。 不包括：调味料酒
奢侈	高档化妆品	销售价或完税价：10元/毫升（克），15元/片（张）以上。 包括：高档美容、修饰类化妆品、高档护肤类化妆品、成套化妆品。 不包括：普通护肤护发品，舞台、戏剧、影视演员化妆用的上妆油、卸妆油、油彩、发胶、头发漂白剂等
	贵重首饰及珠宝玉石	包括：人造金银、合成金银首饰、合成宝石、宝石坯

第3章

续表

类别	税目	详解
奢侈	高尔夫球及球具	包括：球、球杆、球包。 球杆包括：杆头、杆身、握把
	高档手表	不含增值税单价 10 000 元(含)以上的各类手表
	游艇	包括：艇身长度大于 8 米(含)小于 90 米(含)用于水上运动和休闲娱乐等非营利活动的各类机动艇。 不包括：无动力艇、帆艇
环保	鞭炮焰火	不包括：体育上用的发令纸、鞭炮药引线
	木制一次性筷子	包括：未经打磨、倒角的木制一次性筷子。 不包括：竹制筷子、木制非一次性筷子
	实木地板	包括：各种实木地板、实木指接地板、实木复合地板及用于装饰墙壁、天棚的侧端面为榫、槽的实木装饰板、未经涂饰的素板
	小汽车	包括：乘用车、中轻型商用客车、超豪华小汽车(不含增值税每辆零售价 130 万元及以上)。 包括：购进乘用车或中轻型商用客车整车改装的汽车。 不包括：电动汽车、沙滩车、雪地车、卡丁车、高尔夫车、大客车、货车；购进货车或厢式货车改装生产的商务车、卫星通讯车等专用汽车
	摩托车	不包括：气缸容量 250 毫升(不含)以下的小排量摩托车
	成品油	包括：汽油、柴油、石脑油、溶剂油、航空煤油、润滑油、燃料油。 免税：符合条件的纯生物柴油，生产成品油过程中作燃料、动力及原料消耗掉的自产成品油。 不包括：变压器油、导热类油等绝缘油类产品。 【注意】航空煤油暂缓征收消费税
	电池	包括：原电池、蓄电池、燃料电池、太阳能电池、其他电池。 免税：无汞原电池、金属氢化物镍蓄电池、锂原电池、锂离子蓄电池、太阳能电池、燃料电池、全钒液流电池
	涂料	免税：施工状态下挥发性有机物(VOC)含量低于 420 克/升(含)的涂料

【例题 3·多选题】（2015 年）关于消费税的征收范围的说法正确的有(　　)。

A. 用于水上运动和休闲娱乐等活动的非机动艇属于"游艇"的征收范围

B. 对于购进乘用车或中轻型商用客车改装生产的汽车属于"小汽车"的征收范围

C. 实木指接地板及用于装饰墙壁、天棚的实木装饰板属于"实木地板"的征收范围

D. 高尔夫球(包)属于"高尔夫球及球具"的征收范围

E. 以汽油、汽油组分调和生产的"甲醇汽油"和"乙醇汽油"属于"汽油"征收范围

解析 ▶ 选项 A，用于水上运动和休闲娱乐等非营利活动的各类机动艇才属于"游艇"的征收范围。

答案 ▶ BCDE

四、消费税税率★★

扫我解疑难

(一)消费税税率适用规则汇总(见表3-2)

表3-2 消费税税率适用规则

税率形式	适用范围
比例税率	适用于大多数应税消费品，税率自1%至56%
定额税率	适用于啤酒、黄酒、成品油
复合计税	适用于白酒(生产环节)、卷烟(生产环节+批发环节)

(二)部分常考消费品的税率规定

1. 烟的消费税税率规定(见表3-3)

表3-3 烟的消费税税率规定

品种		每标准条调拨价格(元)	税率
卷烟	甲类卷烟	≥70	56%加0.003元/支(生产或进口环节)
	乙类卷烟	<70	36%加0.003元/支(生产或进口环节)
	各类卷烟	——	11%加0.005元/支(批发环节)
雪茄烟			36%
烟丝		——	30%

【提示】卷烟一条200支，一箱250条。非标准条应折算。生产环节从量税每箱150元，批发环节每箱250元。

2. 酒的消费税税率规定(见表3-4)

表3-4 酒的消费税税率规定

品种		税率
白酒		20%加0.5元/500克(或者500毫升)
黄酒		240元/吨
啤酒	甲类啤酒(出厂价≥3 000元)	250元/吨
	乙类啤酒(出厂价<3 000元)	220元/吨
其他酒		10%

【提示1】对饮食业、娱乐业举办的啤酒屋利用啤酒生产设备生产的啤酒，应当征收消费税。但销售已税的啤酒不再征税。

【提示2】啤酒消费税按出厂价(含包装物及包装物押金，但不含增值税)划分档次，其中包装物押金不包括重复使用的塑料周转箱押金。

【提示3】啤酒生产企业销售的啤酒，不得以向其关联企业的啤酒销售公司销售的价格作为确定消费税税额的标准，而应当以其关联企业的啤酒销售公司对外的销售价格(含包装物及包装物押金，但不含增值税)作为确定消费税税额的标准，并依此确定该啤酒消费税单位税额。

第3章

3. 贵重首饰及珠宝玉石的消费税税率规定(见表3-5)

表3-5 贵重首饰及珠宝玉石的消费税税率规定

品种	税率
金银首饰、铂金首饰、钻石及钻石饰品	5%(零售环节)
其他贵重首饰和珠宝玉石	10%(生产环节)

4. 超豪华小汽车的消费税税率规定

不含增值税的销售额≥130万元/辆的小汽车为超豪华小汽车,零售环节税率为10%。

(三)从高适用税率情形(见表3-6)

表3-6 从高适用税率情形

经营形式	计税规则
兼营不同税率应税消费品	分别核算,分别计税
	未分别核算,从高计税
将不同税率消费品组成成套消费品销售	从高计税 (即便分别核算也从高适用税率)

【提示】将自产应税消费品与外购或自产的非应税消费品组成套装销售的,以套装产品的销售额为计税依据计算消费税。

【例题4·多选题】下列关于消费税税率的表述中,错误的有(   )。

A. 消费税一律采用比例税率形式

B. 卷烟在批发环节加征一道从价消费税

C. 高档化妆品在零售环节加征10%的消费税

D. 金银首饰在生产环节征收消费税,税率为10%

E. 超豪华小汽车在零售环节计征10%的消费税

解析 ▶ 选项A,消费税税率有比例和定额形式;选项B,卷烟在批发环节应复合计税;选项C,高档化妆品在生产环节纳税,零售环节不纳税;选项D,金银首饰在零售环节征收消费税,税率为5%。答案 ▶ ABCD

五、计税方法和计税依据 ★★★

扫我解疑难

(一)消费税计税方法(见表3-7)

表3-7 消费税计税方法

计税方法	适用范围	税额计算
从价定率	多数消费品	应纳税额=应税销售额×比例税率
从量定额	啤酒、黄酒、成品油	应纳税额=计税数量×定额税率
复合计税	卷烟、白酒	应纳税额=计税数量×定额税率+应税销售额×比例税率

(二)消费税从量计征的计税依据(见表3-8)

表3-8 消费税从量计征的计税依据

情形	计税数量规定
销售应税消费品	销售数量

续表

情形	计税数量规定
自产自用应税消费品	移送使用数量
委托加工应税消费品	纳税人收回的应税消费品数量
进口应税消费品	海关核定的应税消费品进口征税数量

【提示】纳税人通过自设非独立核算门市部销售的自产应税消费品，应按门市部对外销售额或销售数量计征消费税。

（三）消费税从价计征的计税依据

1. 消费税销售额的一般规定（见表3-9）

表3-9 消费税销售额的一般规定

包括	销售额=全部价款+价外费用
	销售额=含增值税的销售额÷(1+增值税税率或征收率)
	【提示】销售白酒收取的品牌使用费属于价外费用
不包括	(1)同时符合条件的代垫运输费用；
	(2)同时符合条件代为收取的政府性基金或者行政事业性收费

2. 包装物的计税规则（见表3-10）

表3-10 包装物的计税规则

情形	计税规则
随同销售	无论包装是否单独计价，也不论在会计上如何核算，均应并入应税消费品的销售额中征收消费税
收取租金	一律作为价外费用计税
收取押金	一般规则：收取×逾期（或超1年）√
	特殊规则：收取√逾期（或超1年）×

【提示1】包装物押金增值税与消费税处理规则（见表3-11）

表3-11 包装物押金增值税与消费税处理规则

包装物押金类型	增值税	消费税
啤酒、黄酒以外的酒类	特殊规则	特殊规则
其他货物	一般规则	一般规则
啤酒、黄酒、成品油	一般规则	无关

【提示2】啤酒类别判定

甲类啤酒：每吨出厂不含增值税价款≥3 000元

乙类啤酒：每吨出厂不含增值税价款<3 000元

此处的出厂价，含包装物及包装物押金，但不包括重复使用的塑料周转箱押金。

3. 视同销售

纳税人用于换取生产资料和消费资料，投资入股和抵偿债务等方面的应税消费品（换抵投），应以纳税人同类应税消费品的最高销售价格作为计税依据计算消费税。

【提示1】消费税中除"换、抵、投"外的其他视同销售情形，均用同类价中的平均销售价格计税。

【提示2】增值税中的各种视同销售情形，一律用同类价中的平均销售价格计税。

(四)计税价格核定

1. 计税价格核定基本规则(见表 3-12)

表 3-12　计税价格核定基本规则

应用规则	核定价格和实际售价**孰高适用**
核定权限	卷烟、小汽车:国家税务总局核定,送财政部备案。 其他消费品:省、自治区、直辖市税务局核定。 进口消费品:海关核定

2. 卷烟计税价格核定(见表 3-13)

表 3-13　卷烟计税价格核定

核定范围	卷烟生产企业在生产环节销售的所有牌号、规格的卷烟
核定公式	计税价格=批发环节销售价格×(1-适用批发毛利率)
核定权限	卷烟计税价格由**国家税务总局**核定
纳税规则	未经核定的新牌号、新规格卷烟,生产企业应按卷烟调拨价格申报纳税

3. 白酒计税价格核定(见表 3-14)

表 3-14　白酒计税价格核定

项目	具体规定
核定范围	白酒生产企业销售给销售单位的白酒,生产企业消费税计税价格低于销售单位对外销售价格(不含增值税)**70%以下**的,税务机关应核定消费税最低计税价格
	纳税人将委托加工收回的白酒销售给销售单位,消费税计税价格低于销售单位对外销售价格(不含增值税)**70%以下**,也应核定消费税最低计税价格
核定规则	消费税最低计税价格由税务机关根据生产规模、白酒品牌、利润水平等情况在销售单位对外销售价格**50%~70%**范围内自行核定。 其中生产规模较大、利润水平较高的,税务机关核价幅度原则上应选择在销售单位对外销售价格的**60%~70%** 国家税务总局核定消费税计税价格的白酒,核定比例统一确定为**60%**
重新核定	已核定最低计税价格的白酒,销售单位对外销售价格持续上涨或下降时间达到**3个月以上**、累计上涨或下降幅度在**20%(含)以上**的白酒,税务机关重新核定最低计税价格
违规处理	未按规定上报销售单位销售价格的,按销售单位销售价格征收消费税

(五)外币折算

纳税人销售的应税消费品,以人民币以外的货币结算销售额的,其销售额的人民币折合率可以选择**销售额发生的当天或者当月1日**的人民币汇率中间价,纳税人应在事先确定采用何种折合率,确定后 1 年内不得变更。

【例题 5·多选题】(2012 年)纳税人销售应税消费品收取的下列款项,应计入消费税计税依据的有(　　)。

A. 集资款

B. 增值税销项税额

C. 未逾期的啤酒包装物押金

D. 白酒品牌使用费

E. 装卸费

解析 ▶ 集资款、白酒品牌使用费和装卸费属于价外费用,要并入计税依据计算消费税。增值税销项税额不需要并入消费税的计

税依据。啤酒从量计征消费税，其包装物押金不计算消费税。　　　　　　答案 ▶ ADE

【例题6·单选题】（2013年改）2021年1月，某手表生产企业销售H牌-1型手表800只，取得不含税销售额400万元；销售H牌-2型手表200只，取得不含税销售额300万元。该手表生产企业当月应纳消费税（　　）万元（高档手表消费税税率20%）。

　　A. 52.80　　　　　B. 60.00
　　C. 132.80　　　　D. 140.00

解析 ▶ 销售价格（不含增值税）每只在10 000元（含）以上的各类手表为高档手表，征收消费税。H牌-1型手表不含税单价＝400×10 000÷800＝5 000（元）＜10 000元，不征收消费税；H牌-2型手表不含税单价＝300×10 000÷200＝15 000（元）＞10 000元，征收消费税。则该手表生产企业当月应纳消费税＝300×20%＝60（万元）。　　答案 ▶ B

六、生产环节应纳税额的计算★★★

扫我解疑难

（一）视同销售情形（见表3-15）

表3-15　视同销售情形

用途	税务处理
自产消费品自用于**连续生产应税消费品**	不视同销售，无须缴纳消费税
自产消费品自用于**连续生产非应税消费品**	视同销售，移送使用时缴纳消费税
自产消费品自用于**其他方面**：在建工程、管理部门、非生产机构、提供劳务，以及用于馈赠、赞助、集资、广告、样品、职工福利、奖励等方面	

【提示】增值税和消费税的视同销售规则比较（见表3-16）

表3-16　增值税和消费税的视同销售规则比较

自产自用情形	消费税	增值税
高尔夫球杆用于赠送	√	√
小汽车用于管理部门	√	×
烟丝用于生产卷烟	×	×
酒用于生产酒心巧克力	√	×

（二）视同销售计税方法（见表3-17）

表3-17　视同销售计税方法

计税方法	计税依据
从量计税	移送使用数量
从价计税	（1）纳税人生产同类消费品的售价：平均价或最高价（换抵投）。 （2）无同类价的，为组成计税价格。 组成计税价格＝（成本+利润）÷（1-消费税比例税率）
复合计税	组成计税价格＝（成本+利润+自产自用数量×消费税定额税率）÷（1-消费税比例税率） 应纳税额＝组成计税价格×消费税比例税率+自产自用数量×消费税定额税率

（三）视同生产纳税情形

（1）工业企业以外的单位和个人的下列行为：

①将外购的消费税非应税产品以消费税应税产品对外销售的；

②将外购的消费税低税率应税产品以高税率应税产品对外销售的。

（2）外购电池、涂料大包装改成小包装或者外购电池、涂料不经加工只贴商标的行为。

【例题7·多选题】纳税人发生的下列行为中，应征收消费税的有（　　）。

　A. 白酒厂将自产的白酒赠送给客户

B. 葡萄酒厂将自产的葡萄酒用于连续生产酒心巧克力

C. 化妆品厂将自产的高档化妆品作为福利发给职工

D. 汽车制造厂将自产的小汽车用于工厂内部的行政部门

E. 实木地板厂将自产的实木素板用于加工实木地板

解析 ▶ 纳税人自产自用的应税消费品，除用于连续生产应税消费品外，凡用于其他方面的，于移送使用时纳税。用于其他方面是指纳税人用于生产非应税消费品、在建工程、管理部门、非生产机构、提供劳务，以及用于馈赠、赞助、集资、广告、样品、职工福利、奖励等方面。 **答案** ▶ ABCD

【例题8·多选题】下列各项中，应当征收消费税的有(　　)。

A. 化妆品厂作为样品赠送给客户的高档香水

B. 用于产品质量检验耗费的高尔夫球杆

C. 白酒生产企业向百货公司销售的试制药酒

D. 地板厂移送非独立核算门市部待销售的实木地板

E. 国内代理商销售进口环节已纳消费税的游艇

解析 ▶ 选项B，用于产品质量检验耗费的高尔夫球杆属于用于连续生产应税消费品，是必要的生产过程，且消费品并未真正流入消费领域，不征消费税。选项D，移送非独立核算门市部待销售的实木地板，不征消费税，如果门市部已经对外销售了，应当按销售额计征消费税。选项E，消费税是单一环节征收，游艇消费税在进口环节缴纳过，进口后直接销售的，不再征收消费税。
答案 ▶ AC

【例题9·单选题】下列关于消费税的计税规则，表述正确的是(　　)。

A. 委托加工啤酒的计税依据为委托方收回数量

B. 通过非独立核算门市部销售自产应税消费品时，应按移送给非独立核算门市部时的销售额或数量计税

C. 纳税人用于投资入股的应税消费品，应当以纳税人同类应税消费品的平均售价作为计税依据计税

D. 纳税人将不同税率的应税消费品组成成套消费品销售的，按照各自税率征收消费税

解析 ▶ 选项B，通过非独立核算门市部销售自产应税消费品时，应按门市部对外销售的销售额或销售数量计征消费税；选项C，纳税人用于投资入股的应税消费品，应当以纳税人同类应税消费品的最高销售价格作为计税依据计算纳税；选项D，纳税人将不同税率的应税消费品组成成套消费品销售的，应从高适用税率。 **答案** ▶ A

【例题10·单选题】某酒厂为增值税一般纳税人，2021年4月发放1吨自制白酒作为职工福利，无同类白酒售价，已知成本35 000元/吨，成本利润率为10%。该酒厂上述业务当月应纳消费税(　　)元(白酒消费税税率20%+0.5元/500克)。

A. 11 000

B. 10 875

C. 9 875

D. 7 700

解析 ▶ 纳税人将自产的应税消费品用于其他方面的，有同类消费品售价的，按同类消费品的售价计算纳税；无同类消费品售价的，按组成计税价格计税。

组成计税价格 = [35 000×(1 + 10%) + 2 000×0.5]/(1−20%) = 49 375(元)。

当月应纳消费税 = 49 375×20% + 2 000× 0.5 = 10 875(元)。 **答案** ▶ B

七、委托加工环节应纳税额的计算★★★

扫我解疑难

（一）委托加工判定（见图3-2）

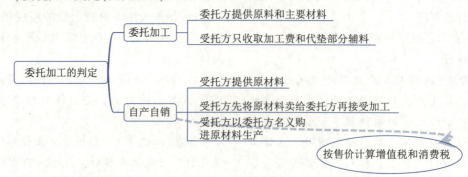

图3-2　委托加工判定

（二）纳税人身份判定（见图3-3）

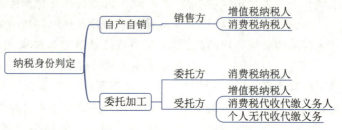

未履行扣缴义务：税款
50%以上3倍以下罚款

图3-3　纳税人身份判定

（三）委托加工消费税计税规则

（1）受托方是个人的，委托方须在收回后向委托方所在地缴纳消费税。

（2）受托方不是个人的，应在向委托方交货时代收代缴消费税。

（3）代收消费税时，应按受托方同类售价计算；无同类价的按组价计算代收消费税。

（4）委托方补交税款时，如收回消费品已经销售的，按销售额计税；未售或用于连续生产的，按组价计税。

（5）收回的已代缴消费税的消费品，直接出售的不再计征消费税。

【提示1】以高于受托方计税价格出售的，不属于直接出售，需按照规定申报缴纳消费税，在计税时准予扣除受托方已代收代缴的消费税。

【提示2】是否加价出售，应注意配比原则，将售价与销售部分对应的计税依据比较后得出结论。

（6）用委托加工收回的应税消费品继续生产应税消费品的，部分情形有抵税规则。

（四）委托加工税额计算

1. 委托加工计税依据基本规定（见表3-18）

表3-18　委托加工计税依据基本规定

计税方法	计税依据
从量计税	按委托加工收回数量计税
从价计税或复合计税	（1）受托方代收代缴消费税时，应按受托方同类价计算纳税；无同类价的应按组价计税。 （2）委托方自行纳税的，已经销售按售价计税，未售或用于连续生产按组价计税

2. 委托加工组价公式（见表3-19）

表3-19　委托加工组价公式

计税方法	组价公式
从价定率	组价=（材料成本+加工费）÷（1-消费税比例税率）
复合计税	组价=（材料成本+加工费+委托加工数量×消费税定额税率）÷（1-消费税比例税率）

3. 委托加工组价规则（见表3-20）

表3-20　委托加工组价规则

项目	具体规定
材料成本	指委托方所提供加工材料的实际成本。（包括材料运费，不包括增值税） 免税农产品材料成本=买价×90%+运费 委托加工应税消费品的纳税人，凡未提供材料成本的，受托方所在地主管税务机关有权核定其材料成本
加工费	受托方加工应税消费品向委托方所收取的全部费用。（包括代垫辅助材料的实际成本，不包括增值税及代收代缴的消费税）

（五）卷烟回购消费税处理

卷烟企业从联营企业回购卷烟符合下列条件的，收回后销售无论是否加价均不再交消费税；不符合下述条件的，则征收消费税：

（1）委托联营企业加工时除提供给联营企业所需加工卷烟牌号外，还须同时提供税务机关已公示的消费税计税价格。

（2）联营企业必须按照已公示的调拨价格申报缴税。

（3）回购企业将联营企业加工卷烟回购后再销售的卷烟，其销售收入应与自产卷烟销售收入分开核算，如未分开核算则一并计征消费税。

【例题11·单选题】 关于委托加工应税消费品的消费税处理，下列说法不正确的是（　　）。

A. 委托加工消费税纳税地点（除个人外）是委托方所在地

B. 委托加工的加工费包括代垫辅助材料的实际成本

C. 受托方没有代收代缴消费税款，委托方应补缴税款，受托方不再补税

D. 受托方已代收代缴消费税的应税消费品，委托方收回后以高于受托方计税价格出售的，应申报缴纳消费税

解析 ▶ 选项A，委托加工的应税消费品，受托方为个人的，由委托方向其机构所在地或者居住地主管税务机关申报纳税；受托方为企业等单位的，由受托方向机构所在地或者居住地的主管税务机关申报缴纳税款。

答案 ▶ A

【例题12·单选题】 甲企业为增值税一般纳税人，2021年1月外购一批木材，取得的增值税专用发票注明价款50万元、税额6.5万元；将该批木材运往乙企业委托其加工木制一次性筷子，取得税务局代开的增值税专用发票注明运费1万元，支付不含税委托加工费5万元，取得增值税专用发票。假定乙企业无同类产品对外销售，木制一次性筷子消费税税率为5%。乙企业当月应代收代缴的消费税为（　　）万元。

A. 2.62　　B. 2.67

C. 2.89　　D. 2.95

解析 ▶ 木制一次性筷子从价计征消费税，委托加工环节，应代收代缴的消费税=组成计税价格×消费税比例税率，其中，组价=（材料成本+加工费）÷（1-消费税比例税率）。甲企业支付的运费1万元应计入材料成本中。乙企业当月应代收代缴的消费税=（50+1+5）÷（1-5%）×5%=2.95（万元）。

答案 ▶ D

【例题13·多选题】（2015年改）甲企业为增值税一般纳税人，2021年4月外购成本260万元的木材委托乙企业加工实木地板，支付加工费取得增值税专用发票，注明金额25万元，乙企业没有同类实木地板的售价。甲企业销售返回的70%实木地板，开具增值税专用发票，注明金额350万元，下列表述正确的有（　　）（上述金额均不含增值税，实

木地板消费税税率5%）。

  A. 甲企业不需缴纳消费税

  B. 乙企业代收代缴消费税16万元

  C. 甲企业缴纳消费税7万元

  D. 甲企业缴纳消费税2.5万元

  E. 乙企业代收代缴消费税15万元

  解析 ▶ 乙企业应代收代缴消费税=（260+25）÷（1-5%）×5%=15（万元），甲企业销售70%部分组价=（260+25）÷（1-5%）×70%=210（万元），收回后的销售价是350万元，属于加价销售，所以甲企业应缴纳消费税=350×5%-15×70%=7（万元）。**答案** ▶ CE

八、进口应税消费品应纳税额计算★★★

扫我解疑难

  （一）进口基本规定（见表3-21）

表3-21 进口基本规定

项目	具体规定
纳税人	进口人或其代理人
纳税地点	报关地海关
纳税义务发生时间	报关进口时
缴库期限	海关填发进口消费税专用缴款书之日起15日内

  【提示1】 进口环节的增值税为进项税额，可以凭票抵扣。进口环节的消费税，连续生产可以扣税。

  【提示2】 进口环节缴纳消费税后，再对外销售一般无须再计税。卷烟和超豪华小汽车需要二次计算消费税的消费品除外。

  （二）进口税额计算（见表3-22）

表3-22 进口税额计算

计税方法	税额计算
从量定额	应纳税额=应税消费品数量×消费税定额税率
从价定率	组成计税价格=（关税完税价格+关税）÷（1-消费税比例税率） 应纳税额=组成计税价格×消费税比例税率
复合计税	组成计税价格=（关税完税价格+关税+进口数量×消费税定额税率）÷（1-消费税比例税率） 应纳税额=组成计税价格×消费税比例税率+进口数量×消费税定额税率 进口卷烟需要二次组价：第一次每条组价目的是确认等级，第二次总体组价目的是计算税额。 （1）卷烟每条组价=（单条关税完税价格+单条关税+0.6元）/（1-36%） （2）卷烟全部组价=（全部关税完税价格+关税+150×箱数）/（1-36%或56%） （3）进口卷烟应纳消费税=全部组价×消费税比例税率+从量税

  （三）小汽车进口消费税

  自2016年12月1日起，对我国驻外使领馆工作人员、外国驻华机构及人员、非居民常住人员、政府间协议规定等应税（消费税）进口自用，且完税价格130万元及以上的超豪华小汽车消费税，按照生产（进口）环节税率和零售环节税率（10%）加总计算，由海关代征。

  【总结】 消费税中的组价公式（见表3-23）

表 3-23　消费税中的组价公式

具体情况	从价计征消费品组价	复合计征消费品组价
视同销售	成本×(1+成本利润率)/(1-消费税比例税率)	[成本×(1+成本利润率)+从量税]/(1-消费税比例税率)
委托加工	(材料成本+加工费)/(1-消费税比例税率)	(材料成本+加工费+从量税)/(1-消费税比例税率)
进口	(关税完税价+关税)/(1-消费税比例税率)	(关税完税价+关税+从量税)/(1-消费税比例税率)

复合计税应纳税额=组价×消费税比例税率+从量税

【例题 14·单选题】 2021 年 1 月某公司进口 10 箱卷烟，经海关审定，关税完税价格 22 万元/箱，关税税率 50%，消费税税率 56%，定额税率 150 元/箱。当月该公司进口环节应纳消费税(　　)万元。

A. 100.80　　　　B. 288.88

C. 420.34　　　　D. 1 183.64

解析 ▶ 进口环节应纳消费税=[10×22×(1+50%)+10×150÷10 000]÷(1-56%)×56%+10×150÷10 000=420.34(万元)。　　**答案** ▶ C

【例题 15·单选题】 某贸易公司 2021 年 4 月以邮运方式从国外进口一批高档化妆品，经海关审定的货物价格为 30 万元、邮费 1 万元。当月将该批高档化妆品销售取得不含税收入 55 万元。该批高档化妆品关税税率为 15%、消费税税率为 15%。该公司当月应缴纳的消费税为(　　)万元。

A. 9　　　　　　B. 12.86

C. 14.79　　　　D. 6.29

解析 ▶ 高档化妆品单一环节从价计征消费税，应纳消费税=组成计税价格×消费税比例税率，其中，组价=(关税完税价格+关税)÷(1-消费税比例税率)。应缴纳消费税=(30+1)×(1+15%)÷(1-15%)×15%=6.29(万元)。　　**答案** ▶ D

九、零售环节应纳税额★★

扫我解疑难

(一)金银铂钻首饰饰品消费税计算(见表 3-24)

表 3-24　金银铂钻首饰饰品消费税计算

项目	具体规定
纳税环节	零售环节 5%：金、银、金基、银基合金首饰及镶嵌首饰；铂金首饰；钻石及钻石饰品(不含包金、镀金首饰饰品)。 生产环节 10%：其他贵重首饰珠宝玉石
进出口	经营单位金银首饰消费税进口不征，出口不退
混售计税	既销售金银首饰，又销售非金银首饰的，应分别核算销售额； 分不清楚或不能分别核算的，生产环节销售的一律从高计税，零售环节销售的一律按金银首饰计税
零售环节纳税人	境内从事金银首饰零售业务的单位和个人为消费税纳税人； 委托加工(除另有规定外)、委托代销金银首饰的，受托方是纳税人
计税依据	(1)计税依据为不含增值税的销售额。 (2)连同包装物销售的，无论包装物是否单独计价，也无论会计上如何核算，均应并入销售额征税。 (3)带料加工的金银首饰，按受托方同类销售价格计税，没有同类价的，按组价计税。 组成计税价格=(材料成本+加工费)/(1-金银首饰消费税税率) (4)视同销售，按同类销售价格计税，没有同类价的，按组价计税。 组成计税价格=购进原价×(1+利润率)/(1-金银首饰消费税税率)

续表

项目	具体规定
计税依据	【提示】利润率一律定为6%。 (5)金银首饰以旧换新(含翻新改制)销售额为实际收取的不含增值税的全部价款。 【提示】增值税和消费税对金银首饰以旧换新的销售额确认规则一致
纳税义务发生时间	销售金银首饰：收讫销售款或取得索取销售款凭证的当天 视同销售金银首饰：移送的当天 带料加工、翻新改制金银首饰：受托方交货的当天
纳税地点	纳税人核算地主管税务局

（二）超豪华小汽车消费税计算（见表3-25）

表3-25 超豪华小汽车消费税计算

项目	具体规定
范围	超豪华小汽车是指每辆不含增值税零售价格≥130万元的乘用车和中轻型商用客车
纳税人	将超豪华小汽车销售给消费者的单位和个人
税额计算	应纳税额=零售环节销售额(不含增值税)×10%
厂家直销	国内汽车生产企业直接销售给消费者超豪华小汽车，生产和零售环节加总计税。 应纳税额=销售额×(生产环节税率+零售环节税率)

【例题16·单选题】（2013年改）2021年3月，某商场首饰部销售业务如下：采用以旧换新方式销售金银首饰，该批首饰市场零售价14.04万元，旧首饰作价的含税金额为5.85万元，商场实际收到8.19万元；修理金银首饰取得含税收入2.34万元；零售镀金首饰取得收入7.02万元。该商场当月应纳消费税（ ）万元（金银首饰消费税税率5%）。

A. 0.36　　　　B. 0.45

C. 0.60　　　　D. 0.75

解析 ▶ 纳税人采用以旧换新方式销售的金银首饰，应按实际收取的不含增值税的全部价款确定计税依据征收消费税；修理、清洗金银首饰不征收消费税；镀金首饰不属于零售环节征收消费税的金银首饰范围，不在零售环节计征消费税。

该商场当月应纳消费税 = 8.19÷(1+13%)×5% = 0.36（万元）　　　　答案 ▶ A

【例题17·单选题】甲汽车制造厂2021年2月直接销售给乙服装厂两台汽车，其中一台为26座大客车，零售价为46.8万元；另一台为计划让高级管理人员使用的小汽车，零售价为158.2万元。则该汽车制造厂当月应纳消费税（ ）万元（该款小汽车生产环节消费税税率5%，零售环节消费税税率10%）。

A. 21　　　　B. 7

C. 14　　　　D. 27

解析 ▶ 小汽车应在生产环节缴纳消费税；大客车不缴纳消费税；国内汽车生产企业直接销售给消费者的超豪华小汽车，消费税税率按照生产环节税率和零售环节税率加总计算。

应纳消费税 = 158.2÷(1+13%)×(5%+10%) = 21（万元）　　　　答案 ▶ A

十、卷烟批发环节应纳税额★★（见表3-26）

扫我解疑难

表3-26 卷烟批发环节应纳税额

项目	具体规定
纳税人	在境内从事卷烟批发业务的单位和个人。 纳税人销售给纳税人以外的单位和个人的卷烟纳税，纳税人之间销售卷烟不纳税

续表

项目	具体规定
征税范围	纳税人批发销售的所有牌号规格的卷烟
计税依据	计税依据为不含增值税的销售额和销售数量。 兼营批发和零售业务，应分别核算，否则全部计征批发环节消费税
税率	11%+0.005 元/支（250 元/箱）
纳税地点	卷烟批发机构所在地，总分机构不在同一地区的，由总机构申报纳税。 【提示】增值税总分机构通常分别纳税
纳税环节	卷烟消费税包括生产和批发两个环节，批发环节计税时不得扣除已含的生产环节消费税

【例题 18·单选题】 某烟草批发企业为增值税一般纳税人，从烟厂购买卷烟 500 箱，支付不含税金额 500 万元，2021 年 3 月将购进的卷烟 200 箱销售给位于 A 地的烟草批发商，取得不含税销售收入 250 万元；其余的销售给位于 B 地的零售单位，取得不含税销售收入 400 万元。则该烟草批发企业应缴纳消费税（ ）万元（卷烟批发环节消费税税率为 11%+250 元/箱）。

A. 32.5　　　　B. 20
C. 51.5　　　　D. 0

解析 ▶ 烟草批发企业将从烟厂购买的卷烟又销售给零售单位，那么烟草批发企业，要再缴纳一道消费税。自 2015 年 5 月 10 日起，将卷烟批发环节从价税税率由 5% 提高至 11%，并按 0.005 元/支加征从量税，1 箱 = 50 000 支。则该烟草批发企业应缴纳的消费税=400×11%+300×250÷10 000=51.5（万元）。

答案 ▶ C

十一、消费税已纳税款扣除 ★★★

扫我解疑难

（一）扣税政策

对已税消费品连续生产应税消费品销售时，可按当期**生产领用数量**计算准予扣除外购应税消费品已纳的消费税税款。

当期消费税不足抵扣的部分，可以结转下一期继续抵扣。

（二）扣税范围：外购（进口）/委托加工收回

（1）外购（进口）/委托加工收回已税烟丝生产的卷烟；

（2）外购（进口）/委托加工收回已税高档化妆品生产的高档化妆品；

（3）外购（进口）/委托加工收回已税珠宝玉石生产的贵重首饰及珠宝玉石；

（4）外购（进口）/委托加工收回已税鞭炮、焰火生产的鞭炮、焰火；

（5）外购（进口）/委托加工收回已税汽油、柴油、石脑油、燃料油、润滑油为原料生产的应税成品油；

（6）外购（进口）/委托加工收回已税杆头、杆身和握把为原料生产的高尔夫球杆；

（7）外购（进口）/委托加工收回已税木制一次性筷子为原料生产的木制一次性筷子；

（8）外购（进口）/委托加工收回已税实木地板为原料生产的实木地板；

（9）外购（进口）葡萄酒连续生产葡萄酒；

（10）啤酒生产集团内部企业间用外购啤酒液连续灌装生产的啤酒。

【提示1】 前 8 类情形无论外购、进口还是委托加工收回的货物均可扣税。

【提示2】 扣税范围不包括：酒（葡萄酒、啤酒以外）、小汽车、摩托车、高档手表、游艇、部分成品油、电池、涂料；已税珠宝玉石生产金银铂钻首饰饰品的，不得扣税。

（三）扣税计算（见表 3-27）

表 3-27 扣税计算

项目	具体规则
扣税规则	按当期**生产领用数量**扣除其已纳消费税
从价定率	准予扣除已纳税款 = 当期准予扣除的外购应税消费品买价×适用税率 当期准予扣除的外购应税消费品买价 = 期初库存外购消费品买价+当期购进外购消费品买价-期末库存外购消费品买价

续表

项目	具体规则
从量定额	准予扣除已纳税款＝当期准予扣除的外购应税消费品数量×适用税额 当期准予扣除的外购应税消费品数量＝期初库存外购消费品数量＋当期购进外购消费品数量－期末库存外购消费品数量 【提示】外购应税消费品数量：为规定的发票（含销货清单）注明的应税消费品销售数量

【例题 19·多选题】某工艺品厂外购已税珠宝玉石用于加工各种饰品，允许从应征消费税中扣除外购已税珠宝玉石已纳消费税的有（　）。

A. 外购已税玉石用于镶嵌纯金戒指
B. 外购已税玉石用于镶嵌镀金手链
C. 外购已税珍珠用于加工珍珠项链
D. 外购已税钻石用于镶嵌铂金首饰
E. 外购已税玉石用于镶嵌纯金项链

解析 ▶ 外购已税珠宝玉石生产的贵重首饰及珠宝玉石，可以按照当期生产领用量计算准予扣除外购时已纳的消费税税款。

答案 ▶ BC

【例题 20·单选题】（2011 年）下列关于高尔夫球及球具的消费税处理，正确的是（　）。

A. 外购已税杆头的消费税可以按购进入库数量在应纳消费税税款中扣除
B. 外购已税杆头的消费税可以按生产领用数量在应纳消费税税款中扣除
C. 外购已税杆头的消费税可以按出厂销售数量在应纳消费税税款中扣除
D. 外购已税杆身的消费税不可以在应纳消费税税款中扣除

解析 ▶ 消费税是按照生产领用数量抵扣已纳消费税的。

答案 ▶ B

【例题 21·单选题】甲地板厂 2021 年 4 月外购一批实木素板，取得的增值税专用发票注明素板金额 50 万元、税额 6.5 万元；支付运费取得增值税专用发票注明金额 1 万元、税额 0.09 万元。甲厂将外购素板 40%加工成 A 型实木地板，当月对外销售并开具增值税专用发票注明销售金额 40 万元、税额 5.2 万元。甲厂当月应纳消费税为（　）万元（实木地板消费税税率 5%）。

A. 1
B. 2
C. 3
D. 4

解析 ▶ 应纳消费税＝40×5%－50×5%×40%＝1（万元）。

答案 ▶ A

【例题 22·单选题】某化工生产企业以进口的已税高档化妆品为原料继续加工高档化妆品。2021 年 1 月，进口的已税高档化妆品期初库存为 30 万元，当期进口已税高档化妆品 10 万元，期末库存的进口已税高档化妆品 20 万元。当月销售高档化妆品取得不含税收入 280 万元。该企业当月应纳消费税（　）万元（高档化妆品消费税税率 15%）。

A. 37.5
B. 39
C. 40.5
D. 45

解析 ▶ 已税高档化妆品继续加工生产高档化妆品，可以扣除已纳的消费税。当期准予扣除的外购应税消费品买价＝期初库存外购消费品买价＋当期购进外购消费品买价－期末库存外购消费品买价＝30＋10－20＝20（万元），该企业当月应纳消费税＝280×15%－20×15%＝39（万元）。

答案 ▶ B

十二、消费税出口退税★（见表3-28）

扫我解疑难

表 3-28　消费税出口退税

政策	适用范围	出口主体
又免又退	有出口经营权的外贸企业购进应税消费品直接出口，以及外贸企业受其他外贸企业委托代理出口应税消费品	外贸企业
只免不退	有出口经营权的生产企业自营出口或生产企业委托外贸企业代理出口自产的应税消费品	生产企业
不免不退	除生产企业、外贸企业外的其他企业委托外贸企业代理出口应税消费品	其他企业

【提示1】 外贸企业受其他企业委托，代理出口应税消费品不予退（免）税。

【提示2】 消费税退税率＝征税率，多种消费品出口，未分别核算从低退税。

【提示3】 纳税人直接出口的应税消费品办理免税后，发生退关或者国外退货，复进口时已予以免税的，可暂不办理补税，待其转为国内销售的当月申报缴纳消费税。

十三、征收管理★★

扫我解疑难

（一）纳税义务发生时间（见表3-29）

表 3-29　纳税义务发生时间

销售	(1)采取赊销和分期收款结算方式的，为书面合同约定的收款日期的当天，书面合同没有约定收款日期或者无书面合同的，为发出应税消费品的当天。 (2)采取预收货款结算方式的，为发出应税消费品的当天。 (3)采取托收承付和委托银行收款方式销售的应税消费品，为发出应税消费品并办妥托收手续的当天。 (4)采取其他结算方式的，为收讫销售款或者取得索取销售款凭据的当天
自产自用	移送使用的当天
委托加工	纳税人提货的当天
进口	报关进口的当天

（二）纳税地点（见表3-30）

表 3-30　纳税地点

具体情况	纳税地点
销售的应税消费品	除国家另有规定外，应当向纳税人机构所在地或者居住地的主管税务机关申报纳税
自产自用的应税消费品	
委托加工的应税消费品(除委托个人)	受托方机构所在地或居住地
委托个人加工应税消费品	委托方机构所在地或居住地

第3章

续表

具体情况	纳税地点
到**外县(市)销售**或委托外县(市)代销自产应税消费品	纳税人机构所在地或居住地
总机构与分支机构不在同一县(市)的	分别向各自机构所在地，经批准可在总机构所在地汇总纳税。 特例：卷烟批发环节计征消费税，总分机构不在同一地区的，由总机构申报纳税
进口的应税消费品	报关地海关

【例题23·单选题】 某市高尔夫球具生产企业2020年9月1日以分期收款方式销售一批球杆，价税合计为135.6万元，合同约定于9月5日、11月5日各支付50%价款，9月5日按照约定收到50%的价款，但并未给客户开具发票，已知高尔夫球具的消费税税率为10%，该企业9月就该项业务应缴纳的消费税为（　）万元。

A. 0 　　　　　 B. 6

C. 12 　　　　　 D. 14.04

解析 ▶ 分期收款方式销售货物，以合同约定的收款日期为纳税义务发生时间，9月5日收到50%价款，所以确认50%的收入。应纳税额 = 135.6÷1.13×50%×10% = 6（万元）。

答案 ▶ B

十四、消费税与增值税比较★★★（见表3-31）

扫我解疑难

表3-31　消费税与增值税比较

项目	增值税	消费税
征收范围	货物、劳务、服务、无形资产、不动产	十五类消费品
纳税环节	所有流转环节均征收； 自产用于连续生产不征税	特定环节一次或二次征收； 自产用于生产非应税消费品应征税
计算方法	购进扣税法：买多少扣多少	部分连续生产领用扣税：用多少扣多少
计税基础	不含增值税销售额（价外税）； "换、抵、投"平均价	不含增值税销售额（价内税）； "换、抵、投"最高价
税率	比例税率	比例税率、定额税率
退税	出口企业出口	外贸企业出口货物

【例题24·单选题】（2011年改）2021年3月国内某手表生产企业进口手表机芯6 000只，海关审定的完税价格0.5万元/只，关税税率30%，完税后海关放行；当月生产销售手表8 000只，单价1.25万元（不含税）。2021年3月该手表厂国内销售环节应纳增值税和消费税共计是（　）万元（高档手表消费税税率为20%）。

A. 2 257 　　　　 B. 2 793

C. 3 700 　　　　 D. 4 600

解析 ▶ 国内销售环节应纳增值税 = 8 000×1.25×13% − 6 000×0.5×（1+30%）×13% = 793（万元）；

国内销售环节应纳消费税 = 8 000×1.25×20% = 2 000（万元）；

国内销售环节应纳增值税和消费税 = 793+2 000 = 2 793（万元）。

答案 ▶ B

【例题25·综合题】 某市甲日化公司为

增值税一般纳税人，主要生产高档化妆品，2021 年 4 月发生以下业务：

（1）从国外进口一批高档香水精，关税完税价格为 15 万元，关税税率为 40%。在海关完税后取得了完税凭证。另将货物运至公司货场支付不含税运费 1 万元，取得了一般纳税人开具的增值税专用发票。

（2）购进一批初级农产品，取得小规模纳税人开具的增值税专用发票，注明金额 3 万元。当月全部领用，用于生产高档化妆品。

（3）委托某县城日化厂乙（一般纳税人）加工高档化妆品，甲提供上月购入的原料，成本为 50 万元，另支付不含税运费 1 万元，取得了一般纳税人运输企业开具的增值税专用发票，将货物运至受托方处；支付不含税加工费和辅料费用 8.5 万元，取得了乙开具的增值税专用发票。乙公司无同类产品的销售价格。本月加工产品已全部收回。

（4）领用进口高档香水精的 80% 用于继续生产加工高档香水。

（5）本月将高档化妆品和普通护肤品组成成套礼盒销售，取得不含税销售额共计 220 万元，其中普通护肤品的销售额为 45 万元。

（6）公司开展促销活动向客户赠送了高档香水 100 盒，另将 50 盒高档香水用于奖励公司员工。已知该香水的每盒平均不含税售价为 500 元，最高不含税售价为 680 元。

其他资料：以上化妆品均为高档化妆品，消费税税率为 15%，上月增值税留抵税额为 20 万元。

要求：根据上述资料，回答以下问题。

（1）甲日化公司应纳的进口环节税金是（　　）万元。

A. 6.72　　　　B. 10.43
C. 11.55　　　 D. 12.92

（2）乙日化厂应代收代缴的消费税是（　　）万元。

A. 8.72　　　　B. 10.50
C. 9.55　　　　D. 13.22

（3）乙日化厂应代收代缴的城建税是（　　）万元。

A. 0.53　　　　B. 0.68
C. 0.98　　　　D. 1.12

（4）该日化公司 4 月应向税务机关申报缴纳的增值税是（　　）万元。

A. 6.72　　　　B. 10.43
C. 4.78　　　　D. 12.72

（5）该日化公司 4 月应自行向税务机关申报缴纳的消费税是（　　）万元。

A. 26.72　　　 B. 31.16
C. 31.55　　　 D. 32.72

（6）关于本题业务的税务处理说法正确的有（　　）。

A. 从小规模纳税人处购入的农产品一律不得抵扣进项税额

B. 从小规模纳税人处购入的农产品，取得增值税专用发票的直接凭票抵扣进项税额

C. 以外购的高档香水精继续加工高档香水允许抵扣消费税

D. 高档化妆品和普通护肤品组成成套礼盒销售分开核算的，普通护肤品不计征消费税

E. 高档化妆品和普通护肤品组成成套礼盒销售的，一律计征消费税

解析 ▶ 业务（1）进口关税 = 15×40% = 6（万元）；

进口消费税 = 15×（1+40%）/（1−15%）× 15% = 3.71（万元）；

进口增值税 = 15×（1+40%）/（1−15%）× 13% = 3.21（万元）；

进口税金合计 = 6+3.71+3.21 = 12.92（万元）；

进项税额 = 3.21+1×9% = 3.3（万元）。

业务（2）进项税额 = 3×10% = 0.3（万元）。

【提示】2019 年 4 月 1 日后，从小规模纳税人处购入的农产品，取得增值税专用发票的，应以专用发票注明的金额×9% 作为进项税额抵扣。如该农产品用于生产或委托加工 13% 税率货物的，应以专用发票注明的金额×

10%作为进项税额抵扣。所以此处不是直接抵扣票面注明的进项税额。

业务（3）乙代收代缴消费税=（50+1+8.5）/（1-15%）×15%=10.5（万元）；

乙代收代缴城建税=10.5×5%=0.53（万元）；

进项税额=1×9%+8.5×13%=1.20（万元）。

【提示】代收代缴城建税时，使用的是受托方（乙企业）所在地税率。

业务（4）可抵减消费税=3.71×80%=2.97（万元）。

业务（5）增值税销项税额=220×13%=28.6（万元）；

消费税=220×15%=33（万元）。

【提示】将消费税应税产品和其他产品组

成成套消费品的，应一律征收消费税。将不同税率的消费品组成成套消费品的，无论是否分开核算销售额，一律从高计征消费税。

业务（6）增值税销项税额=（100+50）×0.05×13%=0.98（万元）；

消费税=（100+50）×0.05×15%=1.13（万元）。

【提示】用于赠送和奖励的消费品一律按平均价计算增值税和消费税。

当月应向税务机关缴纳的增值税=28.6+0.98-（3.3+0.3+1.20）-20=4.78（万元）；

当月应自行向税务机关缴纳的消费税=33+1.13-2.97=31.16（万元）。

答案▶（1）D；（2）B；（3）A；（4）C；（5）B；（6）CE。

真题精练

一、单项选择题

1.（2020年）委托加工应税消费品，除委托方为个人外，由受托方履行的消费税扣缴义务是（　　）。

　　A. 代征代缴　　　　B. 代收代缴

　　C. 代扣代缴　　　　D. 代售代缴

2.（2020年）下列业务属于视同销售应税消费品，应当征收消费税的是（　　）。

　　A. 商业企业将外购的应税消费品直接销售给消费者的

　　B. 商业企业将外购的非应税消费品以应税消费品对外销售的

　　C. 生产企业将自产的应税消费品用于连续生产应税消费品的

　　D. 生产企业将自产的应税消费品用于企业技术研发的

3.（2020年）2020年4月某手表厂生产销售A款手表300只，取得不含税收入360万元，生产销售B款手表500只，取得不含税收入80万元，销售手表配件取得不含税收入1.2万元，该厂本月应纳消费税（　　）万元。

　　A. 88.00　　　　B. 72.24

　　C. 16.24　　　　D. 72.00

4.（2020年）某啤酒厂为增值税一般纳税人，2020年6月销售啤酒20吨，取得不含税销售额57 400元。另收取包装物押金3 500元（含供重复使用的塑料周转箱押金500元）并单独核算。该厂当月应缴纳消费税（　　）元。

　　A. 4 400　　　　B. 5 000

　　C. 4 800　　　　D. 4 000

5.（2020年）某化妆品生产企业从法国进口香水精，关税完税价格30万元，关税税率20%，海关已代征增值税、消费税。2020年4月生产领用上述进口香水精的90%用于连续生产本厂品牌的高档化妆品，本月在国内销售高档化妆品取得不含税销售额400万元。高档化妆品消费税税率为15%，该企业当月应缴纳消费税（　　）万元。

　　A. 55.95　　　　B. 54.28

　　C. 60.00　　　　D. 53.65

6. (2020年)2020年7月,某筷子生产企业生产销售木制一次性筷子取得不含税销售额30万元,其中含包装物销售额0.6万元;销售金属工艺筷子取得不含税销售额50万元;销售竹制一次性筷子取得不含税销售额10万元。消费税税率为5%,该企业当月应缴纳消费税( )万元。

A. 1.47   B. 2.00

C. 1.50   D. 4.50

7. (2019年改)甲啤酒厂为增值税一般纳税人,2019年6月销售鲜啤酒10吨给乙烟酒批发销售公司,开具的增值税专用发票上注明金额29 000元,另开收据收取包装物押金2 000元(含塑料周转箱押金500元);销售无醇啤酒5吨给丙商贸公司,开具增值税专用发票注明金额13 800元,另开收据收取包装物押金750元。上述押金均单独核算。甲厂当月应缴纳消费税( )元。

A. 2 500   B. 3 300

C. 3 600   D. 3 750

8. (2019年)下列外购应税消费品已缴纳的消费税,准予从本企业应纳消费税税额中抵扣的是( )。

A. 用已税摩托车连续生产的摩托车

B. 用已税白酒连续生产的白酒

C. 用已税珠宝玉石连续生产的金银镶嵌首饰

D. 用已税烟丝连续生产的卷烟

9. (2019年)关于对超豪华小汽车征收消费税的规定下列说法正确的是( )。

A. 纳税环节是生产环节和零售环节

B. 征税对象为每辆销售价格130万元(含增值税)及以上的小汽车

C. 纳税人是消费者

D. 计税价格是不含消费税的计税销售价格

10. (2018年)2018年3月,某化工生产企业以委托加工收回的已税高档化妆品为原料继续加工高档化妆品。委托加工收回

的已税高档化妆品已纳消费税分别是:期初库存的已纳税消费税30万元,当期收回的已纳消费税10万元、期末库存的已纳消费税20万元。当月销售高档化妆品取得不含税收入280万元。该企业当月应纳消费税( )万元(高档化妆品消费税率15%)。

A. 12   B. 39

C. 42   D. 22

11. (2018年)下列商品中,属于消费税征收范围的是( )。

A. 空调机   B. 锂原电池

C. 汽车轮胎   D. 电视机

12. (2018年)关于消费税从价定率计税销售额,下列说法正确的是( )。

A. 消费税计税销售额包括增值税

B. 白酒包装物押金收取时不计入计税销售额

C. 高档化妆品品牌使用费应计入计税销售额

D. 金银首饰包装费不计入计税销售额

13. (2018年)2018年2月,某卷烟批发企业(持有烟草批发许可证)向商场批发甲类卷烟24万支,取得不含税销售额18.6万元,向其他批发单位批发甲类卷烟50万支,取得不含税销售额30万元。该企业当月应纳消费税( )万元(卷烟批发环节消费税率11%,0.005元/支)。

A. 2.05   B. 5.35

C. 5.72   D. 2.17

14. (2017年)下列单位不属于消费税纳税人的是( )。

A. 委托加工应税消费品的单位

B. 进口应税消费品的单位

C. 受托加工应税消费品的单位

D. 生产销售应税消费品(金银首饰除外)的单位

15. (2017年)某酒厂为增值税一般纳税人,2017年4月发放1吨自制白酒作为职工福利,同类白酒不含税售价50 000

元/吨，成本价 35 000 元/吨。该酒厂上述业务当月应纳消费税（　　）元（白酒消费税税率20%加0.5元/500克）。

A. 11 000　　　　B. 10 000

C. 8 700　　　　D. 7 700

16. (2017年)下列消费品中，应缴纳消费税的是（　　）。

A. 零售的高档化妆品

B. 零售的白酒

C. 进口的服装

D. 进口的卷烟

17. (2017年改)某卷烟批发企业 2020 年 3 月，批发销售给卷烟零售企业卷烟 6 标准箱，取得含税收入 120 万元。该企业当月应纳消费税（　　）万元。

A. 57.52　　　　B. 37.01

C. 57.59　　　　D. 11.83

18. (2017年)关于企业单独收取的包装物押金，下列消费税税务处理正确的是（　　）。

A. 销售黄酒收取的包装物押金应并入当期销售额计征消费税

B. 销售啤酒收取的包装物押金应并入当期销售额计征消费税

C. 销售葡萄酒收取的包装物押金不并入当期销售额计征消费税

D. 销售白酒收取的包装物押金并入当期销售额计征消费税

19. (2016年)下列消费品，属于消费税征税范围的是（　　）。

A. 大客车　　　　B. 洗发水

C. 合成宝石首饰　　D. 轮胎

20. (2016年)下列说法中，符合消费税纳税义务发生时间规定的是（　　）。

A. 采取分期收款结算方式的，为发出应税消费品的当天

B. 进口应税消费品的，为报关进口的当天

C. 委托加工应税消费品的，为支付加工费的当天

D. 采取预收货款结算方式的，为收到预收款的当天

21. (2016年)某石化企业为增值税一般纳税人，2016 年 3 月销售柴油 90 000 升，其中包括以柴油调和而成的生物柴油 10 000 升，以及符合税法规定条件的纯生物柴油 30 000 升，且已分别核算，该企业 2016 年 3 月应缴纳消费税（　　）元（消费税税率1.2元/升）。

A. 108 000　　　　B. 60 000

C. 72 000　　　　D. 0

22. (2016年)下列关于消费税计税价格的说法中，错误的是（　　）。

A. 采用以旧换新方式销售金银首饰，应按实际收取的不含增值税的全部价款为计税依据

B. 委托加工白酒，按照受托方同类消费品的销售价格计算纳税；没有同类消费品销售价格的，按照组成计税价格计算纳税

C. 将自产的葡萄酒用于换取生产资料，按同类消费品的平均价格计算纳税

D. 卷烟实际销售价格高于核定计税价格，按实际销售价格计税

23. (2015年)下列属于消费税征税范围的是（　　）。

A. 调味料酒　　　B. 鞭炮引线

C. 卫星通信车　　D. 宝石坯

24. (2015年改)某啤酒厂为一般纳税人，2020 年 3 月销售 A 型啤酒 30 吨，开具增值税专用发票，金额 87 000 元，收取不锈钢桶押金 6 000 元；销售 B 型啤酒 20 吨，开具增值税专用发票，金额 56 000 元，收取可重复使用的塑料周转箱押金 5 000 元，当月应纳消费税（　　）元（啤酒消费税：甲类 250 元/吨，乙类 220 元/吨）。

A. 11 660　　　　B. 11 000

C. 12 500　　　　D. 11 900

25. (2014年)下列行为应缴纳消费税的是（　　）。

A. 零售卷烟

B. 进口金银首饰

C. 生产销售果啤

D. 生产销售电动汽车

26. (2014 年)现行消费税规定,已核定最低计税价格的白酒,税务机关可重新核定最低计税价格的情形是指销售单位对外销售价格持续上涨或下降时间达到 3 个月以上,累计上涨或下降幅度在(　)以上。

　　A. 20%　　　　　B. 15%

　　C. 10%　　　　　D. 5%

27. (2014 年改)某手表厂为增值税一般纳税人,下设一非独立核算的展销部,2019 年 11 月将自产的 100 只高档手表移送到展销部展销,作价 1.5 万元/只,展销部当月销售了 60 只,取得含税销售额 135.6 万元,该手表厂 2019 年 11 月应缴纳消费税(　)万元(高档手表消费税税率为 20%)。

　　A. 18.00　　　　B. 24.00

　　C. 28.00　　　　D. 30.00

28. (2014 年)某进出口公司从境外进口卷烟 5 万条,支付买价 340 万元,运输费用 15 万元,保险费用 5 万元,关税完税价格 360 万元,假定关税税率为 50%,该公司应缴纳消费税(　)万元。

　　A. 305.44　　　B. 308.44

　　C. 691.20　　　D. 694.09

二、多项选择题

1. (2020 年)2020 年 3 月,甲企业采用分期收款方式销售应税消费品,当月发货。合同规定,不含税总价款 300 万元,自 4 月起分三个月等额收回货款。4 月实际收到不含税货款 80 万元,5 月实际收到不含税货款 120 万元。对于上述业务的税务处理,下列说法正确的有(　)。

A. 甲企业 4 月消费税计税销售额为 100 万元

B. 若甲企业 3 月签订合同后即按全额开具了发票,则 3 月消费税计税销售额为

300 万元

C. 若甲企业 3 月签订合同后即按全额开具了发票,则 3 月发生增值税纳税义务

D. 甲企业 5 月消费税计税销售额 120 万元

E. 甲企业 3 月发出应税消费品的当天为消费税纳税义务发生时间

2. (2020 年)下列业务既征增值税又征消费税的有(　)。

A. 商场珠宝部销售金银首饰

B. 卷烟批发商向零售商销售卷烟

C. 商场服务部销售高档服装

D. 商场珠宝部销售珠宝首饰

E. 4S 店销售超豪华小汽车

3. (2019 年)下列消费品中属于消费税征收范围的有(　)。

　　A. 酒精　　　　　B. 护发液

　　C. 合成宝石　　　D. 果木酒

　　E. 卡丁车

4. (2019 年)关于金银首饰零售环节征收消费税,下列说法正确的有(　)。

A. 纳税人采用以旧换新方式销售的金银首饰,应按实际收取的不含税的全部价款确定计税依据

B. 金银首饰与其他产品组成成套消费品销售的,应区别应税和非应税消费品分别征税

C. 金银首饰连同包装物销售,能够分别核算的,包装物不并入销售额计征消费税

D. 单位用于馈赠的金银首饰,没有同类金银首饰销售价格的,按组成计税价格计算纳税

E. 金银首饰改在零售环节征税后,出口金银首饰不退消费税

5. (2018 年)关于委托加工应税消费品的消费税处理,下列说法正确的有(　)。

A. 委托加工消费税纳税地点(除个人外)是委托方所在地

B. 委托加工的加工费包括代垫辅助材料的实际成本

C. 受托方没有代收代缴消费税款,委托方

应补缴税款，受托方不再补税

D. 受托方已代收代缴消费税的应税消费品，委托方收回后以高于受托方计税价格出售的，应申报缴纳消费税

E. 委托加工应税消费品的消费税纳税人是受托方

6. （2018 年）关于白酒消费税最低计税价格的核定，下列说法正确的有（　　）。

A. 生产企业实际销售价格高于核定最低计税价格的，按实际销售价格申报纳税

B. 白酒消费税最低计税价格核定范围包括白酒批发企业销售给商场的白酒

C. 国家税务总局选择核定消费税计税价格的白酒，核定比例统一确定为 20%

D. 白酒生产企业消费税计税价格高于销售单位对外销售价格 70%（含 70%）以上的，税务机关暂不核定最低计税价格

E. 白酒消费税最低计税价格由行业协会核定

7. （2017 年）下列消费品的生产经营环节中，既征收增值税又征收消费税的有（　　）。

A. 卷烟的零售环节

B. 鞭炮焰火的批发环节

C. 珍珠饰品的零售环节

D. 超豪华小汽车的零售环节

E. 高档手表的生产销售环节

8. （2017 年改）关于酒类消费税的计税依据，下列说法正确的有（　　）。

A. 白酒消费税实行最低计税价格核定征收办法

B. 进口白酒的计税价格由省级税务机关核定

C. 白酒生产企业收取品牌使用费应并入计税依据

D. 白酒的计税价格由国家税务总局核定，送财政部备案

E. 纳税人自设的独立核算门市部销售白酒，按照对外销售价格征收消费税

9. （2017 年）下列情形中，可以扣除外购应税消费品已纳消费税的有（　　）。

A. 以已税烟丝生产的卷烟

B. 以已税白酒为原料生产的白酒

C. 以已税杆头为原料生产的高尔夫球杆

D. 以已税珠宝玉石生产的贵重珠宝首饰

E. 以已税实木地板为原料生产的实木地板

10. （2016 年）根据现行税法规定，下列业务既征收增值税又征收消费税的有（　　）。

A. 石化厂销售自产汽油

B. 烟酒经销商销售外购的已税白酒

C. 贸易公司进口游艇

D. 卷烟批发企业向零售商销售卷烟

E. 涂料生产企业销售涂料

11. （2016 年）下列应税消费品中，准予扣除已纳消费税的有（　　）。

A. 以已税珠宝玉石为原料生产的金基镶嵌首饰

B. 以已税烟丝为原材料生产的卷烟

C. 以已税小汽车改造生产小汽车

D. 以已税润滑油为原料生产的润滑油

E. 以已税杆头、杆身和握把为原料生产的高尔夫球杆

12. （2014 年改）下列情形中，在计征消费税时可以扣除委托加工收回应税消费品已纳消费税的有（　　）。

A. 以委托加工收回的钻石生产金银镶嵌首饰

B. 以委托加工收回的已税高档化妆品生产的高档化妆品

C. 以委托加工收回的烟丝生产的卷烟

D. 以委托加工收回的鞭炮生产的鞭炮

E. 以委托加工收回的实木地板生产实木复合地板

三、计算题

1. （2019 年）甲木制品厂为增值税一般纳税人，主要从事实木地板生产销售业务，2019 年 2 月发生下列业务：

（1）外购一批实木素板，取得增值税专用发票注明金额 120 万元，另支付运费 2 万元，取得增值税普通发票。

（2）将上述外购已税素板 30% 连续生产 A

第 3 章

型实木地板，当月对外销售取得不含税销售额 60 万元。

(3)将上述外购已税素板 30% 委托乙厂加工 B 型实木地板，当月加工完毕全部收回，乙厂取得不含税加工费 5 万元，开具增值税专用发票，乙厂同类实木地板不含税售价为 65 万元。

(4)将外购的材料成本为 48.8 万元的原木移送丙厂，委托加工 C 型实木地板，丙厂收取不含税加工费 8 万元，开具增值税专用发票，丙厂无同类实木地板售价。当月加工完毕甲厂全部收回后，对外销售 70%，取得不含税销售额 70 万元，其余 30% 留存仓库。

(5)主管税务机关 3 月初对甲厂进行税务检查时发现，乙厂已按规定计算代收代缴消费税，但丙厂未履行代收代缴消费税义务。

要求：根据上述资料，回答下列问题。

(1) 业务（2）中，甲厂应缴纳消费税（　　）万元。

A. 2.97　　　　　　B. 3.00

C. 1.20　　　　　　D. 1.17

(2)乙厂应代收代缴消费税（　　）万元。

A. 2.16　　　　　　B. 6.58

C. 3.25　　　　　　D. 2.19

(3)甲厂销售 C 型实木地板应缴纳消费税（　　）万元。

A. 1.99　　　　　　B. 3.50

C. 2.09　　　　　　D. 1.80

(4)甲厂留存仓库的 C 型实木地板应缴纳消费税（　　）万元。

A. 0　　　　　　　B. 1.50

C. 0.90　　　　　　D. 0.77

2. (2018 年改) 某金店（增值税一般纳税人）2019 年 12 月发生如下业务：

(1)1 日~24 日，零售纯金首饰取得含税销售额 1 200 000 元，零售玉石首饰取得含税销售额 1 160 000 元。

(2)25 日，采取以旧换新方式零售 A 款纯金首饰，实际收取价款 560 000 元，同款新纯金首饰零售价为 780 000 元。

(3)27 日，接受消费者委托加工 B 款金项链 20 条，收取含税加工费 5 800 元，无同类金项链销售价格。黄金材料成本 30 000 元，当月加工完成并交付委托人。

(4)30 日，将新设计的 C 款金项链发放给优秀员工作为奖励。该批金项链耗用黄金 500 克，不含税购进价格 270 元/克，无同类首饰售价。

已知：贵重首饰及珠宝玉石成本利润率 6%，金银首饰消费税税率 5%，其他贵重首饰和珠宝玉石消费税税率为 10%。

要求：根据上述资料，回答下列问题。

(1)业务（1）应纳消费税（　　）元。

A. 53 097.35　　　B. 101 282.05

C. 202 564.10　　　D. 100 000.00

(2)业务（2）应纳消费税（　　）元。

A. 9 401.71　　　　B. 28 000.00

C. 33 333.33　　　　D. 24 778.76

(3)业务（3）应纳消费税（　　）元。

A. 250.00　　　　　B. 1 849.09

C. 1 886.84　　　　D. 1 750.00

(4)业务（4）应纳消费税（　　）元。

A. 0　　　　　　　B. 7 150.00

C. 7 531.58　　　　D. 6 750.00

3. (2016 年)某酒类股份有限公司为增值税一般纳税人，2016 年 2 月发生以下业务：

(1)为某企业特制一批白酒，用自产原浆白酒 500 斤勾浆 68°白酒 980 斤，无同类白酒的销售价格，68°白酒生产成本为 240 元/斤。

(2)用外购已税原浆白酒勾兑 56°白酒 3 000 斤，销售 1 000 斤，不含税出厂价 250 元/斤。

(3)销售给下属销售公司 42°白酒 500 斤，不含税出厂价 100 元/斤，税务机关认为销售价格明显偏低，上月销售公司对外销售同类白酒的平均价格为 220 元/斤。

(4)移送一批 60°的白酒给自设的非独立核

算门市部，同批次白酒不含税出厂价格260元/斤，门市部销售360斤，不含税价300元/斤。

已知：白酒的成本利润率为10%，白酒消费税税率为20%，定额税率0.5元/斤。白酒消费税计税价格核定比例为60%。

要求：根据上述资料，回答下列问题。

（1）该公司业务（1）应缴纳消费税（　）元。

A. 65 170.00　　　B. 64 680.00

C. 33 250.00　　　D. 65 292.50

（2）该公司业务（2）应缴纳消费税（　）元。

A. 151 500.00　　B. 50 000.00

C. 0　　　　　　　D. 50 500.00

（3）该公司业务（3）应缴纳消费税（　）元。

A. 10 250.00　　　B. 13 450.00

C. 15 650.00　　　D. 22 250.00

（4）该公司业务（4）应缴纳消费税（　）元。

A. 18 720.00　　　B. 18 900.00

C. 21 600.00　　　D. 21 780.00

四、综合题

（2020年）甲卷烟厂为增值税一般纳税人，主要生产销售A牌卷烟，2020年1月发生如下经营业务：

（1）向农业生产者收购烟叶，实际支付价款360万元，另支付10%价外补贴，按规定缴纳了烟叶税，开具合法的农产品收购凭证。另支付运费，取得运输公司（小规模纳税人）开具的增值税专用发票，注明运费5万元。

（2）将收购的烟叶全部运往位于县城的乙企业加工烟丝，取得增值税专用发票，注明加工费40万元、代垫辅料10万元，本月收回全部委托加工的烟丝，乙企业已代收代缴相关税费。

（3）以委托加工收回的烟丝80%生产A牌

卷烟1 400箱。本月销售A牌卷烟给丙卷烟批发企业500箱，取得不含税收入1 200万元，由于货款收回及时给予丙企业2%的折扣。

（4）将委托加工收回的烟丝剩余的20%对外出售，取得不含税收入150万元。

（5）购入客车1辆，用于接送职工上下班，取得机动车销售统一发票注明税额2.6万元；购进经营用的运输卡车1辆，取得机动车销售统一发票注明税额3.9万元。

已知：A牌卷烟消费税比例税率56%、定额税率150元/箱；烟丝消费税比例税率30%；相关票据已在当月勾选抵扣或计算扣除进项税额。

要求：根据上述资料，请回答下列问题。

（1）业务（1）甲厂应缴纳烟叶税（　）万元。

A. 36.00　　　　　B. 72.00

C. 79.20　　　　　D. 43.20

（2）业务（2）乙企业应代收代缴消费税（　）万元。

A. 227.23　　　　B. 177.86

C. 206.86　　　　D. 162.43

（3）业务（3）甲厂应纳消费税（　）万元。

A. 666.06　　　　B. 679.50

C. 500.57　　　　D. 514.01

（4）业务（4）甲厂应纳消费税（　）万元。

A. 3.63　　　　　　B. 9.43

C. 0　　　　　　　D. 45.00

（5）业务（2）和业务（5）可以抵扣进项税额合计（　）万元。

A. 10.40　　　　　B. 11.50

C. 8.90　　　　　　D. 13.00

（6）甲厂本月应缴纳增值税（　）万元。

A. 117.43　　　　B. 111.73

C. 122.33　　　　D. 114.83

真题精练答案及解析

一、单项选择题

1. B 【解析】委托加工应税消费品，除受托方为个人外，由受托方履行代收代缴消费税的义务。

2. B 【解析】工业企业以外的单位和个人的下列行为视为应税消费品的生产行为，按规定征收消费税：

(1)将外购的消费税非应税产品以消费税应税产品对外销售的；

(2)将外购的消费税低税率应税产品以高税率应税产品对外销售的。

3. D 【解析】征收消费税的高档手表，是指销售价格(不含增值税)每只在10 000元(含)以上的各类手表。B款手表不含税售价在10 000元以下，不征收消费税。手表配件不属于消费税征税范围，不征收消费税。该厂本月应纳消费税 = 360×20% = 72(万元)。

4. B 【解析】啤酒分为甲类啤酒和乙类啤酒，每吨出厂价(含包装物及包装物押金)3 000元(含3 000元，不含增值税)以上的啤酒为甲类啤酒；每吨出厂价(含包装物及包装物押金)3 000元(不含增值税)以下的啤酒为乙类啤酒。其中包装物押金不包括重复使用的塑料周转箱的押金。

每吨不含税出厂价 = [57 400 + (3 500 - 500)/(1 + 13%)] ÷ 20 = 3 002.74(元) > 3 000元，因此该酒厂销售的啤酒属于甲类啤酒，定额消费税税率为250元/吨。该酒厂当月应缴纳消费税 = 20×250 = 5 000(元)。

5. B 【解析】企业外购已税高档化妆品生产的高档化妆品，准予按当期生产领用数量计算扣除外购的应税消费品已纳的消费税税款。

该企业当月应缴纳消费税 = 400×15% - 30×(1+20%)/(1-15%)×15%×90% = 54.28(万元)。

6. C 【解析】该筷子生产企业销售的木制一次性筷子属于消费税应税消费品，金属工艺筷子与竹制一次性筷子不属于消费税应税消费品，不征收消费税。

该筷子企业当月应缴纳消费税 = 30×5% =

1.50(万元)。

7. C 【解析】啤酒分为甲类和乙类，分别适用250元/吨和220元/吨的单位税额。啤酒分类以每吨出厂价的高低作为划分标准，每吨不含增值税出厂价(含包装物及包装物押金)3 000元(含3 000元)以上是甲类啤酒；计算啤酒分类的包装物押金不包括供重复使用的塑料周转箱的押金。

鲜啤酒每吨出厂价 = [29 000 + (2 000 - 500) ÷ (1 + 13%)] ÷ 10 = 3 032.74(元)，为甲类啤酒；无醇啤酒每吨出厂价 = [13 800 + 750 ÷ (1 + 13%)] ÷ 5 = 2 892.74(元)，为乙类啤酒。

甲厂当月应缴纳消费税 = 10×250 + 5×220 = 3 600(元)。

8. D 【解析】外购已税消费品连续加工应税消费品，扣除范围是：

(1)外购已税烟丝生产的卷烟；

(2)外购已税高档化妆品生产的高档化妆品；

(3)外购已税珠宝玉石生产的贵重首饰及珠宝玉石；

(4)外购已税鞭炮、焰火生产的鞭炮、焰火；

(5)外购已税汽油、柴油、石脑油、燃料油、润滑油为原料生产的应税成品油；

(6)外购已税杆头、杆身和握把为原料生产的高尔夫球杆；

(7)外购已税木制一次性筷子为原料生产的木制一次性筷子；

(8)外购已税实木地板为原料生产的实木地板；

(9)外购葡萄酒连续生产应税葡萄酒；

(10)啤酒生产集团内部企业间用啤酒液连续灌装生产的啤酒。

9. A 【解析】选项B，征税对象为每辆销售价格130万元(不含增值税)及以上的乘用车和中轻型商用客车；选项C，将超豪华小汽车销售给消费者的单位和个人为超豪华小汽车零售环节纳税人；选项D，计税价格是不含增值税但是含消费税的计税销售金额。

10. D 【解析】委托加工收回高档化妆品为原料继续加工生产高档化妆品，可以扣除已纳的消费税。可以扣除的消费税税额=期初库存+当期收回−期末库存=30+10−20=20（万元），该企业当月应纳消费税=280×15%−20=22（万元）。

11. B 【解析】锂原电池属于消费税征收范围。

12. C 【解析】选项A，消费税计税销售额不包括增值税；选项B，白酒包装物押金收取时计入计税销售额；选项D，金银首饰包装费计入计税销售额。

13. D 【解析】纳税人（卷烟批发商）销售给纳税人以外的单位和个人的卷烟于销售时纳税，纳税人（卷烟批发商）之间销售的卷烟不缴纳消费税。该企业当月应纳消费税=18.6×11%+24×0.005=2.17（万元）。

14. C 【解析】受托加工应税消费品的单位是消费税的代收代缴义务人，不是消费税的纳税人。

15. A 【解析】纳税人将自产的应税消费品用于其他方面的，有同类消费品售价的，按同类消费品的售价计算纳税。
当月应纳消费税=50 000×1×20%+1×2 000×0.5=11 000（元）。

16. D 【解析】选项A、B，高档化妆品和白酒在零售环节都不缴纳消费税；选项C，服装不属于消费税征税范围，进口服装不缴消费税。

17. D 【解析】卷烟在批发环节复合计征消费税，税率为11%+250元/箱。
该企业当月应纳消费税=120÷（1+13%）×11%+6×250÷10 000=11.83（万元）。

18. D 【解析】因为啤酒、黄酒从量定额征收消费税，计税依据是销售数量，包装物押金是价值量，不影响销售数量，所以啤酒、黄酒的包装物押金不征消费税；从1995年6月1日起，对酒类产品生产企业销售啤酒、黄酒以外的其他酒类产品而收取的包装物押金，无论押金是否返还及会计上如何核算，均应并入酒类产品销售额中征收消费税。销售葡萄酒的包装物押金，在收取时应并入销售额中计征消费税。

19. C 【解析】合成宝石首饰属于贵重首饰及珠宝玉石的消费税征税范围。

20. B 【解析】选项A，采取分期收款结算方式的，为书面合同约定的收款日期的当天，没有约定收款日期或无书面合同的，为发出应税消费品的当天；选项C，委托加工应税消费品的，为纳税人提货的当天；选项D，采取预收货款结算的，为发出应税消费品的当天。

21. C 【解析】符合条件的纯生物柴油免征消费税。应纳消费税=（90 000−30 000）×1.2=72 000（元）。

22. C 【解析】将应税消费品用于"换、投、抵"的，按同类消费品的最高计税价格计算缴纳消费税。

23. D 【解析】宝石坯属于珠宝玉石，是消费税的征税范围。

24. D 【解析】A型啤酒的每吨售价=（87 000+6 000÷1.13）÷30=3 076.99（元）大于3 000元，适用的税率为250元/吨；包装物押金不包括供重复使用的塑料周转箱押金，B型啤酒每吨的售价=56 000÷20=2 800（元）小于3 000元，适用的税率为220元/吨。当月应缴纳的消费税=30×250+20×220=11 900（元）。

25. C 【解析】选项A，卷烟在零售环节不缴纳消费税；选项B，金银首饰在零售环节缴纳消费税，进口环节不缴纳消费税；选项D，电动汽车不属于消费税征税范围。

26. A 【解析】已核定最低计税价格的白酒，销售单位对外销售价格持续上涨或下降时间达到3个月以上、累计上涨或下降幅度在 20% (含) 以上的白酒，税务机关重新核定最低计税价格。

27. B 【解析】以展销部销售手表的价格为计税依据，该手表厂 2019 年 11 月应缴纳消费税 = 135. 6 ÷ (1 + 13%) × 20% = 24 (万元)。

28. D 【解析】按照规定，查找税率时先用 36% 的税率估算第一次组价，计算每标准条进口卷烟组成计税价格，确定该批卷烟适用的比例税率。每标准条组成计税价格 = (360 + 360 × 50% + 0. 6 × 5) ÷ (1 − 36%) ÷ 5 = 169. 69 (元) > 70 元，适用比例税率为 56%；之后按照适用税率做第二次组价，该公司应缴纳消费税 = (360 + 360 × 50% + 0. 6 × 5) ÷ (1 − 56%) × 56% + 0. 6 × 5 = 694. 09 (万元)。

二、多项选择题

1. ABC 【解析】采取赊销和分期收款结算方式的，消费税纳税义务发生时间为书面合同约定的收款日期的当天，书面合同没有约定收款日期或者无书面合同的，为发出应税消费品的当天。

2. ABE 【解析】选项 A，金银首饰在零售环节征收消费税，既征增值税又征消费税；选项 B，卷烟批发环节征收消费税，既征增值税又征消费税；选项 C，高档服装不属于消费税征收范围，只征收增值税；选项 D，珠宝在生产环节征收消费税，零售环节不征消费税，只征收增值税；选项 E，超豪华小汽车在零售环节加征一道消费税，既征增值税又征消费税。

3. CD 【解析】选项 C，合成宝石属于珠宝玉石，属于消费税的征税范围；选项 D，果木酒属于"其他酒"，属于消费税的征税范围。

4. ADE 【解析】选项 B，金银首饰与其他产品组成成套消费品销售的，应按销售额全额征收消费税；选项 C，金银首饰连同包装物销售的，无论包装物是否单独计价，也无论会计上如何核算，均应并入金银首饰的销售额，计征消费税。

5. BCD 【解析】选项 A，委托加工的应税消费品，受托方为个人的，由委托方向其机构所在地或者居住地主管税务机关申报纳税；受托方为企业等单位的，由受托方向机构所在地或者居住地的主管税务机关申报缴纳税款；选项 E，委托加工应税消费品的消费税纳税人是委托方，受托方是代收代缴义务人。

6. AD 【解析】选项 B，白酒消费税最低计税价格核定范围不包括白酒批发企业销售给商场的白酒；选项 C，国家税务总局选择核定消费税计税价格的白酒，核定比例统一确定为 60%；选项 E，白酒消费税最低计税价格由白酒生产企业自行申报，税务机关核定。

7. DE 【解析】选项 A，卷烟在零售环节不征消费税；选项 B，鞭炮焰火的批发环节不征收消费税；选项 C，珍珠饰品的零售环节不征收消费税。

8. AC 【解析】选项 B，进口的应税消费品的计税价格由海关核定；选项 D，卷烟、小汽车的计税价格由国家税务总局核定，送财政部备案；其他应税消费品的计税价格由省、自治区和直辖市税务局核定；选项 E，纳税人通过自设的非独立核算门市部销售的自产应税消费品，按照非独立核算门市部对外销售价格征收消费税。

9. ACDE 【解析】白酒不在消费税扣税范围中，以外购已税白酒为原料生产的白酒，不能扣除已纳消费税。

10. ACDE 【解析】消费税是单一环节征收的 (卷烟和超豪华小汽车除外)，烟酒经销商销售外购的已税白酒，只交增值税，不交消费税。

11. BDE 【解析】选项 A，金基镶嵌首饰在零售环节征收消费税，不得抵扣已纳消费税；选项 C，小汽车没有准予扣除已纳消费税的规定。

12. BCDE 【解析】金银镶嵌首饰在零售环

第 3 章

节缴纳消费税，不能抵扣已纳消费税。

三、计算题

1. （1）C；（2）C；（3）B；（4）C。

【解析】

（1）业务（2）中，甲厂应缴纳消费税 = 60×5% − 120×5%×30% = 1.20（万元）。

（2）乙厂应代收代缴消费税 = 65×5% = 3.25（万元）。

（3）甲厂销售 C 型实木地板应缴纳的消费税 = 70×5% = 3.50（万元）。

【提示】丙厂未履行扣缴义务，甲厂自行纳税。

（4）甲厂留存仓库的 30% C 型实木地板应缴纳的消费税 = （48.8+8）÷（1−5%）×5%×30% = 0.90（万元）。

2. （1）A；（2）D；（3）B；（4）C。

【解析】

（1）玉石首饰在零售环节不缴纳消费税。

业务（1）应纳消费税 = 1 200 000÷（1+13%）×5% = 53 097.35（元）。

（2）纳税人采用以旧换新（含翻新改制）方式销售的金银首饰，应按实际收取的不含增值税的全部价款确定计税依据征收消费税。

业务（2）应纳消费税 = 560 000÷（1+13%）×5% = 24 778.76（元）。

（3）带料加工的金银首饰，应按受托方销售同类金银首饰的销售价格确定计税依据征收消费税。没有同类金银首饰销售价格，按照组成计税价格计算纳税。计算公式为：

组成计税价格 = （材料成本+加工费）÷（1−金银首饰消费税税率）

业务（3）应纳消费税 = ［30 000+5 800÷（1+13%）］÷（1−5%）×5% = 1 849.09（元）。

（4）零售单位用于职工福利的金银首饰，应按纳税人销售同类金银首饰的销售价格确定计税依据征收消费税；没有同类金银首饰销售价格的，按照组成计税价格计算纳税。计算公式为：

组成计税价格 = 购进原价×（1+利润率）÷（1−金银首饰消费税税率）

业务（4）应纳消费税 = 500×270×（1+6%）÷（1−5%）×5% = 7 531.58（元）。

3. （1）D；（2）D；（3）B；（4）D。

【解析】

（1）业务（1）应缴纳的消费税 = （240×980×1.1+980×0.5）÷（1−20%）×20%+980×0.5 = 65 292.50（元）。

（2）业务（2）应缴纳的消费税 = 1 000×250×20%+1 000×0.5 = 50 500（元）。

（3）业务（3）应缴纳的消费税 = 500×220×60%×20%+500×0.5 = 13 450（元）。

（4）业务（4）应缴纳的消费税 = 360×300×20%+360×0.5 = 21 780（元）。

四、综合题

（1）C；（2）C；（3）D；（4）A；（5）A；（6）A。

【解析】

（1）业务（1）甲厂应缴纳烟叶税 = 360×（1+10%）×20% = 79.2（万元）。

（2）材料成本 = 360×（1+10%）×（1+20%）×（1−10%）+5 = 432.68（万元）；

业务（2）乙企业应代收代缴消费税 = （432.68+40+10）÷（1−30%）×30% = 206.86（万元）。

（3）现金折扣是为了鼓励购货方及时偿还货款而给予的折扣优待，不得从销售额中减除。

业务（3）甲厂应纳消费税 = 1 200×56%+500×150÷10 000−206.86×80% = 514.01（万元）。

（4）业务（4）甲厂应纳消费税 = 150×30%−206.86×20% = 3.63（万元）。

（5）购入客车用于接送职工上下班，属于购进固定资产专用于集体福利，进项税额不得抵扣。

业务（2）和业务（5）可以抵扣进项税额合计 = （40+10）×13%+3.9 = 10.40（万元）。

（6）甲厂本月应缴纳增值税 = （1 200+

150）×13% − 360×（1＋10%）×（1＋20%）× 　　10%−5×3%−10.40＝117.43（万元）。

扫我做试题

同步训练　限时150分钟

一、单项选择题

1. 下列各项中不属于消费税纳税人的是（　　）。
    A. 向零售企业销售卷烟的卷烟批发企业
    B. 委托加工白酒的委托方
    C. 将超豪华小汽车销售给消费者的单位
    D. 进口金银首饰的经营单位

2. 某商贸企业从白酒生产企业购进白酒10 吨，支付其不含增值税价格 100 万元，并把其中的一半作为福利发放给职工，此商贸企业需要缴纳消费税（　　）万元（已知该批白酒市场售价为 170 万元，白酒生产环节消费税税率为 20%+0.5 元/斤）。
    A. 0　　　　　　　B. 10.50
    C. 20.00　　　　　D. 21.00

3. 下列货物中，应缴纳消费税的是（　　）。
    A. 空调　　　　　B. 蓄电池
    C. 电动汽车　　　D. 普通护肤品

4. 纳税人销售应税消费品收取的下列款项，应计入消费税计税依据的是（　　）。
    A. 违约金
    B. 符合条件的代为收取的行政事业性收费
    C. 增值税销项税额
    D. 未逾期的高档化妆品包装物押金

5. 下列关于白酒最低计税价格核定的表述中，不正确的是（　　）。
    A. 白酒生产企业销售给销售单位的白酒，生产企业消费税计税价格低于对外不含增值税销售价格 70% 以下的，税务机关应核定消费税最低计税价格
    B. 已核定最低计税价格的白酒，销售单位对外销售价格持续上涨时间达到 3 个月以上、累计上涨幅度在 20%（含）以上的白酒，税务机关重新核定最低计税价格
    C. 国家税务总局选择核定消费税计税价格的白酒，核定比例统一确定为 60%
    D. 白酒生产企业销售价格低于核定的计税价格的，应按销售价格计税

6. 某酒厂为增值税一般纳税人，2021 年 1 月销售粮食白酒 4 吨，取得不含增值税收入 400 000 元，包装物押金 22 600 元（单独记账核算），货物由该酒厂负责运输，收取运费 46 330 元。该酒厂上述业务应纳消费税（　　）元（白酒消费税税率 20%，0.5 元/斤）。
    A. 84 000　　　　　B. 88 000
    C. 92 200　　　　　D. 96 200

7. 某筷子生产企业为增值税一般纳税人。2021 年 2 月取得不含增值税销售额如下：销售烫花木制筷子 15 万元；销售竹制筷子 18 万元；销售木制一次性筷子 12 万元。另外没收逾期未退还的木制一次性筷子包装物押金 0.23 万元，该押金于 2020 年 12 月收取。该企业当月应纳消费税（　　）万元（木制一次性筷子消费税税率为 5%）。
    A. 0.61　　　　　B. 0.62
    C. 1.36　　　　　D. 2.26

8. 某酒厂 2021 年 1 月销售粮食白酒 12 000 斤，不含增值税售价为 5 元/斤，随同销售的包装物含税价格 7 006 元；本月另销售礼盒 6 000 套，不含增值税售价为 300 元/套，每套包括粮食白酒 2 斤、单价 80 元，干红酒 2 斤、单价 70 元。该企业 1 月应纳消费税（　　）元（白酒的消费税税率 20%+0.5 元/斤，其他酒的消费税税率为 10%）。

A. 383 000   B. 378 550

C. 352 550   D. 391 240

9. 企业发生的下列行为中，不需要缴纳消费税的是（ ）。

   A. 用自产的应税消费品换取生产资料

   B. 用自产的应税消费品抵偿债务

   C. 用自产的应税消费品继续生产消费税应税消费品

   D. 用自产的应税消费品连续生产非应税消费税品

10. 企业生产的下列消费品，无需缴纳消费税的是（ ）。

   A. 地板企业生产用于装修本企业办公室的实木地板

   B. 汽车企业生产用于本企业管理部门的轿车

   C. 化妆品企业生产用于交易会样品的高档化妆品

   D. 卷烟企业生产用于连续生产卷烟的烟丝

11. 下列业务中，委托方为消费税纳税义务人的是（ ）。

   A. 委托加工木制一次性筷子，原材料由委托方提供，受托方只收取加工费

   B. 委托加工高档修饰类化妆品，受托方提供主要材料并收取加工费，委托方提供部分辅助材料

   C. 委托加工小汽车，受托方先将原材料卖给委托方，然后再接受加工收取加工费

   D. 委托加工高尔夫车，主要材料由委托方提供，受托方代垫部分辅助材料并收取加工费

12. 下列关于委托加工业务消费税处理的说法，正确的是（ ）。

   A. 将委托加工收回的已税消费品加价销售的，不征收消费税

   B. 纳税人委托个体经营者加工应税消费品，由委托方收回后在委托方所在地缴纳消费税

   C. 委托加工应税消费品的，若委托方未提供原材料成本，由委托方所在地主管税务机关核定其材料成本

   D. 委托方委托加工应税消费品，受托方没有代收代缴税款的，一律由受托方补税

13. 某鞭炮厂 2021 年 5 月委托某厂家加工一批鞭炮、焰火，该鞭炮厂发给厂家的原材料成本为 23 250 元。厂家当月加工完毕并于 5 月 20 日将该批鞭炮、焰火送交该鞭炮厂，收取含增值税加工费 11 300 元，代垫辅助材料款 5 650 元，厂家无同类鞭炮、焰火的销售价格。该鞭炮厂于 5 月底将该批鞭炮、焰火全部销售，取得不含增值税价款 60 000 元，则该鞭炮厂当月应纳消费税（ ）元（鞭炮、焰火消费税税率为 15%，成本利润率为 5%）。

A. 0   B. 1 058

C. 2 250   D. 6 750

14. 2021 年 1 月某烟草进出口公司从国外进口卷烟 8 万条（每条 200 支），支付买价 200 万元，支付到达我国海关前的运输费用 12 万元、保险费用 8 万元。报关后的境内运输费用 5 万元。假定进口卷烟关税税率为 20%。则进口卷烟应纳消费税（ ）万元（甲类卷烟消费税税率 56%，乙类卷烟 36%，另加 0.6 元/条）。

A. 236.40   B. 235.30

C. 224.80   D. 156.00

15. 某增值税一般纳税人首饰商店，2021 年 1 月采用"以旧换新"方式零售 24K 纯金项链 1 条，新项链对外售价为 8 000 元，旧项链作价 3 000 元，从消费者手中收取新旧差价款 5 000 元；零售金镶玉戒指 1 个，取得含增值税收入 4 000 元。另取得清洗金银首饰的含税收入 3 510 元。该首饰商店就上述业务应纳消费税（ ）元。

A. 213.68   B. 534.62

C. 348.26   D. 398.23

16. 2021 年 1 月，某汽车 4S 店（为增值税一般纳税人）向消费者个人销售含增值税价 130 万元的小汽车 2 辆，含增值税价 160 万元的小汽车 5 辆。该 4S 店就上述业务应纳消费税（　　）万元（超豪华小汽车零售环节的消费税税率 10%）。
    A. 80.00　　　　　　B. 93.80
    C. 60.80　　　　　　D. 70.80

17. 某卷烟批发企业（增值税一般纳税人）2021 年 3 月，批发销售给卷烟零售企业卷烟 6 标准箱，取得含增值税收入 120 万元。销售给其他卷烟批发企业卷烟 10 标准箱，取得含增值税收入 190 万元。该企业当月应纳消费税（　　）万元（卷烟批发环节消费税税率为 11%+250 元/箱）。
    A. 57.52　　　　　　B. 37.01
    C. 57.59　　　　　　D. 11.83

18. 甲企业为增值税一般纳税人，2021 年 1 月外购价值 260 万元的木板委托乙企业加工成实木地板素板，支付加工费取得增值税专用发票，注明金额 25 万元，当月收回全部实木地板素板，且乙企业已履行消费税代收代缴义务。将收回的 30% 素板用于连续生产实木地板，并于当月全部销售，取得增值税专用发票注明金额 200 万元，则甲企业当月应缴纳的消费税为（　　）万元（实木地板消费税税率为 5%）。
    A. 0　　　　　　　　B. 4.50
    C. 5.50　　　　　　D. 10.00

19. 企业出口的下列应税消费品中，属于消费税出口免税并退税范围的是（　　）。
    A. 生产企业委托外贸企业代理出口的应税消费品
    B. 有出口经营权的生产企业自营出口的应税消费品
    C. 有出口经营权的外贸企业购进用于直接出口的应税消费品
    D. 一般商贸企业委托外贸企业代理出口应税消费品

20. 甲商贸企业委托乙外贸企业代理出口高档化妆品，2021 年 3 月乙外贸企业代理额为 20 万元人民币，此业务应退消费税（　　）万元。
    A. 0　　　　　　　　B. 6.00
    C. 3.40　　　　　　D. 10.00

21. 下列关于包装物押金的说法，不正确的是（　　）。
    A. 酒类产品（啤酒、黄酒除外）包装物押金不管是否逾期，收取时征收增值税和消费税
    B. 啤酒、黄酒包装物押金逾期，征收增值税，不征收消费税
    C. 啤酒、黄酒包装物押金逾期，不征收增值税，也不征收消费税
    D. 一般应税消费品的包装物押金，没有逾期，不征收增值税和消费税

22. 某木制品公司（小规模纳税人）在 2020 年 1 月生产高档筷子 1 000 箱，每箱售价 800 元；生产一次性竹筷 500 箱，每箱售价 390 元；生产一次性木筷 1 500 箱，每箱售价 290 元；另生产未经打磨的一次性木筷子 500 箱，每箱售价 250 元。本月的产品全部销售，上述售价均为不含增值税价。则该月应缴纳的增值税和消费税合计为（　　）元（消费税税率为 5%）。
    A. 93 300　　　　　B. 74 650
    C. 121 300　　　　D. 121 500

二、多项选择题

1. 某商场零售的下列首饰中，应缴纳消费税的有（　　）。
    A. 翡翠项链　　　　B. 金银首饰
    C. 玉石手镯　　　　D. 钻石戒指
    E. 包金手链

2. 下列消费品，属于消费税征税范围的有（　　）。
    A. 实木装饰板
    B. 出厂含增值税价 12 000 元的手表
    C. 调味料酒
    D. 黄酒

E. 高尔夫球包

3. 下列各项中，符合应税消费品从量定额销售数量确定的有（   ）。

A. 生产销售应税消费品的，为应税消费品的销售数量

B. 自产自用应税消费品的，为应税消费品的移送使用数量

C. 委托加工应税消费品的，为纳税人收回应税消费品数量

D. 生产销售应税消费品的，为应税消费品的生产数量

E. 进口应税消费品的，为海关核定的应税消费品进口征税数量

4. 关于酒类消费税的计税依据，下列说法正确的有（   ）。

A. 白酒的计税依据一律包括销售时收取的包装物押金

B. 进口白酒的计税价格由省级税务机关核定

C. 白酒生产企业收取品牌使用费应并入计税依据

D. 白酒的计税依据不包括包装物租金

E. 纳税人自设的非独立核算门市部销售白酒，按照移送给门市部的销售价格征收消费税

5. 关于消费税计税价格的确定，下列表述正确的有（   ）。

A. 卷烟和小汽车的计税价格由国家税务总局核定

B. 进口卷烟的计税价格由省级税务局核定

C. 卷烟实际销售价格高于核定价格的，按核定价格征税

D. 未经国家税务总局核定计税价格的新牌号、新规格卷烟，生产企业应按卷烟调拨价格申报纳税

E. 卷烟计税价格的核定公式为：某牌号、规格卷烟计税价格 = 批发环节销售价格 ×（1–适用批发毛利率）

6. 某酒厂（一般纳税人）2021 年 1 月用 10 吨特制粮食白酒与供货方换取价值相等的原材料，供货方提供的原材料价款 44 万元，供货方开具了税款为 5.72 万元的增值税专用发票，酒厂也开具了增值税专用发票。特制粮食白酒平均不含税售价 22 元/斤；最高不含税售价 25 元/斤。不考虑其他事项，下列关于酒厂的业务说法正确的有（   ）。

A. 酒厂应按特制粮食白酒平均售价计算从价部分的消费税

B. 本期应缴纳消费税为 11 万元

C. 本期计算消费税时，从价采用最高价25 元/斤

D. 本期应该缴纳增值税为 0

E. 就增值税而言，用粮食白酒换取原材料属于视同销售

7. 纳税人发生的下列行为中，应征收消费税的有（   ）。

A. 白酒厂将自产的白酒赠送给客户

B. 葡萄酒厂将自产的葡萄酒用于连续生产酒心巧克力

C. 化妆品厂将自产的高档化妆品作为福利发给职工

D. 汽车制造厂将自产的小汽车用于工厂内部的管理部门

E. 高尔夫球杆厂将自产的球杆用于出厂质量检测

8. 根据现行消费税的规定，下列说法正确的有（   ）。

A. 销售金银首饰，计税依据为含增值税的销售额

B. 金银首饰连同包装物销售，包装物金额应计税

C. 带料加工金银首饰，计税依据为加工费

D. 以旧换新销售金银首饰，计税依据为实际收取的不含增值税销售额

E. 同时销售金银首饰和非金银首饰，未分别核算的均按金银首饰计税

9. 下列关于消费税政策说法正确的有（   ）。

A. 委托加工（除另有规定外）、委托代销金银首饰的，受托方也是纳税人

B. 镀金、包金首饰属于金银首饰范围，均在零售环节缴纳消费税

C. 带料加工、翻新改制的金银首饰，其纳税义务发生时间为受托方交货的当天

D. 经营单位进口金银首饰的，在进口环节缴纳消费税

E. 以已税珠宝玉石生产的金银镶嵌首饰，在计税时一律不得扣除已纳的消费税

10. 根据消费税的相关规定，下列说法正确的有(　　)。

A. 实际销售价格低于核定价格的卷烟，按核定价格征税

B. 白酒生产企业消费税计税价格低于销售单位对外销售价格80%以下的，税务机关应该核定消费税最低计税价格

C. 实木地板生产企业通过自设非独立核算门市部销售实木地板，按门市部的对外销售价格征税

D. 当期投入生产的化妆品原料可抵扣的已纳消费税大于当期应纳消费税不足抵扣的部分，不可以在下期继续抵扣

E. 纳税人将自产应税汽油换取生产资料，按其同类应税汽油的最高销售价格计税

11. 甲企业为增值税一般纳税人，2021年1月外购价值120万元的材料委托乙企业加工高档香水，支付加工费和辅料费均取得增值税专用发票，注明金额分别为35万元和15万元，甲企业销售返回的50%高档香水，取得不含增值税的价款190万元，下列表述正确的有(　　)(高档化妆品的消费税税率为15%)。

A. 甲企业不需缴纳消费税

B. 乙企业代收代缴消费税30万元

C. 甲企业缴纳消费税13.5万元

D. 甲企业缴纳消费税28.5万元

E. 乙企业代收代缴消费税27.35万元

12. 生产企业以外购应税消费品连续生产应税消费品，下列准予扣除应税消费品已纳消费税款的有(　　)。

A. 用已税白酒连续生产的白酒

B. 用已税鞭炮焰火连续生产的鞭炮焰火

C. 用已税高档手表连续生产的高档手表

D. 用已税杆头连续生产的高尔夫球杆

E. 用已税润滑油连续生产的应税成品油

13. 下列消费品的生产经营环节中，既征收增值税又征收消费税的有(　　)。

A. 汽油的零售环节

B. 高档化妆品的批发环节

C. 镀金饰品的零售环节

D. 钻石首饰的零售环节

E. 实木地板的生产销售环节

14. 某鞭炮厂(增值税一般纳税人)用外购已税的焰火继续加工高档焰火。2021年3月销售高档焰火，开具增值税专用发票注明销售额1 000万元；本月外购焰火400万元，取得增值税专用发票，月初库存外购焰火60万元，月末库存外购焰火50万元，出库的外购焰火全部用于继续加工高档焰火。相关发票当月已认证，下列说法正确的有(　　)(焰火消费税税率15%，上述价格均不含增值税)。

A. 该鞭炮厂计算缴纳消费税时，可以按照本月生产领用数量计算扣除外购已税鞭炮焰火已纳的消费税

B. 该鞭炮厂计算缴纳消费税时，可以按照当月购进的全部已税焰火数量计算扣除已纳的消费税

C. 该鞭炮厂计算缴纳增值税时，当月购进的全部已税焰火支付的进项税额可以从当期销项税额中抵扣

D. 该鞭炮厂计算缴纳增值税时，按照本月生产领用外购已税鞭炮焰火支付的进项税额从当期销项税额中抵扣

E. 当月该鞭炮厂应纳消费税88.5万元

三、计算题

1. 某位于市区的鞭炮企业甲为增值税一般纳税人，主营鞭炮加工销售业务。2020年11月发生以下业务：

(1)受托为县城的乙公司加工一批鞭炮，乙公司提供的原材料金额为60万元，收取

不含增值税的加工费 8 万元，鞭炮企业甲无同类产品的市场价格。乙公司收回该批鞭炮后以不含增值税价 100 万元全部出售。

（2）从另一鞭炮企业丙处购入鞭炮一批，取得的增值税专用发票注明的价款为 25 万元。本月领用了 80% 用于继续加工组合礼花弹。

（3）本月销售鞭炮产品，共取得零售销售额 129.95 万元。

（4）用 100 箱鞭炮和丁企业交换一台生产设备，已知此批鞭炮的平均不含税售价为 25 万元，最高不含税售价为 30 万元。

其他资料：鞭炮的适用税率 15%。

要求：根据上述资料，回答以下问题：

（1）业务（1）应代收代缴的消费税为（　）万元。

A. 12　　　　　　　　B. 13

C. 15　　　　　　　　D. 18

（2）业务（1）应代收代缴的城建税为（　）万元。

A. 0.84　　　　　　　B. 0.60

C. 0.15　　　　　　　D. 0.12

（3）业务（1）乙公司收回鞭炮后再销售应纳的消费税为（　）万元。

A. 15　　　　　　　　B. 12

C. 3　　　　　　　　D. 0

（4）甲企业当月应纳的消费税为（　）万元。

A. 21.75　　　　　　B. 18.75

C. 14.25　　　　　　D. 17.25

2. 甲企业为增值税一般纳税人，2021 年 3 月经营状况如下：

（1）生产食用酒精一批，将其中的 50% 用于销售，开具的增值税专用发票注明金额 12 万元。

（2）将剩余 50% 的食用酒精作为酒基，加入食品添加剂调制成 38 度的配制酒，当月全部销售，开具的增值税专用发票注明金额 20 万元、税额 2.6 万元。

（3）酿制葡萄酒一批，将 10% 的葡萄酒用于生产酒心巧克力，采用赊销方式销售，

不含增值税总价为 32 万元，货已经交付，合同约定 6 月 30 日付款。

（4）将剩余 90% 的葡萄酒装瓶对外销售，开具的增值税专用发票注明金额 45 万元、税额 5.85 万元。

（其他相关资料：上述配制酒具有国家相关部门批准的国食健字或卫食健字文号；其他酒消费税税率为 10%。）

要求：根据上述资料，回答下列问题。

（1）业务（1）应缴纳的消费税为（　）万元。

A. 0　　　　　　　　B. 1.20

C. 0.60　　　　　　　D. 0.80

（2）业务（3）应缴纳的消费税为（　）万元。

A. 5.00　　　　　　　B. 0.50

C. 3.20　　　　　　　D. 0.32

（3）业务（4）应缴纳的消费税为（　）万元。

A. 3.60　　　　　　　B. 7.65

C. 9.00　　　　　　　D. 4.50

（4）甲企业当月应缴纳消费税合计为（　）万元。

A. 7.00　　　　　　　B. 9.70

C. 11.50　　　　　　D. 2.50

3. 某日化企业（地处市区）为增值税一般纳税人，2021 年 4 月发生如下业务：

（1）与甲企业（地处县城）签订加工合同，为甲企业加工一批高档化妆品，甲企业提供的原材料成本 30 万元，加工结束后开具增值税专用发票，注明收取加工费及代垫辅助材料价款共计 12 万元、增值税 1.56 万元。

（2）进口一批高档化妆品，关税完税价格为 70 万元，关税税率为 20%；支付海关监管区至企业仓库不含增值税运费 2 万元，取得一般纳税人开具的增值税专用发票，本月生产领用进口高档化妆品的 70%。

（3）将普通护肤品和 A 型高档化妆品组成成套化妆品销售，某大型商场一次购买 240 套，该日化企业开具增值税专用发票，注明金额 58 万元，其中包括普通护肤品 28 万元，A 型高档化妆品 30 万元。

(4)销售 B 型高档化妆品取得不含增值税销售额 150 万元。

(5)企业开发新型高档化妆品,生产成本为 3.2 万元,将其作为样品分发给各经销商。

(6)月末盘点时发现,上月外购的高档护肤类化妆品(已抵扣进项税额)发生非正常损失,成本为 5.86 万元,其中包括运费成本 1.86 万元。

(已知:高档化妆品的消费税税率为 15%,高档化妆品的成本利润率为 5%。本月取得的相关票据均符合税法规定,并在本月认证抵扣。)

要求:根据上述资料,回答下列问题。

(1)该企业受托加工高档化妆品应代收代缴消费税( )万元。

A. 8.40 B. 18.58

C. 18.60 D. 7.41

(2)该企业进口高档化妆品应纳进口消费税( )万元。

A. 13.80 B. 14.82

C. 14.00 D. 36.00

(3)该企业国内销售环节应纳增值税( )万元。

A. 23.85 B. 21.99

C. 18.86 D. 16.77

(4)该企业国内销售环节应纳消费税( )万元。

A. 25.20 B. 21.42

C. 29.40 D. 31.79

四、综合题

1. 某卷烟厂为增值税一般纳税人,2020 年 11 月发生以下经济业务:

(1)向农业生产者收购烟叶 30 吨,支付收购价款 40 万元,另外按收购价款的 10% 支付了价外补贴,烟叶税率 20%,取得收购凭证。另支付不含增值税运输费用 3 万元,取得一般纳税人开具的增值税专用发票。烟叶验收入库后,又将其运往烟丝厂加工成烟丝,取得烟丝厂开具的增值税专用发票注明支付加工费 8 万元、增值税 1.04 万元。

(2)从某烟丝厂购进已税烟丝 200 吨,每吨不含增值税单价 2 万元,取得烟丝厂开具的增值税专用发票注明货款 400 万元、增值税 52 万元,烟丝已验收入库。

(3)卷烟厂生产领用外购已税烟丝 150 吨,生产乙类卷烟 4 000 标准箱,当月销售给卷烟专卖店 3 600 箱,取得不含增值税销售额 3 600 万元。

(4)购进一辆小汽车办公自用,取得的机动车销售统一发票注明价款为 20 万元、增值税 2.6 万元,款项已付。

(5)接受某公司投资转入材料一批,取得防伪税控系统增值税专用发票注明的价款为 10 万元,增值税 1.3 万元,材料已验收入库。

(6)上月购进的烟丝因管理不善损失 3 万元。

(7)销售甲类卷烟 300 箱给某省烟草批发公司,增值税专用发票注明价款 600 万元。烟草批发公司加价 20%,对外批发给烟草零售商 270 箱,另外 30 箱批给了其他烟草批发公司。

(8)11 月进口甲类卷烟 30 箱,关税完税价格为 30 万元,缴纳关税 6 万元,当月销售该批卷烟,取得不含增值税销售收入 80 万元。

(9)没收逾期未收回的乙类卷烟包装物押金 18 万元,已向对方开具了普通发票。

(10)从联营企业回购已税乙类卷烟 100 箱,符合规定的回购条件,取得增值税专用发票注明价款 120 万元,增值税 15.6 万元;本月售出 80 箱,开具增值税专用发票注明销售额 100 万元。

(已知:烟丝消费税税率为 30%,生产环节每箱卷烟定额税是 150 元。甲类卷烟比例税率为 56%,乙类卷烟比例税率为 36%。)

要求:根据上述资料,回答下列问题。

(1) 卷烟厂进口环节应缴纳的增值税、消费税合计为（　）万元。

A. 46.84　　　　B. 57.61

C. 60.47　　　　D. 50.96

(2) 业务(1)烟丝厂应代收代缴消费税（　）万元。

A. 25.08　　　　B. 23.91

C. 27.34　　　　D. 23.13

(3) 卷烟厂本月应向税务机关缴纳消费税（　）万元。

A. 1 696.04　　　B. 1 690.50

C. 1 606.23　　　D. 1 600.50

(4) 卷烟厂本月应缴纳增值税（　）万元。

A. 653.08　　　B. 483.00

C. 653.12　　　D. 617.04

(5) 烟草批发公司应缴纳消费税（　）万元。

A. 36.00　　　　B. 340.50

C. 306.45　　　D. 78.03

(6) 根据税法相关规定，下列说法正确的有（　）。

A. 符合回购条件的，将从联营企业回购的卷烟对外销售时，无论是否加价，均不再征收消费税

B. 烟草批发公司向其他烟草批发公司销售卷烟不需要缴纳批发环节的消费税

C. 购进自用的小汽车，不可以抵扣进项税额

D. 业务(5)中接受投资转入的材料，不得抵扣进项税额

2. 甲酒厂系增值税一般纳税人主要经营白酒的生产和销售，2020年12月发生以下经济业务：

(1) 进口一辆小汽车，海关审定的关税完税价格为35万元，关税税率25%，缴纳进口环节税金取得完税凭证后将小汽车运回酒厂，将其作为固定资产供管理部门生产经营业务使用。

(2) 向某商场销售自产白酒80吨，开具普通发票，取得含增值税收入232万元，另收取包装物押金58万元。

(3) 直接零售给消费者个人白酒25吨，每吨售价3万元并开具普通发票，共计取得含增值税销售额75万元。

(4) 采取分期收款方式向某单位销售自产白酒20吨，合同规定不含增值税销售额共计50万元，本月收取60%的货款，其余货款于下月10日收取，由于该单位资金紧张，甲酒厂本月实际取得价税合计金额23.5万元。

(5) 将自产的10吨白酒与某企业换取原材料一批，取得对方开具的增值税专用发票上注明价款25万元、增值税3.25万元。已知该批白酒的实际生产成本为1.2万元/吨，最低不含增值税销售价格为2万元/吨，平均不含增值税销售价格为2.5万元/吨，最高不含增值税销售价格为3万元/吨。

(6) 生产一种新型白酒1吨，将其全部赠送给关联企业，已知该种白酒没有同类产品的销售价格，生产成本为1.8万元。

(7) 月末盘存时发现，由于管理不善上月购进的酒精被盗，成本为2.6万元(含运费成本0.6万元)。

(其他相关资料：小汽车的消费税税率为9%；白酒的消费税税率为20%加0.5元/斤，成本利润率为10%。)

要求：根据上述资料，回答下列问题。

(1) 甲酒厂进口业务应缴纳进口消费税（　）万元。

A. 3.73　　　　B. 4.33

C. 10.77　　　　D. 10.05

(2) 甲酒厂采取分期收款方式销售白酒本月应缴纳消费税（　）万元。

A. 6.00　　　　B. 7.20

C. 12.00　　　　D. 10.00

(3) 甲酒厂赠送给关联企业的新型白酒应缴纳消费税（　）万元。

A. 0.50　　　　B. 0.44

C. 0.62　　　　D. 0.60

(4) 甲酒厂当月应向税务机关申报缴纳消

费税( )万元。

A. 89.92　　　B. 66.42

C. 72.94　　　D. 62.17

(5)甲酒厂当月应向税务机关申报缴纳增值税( )万元。

A. 40.29　　　B. 50.77

C. 58.09　　　D. 59.14

(6)下列关于甲酒厂将自产白酒与某企业换取原材料的税务处理表述中,不正确的有( )。

A. 应按照平均不含税销售价格计征增值税和消费税

B. 应按照最高不含税销售价格计征增值税和消费税

C. 应按照平均不含税销售价格计征增值税、最高不含税销售价格计征消费税

D. 应按照平均不含税销售价格计征消费税、最高不含税销售价格计征增值税

E. 应按照最高含税销售价格计征增值税和消费税

同步训练答案及解析

一、单项选择题

1. D 【解析】金银首饰在零售环节交消费税,在进口环节不交消费税。

2. A 【解析】此题存在非常容易导致错误的一个知识点就是要看主体,其主体是商贸企业,而非生产企业。商贸企业关于白酒的业务涉及到的是零售环节不是生产环节。

3. B 【解析】本题选项中,只有蓄电池属于消费税征税范围。

4. A 【解析】选项A,违约金属于价外费用,要并入计税依据计算消费税;选项B,符合条件的代为收取的行政事业性收费不属于价外费用,不缴纳消费税;选项C,增值税销项税额不需要并入消费税的计税依据;选项D,高档化妆品包装物押金未逾期时不计算消费税。

5. D 【解析】白酒生产企业销售价格低于核定的计税价格的,应按核定价格计税。

6. D 【解析】啤酒、黄酒以外的酒类包装物押金应于收取时并入销售额征税,销售货物同时负责运输收取的运费应作为价外费用并入销售额征税。

酒厂应纳消费税 = [400 000 + (22 600 + 46 330)÷(1+13%)]×20%+4×2 000×0.5 = 96 200(元)。

7. A 【解析】木制一次性筷子属于消费税征税范围,对应的逾期包装物押金也要计算消费税。烫花木制筷子和竹制筷子不属于消费税征税范围。应纳消费税 = (12 + 0.23÷1.13)×5% = 0.61(万元)。

8. D 【解析】适用税率不同的应税消费品组成套装消费品销售的,应根据成套消费品的销售金额,按应税消费品中适用最高税率的消费品税率征税,因此干红酒与粮食白酒组成套装的,要按照粮食白酒的规定征收消费税。白酒的定额税为0.5元/斤。该企业1月应纳消费税 = (12 000×5 + 7 006÷1.13)×20%+12 000×0.5+6 000×300× 20%+6 000×4×0.5 = 391 240(元)。

9. C 【解析】纳税人自产的应税消费品,用于连续生产应税消费品的,不纳税。

10. D 【解析】用于连续生产卷烟的烟丝,属于应税消费品用于连续生产应税消费品,移送环节不缴纳消费税。

11. A 【解析】选项A、B、C,委托加工的应税消费品属于消费税的征税范围,其中委托加工是指由委托方提供原料和主要材料,受托方只收取加工费和代垫部分辅助材料;对于由受托方提供原材料生产的应税消费品,或者受托方先将原材料卖给委托方,然后再接受加工的应税消费品,以及由受托方以委托方名义购进原材料生产的应税消费品,不论纳

税人在财务上是否作销售处理，都不得作为委托加工应税消费品，而应当按照受托方销售自制应税消费品缴纳消费税。所以，选项 A 的消费税纳税人是委托方，而选项 B、C 的消费税纳税人是受托方。选项 D，高尔夫车不属于消费税的征税范围，所以委托方不是消费税的纳税义务人。

12. B 【解析】选项 A，委托方收回的应税消费品，以不高于受托方计税价格出售的，为直接出售，不再缴纳消费税；委托方以高于受托方计税价格出售的，需按规定申报缴纳消费税，在计税时准予扣除受托方已代收代缴的消费税。选项 C，委托加工应税消费品的，若委托方未提供原材料成本，受托方所在地主管税务机关有权核定其材料成本。选项 D，委托方委托加工应税消费品，受托方没有代收代缴税款的，委托方要补缴税款，受托方就不再补税了。

13. C 【解析】委托加工应税消费品，委托方以高于受托方的计税价格出售的，不属于直接出售，需按照规定申报缴纳消费税，在计税时准予扣除受托方已代收代缴的消费税。

受托方代收代缴消费税计税依据 ＝ [23 250 ＋ (11 300 ＋ 5 650)/1.13]/(1 － 15%) ＝ 45 000(元)。

受托方代收代缴消费税 ＝ 45 000×15% ＝ 6 750(元)。

委托方收回后全部销售应缴纳消费税 ＝ 60 000×15% － 6 750 ＝ 2 250(元)。

14. D 【解析】(1) 关税完税价格 ＝ 200 ＋ 12 ＋ 8 ＝ 220(万元)。

进口卷烟应纳关税 ＝ 220×20% ＝ 44(万元)。

(2) 进口卷烟消费税的计算：

① 定额消费税 ＝ 8×0.6 ＝ 4.8(万元)；

② 每标准条确定消费税适用比例税率价格 ＝ (220 ＋ 44 ＋ 4.8) ÷ (1 － 36%) ÷ 8 ＝ 52.5

(元)；

每条价格小于 70 元，所以适用 36% 的税率。

从价应纳消费税 ＝ (220 ＋ 44 ＋ 4.8) ÷ (1 － 36%) ×36% ＝ 151.2(万元)，应纳消费税 ＝ 151.2 ＋ 4.8 ＝ 156(万元)。

15. D 【解析】纳税人采用以旧换新(含翻新改制) 方式销售的金银首饰，应按实际收取的不含增值税的全部价款确定计税依据征收消费税；清洗金银首饰不征收消费税。

应纳消费税 ＝ (5 000 ＋ 4 000) ÷ (1 ＋ 13%) × 5% ＝ 398.23(元)。

16. D 【解析】自 2016 年 12 月 1 日起，对超豪华小汽车，在生产(进口) 环节按现行税率征收消费税基础上，在零售环节加征消费税，税率为 10%。超豪华小汽车是指每辆零售价格 130 万元(不含增值税) 及以上的乘用车和中轻型商用客车。

应纳税额 ＝ 160/1.13×10%×5 ＝ 70.80(万元)。

17. D 【解析】该企业当月应纳消费税 ＝ 120 ÷ (1 ＋ 13%) × 11% ＋ 6×250 ÷ 10 000 ＝ 11.83(万元)。

18. C 【解析】乙企业代收代缴的消费税 ＝ (260 ＋ 25) ÷ (1 － 5%) × 5% ＝ 15(万元)，实木地板连续生产可以扣税。抵扣消费税 ＝ 15×30% ＝ 4.50(万元)，甲企业当月应纳消费税 ＝ 200×5% － 4.5 ＝ 5.50(万元)。

19. C 【解析】有出口经营权的生产企业自营出口或生产企业委托外贸企业代理出口的应税消费品出口免税但不退税；一般商贸企业委托外贸企业代理出口应税消费品一律不予退(免) 税。

20. A 【解析】除生产企业、外贸企业外的其他企业(指一般商贸企业)，委托外贸企业代理出口应税消费品一律不予退(免) 税。所以此业务不能退消费税，应退消费税税额为 0。

21. C 【解析】选项 C，啤酒、黄酒、成品

第 3 章

油从量征收消费税，不考虑包装物押金；包装物押金，逾期征收增值税，但不征收消费税。

22. B 【解析】"木制一次性筷子"的征收范围包括各种规格的木制一次性筷子。未经打磨、倒角的木制一次性筷子属于本税目征税范围。

应纳增值税和消费税合计 = (1 000×800 + 500×390 + 1 500×290 + 500×250) × 3% + (1 500×290 + 500×250) × 5% = 74 650（元）。

二、多项选择题

1. BD 【解析】金银首饰、铂金首饰、钻石及钻石饰品在零售环节征消费税。

2. ABDE 【解析】调味料酒不征收消费税。

3. ABCE 【解析】生产销售应税消费品的，为应税消费品的销售数量。

4. AC 【解析】选项 B，进口的应税消费品的计税价格由海关核定。选项 D，白酒的计税依据应包括包装物租金。选项 E，纳税人通过自设的非独立核算门市部销售的自产应税消费品，按照非独立核算门市部对外销售价格征收消费税。

5. ADE 【解析】选项 B，卷烟和小汽车的计税价格由国家税务总局核定，进口卷烟的计税价格由海关核定；选项 C，卷烟实际销售价格高于核定价格的，按实际销售价格征税。

6. BCD 【解析】用应税消费品换取生产资料和消费资料，应按最高售价计算消费税；按平均价计算增值税。

应纳消费税 = 10×2 000×0.5÷10 000 + 10×2 000×25×20%÷10 000 = 11（万元）。

应纳增值税 = 10×2 000×22×13%÷10 000 − 5.72 = 0（万元）。

换货交易不属于增值税的视同销售，属于特殊销售方式。

7. ABCD 【解析】纳税人自产自用的应税消费品，除用于连续生产应税消费品外，凡用于其他方面的，于移送使用时纳税。用于其他方面是指纳税人用于生产非应税消费品、在建工程、管理部门、非生产机构、提供劳务，以及用于馈赠、赞助、集资、广告、样品、职工福利、奖励等方面。选项 E，高尔夫球杆厂将自产的球杆用于出厂质量检测属于用于连续生产应税消费品，不征收消费税。

8. BD 【解析】选项 A，纳税人销售金银首饰，计税依据为不含增值税的销售额；选项 C，带料加工金银首饰，计税依据为受托方同类产品的销售价格，没有同类销售价格的，按组价计税；选项 E，同时销售金银首饰和非金银首饰，未分别核算的，如果是生产环节应按贵重首饰 10% 计税，零售环节应按金银首饰 5% 计税。

9. ACE 【解析】选项 B，镀金、包金首饰不属于金银首饰的范围，仍在生产销售环节征收消费税；选项 D，经营单位进口金银首饰的，在零售环节征收消费税。

10. AC 【解析】选项 B，白酒生产企业消费税计税价格低于销售单位对外销售价格 70% 以下的，税务机关应该核定消费税最低计税价格；选项 D，当期投入生产的化妆品原料可抵扣的已纳消费税大于当期应纳消费税不足抵扣的部分，可以结转下一期继续抵扣。选项 E，汽油从量计征消费税，不涉及到最高售价的问题。

11. BC 【解析】乙企业应代收代缴的消费税 = (120 + 35 + 15) ÷ (1 − 15%) × 15% = 30（万元），甲企业委托加工收回消费品 50% 部分的组价 = (120 + 35 + 15) ÷ (1 − 15%) × 50% = 100（万元），销售价是 190 万元，属于加价销售。甲企业应缴纳消费税 = 190 × 15% − 30 × 50% = 13.5（万元）。

12. BDE 【解析】选项 A、C 均不得抵扣已纳消费税。

13. DE 【解析】选项 A，汽油在零售环节不征消费税；选项 B，高档化妆品的批发环节不征收消费税；选项 C，镀金饰品的零

第 3 章

售环节不征收消费税。

14. ACE 【解析】生产领用外购已税应税消费品连续生产应税消费品的，符合扣除条件的，按生产领用数量计算准予扣除外购的应税消费品已纳的消费税税款。对于增值税进项税额是凭购进货物取得的增值税专用发票，按发票注明的税额予以抵扣的。当月该鞭炮厂应纳消费税 = 1 000×15% − (60+400−50)×15% = 88.5（万元）。

三、计算题

1. (1)A；(2)A；(3)C；(4)B。

【解析】

业务(1)组成计税价格 = (60+8)÷(1−15%) = 80（万元）；

应代收代缴消费税 = 80×15% = 12（万元）；

应代收代缴城建税 = 12×7% = 0.84（万元）；

业务(1)乙公司应纳消费税 = 100×15% − 12 = 3（万元）；

【提示】收回已代收代缴消费税的消费品后，直接销售的不再征收消费税，加价销售的应计税，同时减除已被代收代缴的消费税。

业务(2)可以抵扣的消费税 = 25×15%×80% = 3（万元）；

【提示】外购的鞭炮属于已纳税消费品，用于连续生产鞭炮的可以按生产领用数量抵扣已纳消费税。

业务(3)应纳消费税 = 129.95/(1+13%)×15% = 17.25（万元）；

业务(4)应纳消费税 = 30×15% = 4.5（万元）；

则甲企业当月应纳的消费税 = 17.25+4.5−3 = 18.75（万元）。

2. (1)A；(2)B；(3)D；(4)A。

【解析】

(1)酒精不属于消费税的应税消费品，不征收消费税。业务(1)应缴纳的消费税为0。

(2)将10%的葡萄酒用于生产酒心巧克力，

属于将自产应税消费品连续生产非应税消费品，属于视同销售，移送环节要交消费税。按照同类葡萄酒的销售价格计算纳税。应缴纳的消费税 = 45÷90%×10%×10% = 0.5（万元）。

(3)葡萄酒按"其他酒"10%的税率征收消费税。

应缴纳的消费税 = 45×10% = 4.5（万元）。

(4)税法规定，对以蒸馏酒或食用酒精为酒基，同时符合以下条件的配制酒，按消费税税率表"其他酒"10%适用税率征收消费税：①具有国家相关部门批准的国食健字或卫食健字文号；②酒精度低于38度（含）。

业务(2)应缴纳的消费税 = 20×10% = 2（万元）。

甲企业当月应缴纳消费税合计 = 0.5+4.5+2 = 7（万元）。

3. (1)D；(2)B；(3)D；(4)B。

【解析】

(1)企业受托加工业务应代收代缴消费税 = (30+12)÷(1−15%)×15% = 7.41（万元）。

(2)进口高档化妆品应纳关税 = 70×20% = 14（万元）。

进口消费税 = (70+14)÷(1−15%)×15% = 14.82（万元）。

(3)增值税业务：

业务(1)：应纳增值税销项税额为1.56万元。

业务(2)：进口增值税 = (70+14)÷(1−15%)×13% = 12.85（万元），本业务产生的进项税额 = 12.85+2×9% = 13.03（万元）。

业务(3)：组成成套化妆品出售的销项税额 = 58×13% = 7.54（万元）。

业务(4)：销售B型高档化妆品的销项税额 = 150×13% = 19.50（万元）。

业务(5)：将自产高档化妆品作为样品分发给各经销商，视同销售，销项税额 = 3.2×(1+5%)÷(1−15%)×13% = 0.51（万

第 3 章 消费税

元）。

业务（6）：进项税转出金额 = （5.86 － 1.86）×13%+1.86×9% = 0.69（万元）。

合计：

增值税进项税额 = 13.03（万元）。

增值税进项税额转出 = 0.69（万元）。

增值税销项税额 = 1.56 + 7.54 + 19.50 + 0.51 = 29.11（万元）。

应纳增值税 = 29.11 － （13.03 － 0.69）= 16.77（万元）。

（4）消费税业务：

业务（2）：进口消费税 = （70 + 14）÷（1 － 15%）×15% = 14.82（万元），因为本月生产领用 70%，所以在计算应纳消费税时可以抵扣税额 = 14.82×70% = 10.37（万元）。

业务（3）：组成成套化妆品出售，应纳消费税 = 58×15% = 8.7（万元）。

业务（4）：销售 B 型高档化妆品应纳税 = 150×15% = 22.5（万元）。

业务（5）：将自产高档化妆品作为样品分发给各经销商，视同销售，应缴纳消费税 = 3.2×（1 + 5%）÷（1 － 15%）×15% = 0.59（万元）。

国内销售环节应纳消费税合计 = 8.7 + 22.5+0.59－10.37 = 21.42（万元）。

四、综合题

1. （1）B；（2）A；（3）C；（4）B；（5）D；（6）AB。

【解析】

（1）进口环节应纳消费税 = （30+6+0.015× 30）÷（1 － 56%）×56% + 0.015×30 = 46.84（万元）。

进口环节应纳增值税 = （30+6+0.015×30）÷（1－56%）×13% = 10.77（万元）。

进口环节缴纳消费税、增值税合计 = 46.84+10.77 = 57.61（万元）。

（2）委托加工环节烟叶的成本 = 40×（1+10%）×（1+20%）×（1－10%）+3 = 50.52（万元）。

烟丝厂代收代缴消费税 = （材料成本+加工

费）÷（1－消费税税率）×消费税税率 = （50.52+8）÷（1－30%）×30% = 25.08（万元）。

（3）销售甲类卷烟应纳消费税 = 600×56% + 300×150÷10 000 = 340.50（万元）。

销售乙类卷烟应纳消费税 = 3 600×36% + 3 600×150÷10 000+18÷1.13×36%－150×2× 30% = 1 265.73（万元）。

卷烟厂本月应缴纳消费税 = 340.5 + 1 265.73 = 1 606.23（万元）。

（4）可抵扣的进项税额：

①外购烟叶进项税额 = 40×（1+10%）×（1+ 20%）×10%+3×9% = 5.55（万元）；

②外购烟丝和加工烟丝进项税额 = 52+ 1.04 = 53.04（万元）；

③2013 年 8 月 1 日起，纳税人购进自用的汽车可以抵扣进项税额，进项税额 = 2.6（万元）；

④接受投资的货物，取得防伪税控系统增值税专用发票，经认证 1.3 万元可以作为当期进项税额抵扣；

⑤烟丝因管理不善发生损失，原抵扣的进项税额应作进项税额转出处理，进项税转出额 = 3×13% = 0.39（万元）；

⑥进口环节缴纳的增值税 10.77 万元，可以作为进项税额抵扣；

⑦回购乙类卷烟取得增值税专用发票，进项税额 15.6 万元准予抵扣。

可以抵扣的进项税额合计 = 5.55+53.04+ 2.6 + 1.3 － 0.39 + 10.77 + 15.6 = 88.47（万元）。

本月销项税额合计 = 3 600×13% + 600× 13%+80×13%+18÷1.13×13%+100×13% = 571.47（万元）。

本月应纳增值税 = 销项税额－进项税额 = 571.47－88.47 = 483（万元）。

（5）卷烟在批发环节加征一道 11% 从价税和 250 元/箱的从量税，是指批发商（烟草公司）向零售商或个人销售，如果是烟草批发公司之间销售则不缴纳批发环节的从价消费税。

烟草批发公司应缴纳的消费税＝270×600÷300×（1＋20%）×11%＋270×250÷10 000＝78.03（万元）。

（6）选项 C，纳税人购买自用的小汽车，取得机动车销售统一发票可以抵扣进项税额；选项 D，业务（5）中接受投资转入的材料，取得增值税专用发票，准予抵扣进项税额 1.3 万元。

2.（1）B；（2）B；（3）C；（4）A；（5）A；（6）ABDE。

【解析】

（1）进口环节的消费税按照组价计算。组成计税价格＝（关税完税价格＋关税）÷（1－消费税比例税率）。甲酒厂进口业务应缴纳进口消费税＝35×（1＋25%）÷（1－9%）×9%＝4.33（万元）。

（2）纳税人采取分期收款结算方式销售应税消费品的，其消费税纳税义务发生时间为销售合同规定的收款日期的当天。

甲酒厂采取分期收款方式销售白酒本月应缴纳消费税＝50×60%×20%＋20×60%×1 000×2×0.5÷10 000＝7.20（万元）。

（3）1 吨白酒＝1 000 千克，1 千克＝1 000 克＝2×500 克，每 500 克白酒的定额消费税是 0.5 元，所以 1 吨白酒的定额消费税＝1×1 000×2×0.5＝1 000（元）＝0.1（万元）。

甲酒厂赠送给关联企业的新型白酒应缴纳的消费税＝［1.8×（1＋10%）＋0.1］÷（1－20%）×20%＋0.1＝0.62（万元）。

（4）向商场销售白酒应缴纳消费税＝（232＋58）÷（1＋13%）×20%＋80×1 000×2×0.5÷10 000＝59.33（万元）。

直接零售给消费者个人白酒应缴纳消费税＝75÷（1＋13%）×20%＋25×1 000×2×0.5÷10 000＝15.77（万元）。

甲酒厂采取分期收款方式销售白酒应缴纳消费税为 7.2 万元。

纳税人自产的应税消费品用于换取生产资料和消费资料、投资入股和抵偿债务等方面，应当按纳税人同类应税消费品的最高销售价格作为计税依据，征收消费税。

甲酒厂换取原材料的白酒应缴纳消费税＝10×3×20%＋10×1 000×2×0.5÷10 000＝7（万元）。

赠送给关联企业的白酒应缴纳消费税 0.62 万元。

甲酒厂当月应向税务机关申报缴纳消费税＝59.33＋15.77＋7.2＋7＋0.62＝89.92（万元）。

（5）自 2013 年 8 月 1 日起，原增值税一般纳税人自用的应征消费税的摩托车、汽车、游艇，其进项税额准予从销项税额中抵扣。因管理不善造成的损失属于非正常损失，不得抵扣进项税额，已经抵扣过进项税额的，要做进项税额转出处理。

进项税额转出＝（2.6－0.6）×13%＋0.6×9%＝0.31（万元）。

准予抵扣的进项税额＝3.25＋35×（1＋25%）÷（1－9%）×13%－0.31＝9.19（万元）。

增值税销项税额＝（232＋58）÷（1＋13%）×13%＋75÷（1＋13%）×13%＋50×60%×13%＋10×2.5×13%＋［1.8×（1＋10%）＋0.1］÷（1－20%）×13%＝49.48（万元）。

甲酒厂当月应向税务机关申报缴纳增值税＝49.48－9.19＝40.29（万元）。

（6）纳税人自产的应税消费品用于换取生产资料和消费资料、投资入股和抵偿债务等方面，应当按纳税人同类应税消费品的最高不含税销售价格作为计税依据，征收消费税；按照平均不含税销售价格计征增值税。

第3章

第4章 城市维护建设税、教育费附加及地方教育附加

历年考情概况

本章为非重点内容，考试题型主要为单选题和多选题，也经常与增值税、消费税结合出现在计算题或综合题中。历年考试中所占分值为5分左右。

近年考点直击

考点	主要考查题型	考频指数	考查角度
城建税、教育费附加以及地方教育附加税额计算	单选题、多选题、计算题、综合题	★★★	确定计税依据和适用税率

本章2021年考试主要变化

(1)将原第四章的"烟叶税"调整到第九章单独作为一章；

(2)新增"地方教育附加"的具体内容；

(3)新增"对境外单位和个人向境内销售劳务、服务、无形资产缴纳的增值税、消费税税额，不征收城市维护建设税"的表述；

(4)修改关于疫情期间优惠政策的截止时间。

考点详解及精选例题

一、城市维护建设税

扫我解疑难

(一)城建税的特点★

1. 税款专款专用

2. 属于附加税

3. 根据城镇规模设计税率

4. 征收范围较广

(二)纳税人★

凡缴纳增值税、消费税的单位和个人，为城建税的纳税人。

自2010年12月1日起，对外商投资企业和外国企业及外籍个人征收城建税。城市维护建设税的扣缴义务人为负有增值税、消费税扣缴义务的单位和个人，在扣缴增值税、消费税的同时扣缴城市维护建设税。

(三)征税范围★★

(1)城建税征税范围具体包括城市市区、县城、建制镇，以及税法规定征收增值税、消费税的其他地区。

(2)对进口货物或者境外单位和个人向境内销售劳务、服务、无形资产缴纳的增值税、消费税税额，不征收城建税。

(四)税率★★★(见表4-1)

地区差别比例税率：市区7%，县城、镇5%，其他地区1%。

表 4-1 城建税税率

情形	适用税率
一般	适用纳税人所在地税率，总分机构分别计税 【提示】纳税人所在地，是指纳税人住所或者与纳税人生产经营活动相关的其他地点，具体地点由省、自治区、直辖市确定
撤县建市后	市区内税率7%，市区以外其他镇5%
受托方代扣代缴、代收代缴"二税"	缴纳"二税"所在地税率：受托方所在地税率（代扣代收地）
流动经营等无固定纳税地点	缴纳"二税"所在地税率：经营地税率
中国铁路总公司	适用税率5%。 分支机构预征1%增值税所应缴纳的城建税，由中国铁路总公司按季向北京市税务局缴纳
开采海洋石油资源的中外合作油(气)田所在地在海上	适用税率1%
中国海洋石油总公司海上自营油(气)田	适用税率1%
跨地区提供建筑服务、销售和出租不动产	在建筑服务发生地、不动产所在地预缴增值税，以预缴增值税税额为计税依据，按预缴增值税所在地的城建税适用税率及教育费附加计征比率就地计税。 预缴增值税纳税人在其机构所在地申报缴纳增值税时，以其实际缴纳的增值税税额为计税依据，按机构所在地的城建税适用税率计税

（五）税收优惠★★

（1）对由于减免"二税"而发生的退税，应同时退还已纳的城建税；但出口退还"二税"，不退还已经缴纳的城建税。

（2）对"二税"实行先征后返、先征后退、即征即退办法的，除另有规定外，对随"二税"附征的城建税和教育费附加，一律不予退（返）还。

（3）对国家重大水利工程建设基金自2010年5月25日起免征城建税。

（4）经中国人民银行决定撤销的金融机构及其分支机构，用其财产清偿债务时，免征城建税。

（5）自2019年1月1日至2021年12月31日，自主就业退役士兵从事个体经营的，自办理个体户登记当月起，在3年（36个月）内按每户每年12 000元为限额依次扣减其当年实际应缴纳的增值税、城市维护建设税、教育费附加、地方教育附加和个人所得税。

（6）自2020年1月1日至2021年12月31日，单位和个体户将自产、委托加工或购买的货物，通过公益性社会组织和县级以上人民政府及其部门等国家机关，或者直接向承担疫情防治任务的医院，无偿捐赠用于应对新型冠状病毒感染的肺炎疫情的，免征城建税。

（7）自2019年1月1日至2021年12月31日，由省、治区、直辖市人民政府根据本地区实际情况，以及宏观调控需要确定，对增值税小规模纳税人可以在50%的税额幅度内减征城建税。

【提示】小微企业普惠性税收减免：对增值税小规模纳税人可以在50%的税额幅度内减征资源税、城市维护建设税、房产税、城镇土地使用税、印花税（不含证券交易印花税）、耕地占用税和教育费附加、地方教育附加。

（六）计税依据★★★

城建税的计税依据是纳税人实际缴纳的增值税、消费税（以下简称"二税"）税额。

（1）不包括"二税"加收的滞纳金和罚款。

（2）"二税"减免，城建税也要同时减免。

（3）城建税进口不征，出口不退。

（4）生产企业出口实行"免抵退"办法后，经税务局正式审核批准的当期免抵的增值税税额应纳入城建税计征范围。

（5）实行增值税期末留抵退税的纳税人，其退还的增值税期末留抵税额应在计税依据中扣除。

举例：位于市区的甲公司 7 月留抵税额 30 万元。8 月销项税额 100 万元，进项税额 10 万元。

（1）如不考虑留抵退税问题，则 8 月应纳增值税 = 100 - 10 - 30 = 60（万元），应纳城建税 = 60×7% = 4.2（万元）。

（2）考虑留抵退税政策，假设 8 月退还 7 月留抵税额 12 万元，8 月应纳增值税 = 100 - 10 - 18 = 72（万元）。

但城建税不以 72 万元为计税依据，而是以 60 万元（72 - 12）为计税依据。

应纳城建税 = 60×7% = 4.2（万元）。

【总结】城建税计税依据（见表 4-2）

表 4-2　城建税计税依据

计税依据包括	计税依据不包括
（1）实纳的"二税"税额； （2）查补的"二税"税额； （3）增值税出口退税中的免抵税额	（1）"二税"的滞纳金、罚款； （2）减免的"二税"税额； （3）进口环节的"二税"； （4）退还的留抵税额

（七）征收管理 = 增值税、消费税★★（见表 4-3）

表 4-3　征收管理

情形	纳税地点	适用税率
直接缴纳"二税"	缴纳"二税"地	缴纳"二税"地的适用税率
扣缴"二税"	代扣代缴地	代扣代缴地的适用税率

二、教育费附加★★（见表 4-4）

扫我解疑难

表 4-4　教育费附加

征收比率	教育费附加征收比率为3%。 地方教育附加征收比率为2%
其他规定	与城建税规定基本一致

【提示】地方教育附加的缴费人、减免规定、计费依据及计算和征收管理与教育费附加的规定保持一致。

【例题 1·单选题】企业缴纳的下列税额中，应作为城市维护建设税计税依据的是（　）。

A. 关税税额

B. 消费税税额

C. 房产税税额

D. 城镇土地使用税税额

解析 城建税计税依据是增值税、消费税实际缴纳的税额。　答案 B

【例题 2·单选题】位于某县城的甲企业 2021 年 3 月缴纳增值税 80 万元，其中含进口环节增值税 20 万元；缴纳消费税 40 万元，其中含进口环节消费税 20 万元。甲企业当月应缴纳的城市维护建设税为（　）万元。

A. 2　　　　　　　　B. 4

C. 6　　　　　　　　D. 8

解析 应缴纳的城市维护建设税=[（80-20）+（40-20）]×5%=4（万元）。 **答案** B

【例题3·单选题】 位于市区的某生产企业为增值税一般纳税人，自营出口自产货物。2021年4月应纳增值税-320万元，出口货物"免抵退"税额380万元。2021年4月该企业应纳城市维护建设税（ ）万元。

A. 0　　　　B. 4.20

C. 22.40　　D. 26.95

解析 经国家税务总局正式审核批准的当期免抵的增值税额纳入城市维护建设税的计征范围。当期留抵税额<当期免抵退税额，则当期应退税额=320（万元），当期免抵税额=当期免抵退税额-当期应退税额=380-320=60（万元），应纳城市维护建设税=60×7%=4.2（万元）。 **答案** B

【例题4·单选题】 位于县城的甲企业2021年3月实际缴纳增值税350万元，包括进口环节增值税50万元；实际缴纳消费税530万元，包括代收代缴位于市区的乙企业消费税30万元，甲企业本月应向所在主管税务机关缴纳城建税为（ ）万元。

A. 41.50　　B. 40.00

C. 44.00　　D. 42.50

解析 城建税的计税依据为纳税人实际缴纳的增值税、消费税税额之和。城建税进口不征，出口不退。所以进口环节增值税和代收代缴的消费税不作为城建税的计税依据。应纳城建税=（350-50+530-30）×5%=40（万元）。 **答案** B

【例题5·单选题】 位于市区的某公司2021年3月应缴纳增值税170万元，实际缴纳增值税210万元（包括缴纳以前年度欠缴的增值税40万元）。当月因享受增值税先征后退政策，获得增值税退税60万元。则该公司当月应缴纳的城市维护建设税和教育费附加合计为（ ）万元。

A. 15　　　　B. 17

C. 21　　　　D. 53

解析 城建税的计税依据，是指纳税人实际缴纳的"二税"。对"二税"实行先征后返、先征后退、即征即退的，除另有规定外，对随"二税"附征的城市维护建设税和教育费附加，一律不退（返）还。应缴纳的城建税和教育费附加=210×（7%+3%）=21（万元）。 **答案** C

【例题6·单选题】 下列关于城市维护建设税征收管理的说法，正确的是（ ）。

A. 对进口货物不征收城市维护建设税

B. 对流动经营等无固定纳税地点的单位和个人不征收城市维护建设税

C. 对出口产品退还增值税、消费税的，同时退还已缴纳的城市维护建设税

D. 由受托方代收代缴消费税的单位，按照委托人所在地适用税率就地缴纳城市维护建设税

解析 选项B，对流动经营等无固定纳税地点的单位和个人，按纳税人缴纳"二税"所在地规定税率就地缴纳城市维护建设税；选项C，对出口产品退还增值税、消费税的，不退还已缴纳的城市维护建设税；选项D，由受托方代收代缴消费税的单位，按照受托方所在地适用税率就地缴纳城市维护建设税。 **答案** A

真题精练

单项选择题

1.（2020年）下列各项中，应计入城市维护建设税计税依据的是（ ）。

A. 退还的增值税期末留抵税额

B. 纳税人因欠缴税款被处以的罚款

C. 纳税人因欠缴税款被加收的滞纳金

D. 纳税人被税务机关查补消费税税款

2.（2020年）某市区甲企业为增值税一般纳税人，当期销售货物应纳增值税20万元，消费税15万元，进口货物缴纳进口环节增值

税2万元，该企业当期应缴纳城市维护建设税（　　）万元。

A. 2.45 B. 2.59

C. 1.75 D. 2.31

3.（2019年）关于城市维护建设税的特点，下列说法错误的是（　　）。

A. 税款专款专用

B. 征收范围较窄

C. 根据城镇规模设计税率

D. 属于附加税

4.（2019年）城市维护建设税采用的税率形式是（　　）。

A. 产品比例税率

B. 行业比例税率

C. 地区差别比例税率

D. 有幅度的比例税率

5.（2016年改）下列关于城建税的说法中，正确的是（　　）。

A. 城建税的计税依据不包括增值税免抵税额

B. 增值税实行即征即退的，一律退还城建税

C. 城建税原则上不单独规定减免税

D. 计税依据包括增值税、消费税的滞纳金和罚款

6.（2015年改）下列属于教育费附加计税依据的是（　　）。

A. 进口环节缴纳的增值税

B. 进口环节缴纳的关税

C. 进口环节缴纳的消费税

D. 国内销售环节实际缴纳的增值税、消费税

7.（2014年）根据城市维护建设税法的规定，代扣代缴增值税、消费税的纳税人未代扣代缴城市维护建设税的，城市维护建设税的纳税地点是（　　）。

A. 纳税人应税行为发生地

B. 扣缴义务人所在地

C. 扣缴义务人应税行为发生地

D. 纳税人所在地

真题精练答案及解析

单项选择题

1. D 【解析】选项A，对实行增值税期末留抵退税的纳税人，其退还的增值税期末留抵税额应在城建税计税依据中扣除；选项B、C，罚款和滞纳金不计入城建税的计税依据。

2. A 【解析】应缴纳城市维护建设税＝（20+15）×7%＝2.45（万元）。

3. B 【解析】城市维护建设税与其他税种相比较，具有以下特点：
(1)税款专款专用；
(2)属于附加税；
(3)根据城镇规模设计税率；
(4)征收范围较广。

4. C 【解析】城市维护建设税实行地区差别比例税率。

5. C 【解析】选项A，城建税的计税依据包括增值税"免、抵、退"税中的免抵税额；生产企业出口货物实行免、抵、退税办法后，经税务局正式审核批准的当期免抵增值税额应纳入城市维护建设税的计征范围；选项B，对增值税实行即征即退办法的，除另有规定外，城建税一律不予退还；选项D，城建税的计税依据不包括滞纳金和罚款。

6. D 【解析】教育费附加进口不征、出口不退，因此进口环节缴纳的增值税、关税、消费税不是教育费附加的计税依据。

7. D 【解析】代扣代缴增值税、消费税的企业单位同时也要代扣代缴城建税；未代扣代缴城市维护建设税的，应由纳税单位或个人回到其所在地申报纳税。

同步训练 限时20分钟

一、单项选择题

1. 下列属于城市维护建设税纳税义务人的是（　　）。
   - A. 缴纳关税的外商投资企业
   - B. 缴纳个人所得税的自然人
   - C. 缴纳车船税的私营企业
   - D. 缴纳消费税的生产企业

2. 某市区一企业2021年2月缴纳进口关税65万元，进口环节增值税15万元，进口环节消费税26万元；本月实际缴纳增值税36万元，消费税98万元。在税务检查过程中，税务机关发现，该企业上年隐瞒部分收入导致少缴纳消费税4万元，并被加收滞纳金600元，罚款300元。本月收到上月报关出口自产货物应退增值税35万元。该企业2月应纳城市维护建设税（　　）元。
   - A. 96 600
   - B. 96 663
   - C. 71 050
   - D. 125 629

3. 位于市区的一般纳税人软件公司，经营业务为软件开发销售，2021年3月销售自行开发的软件产品交纳增值税28万元，享受即征即退优惠政策退还了增值税7.8万元，该公司当月应纳的城市维护建设税为（　　）万元。
   - A. 1.60
   - B. 1.98
   - C. 1.96
   - D. 1.22

4. 位于县城的某生产企业为增值税一般纳税人，自营出口自产货物适用增值税"免抵退税"。2021年1月应纳增值税-110万元，出口货物"免抵退税额"160万元。2021年1月该企业应纳城市维护建设税（　　）万元。
   - A. 0
   - B. 2.50
   - C. 5.50
   - D. 8.00

5. 位于县城的一般纳税人甲企业，2021年1月转让10年前自建的一栋办公楼，取得含增值税的全部收入1 260万元，原建造成本为735万元。该业务增值税选择简易计税。则甲企业当月应缴纳的城市维护建设税为（　　）万元。
   - A. 1.25
   - B. 1.75
   - C. 3.00
   - D. 4.20

二、多项选择题

1. 关于城市维护建设税的适用税率，下列表述正确的有（　　）。
   - A. 按纳税人所在地区的不同，设置了三档地区差别比例税率
   - B. 由受托方代收、代扣增值税、消费税的，一律按纳税人所在地的规定税率就地缴纳城市维护建设税
   - C. 流动经营等无固定纳税地点的纳税人可按纳税人缴纳增值税、消费税所在地的规定税率就地缴纳城市维护建设税
   - D. 撤县建市后，纳税人所在地在市区以外其他镇的，城市维护建设税税率为5%
   - E. 中国铁路总公司城建税税率统一为1%

2. 下列关于城市维护建设税计税依据的表述中，正确的有（　　）。
   - A. 对出口产品退还增值税的，同时退还已缴纳的城市维护建设税
   - B. 纳税人违反增值税法规定被加收的滞纳金应计入城市维护建设税的计税依据
   - C. 纳税人被查补消费税时应同时对查补的消费税补缴城市维护建设税
   - D. 经国家税务局正式审批的当期免抵增值税税额应计入城市维护建设税的计税依据
   - E. 实行增值税期末留抵退税的纳税人，其退还的增值税期末留抵税额应在计税依据中扣除

3. 下列关于城市维护建设税征收管理规则的表述中，正确的有(　　)。

A. 纳税人应在增值税和消费税的纳税地缴纳

B. 纳税人跨地区提供建筑服务的，在建筑服务发生地预缴增值税时，按预缴地的规定税率计税

C. 纳税人跨地区提供建筑服务的，在其机构所在地申报缴纳增值税时，按建筑服务发生地规定税率计税

D. 流动经营等无固定纳税地点的，应在缴纳增值税、消费税所在地就地缴纳

E. 由于减免增值税、消费税而发生的退税，不退还已纳的城市维护建设税

4. 以下关于城市维护建设税征收管理的说法，正确的有(　　)。

A. 对境外单位向境内销售劳务的，不征收城市维护建设税

B. 对出口产品退还增值税、消费税的，同时退还城市维护建设税

C. 自 2019 年 1 月 1 日至 2021 年 12 月 31 日，由省、自治区、直辖市人民政府根据本地区实际情况，以及宏观调控需要确定，对所有增值税纳税人可以在 50% 的税额幅度内减征城市维护建设税

D. 退还的留抵税额不作为城市维护建设税的计税依据

E. 国家重大水利工程建设基金免征城市维护建设税

同步训练答案及解析

一、单项选择题

1. D 【解析】城建税的纳税人是负有缴纳增值税、消费税纳税义务的单位和个人。

2. A 【解析】对进口货物不征收城市维护建设税；当月查补的消费税属于企业实际缴纳的消费税税额，应作为城建税的计税依据；加收的滞纳金和罚款不作为城建税计税依据。2月应纳城市维护建设税 =（36+98+4）×7% = 9.66（万元）= 96 600（元）。

3. C 【解析】对"二税"实行先征后返、先征后退、即征即退办法的，除另有规定外，对随"二税"附征的城建税和教育费附加，一律不予退（返）还。应纳城市维护建设税 =28×7% = 1.96（万元）。

4. B 【解析】经国家税务总局正式审核批准的当期免抵的增值税额纳入城市维护建设税的计征范围。当期留抵税额 < 当期免抵退税额，则当期应退税额 = 110（万元），当期免抵税额 = 当期免抵退税额−当期应退税额 =160−110 = 50（万元），应纳城市维护建设税 =50×5% = 2.50（万元）。

5. C 【解析】应纳城市维护建设税 = 1 260/（1+5%）×5%×5% = 3（万元）。

二、多项选择题

1. ACD 【解析】选项 B，由受托方代收、代扣增值税、消费税的，可按纳税人缴纳增值税、消费税所在地的规定税率就地缴纳城市维护建设税；选项 E，中国铁路总公司城市维护建设税税率为 5%。

2. CDE 【解析】选项 A，城市维护建设税进口不征、出口不退；选项 B，滞纳金不作为城市维护建设税的计税依据。

3. ABD 【解析】选项 C，纳税人跨地区提供建筑服务的，在其机构所在地申报缴纳增值税时，按机构所在地规定税率计税。选项 E，由于减免"二税"而发生的退税，应同时退还已纳的城市维护建设税。

4. ADE 【解析】选项 B，对出口产品退还增值税、消费税的，不退还已缴纳的城市维护建设税；选项 C，自 2019 年 1 月 1 日至 2021 年 12 月 31 日，由省、自治区、直辖市人民政府根据本地区实际情况，以及宏观调控需要确定，对增值税小规模纳税人可以在 50% 的税额幅度内减征城市维护建设税。

第5章　土地增值税

历年考情概况

本章为重点内容，考试题型为单选题和多选题、计算题和综合题。历年考试中所占分值为20分左右。

近年考点直击

考点	主要考查题型	考频指数	考查角度
征税范围	单选题、多选题	★★★	各类业务是否属于征税范围
应纳税额计算	单选题、多选题、计算题、综合题	★★★	新建房屋或存量房的土地增值税计算
房企土地增值税清算	单选题、多选题、计算题、综合题	★★★	房企新房销售中的视同销售、收入扣除配比、清算条件等规则
税收优惠	单选题、多选题	★★	优惠政策的记忆和应用
征收管理	单选题、多选题	★★	征管规则的记忆

本章2021年考试主要变化

（1）增加"2022年亚运会和亚残运会""三项国际综合运动会"有关土地增值税优惠政策；

（2）删掉"转让旧房作为公租房房源，且增值额未超过扣除金额20%的"免征土地增值税政策。

考点详解及精选例题

一、土地增值税概述★

扫我解疑难

土地增值税是以纳税人转让国有土地使用权、地上建筑物及其附着物所取得的增值额为征税对象，依照规定税率征收的一种税。

土地增值税有以下特点：

（1）以增值额为征税对象；

（2）征税面比较广；

（3）采用扣除法和评估法计算增值额；

（4）实行超率累进税率；

（5）实行按次征收。

【提示1】土地增值税与企业所得税的区别（见表5-1）

表5-1　土地增值税与企业所得税的区别

项目	企业所得税	土地增值税
纳税单位	法人企业	房地产项目

续表

项目	企业所得税	土地增值税
计税依据	所得额=收入−扣除	增值额=收入−扣除 扣除项目不一定是实际发生金额
税率	比例税率	超率累进税率
纳税期限	按季(月)预缴,按年汇算清缴	可先预征税款,满足条件后清算

【提示 2】不动产相关税种(见表 5-2)

表 5-2　不动产相关税种

业务	涉及税种
转让不动产	卖方:增值税、城建税、教育费附加、地方教育附加、土地增值税、个人所得税、企业所得税、印花税。 买方:契税、印花税
持有不动产	房产税、城镇土地使用税

二、纳税义务人★

扫我解疑难

土地增值税的纳税人,是转让国有土地使用权、地上的建筑及其附着物产权并取得收入的单位和个人。

三、征税范围★★★

扫我解疑难

(一)征税范围一般规定(见表 5-3)

表 5-3　征税范围一般规定

征税范围	细节规定
(1)转让国有土地使用权 (2)地上建筑物及其附着物连同国有土地使用权一并转让(新房或存量房)	(1)转让非国有土地使用权不征税。 (2)国有土地出让不征税,转让征税。 (3)权属不转让的不征税

(二)征税范围的特殊规定(见表 5-4)

表 5-4　征税范围的特殊规定

具体事项	税法规定
合作建房	建成后按比例分房自用,暂免征税; 建成后转让的,征税
房地产交换	双方均应征税。 个人互换自有居住用房地产,经核实可免征

第 5 章

续表

具体事项	税法规定
房地产抵押	抵押期间不征税； 抵押期满转让权属抵债，征税
国家收回土地使用权、征用地上建筑物及附着物	免征
房地产出租	不属于征税范围
房地产评估增值	不属于征税范围
代建房	不属于征税范围
房地产继承	不属于征税范围
房地产赠与	特定赠与不属于征税范围； 其他赠予，应征税

【提示1】不征土地增值税的房地产赠与行为包括两种：

(1)将房屋产权、土地使用权赠与直系亲属或承担直接赡养义务人；

(2)通过境内非营利的社会团体、国家机关将房屋产权、土地使用权赠与教育、民政和其他社会福利、公益事业。

【提示2】土地使用者转让、抵押、置换土地，无论其是否取得权属证书及是否变更登记，只要土地使用者享有土地权利，且有证据表明实质转让、抵押、置换了土地并取得了相应经济利益，土地使用者及对方当事人应按规定缴纳相关税收。

【例题1·单选题】下列各项中，不属于土地增值税纳税人的是( )。

A. 与国有企业换房的外资企业

B. 合作建房后出售房产的合作企业

C. 转让国有土地使用权的企业

D. 将办公楼用于出租的外商投资企业

解析 ▶ 土地增值税的纳税人是转让国有土地使用权、地上的建筑物及其附着物并取得收入的单位和个人。出租房产，产权并没有发生转移，不缴纳土地增值税。 答案 ▶ D

【例题2·多选题】(2013年)下列各种情形，不征收土地增值税的有( )。

A. 继承房地产

B. 房地产的评估增值

C. 房地产公司的代建房行为

D. 房地产开发企业将自建的商品房用于职工奖励

E. 企业将自有房产等价交换其他企业的土地使用权

解析 ▶ 选项D、E需要按规定缴纳土地增值税。 答案 ▶ ABC

扫我解疑难

四、税率★★（见表5-5）

表5-5 四级超率累进税率

级数	增值额与扣除项目金额的比率	税率	速算扣除系数
1	不超过50%的部分	30%	0
2	超过50%，未超过100%的部分	40%	5%
3	超过100%，未超过200%的部分	50%	15%
4	超过200%的部分	60%	35%

第5章

五、土地增值税应纳税额的计算 ★★★

扫我解疑难

（一）税额计算步骤

1. 增值额＝收入－扣除项目
2. 增值率＝增值额÷扣除项目
3. 根据增值率确定适用税率及速算扣除系数
4. 税额＝增值额×适用税率－扣除项目×速算扣除系数

（二）增值额确定方法（见表5–6）

表 5–6　增值额确定方法

方法	具体规定
计算法	转让房地产取得的收入－扣除项目金额
评估法	有下列情形之一，应对房地产进行评估，以评估价格确定转让收入、扣除项目金额： (1) 隐瞒、虚报房地产成交价格的：不申报、少申报； (2) 提供扣除项目金额不实的； (3) 转让房地产的成交价格低于房地产评估价格，又无正当理由的

六、应税收入的确定 ★★★

扫我解疑难

纳税人转让房地产的全部价款及有关的经济利益，包括货币收入、实物收入和其他收入。

营改增后，应税收入不含增值税。

（1）实物收入，按收入时的市场价格折算。

（2）无形资产收入，评估确认价值后折算。

（3）外币收入，以取得收入当天或当月1日国家公布的市场汇价折合成人民币。分期收款方式，以实际收款日或收款当月1日国家公布的市场汇价折合成人民币。

（4）县级及县级以上人民政府要求房地产开发企业在售房时代收的各项费用，如计入房价中向购买方一并收取，可作为收入计税；如未计入房价中，而是在房价之外单独收取，可不作为收入。

【提示1】房地产发生视同销售行为，一般按同类价确定收入。

【提示2】应税收入＝营改增前含营业税的收入＋营改增后不含增值税的收入

【提示3】不含增值税的收入＝含增值税的收入－增值税销项税额或增值税税额

增值税计算方法（见表5–7）

表 5–7　增值税计算方法

计税方法	计税依据	具体规定
简易计税	自建全额计税	增值税税额＝含税收入/1.05×5%
	非自建差额计税	增值税税额＝(含税收入－购置原价或作价)/1.05×5%
一般计税	房企差额计税	增值税销项税额＝(含税收入－土地价款)/1.09×9%
	非房企全额计税	增值税销项税额＝含税收入/1.09×9%

第 5 章

【例题3·单选题】 某房地产开发公司为增值税一般纳税人，2016年4月30日前开发A项目并取得销售收入5 000万元，2021年3月1日后继续转让该项目部分房产，取得含税收入2 100万元，该项目已达土地增值税清算条件，该房地产公司对A项目选择"简易征收"方式缴纳增值税，该公司在土地增值税清算时应确认收入（　）万元。

A. 7 100.00　　　B. 7 000.00
C. 6 791.90　　　D. 6 513.76

解析 ▶ 营改增后，纳税人转让房地产的土地增值税应税收入不含增值税。土地增值税应税收入＝营改增前转让房地产取得的收入＋营改增后转让房地产取得的不含增值税收入，应确认收入＝5 000＋2 100÷（1＋5%）＝7 000（万元）。　　**答案** ▶ B

【例题4·单选题】 某咨询公司为增值税一般纳税人，2018年6月购入一栋写字楼，取得增值税专用发票注明价款1 000万元。2021年3月将该写字楼转让，取得含税收入1 962万元，该公司在计算土地增值税时应确认收入（　）万元。

A. 882.57　　　B. 1 800.00
C. 1 868.57　　　D. 1 962.00

解析 ▶ 营改增后，纳税人转让房地产的土地增值税应税收入不含增值税。应确认收入＝1 962÷（1＋9%）＝1 800（万元）。　　**答案** ▶ B

七、新房销售扣除项目的确定★★★（见表5-8）

扫我解疑难

表5-8　新房销售扣除项目的确定

扣除项目	具体规定
一、取得土地使用权所支付的金额	纳税人为取得土地使用权所支付的**地价款**和按国家统一规定缴纳的**有关费用**。 【提示1】 地价款：出让方式为支付的土地出让金，划拨方式为按规定补缴的出让金，转让方式为支付的地价款。 【提示2】 费用：取得土地使用权过程中的登记、过户手续费及契税等税费。 【提示3】 土地闲置费不得扣除
二、房地产开发成本	(1)土地征用及拆迁补偿费：含耕地占用税； (2)前期工程费； (3)建筑安装工程费； (4)基础设施费； (5)公共配套设施费； (6)开发间接费用。 【提示1】 精装修费用可扣除；预提费用，除另有规定外，不得扣除。 【提示2】 质量保证金如计入发票中，则可以扣除。 【提示3】 纳税人接受建筑安装服务取得增值税发票应备注建筑服务发生地县(市、区)名称及项目名称，否则不得计入扣除
三、房地产开发费用	期间费用，不按账簿金额扣除，应计算扣除。 (1)能按项目计算分摊利息，并能提供金融机构证明的： 开发费用＝利息＋(取得土地使用权所支付的金额＋开发成本)×**5%以内**。 (2)不能按项目计算分摊利息，或不能提供金融机构证明的： 开发费用＝(取得土地使用权所支付的金额＋开发成本)×**10%以内**。 【提示1】 全用自有资金，没有利息支出的，按上述的(2)扣除。 【提示2】 利息计入开发成本的，应调整至费用扣除。 【提示3】 利息注意两点： ①不能超过按商业银行同类同期银行贷款利率计算的金额。 ②不包括超过规定上浮幅度的部分、超期利息、加罚利息。 【提示4】 5%或10%的比例为扣除上限，各地具体扣除计算比例可能低于该数值

第5章

续表

扣除项目	具体规定
四、转让有关税金	(1)营改增前：营业税、城建税、教育费附加、地方教育附加。 (2)营改增后：城建税、教育费附加、地方教育附加。 (3)非房地产开发企业：加扣印花税。 【提示1】收入不含增值税，扣除也不能扣增值税；"与转让房地产有关的税金"中的增值税进项税额，允许抵扣销项税额的不能扣除，不允许抵扣销项税额的可扣除。 【提示2】房企实际缴纳的城建税、教育费附加，凡能够按清算项目准确计算的，允许据实扣除。不能分清的，按该清算项目预缴增值税时实际缴纳的金额扣除
五、其他扣除项目	仅适用于房企新建房：加计扣除费用=(地价款及费用+开发成本)×20%。 【提示1】非房企无此项扣除，房企不开发只卖地也无此项扣除。 【提示2】县级及县级以上人民政府要求房地产开发企业在售房时代收的各项费用，如计入房价中向购买方一并收取，可作为收入计税。在计算扣除项目金额时，代收费用可以扣除，但不得作为加计20%扣除的基数。如未计入房价中，而是在房价之外单独收取，可不作为收入，在计算增值额时不允许扣除代收费用

【例题5·单选题】房地产开发企业进行土地增值税清算时，下列各项中，允许在计算增值额时扣除的是(　　)。

A. 加罚的利息

B. 已售精装修房屋的装修费用

C. 逾期开发土地缴纳的土地闲置费

D. 未取得建筑安装施工企业开具发票的扣留质量保证金

解析▶房地产开发企业销售已装修的房屋，其装修费用可以计入房地产开发成本扣除；选项A、C、D均属于土地增值税清算时不能扣除的项目。　　答案▶B

【例题6·多选题】下列项目中属于土地增值税扣除项目中的房地产开发成本的有(　　)。

A. 土地征用及拆迁补偿费

B. 公共配套设施费

C. 房地产开发项目有关的销售费用

D. 开发间接费用

E. 建筑安装工程费

解析▶房地产开发成本包括：

(1)土地征用及拆迁补偿费；

(2)前期工程费；

(3)建筑安装工程费；

(4)基础设施费；

(5)公共配套设施费；

(6)开发间接费用。

选项C属于土地增值税房地产开发费用。

答案▶ABDE

【例题7·单选题】2020年2月某房地产开发企业开发一栋住宅楼，取得土地使用权支付的金额为2 000万元，开发成本为1 800万元，不能按项目分摊利息费用，则在土地增值税计算过程中可以扣除的开发费用最高为(　　)万元。

A. 200　　　　　　B. 180

C. 380　　　　　　D. 190

解析▶允许扣除的房地产开发费用=(取得土地使用权所支付的金额+房地产开发成本)×10%以内=(2 000+1 800)×10%=380(万元)。　　答案▶C

【例题8·单选题】某房地产开发公司2020年开发一住宅项目，取得该土地使用权所支付的金额3 000万元，房地产开发成本4 000万元，利息支出500万元(能按项目分摊，并能提供金融机构贷款证明)，所在省人民政府规定，能提供金融机构贷款证明的，其他房地产开发费用扣除比例为4%，该公司计算土地增值税时允许扣除开发费用为(　　)万元。

A. 700　　　　　　B. 780

C. 500　　　　　　D. 850

解析▶纳税人能够按转让房地产项目计算分摊利息支出，并能提供金融机构的贷款证明的，其允许扣除的房地产开发费用为：利息+（取得土地使用权所支付的金额+房地产开发成本）×5%以内。

允许扣除的开发费用 = 500 + (3 000 + 4 000)×4%=780(万元)。   **答案** B

八、存量房扣除项目的确定 ★★★（见表5-9）

扫我解疑难

表5-9　存量房扣除项目的确定

方法	具体扣除规定
评估法	（1）取得土地使用权支付的金额。 未支付地价款或不能提供支付凭据的，不允许扣除。 （2）旧房及建筑物的评估价格=重置成本价×成新度折扣率 重置成本价是指假设在估价时点重新取得全新状况的估价对象的必要支出，或者重新开发全新状况的估价对象的必要支出及应得利润。 （3）与转让有关的税金。 城建税、教育费附加、地方教育附加、印花税。 （4）评估费。 因隐瞒、虚报成交价格等而按评估价格计税时的评估费不可扣
发票法	（1）不能取得评估价格，但能提供购房发票的，可按发票所载金额从购买年度起至转让年度止每年加计5%计算扣除，作为地价和评估价。 扣除金额=发票价×(1+5%×年数) 【提示1】发票价：营业税发票所载金额；增值税普通发票价税合计金额；增值税专用发票不含增值税金额加上不允许抵扣的进项税额。 【提示2】购房发票所载日期起至售房发票开具之日止，每满12个月计一年；超过一年，未满12个月但超过6个月的，可视为一年。 （2）与转让有关的税金。 城建税、教育费附加、地方教育附加、印花税、契税。 【提示】购房时缴纳的契税，凡能提供契税完税凭证的，准予作为"与转让房地产有关的税金"予以扣除，但不作为加计5%的基数
核定法	对转让旧房及建筑物，既没有评估价格，又不能提供购房发票的，税务机关可实行核定征收

【总结】不同销售情况对应的扣除项目（见表5-10）

表5-10　不同销售情况对应的扣除项目

情形	可扣除项目
房企新房销售	（1）取得土地使用权所支付的金额； （2）房地产开发成本； （3）房地产开发费用； （4）转让有关税金：城建税、教育费附加、地方教育附加； （5）财政部规定的其他扣除项目（加计扣除）
其他企业新房销售	（1）取得土地使用权所支付的金额； （2）房地产开发成本； （3）房地产开发费用； （4）转让有关税金：城建税、教育费附加、地方教育附加、印花税

续表

情形	可扣除项目
存量房销售	评估法： (1)取得土地使用权所支付的金额； (2)房屋及建筑物的评估价格； (3)转让有关税金：城建税、教育费附加、地方教育附加、印花税； (4)评估费
	发票法： (1)购房发票价每年加计5%； (2)转让有关税金：城建税、教育费附加、地方教育附加、印花税、**契税**。 【提示】按评估法计税不扣契税；按发票法计税可扣契税
	核定法
只卖地	(1)取得土地使用权所支付的金额； (2)转让有关税金：城建税、教育费附加、地方教育附加、印花税

【例题9·多选题】关于转让旧房及建筑物土地增值税扣除项目的税务处理，下列说法正确的有（　）。

A. 凡不能取得评估价格的，按购房发票所载金额作为扣除项目金额

B. 未支付地价款或不能提供已支付的地价款凭据的，不允许扣除取得土地使用权支付的金额

C. 出售旧房或建筑物的，首选按评估价格计算扣除项目的金额

D. 凡不能取得评估价格的，由税务机关核定的金额作为扣除项目金额

E. 旧房及建筑物的评估价格=重置成本价×成新度折扣率

解析 ▶ 选项A、D，纳税人转让旧房及建筑物，凡不能取得评估价格，但能提供购房发票的，经当地税务部门确认，取得土地使用权所支付的金额、旧房及建筑物的评估价格，可按发票所载金额并从购买年度起至转让年度止每年加计5%计算扣除。 答案 ▶ BCE

【例题10·单选题】2021年3月，某公司销售自用办公楼，不能取得评估价格，该公司提供的购房发票所载购房款为1 200万元，购买日期为2011年1月。允许扣除的购入及转让环节相关税费80万元。该公司在计算土地增值税时允许扣除项目金额（　）万元。

A. 1 280　　　　B. 1 895
C. 1 940　　　　D. 1 880

解析 ▶ 纳税人转让旧房及建筑物，凡不能取得评估价格，但能提供购房发票的，经当地税务部门确认，可按发票所载金额并从购买年度起至转让年度止每年加计5%计算扣除。该公司在计算土地增值税时允许扣除项目金额=1 200×(1+10×5%)+80=1 880（万元）。 答案 ▶ D

【例题11·单选题】（2012年改）2021年某企业转让一栋六成新的旧仓库，取得不含增值税转让收入2 000万元，缴纳相关税费共计120万元。该仓库原造价1 000万元，重置成本1 500万元。该企业转让仓库应缴纳土地增值税（　）万元。

A. 114
B. 296
C. 341
D. 476

解析 ▶ 扣除项目合计=1 500×60%+120=1 020（万元）。

增值额=2 000-1 020=980（万元）。

增值率=980÷1 020×100%=96.08%。

应纳土地增值税=980×40%-1 020×5%=341（万元）。 答案 ▶ C

九、房地产开发项目土地增值税清算★★★

扫我解疑难

地产开发项目为单位进行清算。

（2）分期开发的项目，以分期项目为单位清算。

（3）开发项目中同时包含普通住宅和非普通住宅的，应分别计算增值额。

（一）清算单位

（1）土地增值税以国家有关部门审批的房

（二）清算条件（见表5-11）

表5-11 清算条件

情形	具体内容	时限
应进行清算（必须清算）	（1）房地产开发项目全部竣工、完成销售的； （2）整体转让未竣工决算房地产开发项目的； （3）直接转让土地使用权的	满足条件之日起90日内办理
可要求清算	（1）已竣工验收的房地产开发项目，已转让的房地产建筑面积占整个项目可售建筑面积的比例在85%以上，或该比例虽未超过85%，但剩余的可售建筑面积已经出租或自用的； （2）取得销售（预售）许可证满3年仍未销售完毕的； （3）纳税人申请注销税务登记但未办理土地增值税清算手续的；（应在注销登记前清算） （4）省税务机关规定的其他情况	收到清算通知之日起90日内办理

（三）清算收入确认（见表5-12）

表5-12 清算收入确认

收入类型	具体规则
一般销售收入	（1）清算时，已全额开具商品房销售发票的，按发票金额确认收入；未开具或未全额开具发票的，以销售合同所载的售房金额及其他收益确认收入。 （2）合同面积与实测面积不一致，在清算前已发生补、退房款的，应在计税时予以调整。 （3）应税收入=营改增前转让收入+营改增后不含增值税收入 【提示】转让有关税金=营改增前实纳营业税、城市维护建设税、教育费附加+营改增后允许扣除的城市维护建设税、教育费附加
非直接销售和自用房地产的收入	（1）房企将开发产品用于职工福利、奖励、对外投资、分配给股东或投资人、抵偿债务、换取其他单位和个人的非货币性资产等，所有权转移时应视同销售房地产，其收入按下列方法和顺序确认： ①按本企业在同一地区、同一年度销售的同类房地产的平均价格确定； ②由主管税务机关参照当地当年、同类房地产的市场价格或评估价值确定。 （2）房地产开发企业将开发的部分房地产转为企业自用或用于出租等商业用途，如产权未发生转移，不征收土地增值税，在税款清算时不列收入，不扣除相应的成本费用

（四）清算扣除项目

（1）除另有规定外，扣除的土地使用权所支付的金额、房地产开发成本、开发费用、与转让有关的税金必须提供合法有效凭证，不能提供合法有效凭证的，不予扣除。

（2）房地产开发企业办理土地增值税清算

所附送的前期工程费、建筑安装工程费、基础设施费、开发间接费用的凭证或资料不符合清算要求或不实的，税务机关可参照当地建设工程造价管理部门公布的建安造价定额资料，结合房屋结构、用途、区位等因素核定上述四项开发成本的单位面积金额标准，

第5章

并据以计算扣除。

（3）属于多个房地产项目共同的成本费用，应按清算项目可售建筑面积占多个项目可售总建筑面积的比例或其他合理的方法，计算确定清算项目的扣除金额。

【提示】收入和扣除应配比

（1）取得土地使用权所支付的金额：开发比、销售比。

（2）开发成本：开发比、销售比。

（3）开发费用：利息也要按销售比配比。

（4）税金：与转让相关。

（5）其他扣除：与（1）（2）项扣除有关。

（五）公共设施处理规则

房企开发建造的与清算项目配套的居委会和派出所用房、会所、停车场（库）、物业管理场所、变电站、热力站、水厂、文体场馆、学校、幼儿园、托儿所、医院、邮电通讯等公共设施，按以下原则处理：

（1）建成后产权属于全体业主所有的，其成本、费用可以扣除；

（2）建成后无偿移交给政府、公用事业单位用于非营利性社会公共事业的，其成本、费用可以扣除；

（3）建成后有偿转让的，应计算收入，并准予扣除成本、费用。

（六）拆迁安置规定（见表 5-13）

表 5-13　拆迁安置规定

安置方式	处理规则
自建项目原地安置	安置用房视同销售确认收入，同时确认为本项目拆迁补偿费 拆迁补偿费=安置用房收入+房企支付补差价款（-回迁户支付补差价款）
异地安置	自建项目房屋价值计入本项目拆迁补偿费，外购项目以购房支出计入拆迁补偿费
货币安置	凭合法有效凭据计入拆迁补偿费

（七）清算后应补缴的土地增值税加收滞纳金

纳税人按规定预缴土地增值税后，清算补缴的土地增值税，在主管税务机关规定的期限内补缴的，不加收滞纳金。

（八）清算后转让房地产的处理

清算后转让的扣除项目金额=转让面积×单位建筑面积成本费用

单位建筑面积成本费用=清算时的扣除项目总金额÷清算的总建筑面积

（九）清算审核鉴证

税务中介机构受托对清算项目审核鉴证时，应按税务机关规定的格式对审核鉴证情况出具鉴证报告。对符合要求的鉴证报告，税务机关可以采信。

（十）清算审核（见表 5-14）

清算审核包括：案头审核、实地审核。

表 5-14　清算审核

审核项目	审核内容
扣除项目	（1）应取得而未取得合法凭证的不得扣除； （2）归集的各项成本费用必须是实际发生的； （3）各扣除项目分别归集不得混淆； （4）归集的必须是在清算项目中直接发生或应分摊的； （5）分期开发或同时开发多个项目，或同一项目中有不同类型房地产的，应按受益对象，采用合理方法分摊共同成本费用； （6）同类事项用相同会计政策或处理方法，但与税务处理不一致时，以税务处理为准

续表

审核项目	审核内容
利息	(1)计入开发成本的利息应调整至开发费用。 (2)一般性贷款利息支出，应按项目合理分摊。 (3)利用闲置专项借款对外投资取得收益，收益应冲减利息支出

（十一）核定征收（见表5-15）

表5-15　核定征收

项目	具体内容
核定情形	(1)依照法律、行政法规的规定应当设置财务账簿但未设置的； (2)擅自销毁账簿的或者拒不提供纳税资料的； (3)虽设置财务账簿，但账目混乱或者成本资料、收入凭证、费用凭证残缺不全，难以确定转让收入或扣除项目金额的； (4)符合土地增值税清算条件，未按照规定期限办理清算手续，经税务机关责令限期清算，逾期仍不清算的； (5)申报的计税依据明显偏低，又无正当理由的
核定比例	核定征收率原则上**不得低于5%**
核定规则	分期开发的房地产项目，各期清算方式应保持一致

【例题12·多选题】以下情形中纳税人应进行土地增值税的清算的有（　　）。

A. 直接转让土地使用权的

B. 整体转让未竣工决算房地产开发项目的

C. 纳税人申请注销税务登记但未办理土地增值税清算手续的

D. 取得销售（预售）许可证满3年仍未销售完毕的

E. 房地产开发项目全部竣工、完成销售的

解析　取得销售（预售）许可证满3年仍未销售完毕的、纳税人申请注销税务登记但未办理土地增值税清算手续的属于主管税务机关可要求纳税人进行土地增值税清算的情形。

符合下列情形之一的，纳税人应当进行土地增值税的清算：

(1)房地产开发项目全部竣工、完成销售的；

(2)整体转让未竣工决算房地产开发项目的；

(3)直接转让土地使用权的。

答案　ABE

【例题13·多选题】下列房地产开发企业的行为，属于视同销售，应征收土地增值税的有（　　）。

A. 将开发产品用于奖励员工

B. 将开发产品用于对外投资

C. 将开发产品用于抵偿债务

D. 将开发产品用于办公使用

E. 将开发产品用于对外出租

解析　房地产开发企业将开发产品用于职工福利、奖励、对外投资、分配给股东或投资人、抵偿债务、换取其他单位和个人的非货币性资产等，发生所有权转移时应视同销售房地产。用于自用或出租的情况下，所有权并未转移，不用缴纳土地增值税。

答案　ABC

【例题14·多选题】（2012年）下列关于房地产开发企业土地增值税清算的说法，正确的有（　　）。

A. 房地产开发企业逾期开发缴纳的土地闲置费可以扣除

B. 对于分期开发的房地产项目，各期清

算方式应保持一致

C. 货币安置拆迁的, 房地产开发企业凭合法有效凭据计入拆迁补偿费

D. 房地产开发企业销售已装修房屋, 可以扣除的装修费用不得超过房屋原值的 10%

E. 房地产开发企业为取得土地使用权所支付的契税, 应计入"取得土地使用权所支付的金额"中扣除

解析 ▶ 选项 A, 房地产开发企业逾期开发缴纳的土地闲置费不得扣除; 选项 D, 房地产企业发生的装修费可以作为开发成本全额扣除。　　　　　**答案** ▶ BCE

十、税收优惠 ★★★

扫我解疑难

1. 转让下列房屋, 增值额未超过扣除项目金额 20%(含 20%)的, 免税:

(1)建造普通标准住宅出售;

(2)转让旧房作为改造安置住房房源。

【提示 1】 应分别核算普通标准住宅和其他房地产, 否则不享受此优惠。

【提示 2】 增值额超过 20%的, 就其全部增值额计税。

2. 国家征收、收回的房地产免税:

(1)因国家建设需要依法征收、收回的房地产免税。

(2)因城市实施规划、国家建设需要而搬迁, 纳税人自行转让房地产免税。

3. 对个人销售住房暂免征收土地增值税

4. 企业改制重组涉及的土地增值税予以免征(2018 年 1 月 1 日至 2020 年 12 月 31 日):

(1)非公司制企业整体改制为有限责任公司或者股份有限公司, 有限责任公司(股份有限公司)整体改制为股份有限公司(有限责任公司), 对改制前的企业将房地产转移、变更到改制后的企业, 暂不征土地增值税。

整体改制是指不改变原企业的投资主体, 并承继原企业权利、义务的行为。

(2)按照法律规定或者合同约定, 两个或两个以上企业合并为一个企业, 且原企业投资主体存续的, 对原企业将房地产转移、变更到合并后的企业, 暂不征土地增值税。

(3)按照法律规定或者合同约定, 企业分设为两个或两个以上与原企业投资主体相同的企业, 对原企业将房地产转移、变更到分立后的企业, 暂不征土地增值税。

(4)单位、个人在改制重组时以房地产作价入股进行投资, 对其将房地产转移、变更到被投资的企业, 暂不征土地增值税。

(5)上述改制重组有关土地增值税政策不适用于房地产转移任意一方为房地产开发企业的情形。

(6)企业改制重组后再转让国有土地使用权并申报缴纳土地增值税时, 应以改制前取得该宗国有土地使用权所支付的地价款和按国家统一规定缴纳的有关费用, 作为该企业"取得土地使用权所支付的金额"扣除。

【提示 1】 不改变原企业投资主体、投资主体相同, 是指企业改制重组前后出资人不发生变动, 出资人的出资比例可以发生变动; 投资主体存续, 是指原企业出资人必须存在于改制重组后的企业, 出资人的出资比例可以发生变动。

【提示 2】 上述企业改制重组的税收优惠政策已延期至 2023 年 12 月 31 日, 可见《关于继续实施企业改制重组有关土地增值税政策的公告》(财政部 税务总局公告 2021 年第 21 号)。

5. 对组委会赛后出让资产取得的收入免征增值税和土地增值税, 具体情形如下:

(1)2022 年亚运会和亚残运会;

(2)三项国际综合运动会。

【例题 15·多选题】 下列关于土地增值税税收优惠的说法中, 正确的有( )。

A. 企业转让旧房作为改造安置住房房源的, 免征土地增值税

B. 因国家建设需要依法征收、收回的房地产, 免征土地增值税

C. 个人之间互换自有住房，经当地税务机关核实，可以免征土地增值税

D. 对个人销售住房暂免征收土地增值税

E. 对房地产开发企业销售普通住房一律免征土地增值税

解析 ▶ 选项 A，企业转让旧房作为改造安置住房房源，且增值额未超过扣除项目金额 20% 的，免征土地增值税。　**答案** ▶ BCD

十一、土地增值税征收管理★★ （见表 5-16）

扫我解疑难

表 5-16　土地增值税征收管理

项目	具体规定
纳税期限	纳税人应自转让房地产合同签订之日起 7 日内办理纳税申报，并在税务机关核定的期限内缴纳土地增值税
纳税地点	房地产所在地
预征办法	对纳税人在项目全部竣工结算前转让房地产取得的收入可以预征土地增值税
预征率	除保障性住房外，东部地区省份不得低于 2%，中部和东北地区省份不得低于 1.5%，西部地区省份不得低于 1%

【例题 16·单选题】 下列关于土地增值税的征管规定，说法正确的是（　）。

A. 除保障性住房外，东部地区省份土地增值税预征率不得低于 1%

B. 纳税人应在转让房地产合同签订之日起 15 日内办理纳税申报

C. 建造普通标准住宅出售，增值额未超过扣除项目金额 20%（含 20%）的，免征土地增值税

D. 企业土地增值税的纳税地点为企业机构所在地

解析 ▶ 选项 A，除保障性住房外，东部地区省份土地增值税预征率不得低于 2%；选项 B，纳税人应自转让房地产合同签订之日起 7 日内办理纳税申报，并在税务机关核定的期限内缴纳土地增值税；选项 D，土地增值税的纳税地点一律为房地产所在地。

答案 ▶ C

【例题 17·计算题】（2017 年改）甲公司（非房地产开发企业）为增值税一般纳税人，2019 年 6 月转让一栋 2000 年自建的办公楼，取得含税收入 9 000 万元，已按规定缴纳转让环节的有关税金，并取得完税凭证。

该办公楼造价为 800 万元，其中包含为取得土地使用权支付的地价款 300 万元，契税 9 万元以及按国家统一缴纳的其他有关费用 1 万元。

经房地产评估机构评定，该办公楼重新构建价格为 5 000 万元，成新度折扣率为五成，支付房地产评估费用 10 万元，该公司的评估价格已经税务机关认定。

甲公司对于转让"营改增"之前自建的办公楼选择"简易征收"方式；转让该办公楼缴纳的印花税税额为 4.5 万元。

甲公司适用的城建税税率为 7%，教育费附加征收比率为 3%，地方教育附加征收比率为 2%。

要求：根据以上资料，回答下列问题。

（1）该公司转让办公楼应纳增值税（　）万元。

A. 414.33　　　　B. 413.38

C. 390.48　　　　D. 428.57

（2）在计算土地增值税时，可扣除转让环节税金（　）万元。

A. 51.43　　　　B. 54.11

C. 51.36　　　　D. 55.93

（3）在计算土地增值税时，可扣除项目金额合计（　）万元。

A. 2 866.93　　　B. 2 874.93

C. 2 864.93　　　D. 2 875.93

第 5 章

(4)甲公司应纳土地增值税(　　)万元。

A. 2 417.01　　　B. 2 419.27

C. 2 416.36　　　D. 2 678.31

解析

(1)一般纳税人转让其 2016 年 4 月 30 日前自建的不动产,可以选择适用简易计税方法计税,以取得的全部价款和价外费用为销售额,按照 5% 的征收率计算应纳税额。

该公司转让办公楼应纳增值税 = 9 000÷(1+5%)×5%=428.57(万元)。

(2)可扣除转让环节税金 = 428.57×(7%+3%+2%)+4.5=55.93(万元)。

(3)在计算土地增值税时,可扣除项目:

①为取得土地使用权所支付的金额 = 支付的地价款+契税+按国家统一缴纳的其他有关费用 = 300+9+1=310(万元)。

②评估价格 = 5 000×50%=2 500(万元)。

③税法规定,纳税人转让旧房及建筑物时,因计算纳税需要对房地产进行评估,其支付的评估费用允许在计算土地增值税时予以扣除。所以支付房地产评估费 10 万元,可以扣除。

④可扣除转让环节税金 = 55.93(万元)。

可扣除项目金额合计 = 310+2 500+10+55.93=2 875.93(万元)。

(4)不含增值税收入 = 9 000-428.57=8 571.43(万元)。

增值额 = 8 571.43-2 875.93=5 695.50(万元)。

增值率 = 5 695.50÷2 875.93×100%=198.04%,适用税率为 50%,速算扣除系数为 15%。

应纳土地增值税 = 5 695.50×50%-2 875.93×15%=2 416.36(万元)。

答案 (1)D;(2)D;(3)D;(4)C。

【例题 18·综合题】(2018 年)2018 年 1 月 15 日,某房地产开发公司(增值税一般纳税人)收到主管税务机关的《土地增值税清算通知书》,要求对其建设的 W 项目进行清算。该项目总建筑面积 18 000 平方米,其中可售

建筑面积 17 000 平方米,不可售建筑面积 1 000 平方米(产权属于全体业主所有的公共配套设施)。该项目 2016 年 4 月通过全部工程质量验收。

2016 年 5 月该公司开始销售 W 项目,截止清算前,可售建筑面积中已售出 15 000.80 平方米,取得含税销售收入 50 000 万元。该公司对 W 项目选择简易计税方法。

经审核,W 项目取得土地使用权所支付的金额合计 8 240 万元;房地产开发成本 15 000 万元,管理费用 4 000 万元,销售费用 4 500 万元,财务费用 3 500 万元(其中利息支出 3 300 万元,无法提供金融机构证明)。

已知:W 项目所在省政府规定,房地产开发费用扣除比例为 10%。W 项目清算前已预缴土地增值税 1 000 万元。其它各项税费均已及时足额缴纳。城市维护建设税税率 7%,教育费附加 3%,地方教育附加 2%。不考虑印花税。

要求:根据上述资料,回答下列问题。

(1)W 项目的清算比例是(　　)。

A. 83.33%　　　B. 94.44%

C. 100.00%　　　D. 88.24%

(2)W 项目清算时允许扣除的与转让房地产有关的税金(　　)万元。

A. 285.71　　　B. 2 666.67

C. 2 691.67　　　D. 310.71

(3)W 项目清算时允许扣除的房地产开发费用金额(　　)万元。

A. 2 050.70　　　B. 3 937.27

C. 4 462.00　　　D. 2 324.00

(4)W 项目清算时允许扣除项目金额合计(　　)万元。

A. 22 843.39　　　B. 26 944.78

C. 26 969.79　　　D. 22 868.39

(5)W 项目清算后应补缴土地增值税(　　)万元。

A. 5 911.22　　　B. 7 945.07

C. 7 961.32　　　D. 5 922.47

(6)关于 W 项目清算,下列说法正确的

有（   ）。

A. 该公司清算补缴的土地增值税，在主管税务机关规定的期限内补缴的，不加收滞纳金

B. 主管税务机关可以指定税务中介机构对该项目的清算进行审核鉴证

C. 该公司可以委托税务中介机构对清算项目进行审核鉴证，并出具《土地增值税清算税款鉴证报告》

D. 对于该公司委托税务中介机构对清算项目进行审核鉴证，并出具《土地增值税清算税款鉴证报告》的，主管税务机关必须采信鉴证报告的全部内容

E. 该公司应在收到清算通知书之日起90日内办理清算手续

解析 ▶

（1）清算比例＝15 000.8÷17 000＝88.24%。

（2）转让房地产有关税金＝50 000÷（1＋5%）×5%×（7%＋3%＋2%）＝285.71（万元）。

（3）开发费用＝（8 240＋15 000）×88.24%×10%＝2 050.70（万元）。

（4）扣除项目合计＝（8 240＋15 000）×88.24%＋2 050.70＋285.71＋（8 240＋15 000）×88.24%×20%＝26 944.78（万元）。

（5）增值额＝50 000÷（1＋5%）－26 944.78＝20 674.27（万元）。

增值率＝20 674.27÷26 944.78×100%＝76.73%。

清算后补缴土地增值税＝20 674.27×40%－26 944.78×5%－1 000＝5 922.47（万元）。

（6）选项B，纳税人委托中介机构审核鉴证的清算项目，主管税务机关应当采取适当方法对有关鉴证报告的合法性、真实性进行审核。选项D，对纳税人委托中介机构审核鉴证的清算项目，主管税务机关未采信或部分未采信鉴证报告的，应当告知其理由。

答案 ▶ （1）D；（2）A；（3）A；（4）B；（5）D；（6）ACE。

真题精练

一、单项选择题

1.（2020年）土地增值税采用的税率形式是（   ）。

A. 五级超额累进税率

B. 定额税率

C. 四级超率累进税率

D. 七级超率累进税率

2.（2020年）2020年5月，某房地产开发公司销售自行开发的房地产30 000平方米，取得不含增值税销售额60 000万元；将5 000平方米用于抵顶供应商等值的建筑材料；将1 000平方米对外出租，取得不含税租金56万元。该房地产开发公司在计算土地增值税时的应税收入为（   ）万元。

A. 70 056.00   B. 70 000.00

C. 60 000.00   D. 60 056.00

3.（2020年）某企业为增值税一般纳税人，2019年11月转让5年前自行建造的厂房，厂房对应的地价款为600万元，评估机构评定的重置成本价为1 450万元，厂房六成新。该企业转让厂房计算土地增值税时准予扣除的项目金额是（   ）万元（不考虑其他相关税费）。

A. 870.00   B. 2 050.00

C. 600.00   D. 1 470.00

4.（2020年）关于房地产开发企业土地增值税的清算，下列说法正确的是（   ）。

A. 对于分期开发的项目，以分期项目为单位进行清算

B. 清算审核方法包括实地审核和通讯审核

C. 主管税务机关已受理的清算申请，纳税人可无理由撤销

D. 配套建造的停车库有偿转让的，其成本、费用不得扣除

5. (2019年)下列经济活动中，需要缴纳土地增值税的是(　　)。

A. 甲、乙公司相互交换房产产权用于办公

B. 丙某转让其个人拥有的非唯一且不满五年的住房

C. 丁公司由有限公司整体变更为股份公司时发生的房产评估增值

D. 戊公司通过中国青少年发展基金会向某市文化宫捐赠房产一套用于青少年美术作品展览室

6. (2019年)甲房地产开发公司对一项开发项目进行土地增值税清算，相关资料包括：取得土地使用权支付的金额为40 000万元；房地产开发成本101 000万元；销售费用4 500万元；管理费用2 150万元；财务费用3 680万元，其中包括支付给非关联企业的利息500万元，已取得发票；支付给银行贷款利息3 000万元，已取得银行开具的相关证明，且未超过商业银行同类同期贷款利率。项目所在省规定房地产开发费用扣除比例为5%。不考虑其他情况，该房地产开发公司在本次清算中可以扣除的房地产开发费用为(　　)万元。

A. 10 050　　　　B. 10 375

C. 10 550　　　　D. 10 730

7. (2019年)关于土地增值税的清算，下列说法错误的是(　　)。

A. 已全额开具商品房销售发票的，按发票所载全额确认收入

B. 未全额开具商品房销售发票的，按销售合同全额确认收入

C. 销售合同所载商品房面积与实际测量不一致并在清算前已补或退房款的，在计算土地增值税时应予调整

D. 未开具商品房销售发票的，按实际收取全额确认收入

8. (2019年)关于房地产开发企业的土地增值税处理，下列说法正确的是(　　)。

A. 销售已装修的房屋，其装修费不允许在计算土地增值税时扣除

B. 建造非普通标准住宅出售的，不允许按取得土地使用权时支付的金额和房地产开发成本之和加计扣除20%

C. 开发建造的与清算项目配套的学校，建成后无偿移交政府的，其成本、费用可以在计算土地增值税时扣除

D. 将未竣工决算的房地产开发项目整体转让的，不允许按取得土地使用权时支付的金额和房地产开发成本之和加计扣除20%

9. (2018年改)下列情形中需要缴纳土地增值税的是(　　)。

A. 个人销售商铺

B. 因国家建设需要依法收回房地产

C. 因城市实施规划而搬迁，企业自行转让房地产

D. 企业吸收合并过程中涉及房地产过户

10. (2018年)转让新建房计算土地增值税时，可以作为与转让房地产有关的税金扣除的是(　　)。

A. 契税

B. 城镇土地使用税

C. 城市维护建设税

D. 增值税

11. (2018年)关于转让旧房及建筑物土地增值税扣除项目的税务处理，下列说法正确的是(　　)。

A. 凡不能取得评估价格的，按购房发票所载金额作为扣除项目金额

B. 因计算纳税需要对房地产进行评估的，其支付的评估费用不得扣除

C. 出售旧房或建筑物的，首选按评估价格计算扣除项目的金额

D. 凡不能取得评估价格的，由税务机关核定的金额作为扣除项目金额

12. (2017年)某房地产开发公司为增值税一般纳税人，2016年4月30日前转让A项目部分房产，取得转让收入30 000万元，2016年5月1日后转让A项目部分房产，取得含税收入50 000万元，该项目已符

合土地增值税清算条件，该房地产公司对 A 项目选择"简易征收"方式缴纳增值税，该公司在土地增值税清算时应确认收入（　　）万元。

A. 76 190.48   B. 77 619.05

C. 80 000.00   D. 75 045.05

13. （2017 年改）下列行为属于土地增值税征税范围的是（　　）。

A. 政府向国有企业出让土地使用权

B. 事业单位出租闲置房产

C. 村委会自行转让土地

D. 企业以房地产抵债

14. （2017 年）2017 年 4 月，张某将 2016 年 6 月购入的商铺转让，取得收入 600 万元，张某持有的购房增值税普通发票注明金额 350 万元，税额 17.5 万元，无法取得商铺评估价格。张某计算缴纳土地增值税时，可以扣除旧房金额以及加计扣除共计（　　）万元。

A. 350.00   B. 367.50

C. 385.88   D. 404.25

15. （2016 年）在土地增值税清算过程中，发现纳税人符合核定征收条件的，其核定征收率不低于（　　）。

A. 8%   B. 10%

C. 5%   D. 3%

16. （2015 年）依据现行土地增值税法的规定，对已经实行预征办法的地区，可根据实际情况确定土地增值税预征率，西部地区省份预征率不得低于（　　）。

A. 1%   B. 2%

C. 2.5%   D. 1.5%

二、多项选择题

1. （2020 年）下列行为属于土地增值税征税范围的有（　　）。

A. 房产的评估增值

B. 抵押期间的房地产抵押

C. 房产的继承

D. 合作建房，建成后转让

E. 将房产捐赠给关联企业

2. （2020 年）下列情形中，主管税务机关可要求纳税人进行土地增值税清算的有（　　）。

A. 纳税人申请注销税务登记但未办理土地增值税清算手续

B. 房地产开发项目全部竣工、完成销售

C. 已竣工验收的房地产开发项目，已转让的房地产建筑面积占整个项目可售建筑面积的比例未超过 85%，但剩余可售建筑面积已经出租或自用

D. 取得销售（预售）许可证满 2 年仍未销售完毕的

E. 已竣工验收的房地产开发项目，已转让的房地产建筑面积占整个项目可售建筑面积的比例在 85% 以上

3. （2019 年改）关于土地增值税优惠政策，下列说法错误的有（　　）。

A. 企事业单位转让旧房作为改造安置住房房源，增值额超过扣除项目金额 20% 的免税

B. 对个人销售商铺暂免征收土地增值税

C. 对因国家建设需要依法收回的房产免税

D. 以房地产作价入股房地产开发公司，对其将房地产变更至被投资的企业，暂不征收土地增值税

E. 建造普通标准住宅出售，其增值额未超过扣除项目金额之和 20%（含 20%）的予以免税，超过 20% 的，应就其全部增值额按规定计税

4. （2019 年）下列情形中，纳税人应进行土地增值税清算的有（　　）。

A. 丙公司开发的住宅项目已销售建筑面积占整个项目可售建筑面积的 65%，自用面积占可售面积的 5%

B. 甲公司开发的住宅项目已全部销售

C. 乙公司将未竣工决算的开发项目整体转让

D. 丁公司于 2017 年 6 月取得住宅项目销售（预售）许可证，截至 2019 年 6 月底仍未销售完毕

E. 戊公司开发的别墅项目销售面积已达整

个项目可售建筑面积的 75%

5. (2018 年)关于房地产开发企业土地增值税清算,下列说法正确的有( )。

A. 应将利息支出从房地产开发成本中调整至房地产开发费用

B. 发生的未实际支付款项的成本费用一律不得扣除

C. 销售已装修的房屋,其装修费用可以计入房地产开发成本

D. 逾期开发缴纳的土地闲置费不得扣除

E. 销售费用和管理费用按实际发生额扣除

6. (2018 年)房地产公司将开发产品用于下列用途,属于土地增值税视同销售的有( )。

A. 安置回迁 B. 对外出租

C. 奖励职工 D. 利润分配

E. 对外投资

7. (2017 年)下列事项中,属于土地增值税征税范围的有( )。

A. 美国人凯文将中国境内一处房产赠送给好友

B. 企业为办理银行贷款将厂房进行抵押

C. 房地产开发公司受托对某企业闲置厂房进行改造

D. 居民个人之间交换非居住用房产

E. 企业持有房产期间发生评估增值

8. (2017 年)关于房地产开发企业土地增值税税务处理,下列说法正确的有( )。

A. 房地产开发企业逾期开发缴纳的土地闲置费不得计入扣除项目进行扣除

B. 土地增值税清算时已经计入房地产开发成本的利息支出,应调整至财务费用中计算扣除

C. 土地增值税清算时未开具销售发票或未全额开具销售发票的,未开具部分可以不计入房地产转让收入

D. 房地产开发企业为取得土地使用权所支付的契税,应计入"土地使用权所支付的金额"中予以扣除

E. 房地产开发企业同一项目在"营改增"前后都有收入,进行土地增值税清算时以全部含增值税金额作为转让房地产收入

9. (2016 年)下列各项中,符合土地增值税清算管理规定的有( )。

A. 房地产开发企业未支付的质量保证金一律不得扣除

B. 对于分期开发的房地产项目,各期清算的方式应保持一致

C. 房地产企业逾期开发缴纳的土地闲置费不得扣除

D. 直接转让土地使用权的,主管税务机关可要求纳税人进行土地增值税清算

E. 纳税人按规定预缴土地增值税后,清算补缴的土地增值税,在主管税务机关规定的期限内补缴的,不加收滞纳金

10. (2016 年)下列情形中,应征收土地增值税的有( )。

A. 企业将自有土地使用权交换其他企业的股权

B. 房产所有人将房屋产权赠与直系亲属

C. 个人之间互换自有居住用的房地产

D. 企业之间等价互换自有的房地产

E. 房地产评估增值

三、计算题

(2020 年)A 市某机械厂为增值税一般纳税人,2020 年 3 月因企业搬迁将原厂房出售,相关资料如下:

(1)该厂房于 2004 年 3 月购进,会计账簿记载的该厂房入账的固定资产原价为 1 600 万元,账面净值 320 万元。搬迁过程中该厂房购进发票丢失,该厂提供的当年缴纳契税的完税凭证,记载契税的计税金额为 1 560 万元,缴纳契税 46.8 万元。

(2)转让厂房取得含税收入 3 100 万元。该机械厂选择简易计税方法计税。

(3)转让厂房时评估机构评定的重置成本价为 3 800 万元,该厂房四成新。

要求:根据上述资料,请回答下列问题。

(1)该机械厂转让厂房应缴纳增值税( )万元。

A. 147.62   B. 77.00

C. 13.90   D. 73.33

（2）该机械厂转让厂房计算土地增值税时准予扣除的转让环节的税金为（　）万元（不考虑印花税、地方教育附加）。

A. 7.33   B. 1.39

C. 7.70   D. 54.13

（3）该机械厂转让厂房计算土地增值税时

准予扣除项目金额为（　）万元。

A. 1 574.13   B. 327.33

C. 1 527.33   D. 647.33

（4）该机械厂转让厂房应缴纳土地增值税（　）万元。

A. 1 460.46   B. 1 156.46

C. 523.37   D. 493.65

真题精练答案及解析

一、单项选择题

1. C　【解析】土地增值税采用四级超率累进税率。

2. B　【解析】将1 000平方米对外出租，所有权未发生转移，不征收土地增值税。土地增值税的应税收入=（60 000÷30 000）×（30 000+5 000）=70 000（万元）。

3. D　【解析】转让旧房及建筑物能够取得评估价格的，应按房屋及建筑物的评估价格、取得土地使用权所支付的地价款或出让金、按国家统一规定交纳的有关费用和转让环节缴纳的税金作为扣除项目金额计征土地增值税。

   评估价格=1 450×60%=870（万元）。

   地价款=600（万元）。

   该企业转让厂房计算土地增值税时准予扣除的项目金额=600+870=1 470（万元）。

4. A　【解析】选项B，清算审核包括案头审核、实地审核。选项C，主管税务机关已受理的清算申请，纳税人无正当理由不得撤销。选项D，配套建造的停车库有偿转让的，其成本、费用可以扣除。

5. A　【解析】选项B，对个人销售住房暂免征收土地增值税；选项C，房地产评估增值，没有发生房地产权属的转让，不属于土地增值税的征收范围，不缴纳土地增值税；选项D，房产所有人、土地使用权所有人通过中国境内非营利的社会团体、国家机关将房屋产权、土地使用权赠与教

育、民政和其他社会福利、公益事业的行为，不属于土地增值税的征收范围，不缴纳土地增值税。

6. A　【解析】纳税人能按转让房地产项目分摊利息支出并能提供金融机构贷款证明的，允许扣除的房地产开发费用=利息+（取得土地使用权所支付的金额+房地产开发成本）×5%=3 000+（40 000+101 000）×5%=10 050（万元）。

   向非关联企业借款的利息支出500万元，不能提供金融机构贷款证明，不得直接作为利息据实扣除。

7. D　【解析】土地增值税清算时，已全额开具商品房销售发票的，按照发票所载金额确认收入；未开具发票或未全额开具发票的，以交易双方签订的销售合同所载的售房金额及其他收益确认收入。销售合同所载商品房面积与有关部门实际测量面积不一致，在清算前已发生补、退房款的，应在计算土地增值税时予以调整。

8. C　【解析】选项A，房地产开发企业销售已装修的房屋，装修费用准予在计算土地增值税时扣除；选项B、D，对从事房地产开发的纳税人允许按照取得土地使用权支付的金额和房地产开发成本之和加计扣除20%。

9. A　【解析】选项B、C均免征土地增值税；选项D，暂不征收土地增值税。

10. C　【解析】转让新建房计算土地增值税

时，城市维护建设税可以作为与转让房地产有关的税金扣除。

11. C 【解析】选项 A、D，纳税人转让旧房及建筑物，凡不能取得评估价格，但能提供购房发票的，经当地税务部门确认，取得土地使用权所支付的金额、旧房及建筑物的评估价格，可按发票所载金额并从购买年度起至转让年度止每年加计 5% 计算扣除；选项 B，纳税人转让旧房及建筑物时，因计算纳税需要对房地产进行评估，其支付的评估费用允许在计算土地增值税时予以扣除。

12. B 【解析】营改增后，纳税人转让房地产的土地增值税应税收入不含增值税。
土地增值税应税收入 = 营改增前转让房地产取得的收入 + 营改增后转让房地产取得的不含增值税收入。
应确认收入 = 30 000 + 50 000 ÷ (1 + 5%) = 77 619.05(万元)。

13. D 【解析】选项 D，企业以房地产抵债，发生房地产产权转让，属于土地增值税的征税范围。选项 A，政府向国有企业出让土地使用权，不属于土地增值税征税范围；选项 B，出租房产，没有发生房地产产权的转让，不属于土地增值税的征税范围；选项 C，自行转让集体土地是一种违法行为，应由有关部门依照相关法律来处理，而不应纳入土地增值税的征税范围。

14. B 【解析】营改增后，纳税人转让旧房及建筑物，凡不能取得评估价格，但能提供购房发票的，扣除项目的金额按照下列方法计算：提供的购房凭据为营改增后取得的增值税普通发票的，按照发票所载价税合计金额从购买年度起至转让年度止每年加计 5% 计算。计算扣除项目时"每年"是指按购房发票所载日期起至售房发票开具之日止，每满 12 个月计一年。本题中 2016 年 6 月至 2017 年 4 月，未满 12 个月，不能加计扣除。可以

扣除旧房金额以及加计扣除 = 350 + 17.5 = 367.5(万元)。

15. C 【解析】土地增值税清算过程中，发现纳税人符合核定征收条件的，原则上不得低于 5% 的核定征收率对房地产项目进行清算。

16. A 【解析】西部地区省份预征率不得低于 1%。

二、多项选择题

1. DE 【解析】选项 A、B、C，不属于土地增值税征税范围，不征收土地增值税。

2. ACE 【解析】符合以下条件之一的，主管税务机关可要求纳税人进行土地增值税清算：
(1)已竣工验收的房地产开发项目，已转让的房地产建筑面积占整个项目可售建筑面积的比例在 85% 以上，或该比例虽未超过 85%，但剩余的可售建筑面积已经出租或自用的；
(2)取得销售(预售)许可证满 3 年仍未销售完毕的；
(3)纳税人申请注销税务登记但未办理土地增值税清算手续的；
(4)省税务机关规定的其他情况。

3. ABD 【解析】选项 A，企事业单位转让旧房作为改造安置住房房源，增值额未超过扣除项目金额 20% 的免税；选项 B，对个人销售住房暂免征收土地增值税，销售商铺不适用该优惠政策；选项 D，房地产开发企业将开发产品对外投资，发生所有权转移时应视同销售房地产，缴纳土地增值税。

4. BC 【解析】纳税人符合下列条件之一的，应进行土地增值税的清算：
(1)房地产开发项目全部竣工、完成销售的；
(2)整体转让未竣工决算房地产开发项目的；
(3)直接转让土地使用权的。

5. ACD 【解析】选项 B，房地产开发企业的

预提费用，除另有规定外，不得扣除，清算时未实际支付的成本费用，不得在土地增值税清算中列入房地产开发成本进行扣除；选项 E，销售费用和管理费用不按实际发生额扣除，在计算土地增值税时，房地产开发费用计算扣除。

6. ACDE 【解析】房地产企业用建造的本项目房地产安置回迁户的，安置用房视同销售处理；房地产开发企业将开发产品用于职工福利、奖励、对外投资、分配给股东或投资人、抵偿债务、换取其他单位和个人的非货币性资产等，发生所有权转移时应视同销售房地产。

7. AD 【解析】选项 B，抵押期内的房地产，权属未发生转移，不征收土地增值税；选项 C，对闲置厂房进行改造，权属未发生转移，不征收土地增值税；选项 E，房地产评估增值不征收土地增值税。

8. ABD 【解析】选项 C，未开具发票或者未全额开具发票的，以交易双方签订的销售合同所载的售房金额及其他收益确认收入。选项 E，营改增后的收入，应该按照不含增值税金额作为转让房地产收入。

9. BCE 【解析】选项 A，质量保证金开具发票的，按发票所载金额予以扣除；未开具发票的，扣留的质保金不得计算扣除；选项 D，直接转让土地使用权的，纳税人应进行土地增值税清算。

10. AD 【解析】选项 B，不征土地增值税；选项 C，免征土地增值税；选项 E，不动产所有权没有发生转移，不征收土地增值税。

三、计算题

(1) D；(2) A；(3) C；(4) C。

【解析】

(1) 纳税人转让不动产，按照有关规定差额缴纳增值税的，如因丢失等原因无法提供取得不动产时的发票，可向税务机关提供其他能证明契税计税金额的完税凭证等资料，进行差额扣除。2016 年 4 月 30 日及以前缴纳契税的：

增值税应纳税额 =[全部交易价格（含增值税）－契税计税金额（含营业税）]÷(1+5%)×5%。

该机械厂转让厂房应缴纳增值税 =(3 100-1 560)÷(1+5%)×5%=73.33（万元）。

(2) 准予扣除的转让环节的税金 =73.33×(7%+3%)=7.33（万元）。

(3) 评估价格 = 重置成本价×成新度折扣率 = 3 800×40%=1 520（万元）。

准予扣除项目金额 = 1 520 + 7.33 = 1 527.33（万元）。

(4) 增值额 = 3 100 - 73.33 - 1 527.33 = 1 499.34（万元）。

增值率 = 1 499.34/1 527.33 × 100% = 98.17%，适用税率为 40%，速算扣除系数为 5%。

该机械厂转让厂房应缴纳土地增值税 = 1 499.34×40% - 1 527.33×5% = 523.37（万元）。

同步训练 限时100分钟

扫我做试题

一、单项选择题

1. 下列关于土地增值税征税范围的说法，正确的是( )。

A. 对于一方出地，一方出资金，双方合作建房，建成后按比例分房自用的，暂免征收土地增值税，建成后转让的，不征收土地增值税

B. 对于房地产抵押行为，需要缴纳土地增

值税

C. 个人继承房地产，免征土地增值税

D. 个人之间互换自有居住用房地产的，经当地税务机关核实，可以免征土地增值税

2. 甲房地产开发企业于 2021 年 3 月把其市场价值 1 000 万元的商品房通过省政府无偿赠送给贫困小学，该商品房开发成本费用为 800 万元，甲企业应缴纳的土地增值税是（　　）万元。

A. 0 　　　　　　B. 200

C. 50 　　　　　D. 100

3. 某房地产开发公司为增值税一般纳税人，2021 年 3 月销售 2016 年 4 月 30 日前开发的一栋写字楼 50% 的建筑面积，取得含增值税收入 4 200 万元。另将 30% 的建筑面积用于对外投资，剩余 20% 的建筑面积办公自用。该房地产公司对该项目选择"简易征收"方式缴纳增值税，该公司在该项目土地增值税清算时应确认收入（　　）万元。

A. 4 000 　　　　B. 5 600

C. 6 400 　　　　D. 8 000

4. 下列各项中，不能计入为取得土地使用权所支付金额中扣除的是（　　）。

A. 耕地占用税

B. 为取得土地使用权缴纳的契税

C. 按国家统一规定缴纳的过户手续费

D. 为取得土地使用权支付的地价款

5. 某房地产开发企业开发一栋住宅楼，支付地价款 9 000 万元，开发成本为 8 000 万元，支付给关联企业借款利息 80 万元，利息费用能按项目分摊，但无法提供金融机构贷款证明。则在土地增值税计算时可以扣除的开发费用为（　　）万元（当地开发费用扣除比例采用税法规定的上限）。

A. 850 　　　　　B. 930

C. 1 700 　　　　D. 1 780

6. 某房地产开发公司 2020 年开发一住宅项目，取得土地使用权所支付的金额

5 000 万元，房地产开发成本 3 000 万元，能提供金融机构贷款证明，并能按项目进行分摊的利息支出 500 万元（含罚息 20 万元），所在省人民政府规定，其他房地产开发费用扣除比例为 4%，该公司计算土地增值税时允许扣除开发费用为（　　）万元。

A. 320 　　　　　B. 340

C. 800 　　　　　D. 820

7. 关于转让旧房及建筑物土地增值税扣除项目的税务处理，下列说法正确的是（　　）。

A. 凡不能取得评估价格的，可直接按购房发票所载金额作为扣除项目金额

B. 未支付地价款或不能提供已支付的地价款凭据的，由税务机关核定允许扣除的取得土地使用权支付的金额

C. 出售旧房或建筑物的，允许扣除的评估价格 = 房地产重新构建价格 × 成新度折扣率

D. 凡不能取得评估价格的，一律由税务机关核定计税

8. 某国有企业 2018 年 8 月在市区购置一栋办公楼，取得了增值税专用发票注明价款 8 000 万元。2021 年 5 月，该企业将办公楼转让，开具了增值税专用发票注明不含税收入 10 000 万元，转让时不能取得重置成本价格。该企业在缴纳土地增值税时准予扣除的发票金额及加计金额合计为（　　）万元。

A. 8 000 　　　　B. 9 200

C. 8 800 　　　　D. 9 600

9. 2021 年 3 月某市房地产开发公司转让 5 年前自建的一栋写字楼，合同注明不含增值税转让收入 8 000 万元，当年购入土地支付地价款及税费 2 200 万元，该写字楼的原值 4 000 万元，已提折旧 1 000 万元，已知该写字楼重置成本 5 000 万元，成新度为 70%。缴纳与转让该写字楼相关税金 444 万元（不含增值税，含印花税）。该房地产开发公司转让写字楼应缴纳土地增值税（　　）万元。

第 5 章

A. 573.50　　　　B. 550.00

C. 556.80　　　　D. 500.00

10. 下列情形中，可以享受免征土地增值税税收优惠政策的是（　　）。

A. 企业间互换办公用房

B. 企业转让一栋房产给政府机关用于办公

C. 房地产开发企业将建造的商品房作价入股某酒店

D. 居民因省政府批准的文化园项目建设需要而自行转让房地产

11. 下列关于土地增值税的征管规定，说法正确的是（　　）。

A. 应在转让房地产合同签订后的15日内办理土地增值税纳税申报

B. 土地增值税的纳税地点为纳税人机构所在地

C. 全部竣工结算前转让房地产的，税务可预征土地增值税，待该项目全部竣工办理结算后再清算，多退少补

D. 除保障性住房外，东部地区省份预征率不得低于5%

二、多项选择题

1. 下列各类业务，不缴纳土地增值税的有（　　）。

A. 国有土地使用权出让

B. 国有土地使用权转让

C. 房屋出租

D. 房地产评估增值

E. 房地产抵押

2. 下列关于土地增值税收入额确定的说法，正确的有（　　）。

A. 营改增后，纳税人转让房地产的土地增值税应税收入不含增值税

B. 对取得的实物收入，要按取得收入时的市场价格折算成货币收入

C. 对取得的无形资产收入，要进行专门的评估，在确定其价值后折算成货币收入

D. 当月以分期收款方式取得的外币收入，应按实际收款日或收款当月1日国家公布

的市场汇价折合成人民币

E. 对于县级及县级以上人民政府要求房地产开发企业在售房时代收的各项费用，一律作为转让房地产所取得的收入计税

3. 在计算土地增值税时，属于允许扣除的利息支出的有（　　）。

A. 超过贷款期限的利息部分

B. 加罚的利息

C. 向金融机构借款可按项目分摊的利息部分

D. 超过国家规定上浮幅度的利息部分

E. 计入开发成本中的利息

4. 房地产开发企业的开发项目土地增值税清算中，允许扣除的税金有（　　）。

A. 与转让有关的增值税

B. 与转让有关的印花税

C. 与转让有关的城市维护建设税

D. 与转让有关的教育费附加

E. 与出租有关的城市维护建设税

5. 下列关于房地产开发企业土地增值税清算的相关表述中，正确的有（　　）。

A. 将开发的房产转为企业自用，产权未发生转移，不征收土地增值税

B. 用建造的房地产安置回迁户的，安置用房视同销售处理

C. 对符合要求的鉴证报告，税务机关可以采信

D. 土地增值税采用核定征收的，核定征收率原则上不得低于3%

E. 纳税人分期开发项目，应按照受益对象，采用合理的分配方法，分摊共同的成本费用

6. 下列情形中，应当进行土地增值税清算的有（　　）。

A. 整体转让未竣工决算房地产开发项目的

B. 房地产开发项目全部竣工、完成销售的

C. 取得销售（预售）许可证满3年仍未销售完毕的

D. 已竣工验收的房地产开发项目，已转

让的房地产建筑面积占整个项目可售建筑面积的比例在 85% 以上

E. 已竣工验收的房地产开发项目，已转让的房地产建筑面积占整个项目可售建筑面积的比例未超过 85%，但剩余的可售建筑面积已经出租或自用的

7. 根据土地增值税的有关规定，房地产开发企业发生的下列成本、费用可以扣除的有（　　）。

A. 建设公共配套设施，建成后产权属于全体业主所有的

B. 建设公共配套设施，建成后无偿转交给政府、公共事业单位用于非营利性社会公共事业的

C. 建设公共配套设施，建成后有偿转让的

D. 房地产开发企业预提的费用

E. 房地产开发企业销售已装修的房屋，其发生的装修费

8. 转让旧房产计算土地增值税增值额时准予扣除的项目有（　　）。

A. 旧房产的评估价格

B. 支付评估机构的费用

C. 建造旧房产的重置成本

D. 转让环节缴纳的各种税费

E. 购置旧房的发票价格每年加计 3%

9. 房地产开发企业的下列行为，应计算缴纳土地增值税的有（　　）。

A. 将开发产品用于职工福利

B. 将开发产品用于对外投资

C. 将开发产品用于交换土地

D. 将开发产品用于抵押贷款

E. 将开发产品用于出租

10. 下列关于土地增值税清算审核的说法，正确的有（　　）。

A. 清算审核包括案头审核和实地审核

B. 分期开发或同时开发多个项目，或同一项目中有不同类型房地产的，应按受益对象，采用合理方法分摊共同成本费用

C. 计入开发成本的利息可以直接扣除

D. 一般性贷款利息支出，应按项目合理分摊

E. 利用闲置专项借款对外投资取得收益，收益应冲减利息支出

11. 下列情形中，可免征土地增值税的有（　　）。

A. 建造普通标准住宅出售，增值率为 25% 的情形

B. 转让旧房作为改造安置住房房源，增值率为 18% 的情形

C. 因城市实施规划、国家建设需要而搬迁，纳税人自行转让房地产

D. 两个或两个以上非房地产企业合并为一个企业，且原企业投资主体存续的

E. 房地产企业在改制重组时以房地产作价入股进行投资，对其将房地产转移、变更到被投资的企业

三、计算题

2020 年 11 月，某县税务机关对辖区内某房地产开发企业开发的房地产项目进行土地增值税清算。该房地产开发企业提供的资料如下：

(1) 2015 年 9 月以 18 000 万元协议购买用于该房地产项目的一宗土地，并缴纳了契税。

(2) 2016 年 3 月开始动工建设，2016 年 12 月该房地产项目竣工验收。共发生开发成本 6 600 万元，已经支付 6 000 万元，扣留质量保证金 600 万元，已取得施工企业开具的 6 000 万元的发票。

(3) 支付小额贷款公司该项目的借款利息，取得的贷款凭证显示利息支出 3 000 万元（按照商业银行同类同期贷款利率计算的利息为 2 000 万元）。

(4) 2019 年 11 月该项目已销售可售建筑面积的 90%，共计取得不含增值税收入 54 000 万元；可售建筑面积的 10% 以成本价出售给本企业职工。

(5) 该企业已按照 2% 的预征率预缴土地增值税 1 080 万元。

（其他相关资料：当地适用的契税税率为3%，销售房地产选择简易征收增值税，省级政府规定的其他开发费用扣除比例为税法规定的上限。）

要求：根据上述资料，按照下列序号回答问题。

（1）企业清算土地增值税时允许扣除的土地使用权支付的金额是（　）万元。

A. 18 000　　　　B. 18 540

C. 17 000　　　　D. 19 580

（2）该企业清算土地增值税时允许扣除的城市维护建设税、教育费附加和地方教育附加金额是（　）万元。

A. 300　　　　B. 400

C. 500　　　　D. 250

（3）该企业清算土地增值税时允许扣除项目金额合计数为（　）万元。

A. 32 975　　　　B. 32 555

C. 56 487　　　　D. 25 488

（4）计算清算土地增值税时应补缴的税额是（　）万元。

A. 8 081.25　　　　B. 8 400.00

C. 6 500.00　　　　D. 1 250.50

四、综合题

1. 府城房地产开发公司为内资企业，公司于2016年1月–2019年12月开发"东丽家园"住宅项目，发生相关业务如下：

（1）2016年1月通过竞拍获得一宗国有土地使用权，合同记载总价款17 000万元，并规定2016年3月1日动工开发。由于公司资金短缺，于2017年5月才开始动工。因超过期限1年未进行开发建设，被政府相关部门按照规定征收土地受让总价款20%的土地闲置费；

（2）支付拆迁补偿费、前期工程费、基础设施费、公共配套设施费和间接开发费用合计2 450万元；

（3）2019年5月该项目竣工验收，应支付建筑企业工程总价款3 150万元，根据合同约定当期实际支付价款为总价95%，剩

余5%作为质量保证金留存两年，建筑企业按照工程总价款开具了发票；

（4）发生销售费用、管理费用1 200万元，向商业银行借款的利息支出600万元，其中含超过贷款期限的利息和罚息150万元，已取得相关凭证；

（5）2019年6月开始销售，可售总面积为45 000平方米，截至2019年12月底销售面积为40 500平方米，取得不含增值税收入40 500万元。

（其他相关资料：①当地适用的契税税率为5%；②清算时允许扣除的税费为243万元；③其他开发费用扣除比例为5%。）

要求：根据上述资料，回答下列问题。

（1）根据题目的相关信息，下列表述正确的有（　）。

A. 税务机关可于2019年12月份要求府城房地产开发公司进行土地增值税清算

B. 公司缴纳的土地闲置费可以在计算土地增值税时扣除

C. 超过贷款期限的利息和罚息在土地增值税税前不能扣除

D. 质量保证金可以作为开发成本扣除

E. 契税可以作为转让环节的税金扣除

（2）土地增值税清算时可扣除的土地成本金额为（　）万元。

A. 16 065　　　　B. 17 000

C. 20 400　　　　D. 18 360

（3）土地增值税清算时可扣除的开发成本为（　）万元。

A. 5 040　　　　B. 5 200

C. 5 600　　　　D. 5 840

（4）土地增值税清算时可扣除的开发费用为（　）万元。

A. 1 055.25　　　　B. 1 655.25

C. 1 460.25　　　　D. 2 060.25

（5）土地增值税清算时应缴纳的土地增值税为（　）万元。

A. 3 548.88　　　　B. 3 752.51

C. 3 905.00　　　　D. 4 041.23

(6)府城房地产开发公司进行土地增值税清算时,必须提供的证件和资料有( )。

A. 土地增值税清算表及其附表

B. 房地产开发项目清算说明

C. 取得土地使用权所支付的地价款凭证

D. 纳税人委托中介机构审核鉴证的清算项目,应报送中介机构出具的鉴证报告

E. 房地产评估报告

2. 某县城一家房地产开发公司为增值税一般纳税人,发生如下业务:

(1)2016 年 1 月受让一宗土地使用权,支付土地使用权价款 9 000 万元并缴纳契税,取得契税完税凭证。当月将受让土地使用权的 80%用于开发建造住宅楼。

(2)开发期间发生房地产开发成本 3 000 万元,其中包括:前期拆迁补偿费 100 万元、直接建筑成本 2 300 万元、环卫绿化工程费用 80 万元、利息费用 520 万元(利息费用未超过同期银行贷款利率,但无法提供银行贷款证明)。

(3)开发期间发生管理费用 1 100 万元、销售费用 800 万元。

(4)2020 年 1 月房地产开发公司将住宅楼全部销售,取得不含增值税销售收入 20 000 万元,选择简易计税方法计算增值税。

(5)2020 年 2 月将已经使用过的职工宿舍楼转让给政府作为改造安置住房房源,取得不含增值税收入 3 500 万元,该职工宿舍楼于 2012 年自行建造,当时取得土地使用权支付土地出让金 100 万元,转让时房产评估价格为 3 000 万元,缴纳相关税金 180 万元。

已知:当地政府规定,契税税率 3%,房地产开发企业开发房地产时发生的开发费用准予扣除的比例为国家规定的最高比例;考虑地方教育附加。

要求:根据上述资料,回答下列问题。

(1)该房地产开发公司转让住宅楼计算土地增值税时可扣除的取得土地使用权所支付的金额为( )万元。

A. 7 200　　　　B. 7 416

C. 9 000　　　　D. 9 270

(2)该房地产开发公司转让住宅楼计算土地增值税时可扣除的开发成本为( )万元。

A. 2 300　　　　B. 2 400

C. 2 480　　　　D. 3 000

(3)该房地产开发公司转让住宅楼缴纳土地增值税时扣除项目合计为( )万元。

A. 10 985.60　　B. 12 864.80

C. 12 964.80　　D. 12 990.00

(4)该房地产开发公司转让住宅楼应缴纳的土地增值税为( )万元。

A. 1 234.13　　B. 1 652.85

C. 2 165.84　　D. 2 689.20

(5)该房地产开发公司转让职工宿舍楼计算土地增值税时扣除项目金额为( )万元。

A. 3 100　　　　B. 3 180

C. 3 280　　　　D. 3 283

(6)该房地产开发公司转让职工宿舍楼应缴纳的土地增值税为( )万元。

A. 0　　　　　　B. 65.48

C. 66.00　　　　D. 96.00

同步训练答案及解析

一、单项选择题

1. D 【解析】选项 A,对于一方出地,一方出资金,双方合作建房,建成后按比例分房自用的,暂免征收土地增值税;建成后转让的,应征收土地增值税;选项 B,抵押房地产的,在抵押期间不征收土地增值税,待抵押期满后,视该房地产是否转移产权来确定是否征收土地增值税;选项 C,

个人继承房地产，不属于土地增值税的征收范围，不征收土地增值税。

2. A 【解析】房产所有人、土地使用权所有人通过中国境内非营利社会团体、国家机关将房屋产权、土地使用权赠与教育、民政和其他社会福利、公益事业的，不征收土地增值税。

3. C 【解析】营改增后，纳税人转让房地产的土地增值税应税收入不含增值税。将房地产用于对外投资应按同类价视同销售确认土地增值税收入，自用不需要视同销售计税。应确认收入 = 4 200 ÷ (1 + 5%) ÷ 50% × (50% + 30%) = 6 400(万元)。

4. A 【解析】耕地占用税应计入房地产开发成本中扣除。

5. C 【解析】不能按项目计算分摊利息，或不能提供金融机构证明的：允许扣除的房地产开发费用 = (取得土地使用权所支付的金额 + 房地产开发成本) × 10% 以内 = (9 000 + 8 000) × 10% = 1 700(万元)。

6. C 【解析】纳税人能够按转让房地产项目计算分摊利息支出，并能提供金融机构的贷款证明的，其允许扣除的房地产开发费用 = 利息 + (取得土地使用权所支付的金额 + 房地产开发成本) × 5% 以内。利息注意两点：①不能超过按商业银行同类同期银行贷款利率计算的金额。②不包括超过规定上浮幅度的部分、超期利息、加罚利息。
允许扣除的开发费用 = (500 - 20) + (5 000 + 3 000) × 4% = 800(万元)。

7. C 【解析】选项A、D，纳税人转让旧房及建筑物，凡不能取得评估价格，但能提供购房发票的，经当地税务部门确认，取得土地使用权所支付的金额、旧房及建筑物的评估价格，可按发票所载金额并从购买年度起至转让年度止每年加计 5% 计算扣除；既没有评估价格，又不能提供购房发票的，实行核定征收；选项B，未支付地价款或不能提供已支付的地价款凭据的，不允许扣除取得土地使用权支付的

金额。

8. B 【解析】纳税人转让旧房及建筑物，凡不能取得评估价格，但能提供购房发票的，扣除项目的金额按照下列方法计算：提供的购房凭据为营改增后取得的增值税专用发票的，按照发票所载不含税金额加上不得抵扣的进项税金额从购买年度起至转让年度止每年加计 5% 计算。计算扣除项目时"每年"是指按购房发票所载日期起至售房发票开具之日止，每满 12 个月计一年。超过一年，未满 12 个月但超过 6 个月的，可视为一年。发票价及加计金额 = 8 000 × (1 + 5% × 3) = 9 200(万元)。

9. C 【解析】扣除项目 = 2 200 + 5 000 × 70% + 444 = 6 144(万元)；
增值额 = 8 000 - 6 144 = 1 856(万元)；
增值率 = 1 856 ÷ 6 144 × 100% = 30.21%，适用税率为30%；
应纳土地增值税 = 1 856 × 30% = 556.80(万元)。

10. D 【解析】选项A，企业之间互换办公用房没有免征土地增值税的规定，个人之间互换自有居住用房地产的，经当地税务机关核实，可以免征土地增值税；选项B，企业将房地产转让给政府机关没有免税规定，应征税；选项C，从事房地产开发的企业将其建造的商品房进行投资、联营的，应当视同销售征收土地增值税；选项D，因城市实施规划、国家建设的需要而搬迁，由纳税人自行转让原房地产的，免征土地增值税。

11. C 【解析】选项A，应在转让房地产合同签订后的 7 日内办理土地增值税纳税申报；选项B，土地增值税的纳税地点为房地产所在地；选项D，除保障性住房外，东部地区省份预征率不得低于2%，中部和东北地区省份不得低于1.5%，西部地区省份不得低于1%。

二、多项选择题

1. ACDE 【解析】选项A、B，土地使用权

第 5 章

出让不缴纳土地增值税，国有土地使用权转让应纳税。选项 C、D、E，房地产的权属未发生转移，不缴纳土地增值税。

2. ABCD 【解析】对于县级及县级以上人民政府要求房地产开发企业在售房时代收的各项费用，如果代收费用是计入房价中向购买方一并收取的，可作为转让房地产所取得的收入计税；如果代收费用未计入房价中，而是在房价之外单独收取的，可以不作为转让房地产的收入。

3. CE 【解析】选项 A 和 B，对于超过贷款期限的利息部分和加罚的利息不允许扣除；选项 D，利息的上浮幅度按国家的有关规定执行，超过上浮幅度的利息部分不得扣除。

4. CD 【解析】房地产开发企业的开发项目土地增值税清算中，允许扣除与转让有关的税金。包括：城建税、教育费附加、地方教育附加，不包括增值税和与转让无关的税金。

5. ABCE 【解析】土地增值税的核定征收率不得低于 5%。

6. AB 【解析】选项 C、D、E，属于税务机关可以要求纳税人进行土地增值税清算的情形。

7. ABCE 【解析】房地产开发企业的预提费用，除另有规定外，不得扣除。

8. ABD 【解析】选项 C，可以扣除旧房及建筑物评估价格，旧房及建筑物的评估价格=重置成本价×成新度折扣率，不得直接扣除重置成本；选项 E，纳税人转让外购旧房及建筑物，凡不能取得评估价格，但能提供购房发票的，经当地税务部门确认，可按发票所载金额并从购买年度起至转让年度止每年加计 5% 计算扣除。

9. ABC 【解析】房地产开发企业将开发产品用于职工福利、奖励、对外投资、分配给股东或投资人、抵偿债务、换取其他单位和个人的非货币性资产等，所有权转移时应视同销售房地产；房地产开发企业将开发的部分房地产转为企业自用或用于出租等商业用途，如产权未发生转移，不征收土地增值税，在税款清算时不列收入，不扣除相应的成本费用。

10. ABDE 【解析】选项 C，计入开发成本的利息应调整至开发费用扣除。

11. BCD 【解析】选项 A、B，建造普通标准住宅出售、转让旧房作为改造安置住房房源的情形，增值额未超过扣除项目金额 20%（含 20%）的免税。选项 D、E，企业改制重组涉及的土地增值税予以免征，但该政策不适用于房地产转移任意一方为房地产开发企业的情形。

三、计算题

（1）B；（2）A；（3）A；（4）A。

【解析】

因该企业已竣工验收的房地产开发项目，已全部转让，所以该企业应当进行土地增值税清算。

（1）允许扣除的土地使用权支付的金额 = 18 000×（1+3%）= 18 540（万元）。

（2）允许扣除的税金及附加 = 54 000/90%×5%×（5%+3%+2%）= 300（万元）。

（3）允许扣除项目金额的合计数 = 18 540+6 000+2 000+（18 540+6 000）×5%+300+（18 540+6 000）×20% = 32 975（万元）。

（4）应补缴的土地增值税的计算：

收入合计 = 54 000÷90% = 60 000（万元）；

增值率 = （60 000 - 32 975）÷32 975×100% = 81.96%；

应补缴的土地增值税 = （60 000-32 975）×40% - 32 975×5% - 1 080 = 8 081.25（万元）。

四、综合题

1.（1）ACD；（2）A；（3）A；（4）C；（5）D；（6）ABCD。

【解析】

（1）选项 B，企业缴纳的土地闲置费不可以在计算土地增值税时扣除，但是可以在计算企业所得税前扣除；选项 E，契税可以作为取得土地使用权支付的地价款扣除，不能作为转让环节的税金扣除。

（2）可以扣除的土地成本金额＝（17 000＋17 000×5%）×90%＝16 065（万元）。

（3）可以扣除的开发成本金额＝（2 450＋3 150）×90%＝5 040（万元）。

（4）超过贷款期限的利息和罚息在土地增值税税前不能扣除。所以金融机构利息费用，在土地增值税税前可以扣除450万元，在企业所得税税前可以扣除600万元。

可以扣除的开发费用＝（600－150）×90%＋（16 065＋5 040）×5%＝1 460.25（万元）。

（5）扣除项目金额＝16 065＋5 040＋1 460.25＋243＋（16 065＋5 040）×20%＝27 029.25（万元）；

增值额＝40 500－27 029.25＝13 470.75（万元）；

增值率＝13 470.75÷27 029.25×100%＝49.84%；

应纳土地增值税＝13 470.75×30%＝4 041.23（万元）。

（6）选项E，当税务机关认定纳税人所提供的转让房地产所取得的收入或扣除项目金额不实，不能作为计税依据，必须进行房地产评估时，纳税人才提供政府批准设立的评估机构对房地产所作的评估报告。

2.（1）B；（2）C；（3）C；（4）C；（5）D；（6）A。

【解析】（1）将受让土地使用权的80%用于开发建造住宅楼，则地价款只能按80%

扣除。

可以扣除的取得土地使用权所支付的金额＝9 000×（1＋3%）×80%＝7 416（万元）。

（2）可以扣除的开发成本＝3 000－520＝2 480（万元）。

（3）销售住宅楼应缴纳的增值税＝20 000×5%＝1 000（万元）；

销售住宅楼应缴纳的城建税及附加＝1 000×（5%＋3%＋2%）＝100（万元）；

加计扣除金额＝（7 416＋2 480）×20%＝1 979.20（万元）；

扣除项目金额总计＝7 416＋2 480＋（7 416＋2 480）×10%＋100＋1 979.2＝12 964.80（万元）。

（4）增值额＝20 000－12 964.8＝7 035.2（万元）；

增值率＝7 035.2÷12 964.8×100%＝54.26%，适用税率为40%，速算扣除系数为5%；

应缴纳土地增值税＝7 035.2×40%－12 964.8×5%＝2 165.84（万元）。

（5）转让旧房扣除项目＝100×（1＋3%）＋3 000＋180＝3 283（万元）。

（6）增值额＝3 500－3 283＝217（万元）；

增值率＝217÷3 283×100%＝6.61%＜20%；

纳税人转让旧房作为改造安置住房房源且增值额未超过扣除项目金额20%的，免征土地增值税。所以转让职工宿舍楼应缴纳的土地增值税为0。

第6章 资源税

考情解密

历年考情概况

本章为重点内容，考试题型主要为单选题和多选题，也经常和增值税相结合出现在主观题中。历年考试中所占分值为 10 分左右。

近年考点直击

考点	主要考查题型	考频指数	考查角度
纳税人	单选题、多选题	★★	纳税人范围
税目和税率	单选题、多选题	★★★	资源税具体税目判定 资源税税率形式
应纳税额计算	单选题、多选题、计算题、综合题	★★★	销售数量确定 销售价格中价税分离、价外费用、价格扣除等规则
征收管理	单选题、多选题	★★	纳税义务发生时间、纳税期限、缴库期限、纳税地点记忆

本章2021年考试主要变化

（1）新增"纳税人自采原矿自用、用于加工等情形下资源税如何征收"的表述；

（2）新增"其他减免税"规定；

（3）新增"资源税计税依据"的特殊规定；

（4）新增"准予扣减外购应税产品的购进金额或购进数量"的规定。

考点详解及精选例题

一、纳税人 ★★

扫我解疑难

（1）资源税的纳税人是在中华人民共和国领域和中华人民共和国管辖的其他海域开发应税资源的单位和个人。

（2）中外合作开采陆上、海洋石油资源的企业应缴纳资源税。

在 2011 年 11 月 1 日前已依法订立中外合作开采陆上、海上石油资源合同的，在合同有效期内，继续缴纳矿区使用费，不缴纳资源税；合同期满后，依法缴纳资源税。

（3）对取用地表水或地下水的单位和个人试点征收水资源税。征收水资源税的，停止征收水资源费。

【提示 1】 资源税进口不征，出口不免不退。

【提示 2】 资源税在开采或生产的单一环节征收，已税产品销售或加工后销售均不再纳税。

【例题 1·单选题】下列各项中，不属于

资源税纳税人的是(　　)。

A. 进口铁矿石的贸易公司

B. 开采原煤的私营煤矿

C. 开采陆上石油的中外合作油气田

D. 试点地区取用地表水的滑雪场

解析 ▶ 资源税进口不征，出口不免不退。选项 A，进口铁矿石不缴纳资源税。

答案 ▶ A

二、税目和税率

扫我解疑难

(一)税目★★★(见表 6-1)

《资源税法》共设置 5 个一级税目 17 个二级子税目。

所列的具体税目有 164 个，各税目的征税对象包括原矿、选矿、原矿或者选矿，涵盖了所有已经发现的矿种和盐。

表 6-1　资源税税目

税目	具体内容
能源矿产	(1)原油； (2)天然气、页岩气、天然气水合物； (3)煤； (4)煤成(层)气； (5)铀、钍； (6)油页岩、油砂、天然沥青、石煤； (7)地热
金属矿产	(1)黑色金属； (2)有色金属
非金属矿产	(1)矿物类； (2)岩石类； (3)宝玉石类
水气矿产	(1)二氧化碳气、硫化氢气、氦气、氡气； (2)矿泉水
盐	(1)钠盐、钾盐、镁盐和锂盐； (2)天然卤水； (3)海盐

【提示 1】应税资源产品：境内天然初级资源。

(1)从境外进口资源不交税。

(2)人造资源不交税。

(3)深加工的产品不交税：

原油√　成品油×

原煤√　未税原煤加工的洗选煤√　煤炭制品×

【提示 2】纳税人开采或者生产应税产品自用的，应当依法缴纳资源税；但是自用于连续生产应税产品的，不缴纳资源税。

(1)自采原煤连续生产洗选煤，原煤不计税。

(2)自采原煤连续生产煤炭制品，原煤视同销售计税。

(3)自采原煤用于投资、分配、交换等，原煤视同销售计税。

(二)税率★★

(1)资源税实行从价计征或者从量计征，采用比例税率和定额税率两种形式。

(2)地热、砂石、矿泉水、天然卤水、石灰岩、其他粘土可采用从价计征或从量计征的方式，其他应税产品统一适用从价定率征收的方式。

(3)《税目税率表》中规定实行幅度税率的，其具体适用税率由省、自治区、直辖市人民政府在《税目税率表》规定的税率幅度内提出，报同级人民代表大会常务委员会决定，并报全国人民代表大会常务委员会和国务院备案。

(4)《税目税率表》中规定征税对象为原矿或者选矿的，应当分别确定具体适用税率。

纳税人以自采原矿洗选加工为选矿产品销售，或者将选矿产品自用于应当缴纳资源税情形的，按照选矿产品计征资源税，在原矿移送环节不缴纳资源税。对于无法区分原生岩石矿种的粒级成型砂石颗粒，按照砂石税目征收资源税。

(5)水资源税实行差别税率。

(6)纳税人开采或者生产不同税目应税产品的，应当分别核算不同税目应税产品的销售额或者销售数量；未分别核算或者不能准确提供不同税目应税产品的销售额或者销售数量的，从高适用税率。

（7）纳税人开采或者生产同一税目下适用不同税率应税产品的，应当分别核算不同税率应税产品的销售额或者销售数量；未分别核算或者不能准确提供不同税率应税产品的销售额或者销售数量的，从高适用税率。

【例题 2·多选题】 下列属于资源税中的应税资源的有（　　）。

A. 天然气　　　　B. 矿泉水
C. 砂石　　　　　D. 成品油
E. 氦气

解析 ▶ A、B、C、E 均为资源税的征税范围；选项 D，原油属于应税资源，但成品油不属于应税资源。　　**答案** ▶ ABCE

【例题 3·多选题】 下列属于资源税中的应税资源的有（　　）。

A. 高岭土　　　　B. 石灰岩
C. 宝石　　　　　D. 人造石油

E. 已税原煤加工的洗选煤

解析 ▶ 选项 D，原油属于应税资源，人造石油不属于应税资源。选项 E，未税原煤加工的洗选煤应征资源税，但已税原煤加工的洗选煤不属于资源税征税范围。　　**答案** ▶ ABC

三、计税依据和应纳税额计算★★★（见表6-2）

扫我解疑难

纳税人开采或者生产应税产品自用的，应当依照本法规定缴纳资源税；但是，自用于连续生产应税产品的，不缴纳资源税。

（一）从量定额

销售数量包括：纳税人开采或者生产应税产品的实际销售数量和视同销售的自用数量。

（二）从价定率

表6-2　资源税计税依据和应纳税额计算

情形		具体规定
一般销售	销售额	销售额=全部价款+价外费用 **【提示】** 计税依据不包括增值税。价税分离用3%（疫情期间优惠1%）征收率或13%、9%（天然气）税率
	价外费用	价外费用不包括： （1）同时符合列明条件的代垫运输费用； （2）同时符合列明条件的代为收取的政府性基金或者行政事业性收费
	运杂费用	计入销售额中的相关运杂费用，凡取得增值税发票或者其他合法有效凭据的，准予从销售额中扣除。相关运杂费用是指应税产品从坑口或者洗选（加工）地到车站、码头或者购买方指定地点的运输费用、建设基金以及随运销产生的装卸、仓储、港杂费用
视同销售	视同销售范围	纳税人以应税产品用于非货币性资产交换、捐赠、偿债、赞助、集资、投资、广告、样品、职工福利、利润分配或者连续生产非应税产品等应计征资源税
	视同销售销售额	纳税人申报的应税产品销售额明显偏低且无正当理由的，或者有自用应税产品行为而无销售额的，主管税务机关可以按下列方法和顺序确定其应税产品销售额： （1）按纳税人最近时期同类产品的平均销售价格确定； （2）按其他纳税人最近时期同类产品的平均销售价格确定； （3）按后续加工非应税产品销售价格，减去后续加工环节的成本利润后确定； （4）按应税产品组成计税价格确定。 组成计税价格=成本×（1+成本利润率）÷（1-资源税税率） 上述公式中的成本利润率由省、自治区、直辖市税务机关确定。 （5）按其他合理方法确定

第6章

续表

情形		具体规定
混合销售混合加工	扣减政策	(1)纳税人外购应税产品与自采应税产品混合销售或者混合加工为应税产品销售的，在计算应税产品销售额或者销售数量时，准予扣减外购应税产品的购进金额或者购进数量；当期不足扣减的，可结转下期扣减。 (2)纳税人应当准确核算外购应税产品的购进金额或者购进数量，未准确核算的，一并计算缴纳资源税。 (3)纳税人核算并扣减当期外购应税产品购进金额、购进数量，应当依据外购应税产品的增值税发票、海关进口增值税专用缴款书或者其他合法有效凭据
	直接扣减	纳税人以外购原矿与自采原矿混合为原矿销售，或者以外购选矿产品与自产选矿产品混合为选矿产品销售，在计算应税产品销售额或者销售数量时，直接扣减外购原矿或者外购选矿产品购进金额或者购进数量
	计算扣减	纳税人以外购原矿与自采原矿混合洗选加工为选矿产品销售的，在计算应税产品销售额或者销售数量时，按照下列方法进行扣减： 准予扣减的外购应税产品购进金额（数量）＝外购原矿购进金额（数量）×（本地区原矿适用税率÷本地区选矿产品适用税率） 不能按照上述方法计算扣减的，按照主管税务机关确定的其他合理方法进行扣减

【例题4·单选题】某饮料厂2021年2月开发生产矿泉水3 000立方米，本月销售2 000立方米，已知当地规定矿泉水实行定额征收资源税，资源税税率为3元/立方米，则当月该厂应纳资源税（　）元。

A. 600　　　　　B. 6 000

C. 6 600　　　　D. 9 000

解析 ▶ 资源税应纳税额＝2 000×3＝6 000（元）。 **答案** ▶ B

【例题5·单选题】某铜矿开采企业（一般纳税人）2021年2月开采并销售铜矿原矿，开具增值税专用发票，注明不含增值税价款800万元；销售铜矿选矿取得含增值税销售额1 130万元。当地省人民政府规定，铜矿原矿资源税税率为4%，铜矿选矿资源税税率为8%。该企业2021年2月应缴纳的资源税额为（　）万元。

A. 32.00　　　　B. 112.00

C. 122.40　　　　D. 840.00

解析 ▶ 资源税应纳税额＝800×4%＋1 130/（1＋13%）×8%＝112（万元）。 **答案** ▶ B

【例题6·单选题】某煤矿企业2021年2月外购原煤2 000吨，取得增值税专用发票，注明不含税价款120万元。将外购原煤和自采原煤混合后销售5 000吨，开具增值税专用发票，注明不含值税价款330万元；当地省人民政府规定，原煤资源税率为3%。该企业2021年2月应缴纳的资源税额为（　）万元。

A. 3.60　　　　　B. 6.30

C. 9.90　　　　　D. 13.50

解析 ▶ 纳税人以外购原矿与自采原矿混合为原矿销售，或者以外购选矿产品与自产选矿产品混合为选矿产品销售的，在计算应税产品销售额或者销售数量时，直接扣减外购原矿或者外购选矿产品的购进金额或者购进数量。该企业2月资源税应纳税额＝（330－120）×3%＝6.30（万元）。 **答案** ▶ B

【例题7·单选题】某煤矿企业2021年2月外购原煤一批，取得增值税专用发票，注明不含税价款100万元。将外购原煤和自采原煤混合加工为选煤销售，开具增值税专用发票，注明不含税价款350万元；当地省人民政府规定，原煤资源税税率为3%，选煤资源税税率为2%。该企业2021年2月应缴纳的资源税额为（　）万元。

A. 3　　　　　　B. 4

C. 7　　　　　　D. 10

解析 ▶ 准予扣减的外购应税产品购进金

额（数量）=外购原矿购进金额（数量）×（本地区原矿适用税率÷本地区选矿产品适用税率）= 100×（3%÷2%）= 150（万元）。

资源税应纳税额=（350-150）×2% = 4（万元）。

答案 ▶ B

【例题 8·单选题】某位于甲地的煤矿企业 2021 年 2 月到乙地外购原煤一批，取得增值税专用发票，注明不含税价款 100 万元。将外购原煤和自采原煤混合加工为选煤销售，开具增值税专用发票，注明不含增值税价款 350 万元；已知甲地原煤资源税税率为 5%，选煤资源税税率为 4%；乙地原煤资源税税率为 3%，选煤资源税税率为 2%。该企业 2021 年 2 月应缴纳的资源税税额为（　）万元。

A. 2　　　　　B. 4

C. 8　　　　　D. 10

解析 ▶ 准予扣减的外购应税产品购进金额（数量）=外购原矿购进金额（数量）×（乙地原矿适用税率÷乙地选矿产品适用税率）= 100×（3%÷2%）= 150（万元）资源税应纳税额=（350-150）×4% = 8（万元）。

答案 ▶ C

四、税收优惠★★★（见表6-3）

扫我解疑难

表 6-3　资源税税收优惠

项目	具体内容
免征	（1）开采原油以及在油田范围内运输原油过程中用于加热的原油、天然气； （2）煤炭开采企业因安全生产需要抽采的煤成（层）气
减征	（1）从低丰度油气田开采的原油、天然气，减征20%资源税； （2）高含硫天然气、三次采油和从深水油气田开采的原油、天然气，减征30%资源税； （3）稠油、高凝油减征40%资源税； （4）从衰竭期矿山开采的矿产品，减征 30%资源税
酌情减免	有下列情形之一的，省、自治区、直辖市可以决定免征或者减征资源税： （1）纳税人开采或者生产应税产品过程中，因意外事故或者自然灾害等原因遭受重大损失； （2）纳税人开采共伴生矿、低品位矿、尾矿
小规模普惠	自 2019 年 1 月 1 日至 2021 年 12 月 31 日，省、自治区、直辖市人民政府根据本地区实际情况，以及宏观调控需要确定，对增值税小规模纳税人可以在50%的税额幅度内减征资源税（不含水资源税）。 【提示 1】增值税一般纳税人按规定转登记为小规模纳税人的，自成为小规模纳税人的当月起适用减征优惠。 【提示 2】小微企业普惠性税收减免：资源税、城市维护建设税、房产税、城镇土地使用税、印花税、耕地占用税和教育费附加、地方教育附加
其他减免	（1）自 2014 年 12 月 1 日至 2023 年 8 月 31 日，对充填开采置换出来的煤炭，资源税减征50%。 （2）纳税人开采或者生产同一应税产品，其中既有享受减免税政策的，又有不享受减免税政策的，按照免税、减税项目的产量占比等方法分别核算确定免税、减税项目的销售额或者销售数量。 （3）纳税人开采或者生产同一应税产品同时符合两项或者两项以上减征资源税优惠政策的，除另有规定外，只能选择其中一项执行。 （4）纳税人享受资源税优惠政策，实行"自行判别、申报享受、有关资料留存备查"的办理方式，另有规定的除外

【例题 9·多选题】下列关于资源税的征税政策，说法正确的有（　）。

A. 开采原油以及在油田范围内运输原油过程中用于加热的原油、天然气免税

B. 煤炭开采企业因安全生产需要抽采的煤成（层）气，减征百分之四十资源税

C. 从衰竭期矿山开采的矿产品，减征百分之三十资源税

D. 高凝油减征百分之四十资源税

E. 进口资源产品不征收资源税

解析 ▶ 选项B，煤炭开采企业因安全生产需要抽采的煤成（层）气免征资源税。

答案 ▶ ACDE

【例题 10·单选题】 某石化企业 2021 年 3 月开采原油 5 000 吨，销售原油 2 000 吨，每吨不含增值税销售额为 0.5 万元。另将原油 1 000 吨用于加工成品油。开采原油过程中用于加热耗用原油 2 吨。已知原油资源税税率为 6%。该企业 2021 年 3 月应缴纳的资源税税额为（　　）万元。

A. 60.00　　　　B. 90.00

C. 90.06　　　　D. 480.00

解析 ▶ 开采原油以及在油田范围内运输原油过程中用于加热的原油、天然气免税；原油用于加工成品油应视同销售计征资源税。资源税应纳税额 = 0.5×（2 000＋1 000）×6% ＝ 90（万元）。

答案 ▶ B

五、征收管理★★（见表6-4）

扫我解疑难

表 6-4　征收管理

项目	具体规定
纳税义务发生时间	（1）销售应税产品：为收讫销售款或者取得索取销售款凭据的当日。 （2）自用应税产品：为移送应税产品的当日
纳税期限	按月或按季申报缴纳；不能按固定期限计算纳税的，可以按次申报缴纳
缴库期限	（1）按月或按季申报的，应当自月度或季度终了之日起 15 日内申报缴纳税款。 （2）按次申报的，应当自纳税义务发生之日起 15 日内申报缴纳税款
纳税地点	矿产品开采地、海盐生产地

【例题 11·单选题】 下列关于资源税征收管理规定，说法不正确的是（　　）。

A. 自产自用应税产品的，纳税义务发生时间为移送应税产品的当日

B. 资源税一律按月计算，按季申报缴纳

C. 按月或按季申报的，应当自月度或季度终了之日起 15 日内申报缴纳税款

D. 资源税纳税地点为矿产品开采地或者海盐生产地

解析 ▶ 选项B，资源税按月或按季申报缴纳；不能按固定期限计算纳税的，可以按次申报缴纳。

答案 ▶ B

真题精练

一、单项选择题

1.（2020 年）2020 年 9 月，某锡矿开采企业开采锡矿原矿 300 吨。本月销售锡矿原矿 200 吨，取得不含税销售额 500 万元；剩余锡矿原矿 100 吨移送加工选矿 80 吨，本月全部销售，取得不含税销售额 240 万元。锡矿原矿和锡矿选矿资源税税率分别为 5% 和 6.5%。该企业当月应缴纳资源税（　　）万元。

A. 15.60　　　　B. 40.60

C. 41.25　　　　D. 53.10

2.（2020 年）关于资源税税率，下列说法正确的是（　　）。

A. 有色金属选矿一律实行幅度比例税率

B. 开采不同应税产品的，未分别核算或不能准确提供不同应税产品的销售额或销售数量的，从高适用税率

C. 原油和天然气税目不同，适用税率也不同

D. 具体适用税率由省级人民政府提出，

报全国人民代表大会常委会决定

3. (2018 年改)关于资源税税收优惠，下列说法正确的是( )。

A. 对深水油气田减征 20%资源税

B. 开采原油过程中用于加热的原油免征资源税

C. 从衰竭期矿山开采的矿产品，减征 20%资源税

D. 对低丰度油气田减征 30%资源税

4. (2018 年改)2020 年 3 月，某原油开采企业(增值税一般纳税人)销售原油取得不含税销售额 3 560 万元，开采过程中的加热使用原油 1 吨，用 10 吨原油与汽车生产企业换取一辆汽车。原油不含税销售价格 0.38 万元/吨，原油资源税税率 6%。该企业当月应纳资源税( )万元。

A. 182.56   B. 213.83

C. 213.85   D. 213.60

5. (2017 年改)某煤矿企业为增值税一般纳税人，2020 年 2 月开采原煤 1 000 吨并全部

销售，取得不含增值税销售额 48 000 万元，煤炭资源税税率为 5%，该煤矿企业当月应纳资源税( )万元。

A. 2 650.00   B. 2 400.00

C. 2 692.50   D. 3 000.00

6. (2015 年改)某原油开采企业为增值税一般纳税人，2020 年 3 月开采原油 10 万吨当月销售 6 万吨，不含税收入 24 000 万元，另外 1 万吨用于加热使用，当月应纳资源税( )万元(原油资源税税率 6%)。

A. 1 680   B. 1 440

C. 2 400   D. 2 160

二、多项选择题

(2020 年)根据《中华人民共和国资源税法》规定，下列属于资源税征税对象的有( )。

A. 钨矿原矿   B. 海盐

C. 钼矿原矿   D. 锰矿原矿

E. 人造石油

真题精练答案及解析

一、单项选择题

1. B 【解析】锡矿开采企业当月应缴纳的资源税=500×5%+240×6.5%=40.60(万元)。

2. B 【解析】选项 A，有色金属中的钨、钼、中重稀土选项采用固定比例税率，其他的选矿适用幅度比例税率。选项 C，原油和天然气都属于能源矿产税目，适用税率都为 6%。选项 D，《税目税率表》中规定实行幅度税率的，其具体适用税率由省、自治区、直辖市人民政府统筹考虑该应税资源的品位、开采条件以及对生态环境的影响等情况，在《税目税率表》规定的税率幅度内提出，报同级人民代表大会常务委员会决定，并报全国人民代表大会常务委员会和国务院备案。

3. B 【解析】选项 A，对深水油气田资源税

减征 30%；选项 C，从衰竭期矿山开采的矿产品，减征 30%资源税；选项 D，对低丰度油气田资源税减征 20%。

4. B 【解析】开采过程中加热用原油免征资源税。当月应缴纳资源税=(3 560+0.38×10)×6%=213.83(万元)。

5. B 【解析】当月应纳资源税=48 000×5%=2 400(万元)。

6. B 【解析】应缴纳的资源税=24 000×6%=1 440(万元)。

二、多项选择题

BD 【解析】选项 A，钨矿资源税征税对象为钨矿选矿；选项 C，钼矿资源税征税对象为钼矿选矿；选项 E，人造石油不属于资源税征税范围。

第 6 章

同步训练 限时30分钟

扫我做试题

一、单项选择题

1. 下列各类企业中，不属于资源税纳税人的是（ ）。
   A. 销售成品油的加油站
   B. 开采铁矿石的矿山
   C. 中外合作开采海洋石油资源的企业
   D. 生产海盐的盐场

2. 下列关于资源税税率的表述中，错误的是（ ）。
   A. 资源税实行从价计征或者从量计征，采用比例税率和定额税率两种形式
   B. 《税目税率表》中规定实行幅度税率的，其具体适用税率由省、自治区、直辖市人民政府在规定的税率幅度内决定
   C. 纳税人开采或者生产不同税目应税产品的，未分别核算或者不能准确提供不同税目应税产品的销售额或者销售数量的，从高适用税率
   D. 《税目税率表》中规定征税对象为原矿或者选矿的，应当分别确定具体适用税率

3. 某油田2021年2月开采原油10 000吨，当月销售2 000吨，取得不含增值税的销售额10 000万元。另用开采的原油500吨对外投资设厂。已知原油资源税率为6%。则该油田当月应缴纳的资源税为（ ）万元。
   A. 120   B. 750
   C. 3 000   D. 4 000

4. 纳税人以外购原矿与自采原矿混合洗选加工为选矿产品销售的，在计算应税产品销售额或者销售数量时，按照规定方法进行扣减，下列计算方法中正确的是（ ）。
   A. 准予扣减的外购应税产品购进金额（数量）＝外购原矿购进金额（数量）×（本地区选矿适用税率÷本地区原矿产品适用税率）
   B. 准予扣减的外购应税产品购进金额（数量）＝外购原矿购进金额（数量）×（本地区原矿适用税率÷本地区选矿产品适用税率）
   C. 准予扣减的外购应税产品购进金额（数量）＝外购原矿购进金额（数量）÷本地区原矿适用税率
   D. 准予扣减的外购应税产品购进金额（数量）＝外购原矿购进金额（数量）×本地区原矿产品适用税率

5. 某煤矿企业2021年2月外购选煤一批，取得增值税专用发票，注明不含增值税价款200万元。将外购选煤和自采原煤加工的选煤混合后销售，开具增值税专用发票，注明不含增值税价款290万元；当地省人民政府规定，选煤资源税率为2%。该企业当月应缴纳的资源税税额为（ ）万元。
   A. 1.80   B. 4.00
   C. 5.80   D. 9.80

6. 某煤矿企业2021年2月外购原煤一批，取得增值税专用发票，注明不含增值税价款200万元。将外购原煤和自采原煤混合后销售，开具增值税专用发票，注明不含增值税价款190万元；当地省人民政府规定，原煤资源税率为3%。该企业当月应缴纳的资源税税额为（ ）万元。
   A. 0   B. 5.70
   C. 6.00   D. 11.70

7. 某矿山企业2021年2月外购金原矿一批，取得增值税专用发票，注明不含税价款3 000万元。将外购金原矿和自采金原矿混合加工为金选矿销售，开具增值税专用发票，注明不含增值税价款6 800万元；当地省人民政府规定，金原矿资源税率

为6%，金选矿资源税税率为3%。该企业当月应缴纳的资源税税额为( )万元。

A. 0 　　　　　　B. 24

C. 48 　　　　　　D. 114

8. 下列关于资源税的优惠政策说法不正确的是( )。

A. 开采原油以及在油田范围内运输原油过程中用于加热的原油、天然气免征资源税

B. 煤炭开采企业因安全生产需要抽采的煤成(层)气免征资源税

C. 稠油、高凝油减征百分之三十资源税

D. 从衰竭期矿山开采的矿产品，减征百分之三十资源税

9. 2021年3月某油田从低丰度油气田开采原油10 000吨，当月销售2 000吨，取得不含增值税的销售额10 000万元。另用开采的原油500吨用于加工成品油，5吨用于油田范围内运输原油过程中的加热。已知原油资源税税率为6%。则该油田当月应缴纳的资源税为( )万元。

A. 600 　　　　　　B. 750

C. 3 000 　　　　　　D. 4 000

10. 某油气田企业(一般纳税人)，2021年1月采用分期收款方式销售天然气一批，共收取含增值税销售额981万元。合同规定全部价款分3个月平均支付。当月实际取得价款200万元，并按实际收款金额开具了发票。已知天然气资源税税率为6%。当月应纳资源税为( )万元。

A. 12.00 　　　　　　B. 17.36

C. 18.00 　　　　　　D. 54.00

11. 位于甲县的饮料厂2021年1月在乙县开发生产矿泉水10 000立方米，本月销售6 000立方米，自己使用100立方米，已知当地规定矿泉水实行定额征收资源税，资源税税率为4元每立方米，则关于该厂应纳资源税的说法正确的是( )。

A. 饮料厂应在甲县缴纳资源税24 000元

B. 饮料厂应在甲县缴纳资源税24 400元

C. 饮料厂应在乙县缴纳资源税24 000元

D. 饮料厂应在乙县缴纳资源税24 400元

二、多项选择题

1. 按照现行资源税规定，下列资源中，属于资源税征税范围的有( )。

A. 汽油 　　　　　　B. 天然卤水

C. 二氧化碳气 　　D. 煤成(层)气

E. 煤炭制品

2. 下列应税资源中，可采用从价计征或从量计征方式计算资源税的有( )。

A. 地热 　　　　　　B. 砂石

C. 天然卤水 　　　　D. 海盐

E. 粘土

3. 某煤矿下列业务，应缴纳资源税的有( )。

A. 销售自采原煤

B. 将自采原煤用于投资

C. 将自采原煤加工的洗选煤用于冬季取暖

D. 将自采原煤用于加工洗煤

E. 将外购原煤用于销售

4. 下列各项关于资源税减免税规定的表述中，正确的有( )。

A. 对出口的应税产品免征资源税

B. 对进口的应税产品不征收资源税

C. 纳税人开采尾矿一律免征资源税

D. 从深水油气田开采的天然气，减征30%资源税

E. 开采原油过程中用于加热的原油免征资源税

同步训练答案及解析

一、单项选择题

1. A 【解析】选项A，成品油不属于应税资源，不缴纳资源税。

2. B 【解析】选项B，《税目税率表》中规定实行幅度税率的，其具体适用税率由省、自治区、直辖市人民政府在《税目税率表》

第6章

规定的税率幅度内提出，报同级人民代表大会常务委员会决定，并报全国人民代表大会常务委员会和国务院备案。

3. B 【解析】用开采的原油 500 吨对外投资设厂，需要视同销售缴纳资源税。按照同类原油的对外销售价格（不含增值税）计算资源税。

资源税应纳税额 = 10 000÷2 000×（2 000+500）×6% = 750（万元）。

4. B 【解析】纳税人以外购原矿与自采原矿混合洗选加工为选矿产品销售的，在计算应税产品销售额或者销售数量时，按照下列方法进行扣减：

准予扣减的外购应税产品购进金额（数量）= 外购原矿购进金额（数量）×（本地区原矿适用税率÷本地区选矿产品适用税率）。

5. A 【解析】纳税人外购应税产品与自采应税产品混合销售或者混合加工为应税产品销售的，在计算应税产品销售额或者销售数量时，准予扣减外购应税产品的购进金额或者购进数量；当期不足扣减的，可结转下期扣减。资源税应纳税额 = （290－200）×2% = 1.8（万元）。

6. A 【解析】纳税人外购应税产品与自采应税产品混合销售或者混合加工为应税产品销售的，在计算应税产品销售额或者销售数量时，准予扣减外购应税产品的购进金额或者购进数量；当期不足扣减的，可结转下期扣减。由于当月混合后的原煤销售额 190 万元，允许扣减外购原煤的价款为 200 万元，不足扣减，所以资源税应纳税额为 0。

7. B 【解析】准予扣减的外购应税产品购进金额（数量）= 外购原矿购进金额（数量）×

（本地区原矿适用税率÷本地区选矿产品适用税率）= 3 000×（6%÷3%）= 6 000（万元）。

资源税应纳税额 = （6 800－6 000）×3% = 24（万元）。

8. C 【解析】选项 C，稠油、高凝油减征百分之四十资源税。

9. A 【解析】从低丰度油气田开采原油，减征 20% 资源税。

资源税应纳税额 = 10 000÷2 000×（2 000+500）×6%×（1－20%）= 600（万元）。

10. C 【解析】纳税人采取分期收款结算方式的，其纳税义务发生时间为销售合同规定的收款日期的当天。当月应纳资源税 = 981÷（1+9%）÷3×6% = 18（万元）。

11. D 【解析】资源税纳税地点为矿产品开采地或者海盐生产地，应在乙县缴纳资源税，应纳税额 = （6 000 + 100）× 4 = 24 400（元）。

二、多项选择题

1. BCD 【解析】汽油、煤炭制品不属于资源税的征税范围。

2. ABCE 【解析】地热、砂石、矿泉水、天然卤水、石灰岩、其他粘土可采用从价计征或从量计征的方式，其他应税产品统一适用从价定率征收的方式。

3. ABC 【解析】选项 D，纳税人将开采的原煤自用于连续生产洗选煤的，在原煤移送使用环节不缴纳资源税；自用于其他方面的，视同销售原煤计算缴纳资源税；选项 E，将外购原煤用于销售无须缴纳资源税。

4. BDE 【解析】选项 A，对出口的应税产品应征收资源税；选项 C，纳税人开采共伴生矿、低品位矿、尾矿，由省、自治区、直辖市决定免征或者减征资源税。

第7章　车辆购置税

考情解密

历年考情概况

本章为非重点内容，考试题型主要为单选题和多选题，也可以和进口关税、增值税、消费税相结合出现在计算题或综合题中。历年考试中所占分值为8分左右。

近年考点直击

考点	主要考查题型	考频指数	考查角度
纳税人、征税范围	单选题、多选题	★★	车辆购置税的应税行为 应税车辆的范围
计税依据、应纳税额计算	单选题、多选题、计算题、综合题	★★★	以文字或计算方式考核不同情形下计税依据的确定和应纳税额计算
税收优惠	单选题、多选题	★★	税收优惠的记忆
退税	单选题、多选题	★★	退税情形和计算
申报与缴纳	单选题、多选题	★★	纳税地点、纳税义务发生时间等规定的记忆

本章2021年考试主要变化

本章考试内容无实质性变化。

考点详解及精选例题

一、车辆购置税概述★

扫我解疑难

《车辆购置税法》于2019年7月1日起施行。

车辆购置税特点：

（1）征收范围有限：行为税。

（2）征收环节单一：一次课征。

（3）征税目的特定：中央税，专门用于交通建设。

（4）采取价外征收：计税依据既不含增值税税额，也不含车辆购置税税额。

二、纳税人★★

扫我解疑难

车辆购置税的纳税人为在中国境内购置应税车辆的单位和个人。

三、征税对象★★（见表7-1）

扫我解疑难

表7-1　征税对象

项目	具体内容
包括	汽车、有轨电车、汽车挂车、排气量超过150毫升的摩托车

续表

项目	具体内容
不包括	地铁、轻轨等城市轨道交通车辆，装载机、平地机、挖掘机、推土机等轮式专用机械车，以及起重机(吊车)、叉车、电动摩托车

四、征税范围★★

扫我解疑难

纳税环节：登记注册前的使用环节。

(1)购买自用行为；

(2)进口自用行为；

(3)受赠使用行为；

(4)自产自用行为；

(5)获奖自用行为；

(6)其他自用行为：如拍卖、抵债、走私、罚没等。

【提示1】购置销售行为不征税。

【提示2】购置已税的车辆，不再征税。

【例题1·多选题】下列各项中，属于车辆购置税应税行为的有( )。

A. 受赠使用应税车辆

B. 进口使用应税车辆

C. 经销商经销应税车辆

D. 债务人以应税车辆抵债

E. 汽车厂以应税车辆投资

解析 ▶ 车辆购置税的纳税人是指在我国境内购置应税车辆的单位和个人。其中购置是指购买自用行为、进口自用行为、受赠使用行为、自产自用行为、获奖自用行为以及以拍卖、抵债、走私、罚没等方式取得并自用的行为，这些行为都属于车辆购置税的应税行为。

答案 ▶ AB

【例题2·单选题】下列车辆中，需要缴纳车辆购置税的是( )。

A. 地铁　　　　　B. 电动摩托车

C. 汽车挂车　　　D. 挖掘机

解析 ▶ 车辆购置税应税车辆包括：汽车、有轨电车、汽车挂车、排气量超过150毫升的摩托车；不包括：地铁、轻轨等城市轨道交通车辆，装载机、平地机、挖掘机、推土机等轮式专用机械车，以及起重机(吊车)、叉车、电动摩托车。

答案 ▶ C

五、税率与计税依据★★★

扫我解疑难

(一)税率

统一比例税率10%。

(二)计税依据(见表7-2)

表7-2　车辆购置税计税依据

情形	计税依据
购买自用	纳税人购买应税车辆实际支付给销售者的全部价款，不含增值税和价外费用。 计税价格=全部价款÷(1+增值税税率或征收率)
自产自用	按纳税人生产的同类应税车辆的销售价格确定，不包括增值税。没有同类价格的，按照组成计税价格确定。 组成计税价格=成本×(1+成本利润率)/(1-消费税税率)
受赠、获奖、其他自用	计税价格：按照购置应税车辆时相关凭证载明的价格确定，不包括增值税。 【提示】购置凭证是指原车辆所有人购置或者以其他方式取得应税车辆时载明价格的凭证。无法提供相关凭证的，参照同类应税车辆市场平均交易价格确定其计税价格。 原车辆所有人为车辆生产或者销售企业，未开具机动车销售统一发票的，按照车辆生产或者销售同类应税车辆的销售价格确定应税车辆的计税价格。无同类应税车辆销售价格的，按照组成计税价格确定应税车辆的计税价格。 纳税人申报的应税车辆计税价格明显偏低，又无正当理由的，由税务机关按规定核定其应纳税额

第7章

【例题3·单选题】下列关于车辆购置税计税依据的说法不正确的是( )。

A. 自产自用车辆的计税价格按纳税人生产的同类应税车辆的销售价格确定，不包括增值税

B. 自产自用车辆的无同类应税车辆的销售价格的，按照组成计税价格确定计税依据

C. 车辆购置税的计税依据中不含增值税

D. 车辆购置税的计税依据中不含消费税

解析 ▶ 车辆购置税的计税依据中不含增值税，但含消费税。 **答案** ▶ D

【例题4·单选题】2020年12月王某从汽车4S店(一般纳税人)购置了一辆乘用车，支付含增值税购车款220 000元并取得"机动车销售统一发票"，支付代收保险费5 000元并取得保险公司开具的票据，支付购买工具件价款(含增值税)1 000元并取得汽车4S店开具的普通发票。王某应缴纳的车辆购置税为( )元。

A. 19 469.03

B. 19 557.52

C. 20 000.00

D. 22 000.00

解析 ▶ 购买自用的车辆购置税计税依据为纳税人实际支付给销售者的全部价款，不含增值税和价外费用。王某应缴纳的车辆购置税=220 000÷1.13×10%=19 469.03(元)。

答案 ▶ A

【例题5·单选题】 某汽车经销商，2021年2月从国外进口5辆小轿车。海关审定的关税完税价格为每辆25万元，已知关税税率20%，消费税税率25%，该经销商已按规定缴纳了相应税金。当月该公司销售以每辆65万元的含税价格销售了2辆该款汽车，又将一辆留在本单位办公使用，另外2辆放置在展厅待售。该汽车经销商当月应纳的车辆购置税为( )万元。

A. 2.50　　　　B. 4.00

C. 13.00　　　　D. 20.00

解析 ▶ 车购税的纳税人为车辆的购置使用者。该经销商有一辆车自用，则应就此辆自用汽车纳税。进口自用车辆的组成计税价格=25×(1+20%)/(1−25%)=40(万元)；应纳税额=40×10%=4(万元)。 **答案** ▶ B

扫我解疑难

六、税收优惠 ★★★

(一)法定减免税

(1)外国驻华使馆、领事馆和国际组织驻华机构及其有关人员自用的车辆免税。

(2)中国人民解放军和中国人民武装警察部队列入装备订货计划的车辆免税。

(3)悬挂应急救援专用号牌的国家综合性消防救援车辆免税。

(4)设有固定装置的非运输专用作业车辆免税。

(5)城市公交企业购置的公共汽电车辆免税。

(二)其他减免税

(1)回国服务的在外留学人员用现汇购买1辆个人自用国产小汽车免税。

(2)长期来华定居专家进口1辆自用小汽车免税。

(3)防汛部门和森林消防部门用于指挥、检查、调度、报汛(警)、联络的由指定厂家生产的设有固定装置的指定型号的车辆免税。

(4)自2018年1月1日至2022年12月31日，对购置新能源汽车免税。

(5)自2018年7月1日至2021年6月30日，对购置挂车减半征收车辆购置税。

(6)中国妇女发展基金会"母亲健康快车"项目的流动医疗车免税。

(7)北京2022年冬奥会和冬残奥会组织委员会新购置车辆免税。

(8)原公安现役部队和原武警黄金、森林、水电部队改制后换发地方机动车牌证的车辆(公安消防、武警森林部队执行灭火救援任务的车辆除外)，一次性免税。

(9)农用三轮车免税。

（三）减免税条件消失车辆应纳税额计算（见表7-3）

表7-3　减免税条件消失车辆应纳税额计算

项目	具体规定
纳税人	发生转让行为的，受让人为车辆购置税纳税人； 未发生转让行为的，车辆所有人为车辆购置税纳税人
纳税义务发生时间	车辆转让或者用途改变等情形发生之日
税额计算	应纳税额=初次办理纳税申报时确定的计税价格×（1-使用年限×10%）×10%-已纳税额 【提示1】应纳税额不得为负数。 【提示2】使用年限的计算方法是，自纳税人初次办理纳税申报之日起，至不再属于免税、减税范围的情形发生之日止。使用年限取整计算，不满一年的不计算在内

【例题6·多选题】下列车辆可享受免征车辆购置税优惠政策的有（　）。

A. 外国驻华使馆、领事馆和国际组织驻华机构及其外交人员自用的车辆

B. 中国人民解放军和中国人民武装警察部队列入装备订货计划的车辆

C. 设有固定装置的运输专用作业车辆

D. 购置新能源汽车

E. 农用三轮车

解析 ▶ 设有固定装置的非运输专用作业车辆免税。　答案 ▶ ABDE

【例题7·单选题】某公司2018年3月购置一辆市场价格25万元（不含增值税）的车辆自用，购置时因符合免税条件而未缴纳车辆购置税。购置使用2年9个月后，免税条件消失。则该公司就该车应缴纳的车辆购置税为（　）万元。

A. 2.00

B. 1.50

C. 1.60

D. 2.50

解析 ▶ 减免税条件消失后应纳税额=初次办理纳税申报时确定的计税价格×（1-使用年限×10%）×10%-已纳税额。应纳税额=25×（1-2×10%）×10%=2（万元）。　答案 ▶ A

七、车辆购置税的退税 ★★

扫我解疑难

（一）退税情形

纳税人将已征车辆购置税的车辆退回车辆生产企业或者销售企业的，可以向主管税务机关申请退还车辆购置税。

【提示】车辆召回、被盗、损坏等不属于退税情形。

（二）退税计算

退税额以已缴税款为基准，自纳税人缴纳税款之日起，至申请退税之日，每满一年扣减10%。

应退税额=已纳税额×（1-使用年限×10%）

【提示1】应退税额不得为负数。

【提示2】使用年限取整计算。

【例题8·单选题】某车辆购置税纳税人将已纳5万元车辆购置税的车辆在使用2年8个月后退回经销商，应退还税款为（　）万元。

A. 5　　　　B. 4

C. 3　　　　D. 0

解析 ▶ 纳税人将已征税车辆退回车辆生产企业或者销售企业的，可以向主管税务机关申请退税。应退税额=已纳税额×（1-使用年限×10%）=5×（1-2×10%）=4（万元）。　答案 ▶ B

八、申报与缴纳★★（见表7-4）

扫我解疑难

表7-4 车辆购置税的申报与缴纳

项目	具体规定
纳税申报	一车一申报制度
纳税环节	登记注册前，最终消费环节
纳税地点	（1）需办理车辆登记：**车辆登记地**主管税务机关。 （2）不需办理车辆登记：单位纳税人**机构所在地**主管税务机关；个人纳税人**户籍所在地或者经常居住地**主管税务机关
纳税义务发生时间	**纳税人购置应税车辆的当日。** （1）购置自用：购买之日-价格凭证开具日期。 （2）进口自用：进口之日-海关进口增值税专用缴款书或其他有效凭证开具日期。 （3）其他自用：取得之日-合同、法律文书或其他有效凭证生效或开具日期
申报缴纳期限	**纳税义务发生之日起60日内**

【例题9·单选题】下列关于车辆购置税征收管理规则的说法，正确的是（　）。

A. 车辆购置税的纳税环节包括购置销售环节

B. 车辆购置税的纳税义务发生时间为纳税人购置应税车辆的当日

C. 单位购置需办理登记的车辆，车辆购置税的纳税地点为购置单位机构所在地主管税务机关

D. 车辆购置税的申报缴纳期限为纳税义务发生之日起15日内

解析 ▶ 选项A，车辆购置税的纳税环节为最终消费环节；选项C，需办理车辆登记情形下，车辆购置税的纳税地点为车辆登记地主管税务机关；选项D，车辆购置税的申报缴纳期限为纳税义务发生之日起60日内。

答案 ▶ B

真题精练

一、单项选择题

1.（2020年）下列行为中，不免征车辆购置税的是（　）。

A. 回国服务的在外留学人员用现汇购买1辆个人自用国产小汽车

B. 购置农用三轮车自用

C. 长期来华定居专家进口1辆自用小汽车

D. 购置汽车挂车自用

2.（2020年）某企业2018年2月购置一辆小汽车，支付车辆购置税10 000元，在2020年3月因车辆质量问题退回，则应退还的车辆购置税（　）元。

A. 10 000　　　　B. 8 000

C. 0　　　　　　D. 7 000

3.（2020年）以受赠方式取得自用应税车辆时无法提供相关凭证，缴纳车辆购置税的计税价格是参照同类车辆的（　）。

A. 市场最高交易价格

B. 最低计税价格

C. 市场平均交易价格

D. 生产企业成本价格

4.（2019年）下列行为中，免征车辆购置税的是（　）。

A. 某市公交企业购置自用小轿车

B. 来华留学人员用现汇购买 1 辆自用国产小汽车

C. 某国驻华使馆进口自用小汽车

D. 某物流企业购买设有固定装置的运输专用车

5. (2019 年改)2020 年 6 月 20 日，陈某因汽车质量问题与经销商达成退车协议，并于当日向税务机关申请退还已纳车辆购置税。经销商开具的退车证明和退车发票上显示，陈某于 2019 年 5 月 8 日购买该车辆，支付价税合计金额 223 800 元，并于当日缴纳车辆购置税 19 805.31 元。应退给陈某车辆购置税( )元。

A. 15 434.48

B. 17 363.79

C. 17 824.78

D. 19 293.10

6. (2019 年)根据车辆购置税的规定，下列说法错误的是( )。

A. 实行一次课征制度

B. 进口自用的应税车辆应自进口之日起 60 日内申报纳税

C. 税款于纳税人使用后两年内一次缴清

D. 纳税人应当在向公安机关交通管理部门办理车辆注册登记前，缴纳车辆购置税

7. (2019 年)需要办理车辆注册登记手续的应税车辆，车辆购置税的纳税地点是( )。

A. 纳税人所在地

B. 车辆登记注册地

C. 车辆经销企业所在地

D. 车辆使用所在地

8. (2018 年改)纳税人购买下列车辆时，不需要缴纳车辆购置税的是( )。

A. 汽车

B. 排气量 450 毫升的摩托车

C. 城市公交企业购置的公共汽电车辆

D. 汽车挂车

9. (2018 年)关于车辆购置税，下列说法正确的是( )。

A. 购置已税二手车需要缴纳车辆购置税

B. 已缴纳车辆购置税的车辆，发生车辆退回生产企业的，可全额申请退税

C. 纳税人进口应税车辆，以组成计税价格为计税依据计算纳税

D. 纳税人购买应税车辆，自购买之日起 10 日内申报纳税

10. (2016 年改)下列关于车辆购置税的说法中，错误的是( )。

A. 车辆购置税属于行为税

B. 车辆购置税实行比例税率

C. 外国公民在中国境内购置车辆免税

D. 受赠使用的新车需要缴纳车辆购置税

二、多项选择题

1. (2020 年)纳税人进口应税车辆自用，应计入车辆购置税计税依据的有( )。

A. 运抵我国输入地点起卸前的运费

B. 进口消费税

C. 进口关税

D. 应税车辆成交价格

E. 进口增值税

2. (2020 年)下列属于车辆购置税应税车辆的有( )。

A. 汽车挂车   B. 汽车

C. 叉车   D. 有轨电车

E. 电动摩托车

3. (2019 年)下列行为中，需要缴纳车辆购置税的有( )。

A. 某医院接受某汽车厂捐赠小客车用于医疗服务

B. 某汽车厂将自产小轿车用于日常办公

C. 某幼儿园租赁客车用于校车服务

D. 某物流企业接受汽车生产商投资的运输车辆自用

E. 某轮胎制造企业接受汽车生产商抵债的小汽车自用

4. (2019 年)根据车辆购置税的相关规定，下列说法正确的有( )。

A. 进口应税车辆的计税依据是组成计税价格

B. 直接进口自用应税车辆的，应缴纳车辆

购置税

C. 在境内销售应税车辆的，应缴纳车辆购置税

D. 已税车辆退回销售企业的，纳税人可申请退税

E. 受赠应税车辆的，捐赠方是车辆购置税纳税人

5.（2018年改）下列车辆中，可以享受车辆购置税减免税政策的有（　　）。

A. 森林消防部门购买的设有固定装置的森林消防专用车

B. 城市公交企业购置的符合标准的公共汽车、无轨电车和有轨电车

C. 回国服务的留学人员用现汇购买1辆自用进口小汽车

D. 个人购置的属于《新能源汽车车型目录》中的新能源汽车

E. 国际组织驻华机构自用车辆

真题精练答案及解析

一、单项选择题

1. D 【解析】自2018年7月1日至2021年6月30日，对购置挂车减半征收车辆购置税。选项A、B、C，均免征车辆购置税。

2. B 【解析】纳税人将已征车辆购置税的车辆退回车辆生产企业或者销售企业的，可以向主管税务机关申请退还车辆购置税。退税额以已缴税款为基准，自缴纳税款之日至申请退税之日，每满一年扣减10%。应退税额=已纳税额×(1-使用年限×10%)。本题2018年2月缴纳税款，至2020年3月，满2年不足3年，应退税额=10 000×(1-2×10%)=8 000(元)。

3. C 【解析】纳税人以受赠、获奖或者其他方式取得自用应税车辆的计税价格，按照购置应税车辆时相关凭证载明的价格确定，不包括增值税税款。无法提供相关凭证的，参照同类应税车辆市场平均交易价格确定其计税价格。

4. C 【解析】选项A，城市公交企业购置的公共汽电车辆免征车辆购置税；选项B，回国服务的在外留学人员用现汇购买1辆个人自用国产小汽车免征车辆购置税，来华留学人员不享受该税收优惠政策；选项D，设有固定装置的非运输专用作业车辆免税，运输车辆不享受该优惠政策。

5. C 【解析】纳税人将已征车辆购置税的车辆退回车辆生产企业或者销售企业的，可

以向主管税务机关申请退还车辆购置税。退税额以已缴税款为基准，自缴纳税款之日至申请退税之日，每满一年扣减百分之十。应退税额=已纳税额×(1-使用年限×10%)。

应退给陈某车辆购置税=19 805.31×(1-10%)=17 824.78(元)。

6. C 【解析】车辆购置税税款于纳税人办理纳税申报时一次缴清。

7. B 【解析】购置应税车辆的纳税人，应当到下列地点申报纳税：

(1)需要办理车辆登记的，向车辆登记地的主管税务机关申报纳税。

(2)不需要办理车辆登记的，单位纳税人向其机构所在地的主管税务机关申报纳税，个人纳税人向其户籍所在地或者经常居住地的主管税务机关申报纳税。

8. C 【解析】车辆购置税的征收范围包括汽车、有轨电车、汽车挂车、排气量超过一百五十毫升的摩托车。城市公交企业购置的公共汽电车辆免征车辆购置税。

9. C 【解析】选项A，车辆购置税选择单一环节，实行一次课征制度，购置已征车辆购置税的车辆，不再重复征收车辆购置税。选项B，车辆退回车辆生产企业或者销售企业的，纳税人申请退税时，主管税务机关自办理纳税申报之日起，按已缴纳税款每满1年扣减10%计算退税额。选

项 D，纳税人购买自用的应税车辆，自购买之日起 60 日内申报纳税。

10. C 【解析】车辆购置税是以在中国境内购置规定车辆为课税对象、在特定的环节向车辆购置者征收的一种税。外国公民在中国境内购置车辆要正常交税。

二、多项选择题

1. ABCD 【解析】进口自用应税车辆计税依据 =（关税完税价格 + 关税）÷（1 - 消费税税率）= 关税完税价格 + 关税 + 消费税，关税完税价格包括运抵我国输入地点起卸前的运费。

2. ABD 【解析】车辆购置税应税车辆包括在境内购置汽车、有轨电车、汽车挂车、排气量超过 150 毫升的摩托车。

3. ABDE 【解析】选项 C，幼儿园租赁的车辆，不需要缴纳车辆购置税。

4. ABD 【解析】选项 C，购买使用国产应税车辆和购买自用进口应税车辆应缴纳车辆购置税，销售方无需缴纳；选项 E，受赠人在接受自用（包括接受免税车辆）后，就发生了应税行为，就要承担纳税义务。

5. ABDE 【解析】选项 C，回国服务的留学人员用现汇购买 1 辆自用国产小汽车，免征车辆购置税。

同步训练   限时 25 分钟

扫我做试题

一、单项选择题

1. 下列人员中，属于车辆购置税纳税义务人的是（　　）。
   A. 应税车辆的捐赠者
   B. 应税车辆的出口者
   C. 应税车辆的销售者
   D. 应税车辆的获奖者

2. 关于车辆购置税的计税规则说法不正确的是（　　）。
   A. 计税依据为纳税人实际支付给销售者的全部价款，不含增值税
   B. 进口自用，包括在境内购买的进口车辆
   C. 自产自用，按纳税人生产的同类应税车辆的销售价格确定，不包括增值税
   D. 纳税人申报的应税车辆计税价格明显偏低，又无正当理由的，由税务机关按规定核定其应纳税额

3. 张某 2021 年 1 月从汽车 4S 店（增值税一般纳税人）购买一辆小轿车自己使用，支付含增值税车价款 280 000 元，取得了机动车销售统一发票；另支付车辆装饰费 2 700 元并取得增值税普通发票；支付保险费 5 000 元并取得保险公司开具的票据。则张某应缴纳的车辆购置税是（　　）元。
   A. 24 778.76　　　B. 25 017.70
   C. 25 221.24　　　D. 25 460.18

4. 某 4S 店 2021 年 3 月进口 9 辆商务车，海关核定的关税计税价格为 40 万元/辆，当月销售 4 辆，2 辆作为样车放置在展厅待售，1 辆公司自用。该 4S 店应纳车辆购置税是（　　）万元（商务车关税税率为 25%，消费税税率 12%）。
   A. 5.48　　　　　B. 5.60
   C. 5.68　　　　　D. 17.04

5. 2021 年 2 月王某在某房产公司举办的有奖购房活动中中奖获得一辆小汽车，房产公司提供的机动车销售统一发票上注明价税合计金额为 80 000 元。关于该车车辆购置税说法正确的是（　　）。
   A. 房产公司应缴纳车辆购置税 7 079.65 元
   B. 房产公司应缴纳车辆购置税 8 000 元
   C. 王某应缴纳车辆购置税 7 079.65 元

D. 王某应缴纳车辆购置税 8 000 元

6. 甲公司 2020 年 1 月从经销商(增值税小规模纳税人)购买 4 辆排气量 200 毫升的摩托车和 5 辆电动摩托车自用。摩托车每辆零售价 10 000 元,电动摩托车每辆零售价 3 000 元。另购入 1 辆挂车用于货物运输,支付不含增值税车价款 190 000 元。则甲公司应缴纳的车辆购置税是( )元。

    A. 13 383.50   B. 14 839.81

    C. 19 000.00   D. 22 883.50

7. 约翰为甲国驻我国的外交官,2021 年 1 月约翰将其自用 2 年 11 个月的一辆小轿车转让给我国公民李某,李某不符合免税条件。二手车成交价为 110 000 元,该车初次办理纳税申报时确定的计税价格为 240 000 元。则该辆小轿车应缴纳的车辆购置税是( )元。

    A. 0   B. 11 000

    C. 19 200   D. 24 000

8. 2021 年 1 月甲公司因汽车质量问题与经销商达成退车协议,将购置 1 年 7 个月的车辆退回并于当月向税务机关申请退还已纳车辆购置税。甲公司购置该车辆时支付了不含增值税价款 150 000 元。则甲公司应退还车辆购置税是( )元。

    A. 0   B. 12 000

    C. 13 500   D. 15 000

二、多项选择题

1. 下列行为中,属于车辆购置税征税范围的有( )。

    A. 销售应税车辆的行为

    B. 对外捐赠应税车辆的行为

    C. 进口自用应税车辆的行为

    D. 自产自用应税车辆的行为

    E. 获奖自用应税车辆的行为

2. 下列属于车辆购置税征税对象的有( )。

    A. 汽车   B. 有轨电车

    C. 推土机   D. 轻轨

    E. 叉车

3. 2021 年 1 月购买下列车辆,应计算缴纳车辆购置税的有( )。

    A. 出租车

    B. 城市公交企业购置的公共汽电车辆

    C. 排气量不超过 150 毫升的摩托车

    D. 回国服务的在外留学人员用现汇购买 1 辆个人自用进口小汽车

    E. 长期来华定居专家进口 1 辆自用小汽车

4. 根据车辆购置税的相关规定,下列说法正确的有( )。

    A. 纳税人购买自用的应税车辆,自购买之日起 30 日内申报纳税

    B. 车辆购置税是在车辆的最终消费环节征收

    C. 免税车辆发生转让,不再属于免税范围的,转让方为车辆购置税的纳税人

    D. 购置需要办理车辆登记的应税车辆,车辆购置税的纳税地点为车辆登记地主管税务机关

    E. 购置不需办理车辆登记的应税车辆,单位纳税人应当向其机构所在地的主管税务机关申报纳税

同步训练答案及解析

一、单项选择题

1. D 【解析】车辆购置税的纳税人是指在我国境内购置应税车辆的单位和个人。其中购置是指购买自用行为、进口自用行为、受赠使用行为、自产自用行为、获奖自用行为以及以拍卖、抵债、走私、罚没等方式取得并自用的行为,这些行为都属于车辆购置税的应税行为。

2. B 【解析】选项 B,进口自用,是指纳税人直接从境外进口或者委托代理进口自用的应税车辆,不包括在境内购买的进口车辆。

3. A 【解析】纳税人购买自用的应税车辆，计税价格为纳税人购买应税车辆而支付给销售者的全部价款，不包含增值税和价外费用。计税价格不包括代收的保险费、车辆购置税和牌照费。应纳的车辆购置税 = 280 000÷(1+13%)×10% = 24 778.76(元)。

4. C 【解析】进口销售、待售的不缴纳车辆购置税，进口自用的需要征收车辆购置税。该4S店应纳车辆购置税 = 40×(1+25%)÷(1-12%)×10% = 5.68(万元)。

5. C 【解析】车辆购置税的纳税人为获奖自用的一方，即王某。受赠、获奖、其他自用计税价格：按照购置应税车辆时相关凭证载明的价格确定，不包括增值税。购置凭证是指原车辆所有人购置或者以其他方式取得应税车辆时载明价格的凭证。
王某应纳车辆购置税 = 80 000÷1.13×10% = 7 079.65(元)。

6. A 【解析】电动摩托车不属于车辆购置税的征税范围。购置挂车车辆购置税减半征收。
应纳的车辆购置税 = 10 000×4÷(1+3%)×10% + 190 000×10%×50% = 13 383.50(元)。
【提示】如该业务发生在新冠疫情优惠政策期间，则销售额价税分离时使用的增值税征收率为1%。

7. C 【解析】外国驻华使馆、领事馆和国际组织驻华机构及其外交人员自用车辆免征车辆购置税；但转让给我国公民，则免税条件消失，要依法按规定补缴车辆购置税。免税条件消失的车辆，自初次办理纳税申报之日起，计税价格以免税车辆初次办理纳税申报时确定的计税价格为基准，每满1年扣减10%。应补缴的车辆购置

税 = 240 000×(1-2×10%)×10% = 19 200(元)。

8. C 【解析】车辆退回生产企业或者销售企业的，纳税人申请退税时，主管税务机关自纳税人办理纳税申报之日起，按已缴纳税款每满1年扣减10%计算退税额；未满1年的，按已缴纳税款全额退款。应退给甲公司车辆购置税 = 150 000×10%×(1-10%) = 13 500(元)。

二、多项选择题

1. CDE 【解析】车辆购置税征税范围是指在中华人民共和国境内购置应税车辆的行为。具体有购买自用行为、进口自用行为、受赠使用行为、自产自用行为、获奖自用行为及其他自用行为，销售应税车辆的行为不属于车辆购置税的征税范围。对外捐赠应税车辆，对于馈赠人而言，在发生财产所有权转移后，应税行为一同转移，不再是车辆购置税的纳税义务人。

2. AB 【解析】地铁、轻轨等城市轨道交通车辆，装载机、平地机、挖掘机、推土机等轮式专用机械车，以及起重机(吊车)、叉车、电动摩托车，不属于应税车辆。

3. AD 【解析】选项B，城市公交企业购置的公共汽电车辆，免税；选项C，排气量不超过150毫升的摩托车，不属于车辆购置税的征税范围；选项D，回国服务的在外留学人员用现汇购买1辆个人自用国产小汽车免税；选项E，长期来华定居专家进口1辆自用小汽车，免税。

4. BDE 【解析】选项A，纳税人购买自用应税车辆的，应当自购买之日起60日内申报纳税；选项C，免税车辆发生转让，不再属于免税范围的，受让方为车辆购置税的纳税人。

第8章 环境保护税

历年考情概况

本章为非重点内容，考试题型主要为单选题和多选题。历年考试中所占分值为3~7分。

近年考点直击

考点	主要考查题型	考频指数	考查角度
环保税纳税人	单选题、多选题	★★	纳税人范围
环保税征税对象	单选题、多选题	★★★	应税污染物范围 不征税情形
环保税税目税率	单选题、多选题	★★	税目范围 税率形式
环保税计税依据和应纳税额计算	单选题、多选题、计算题	★★★	各类污染物税额计算
环保税税收优惠	单选题、多选题	★★	优惠政策记忆 优惠与税额计算结合
环保税征收管理	单选题、多选题	★★	征管政策记忆

本章2021年考试主要变化

本章考试内容无实质性变化。

考点详解及精选例题

一、环保税特点★

扫我解疑难

我国自2018年1月1日起开征环境保护税。

环境保护税是原有的排污费"费改税"平移过来的税种。

环境保护税具有以下几个特点：

(1)征税项目为四类重点污染物。

(2)纳税人主要是企事业单位和其他经营者。

(3)直接排放应税污染物是必要条件。

(4)税额为统一定额税和浮动定额税结合。

(5)税收收入全部归地方。

二、环保税纳税人★★

扫我解疑难

环境保护税的纳税人是指在中华人民共和国领域和中华人民共和国管辖的其他海域，直接向环境排放应税污染物的企业事业单位和其他生产经营者。

【提示】纳税人不包含政府机关、家庭和个人。

【例题1·多选题】下列直接向环境排放污染物的主体中，属于环境保护税纳税人的有（　　）。

A. 家庭　　　　　B. 个人

C. 政府机关　　　D. 企业

E. 事业单位

答案 ▶ DE

三、环保税征税对象 ★★★

扫我解疑难

环保税征税对象为纳税人直接向环境排放的应税污染物。

包括：**大气污染物、水污染物、固体废物、（工业）噪声。**

（速记：水、气、声、渣）

四、不征税项目 ★★★

扫我解疑难

有下列情形之一的，不属于直接向环境排放污染物，不缴纳相应污染物的环境保护税：

（1）企业事业单位和其他生产经营者向依法设立的**污水集中处理、生活垃圾集中处理场所**排放应税污染物的。

【提示】依法设立的城乡污水集中处理、生活垃圾集中处理场所**超过**国家和地方规定的排放**标准**向环境排放应税污染物的，应纳税。

（2）企业事业单位和其他生产经营者在**符合**国家和地方环境保护**标准**的设施、场所贮存或者处置固体废物的。

【提示】企业事业单位和其他生产经营者贮存或者处置固体废物**不符合**国家和地方环境保护**标准**的，应纳税。

（3）禽畜养殖场依法对畜禽养殖废弃物进行**综合利用和无害化处理**的。

【提示】达到省级人民政府确定的**规模标准**并且有污染物排放口的畜禽养殖场，通常应纳税。

五、环保税税目税率 ★★

扫我解疑难

环保税税目税额总结（见表8-1）

表8-1　环保税税目税额总结

税目	大气污染物、水污染物、固体废物、（工业）噪声
税额	（1）固体废物和噪声：全国统一定额税。 （2）大气和水污染物：各省浮动定额税，上限为下限的10倍。 （3）应税大气污染物和水污染物的具体适用税额的确定和调整，由省、自治区、直辖市人民政府在规定的税额幅度内提出，报同级人民代表大会常务委员会决定，并报全国人民代表大会常务委员会和国务院备案

【例题2·多选题】 下列污染物中，属于环境保护税征收范围的有（　　）。

A. 总汞　　　　　B. 煤矸石

C. 二氧化硫　　　D. 建筑噪声

E. 家庭垃圾

解析 ▶ 环境保护税的税目包括大气污染物（二氧化硫）、水污染物（总汞）、固体废物（煤矸石）和噪声，其中噪声特指的是工业噪声，不包括建筑噪声和交通噪声。

答案 ▶ ABC

【例题3·单选题】 下列选项中，属于环境保护税征税范围的是（　　）。

A. 某造纸厂将污水集中排放到污水处理厂

B. 飞机场因飞机起落产生的超标的噪音

C. 居民家庭丢弃的生活垃圾

D. 某集体供热公司在居民采暖期间直接向环境排放的废气

解析 ▶ 选项A，不属于直接向环境排放污染物，不属于征税范围；选项B，交通噪音不属于环保税的征税范围；选项C，家庭和居民个人不属于环保税的纳税人，其排放的生活垃圾不属于环保税征税范围。

答案 ▶ D

六、税收优惠★★

（一）免税

（1）农业生产（不包括规模化养殖）排放应税污染物的。

（2）机动车、铁路机车、非道路移动机械、船舶和航空器等流动污染源排放应税污染物的。

（3）依法设立的城乡污水集中处理、生活垃圾集中处理场所排放相应应税污染物，不超过国家和地方规定的排放标准的。

【提示】上述集中处理场所超过规定排放标准的应征税。

（4）纳税人综合利用的固体废物，符合国家和地方环境保护标准的。

（5）国务院批准免税的其他情形（国务院报全国人大常委会备案）。

（二）减税

（1）纳税人排放应税大气污染物或者水污染物的浓度值低于国家和地方规定的污染物排放标准30%的，减按75%征收环境保护税。

（2）纳税人排放应税大气污染物或者水污染物的浓度值低于国家和地方规定的污染物排放标准50%的，减按50%征收环境保护税。

【提示】纳税人任何一个排放口排放应税大气污染物、水污染物的浓度值，以及没有排放口排放应税大气污染物的浓度值，超过国家和地方规定的污染物排放标准的，依法不予减征环保税。

（3）纳税人噪声声源一个月内累计昼间超标不足15昼或者累计夜间超标不足15夜的，分别减半计算应纳税额。

【例题9·单选题】下列关于环境保护税税收优惠的表述，错误的是（　）。

A. 规模化养殖排放应税污染物的，免征环境保护税

B. 纳税人综合利用的固体废物，符合国家和地方环境保护标准的，免征环境保护税

C. 机动车、铁路机车等流动污染源排放应税污染物的，免征环境保护税

D. 纳税人排放应税大气污染物或者水污染物的浓度值低于国家和地方规定的污染物排放标准50%的，减按50%征收环境保护税

解析 ▶ 农业生产（不包括规模化养殖）排放应税污染物的，免征环境保护税。

答案 ▶ A

七、环保税计税依据和税额计算 ★★★（见表8-2）

表8-2　环保税计税依据和税额计算

应税污染物	计税依据	税额计算
应税大气污染物	污染当量数	应纳税额=污染当量数×单位税额 污染当量数=排放量÷污染当量值
应税水污染物		
应税固体废物	固体废物排放量	应纳税额=固体废物排放量×单位税额 固体废物排放量=产生量-贮存量-处置量-综合利用量
应税噪声	超过国家规定标准的分贝数	查表直接得出当月税额

（一）大气污染物和水污染物税额计算

应纳税额=污染当量数×单位税额

污染当量数=排放量÷污染当量值

1. 每一排放口或没有排放口的应税大气污染物，按污染当量数从大到小排序，对前三项污染物征税。

2. 每一排放口的应税水污染物，区分第一类和其他类，按污染当量数从大到小排序，对第一类水污染物按前五项征税，对其他类水污染物按前三项征税。

【提示】计税步骤：计算每种污染物的污染当量数→从大到小排序选取→污染当量数相加计税。

3. 水污染物污染当量数特殊计算（见表8-3）

表8-3　水污染物污染当量数特殊计算

色度污染当量数＝污水排放量×色度超标倍数÷污染当量值
畜禽养殖业水污染物污染当量数＝畜禽养殖场月均存栏量÷污染当量值 月均存栏量＝（月初存栏量＋月末存栏量）÷2

4. 纳税人有下列情形之一的，以其当期应税大气污染物、水污染物的**产生量作为污染物的排放量**：

（1）未依法安装使用污染物自动监测设备或者未将污染物自动监测设备与环境保护主管部门的监控设备联网；

（2）损毁或者擅自移动、改变污染物自动监测设备；

（3）篡改、伪造污染物监测数据；

（4）通过暗管、渗井、渗坑、灌注或者稀释排放以及不正常运行防治污染设施等方式违法排放应税污染物；

（5）进行虚假纳税申报。

（二）固体废物税额计算

应纳税额＝固体废物排放量×单位税额

固体废物排放量＝产生量−贮存量−处置量−综合利用量

纳税人有下列情形之一的，以其当期应税固体废物的产生量作为固体废物的排放量：

（1）非法倾倒应税固体废物；

（2）进行虚假纳税申报。

（三）工业噪声税额计算

按超过国家规定标准的分贝数确定每月税额。超标分贝不是整数值的，按四舍五入取整。

（1）一个单位边界上有多处噪声超标，根据最高一处超标声级计算应纳税额；当沿边界长度超过100米有两处以上噪声超标，按

照两个单位计算应纳税额。

（2）一个单位有不同地点作业场所的，应当分别计算应纳税额，合并计征。

（3）昼、夜均超标的环境噪声，昼、夜分别计算应纳税额，累计计征。

（4）声源一个月内超标**不足15天的，减半**计算应纳税额。

【提示】声源一个月内累计昼间超标不足15昼，或累计夜间超标不足15夜的，分别减半计算应纳税额。

（5）夜间频繁突发和夜间偶然突发厂界超标噪声，按等效声级和峰值噪声两种指标中超标分贝值高的一项计算应纳税额。

（6）一个单位的同一监测点当月有多个监测数据超标的，以最高一次超标声级计算应纳税额。

（四）计税依据确定的方法和顺序

（1）纳税人安装使用符合国家规定和监测规范的污染物自动监测设备的，按照污染物自动监测数据计算；

（2）纳税人未安装使用污染物自动监测设备的，按照监测机构出具的符合国家有关规定和监测规范的监测数据计算；

（3）因排放污染物种类多等原因不具备监测条件的，按照国务院环境保护主管部门规定的排污系数、物料衡算方法计算；

（4）不能按照上述（1）−（3）项规定的方法计算的，按照省、自治区、直辖市人民政府环境保护主管部门规定的抽样测算的方法核定计算。

【例题4·多选题】下列关于应税污染物计税依据的说法，正确的有（　　）。

A. 应税大气污染物按照污染物排放量折合的污染当量数确定

B. 应税水污染物的污染当量数，以该污染物的排放量乘以该污染物的污染当量值计算

C. 应税固体废物按照固体废物的排放量确定

D. 固体废物的排放量为当期应税固体废物的产生量减去当期应税固体废物的贮存量、

第8章

处置量、综合利用量的余额

E. 应税噪声按照超过国家规定标准的分贝数确定

解析 ▶ 选项 B，应税大气污染物、水污染物的污染当量数，以该污染物的排放量除以该污染物的污染当量值计算。

答案 ▶ ACDE

【例题 5·多选题】 纳税人应以其当期应税固体废物的产生量作为固体废物的排放量的情形有（　　）。

A. 非法倾倒应税固体废物

B. 进行虚假纳税申报

C. 损毁污染物自动监测设备

D. 伪造污染物监测数据

E. 通过暗管排放应税污染物

解析 ▶ 纳税人有下列情形之一的，以其当期应税固体废物的产生量作为固体废物的排放量：（1）非法倾倒应税固体废物；（2）进行虚假纳税申报。　　**答案** ▶ AB

【例题 6·单选题】 某企业 2021 年 3 月向大气直接排放二氧化硫、氟化物各 100 千克、一氧化碳 200 千克、氯化氢 80 千克，假设当地大气污染物每污染当量税额 1.2 元，该企业只一个排放口。对应污染物的污染当量值（单位：千克）分别为 0.95、0.87、16.7、10.75。该企业 3 月大气污染物应缴纳环境保护税（　　）元。

A. 278.62　　　B. 146.99

C. 142.03　　　D. 255.98

解析 ▶

第一步：计算各污染物的污染当量数。

污染当量数＝该污染物的排放量/该污染物的污染当量值，据此计算各污染物的污染当量数为：

二氧化硫污染当量数＝100/0.95＝105.26

氟化物污染当量数＝100/0.87＝114.94

一氧化碳污染当量数＝200/16.7＝11.98

氯化氢污染当量数＝80/10.75＝7.44。

第二步：按污染当量数排序。

氟化物污染当量数（114.94）＞二氧化硫污

染当量数（105.26）＞一氧化碳污染当量数（11.98）＞氯化氢污染当量数（7.44）

该企业只有一个排放口，排序选取计税前三项污染物为：氟化物、二氧化硫、一氧化碳。

第三步：计算应纳税额。

应纳税额＝（114.94＋105.26＋11.98）×1.2＝278.62（元）。

答案 ▶ A

【例题 7·单选题】 甲养殖厂是环境保护税纳税人，2021 年 3 月养牛月初存栏量为 400 头，月末存栏量为 600 头，污染当量值为 0.1 头。已知当地水污染物税额为每污染当量 2.8 元，则该厂 3 月应缴纳的环境保护税为（　　）元。

A. 1 400　　　B. 2 800

C. 14 000　　　D. 16 800

解析 ▶

（1）养牛月均存栏量＝（月初存栏量+月末存栏量）÷2＝（400+600）÷2＝500（头）。

（2）污染当量数＝畜禽养殖场月均存栏量÷污染当量值＝500÷0.1＝5 000。

（3）应纳税额＝5 000×2.8＝14 000（元）。

答案 ▶ C

【例题 8·单选题】 甲企业 2021 年 4 月产生尾矿 1 200 吨，其中综合利用的尾矿 400 吨（符合国家和地方环境保护标准），在符合国家和地方环境保护标准的设施贮存 300 吨，适用税额为 15 元/吨。甲企业 4 月尾矿应缴纳环境保护税（　　）元。

A. 7 500　　　B. 5 500

C. 12 000　　　D. 18 000

解析 ▶ 应税固体废物的计税依据按照固体废物的排放量确定。固体废物的排放量为当期应税固体废物的产生量减去当期应税固体废物的贮存量、处置量、综合利用量的余额。

应税固体废物的应纳税额＝固体废物排放量×适用税额＝（1 200－400－300）×15＝7 500（元）。　　**答案** ▶ A

八、征收管理★★（见表8-4）

扫我解疑难

表8-4　征收管理

纳税义务发生时间	排放应税污染物的当日
纳税地点	应税污染物排放地的税务机关。 (1)应税大气、水污染物：排放口所在地。 (2)应税固体废物、噪声：产生地。 【提示】跨区域排放应税污染物，税务机关对税收征收管辖有争议的，由争议各方按照有利于征管的原则协商解决；不能协商一致的，报请共同的上级税务机关决定
纳税期限	按月计算，按季申报缴纳； 不能按固定期限计算缴纳的，可以按次申报缴纳
缴库期限	按季申报缴纳的，自季度终了之日起15日内申报缴税。 纳税人按次申报缴纳的，应当自纳税义务发生之日起15日内申报缴税

【例题10·单选题】下列关于环境保护税征收管理的表述，说法正确的是（　）。

A. 环保税实行按月或按季申报缴纳制度

B. 按季申报缴纳环保税的，自季度终了之日起10日内申报缴税

C. 环保税纳税地点为应税污染物的排放地

D. 环保税的纳税义务发生时间为排放应税污染物的当月

解析 ▶ 选项A，环保税的纳税期限为按月计算，按季申报缴纳，不能按固定期限计算缴纳的，可以按次申报缴纳。选项B，按季申报缴纳的，自季度终了之日起15日内申报缴税。选项D，环保税的纳税义务发生时间为排放应税污染物的当日。答案 ▶ C

真题精练

一、单项选择题

1. (2020年)关于环境保护税计税依据，下列说法正确的是（　）。

A. 应税噪声以分贝数为计税依据

B. 应税水污染物以污染物排放量折合的污染当量数为计税依据

C. 应税固体废物按照固体废物产生量为计税依据

D. 应税大气污染物排放量为计税依据

2. (2019年)下列情形中，应缴纳环境保护税的是（　）。

A. 企业向依法设立的污水集中处理场所排放应税污染物

B. 个体户向依法设立的生活垃圾集中处理场所排放应税污染物

C. 事业单位在符合国家环境保护标准的设施贮存固体废物

D. 企业在不符合地方环境保护标准的场所处置固体废物

3. (2019年)应税固体废物环境保护税的计税依据是（　）。

A. 固体废物的产生量

B. 固体废物的排放量

C. 固体废物的贮存量

D. 固体废物的综合利用量

4. (2018年)下列污染物中，不属于环境保护税征税对象的是（　）。

A. 大气污染物　　B. 噪声污染

第8章

C. 固体废物　　　D. 光污染

5.（2018 年）环境保护税的申报缴纳期限是（　）。
   A. 15 日　　　　B. 一个月
   C. 一个季度　　D. 一年

二、多项选择题

1.（2020 年）关于环境保护税税目，下列说法正确的有（　）。
   A. 石棉尘属于大气污染物
   B. 建筑施工噪声属于噪声污染
   C. 城市洗车行业排放污水属于水污染物
   D. 煤矸石属于固体废物
   E. 一氧化碳属于大气污染物

2.（2019 年）下列各项中，关于环境保护税的说法正确的有（　）。
   A. 实行统一的定额税和浮动定额税相结合的税额标准
   B. 环境保护税的征税环节是生产销售环节
   C. 应税污染物的具体适用税额由省级税务机关确定
   D. 对机动车排放废气免征环境保护税
   E. 环境保护税收入全部归地方政府

3.（2019 年）下列直接向环境排放污染物的主体中，属于环境保护税纳税人的有（　）。
   A. 事业单位　　　B. 个人
   C. 家庭　　　　　D. 私营企业
   E. 国有企业

4.（2018 年）下列情形中，以纳税人当期污染物产生量作为排放量计征环境保护税的有（　）。
   A. 未依法安装使用污染物自动监测设备
   B. 通过暗管方式违法排放污染物
   C. 损毁或擅自移动污染物自动监测设备
   D. 规模化养殖以外的农业生产排放污染物
   E. 篡改、伪造污染物监测数据

5.（2018 年）关于环境保护税，下列说法正确的有（　）。
   A. 环境保护税纳税人不包括家庭和个人
   B. 环境保护税税率为统一比例税率
   C. 机动车和船舶排放的应税污染物暂时免征环境保护税
   D. 环境保护税是原有的排污费"费改税"平移过来的税收
   E. 环境保护税收入全部归地方

真题精练答案及解析

一、单项选择题

1. B　【解析】选项 A，应税噪声的计税依据按照超过国家规定标准的分贝数确定。选项 C，应税固体废物的计税依据照固体废物的排放量确定。选项 D，应税大气污染物按照污染物排放量折合的污染当量数确定。

2. D　【解析】根据环境保护税的规定，有下列情形之一的，不属于直接向环境排放污染物，不缴纳相应污染物的环境保护税：企业事业单位和其他生产经营者向依法设立的污水集中处理、生活垃圾集中处理场所排放应税污染物的；企业事业单位和其他生产经营者在符合国家和地方环境保护标准的设施、场所贮存或者处置固体废

物的。

3. B　【解析】应税固体废物按照固体废物的排放量确定计税依据，固体废物的排放量为当期应税固体废物的产生量减去当期应税固体废物的贮存量、处置量、综合利用量的余额。

4. D　【解析】环境保护税的征税对象为应税污染物，是环境保护税法所附《环境保护税税目税额表》《应税污染物和当量值表》规定的大气污染物、水污染物、固体废物和噪声。

5. C　【解析】环境保护税按月计算，按季申报缴纳。

二、多项选择题

1. ADE　【解析】选项 B，目前噪声税目只包

括工业噪声，不包括建筑噪声；选项 C，城市洗车行业排放污水不属于环境保护税法中的水污染物。

2. ADE 【解析】选项 B，环境保护税的征税环节不是生产销售环节，也不是消费使用环节，而是直接向环境排放应税污染物的排放环节；选项 C，应税污染物的具体适用税额的确定和调整，由省、自治区、直辖市人民政府在规定的税额幅度内提出，报同级人民代表大会常务委员会决定，并报全国人民代表大会常务委员会和国务院备案；选项 D，机动车、铁路机车、非道路移动机械、船舶和航空器等流动污染源排放应税污染物的，免征环境保护税。

3. ADE 【解析】环境保护税的纳税人是指在中华人民共和国领域和中华人民共和国管辖的其他海域，直接向环境排放应税污染物的企业事业单位和其他生产经营者，不包含个人和家庭。

4. ABCE 【解析】纳税人有下列情形之一的，以其当期应税大气污染物、水污染物的产生量作为污染物的排放量：（1）未依法安装使用污染物自动监测设备或者未将污染物自动监测设备与生态环境主管部门的监控设备联网；（2）损毁或者擅自移动、改变污染物自动监测设备；（3）篡改、伪造污染物监测数据；（4）通过暗管、渗井、渗坑、灌注或者稀释排放以及不正常运行防治污染设施等方式违法排放应税污染物；（5）进行虚假纳税申报。

5. ACDE 【解析】选项 B，应税污染物的适用税率有两种，一是全国统一定额税，二是浮动定额税。

同步训练 限时25分钟

扫我做试题

一、单项选择题

1. 下列关于环境保护税纳税人和征税范围的说法，错误的是（　　）。

   A. 在中华人民共和国领域，直接向环境排放应税污染物的企业事业单位和其他生产经营者为环境保护税的纳税人，应当依照规定缴纳环境保护税

   B. 依法设立的城乡污水集中处理、生活垃圾集中处理场所超过国家和地方规定的排放标准向环境排放应税污染物的，应当缴纳环境保护税

   C. 企业事业单位和其他生产经营者向依法设立的污水集中处理、生活垃圾集中处理场所排放应税污染物的，应当缴纳环境保护税

   D. 企业事业单位和其他生产经营者在符合国家和地方环境保护标准的设施、场所贮存或者处置固体废物的，不属于直接向环境排放污染物，不缴纳相应污染物的环境保护税

2. 下列各项中，不属于环境保护税计税依据的是（　　）。

   A. 水污染物排放量

   B. 大气污染物污染当量数

   C. 固体废物排放量

   D. 工业噪声超标分贝数

3. 某企业 2021 年 3 月向大气直接排放二氧化硫、氟化物各 10 千克，一氧化碳、氯化氢各 100 千克，假设大气污染物的税额标准为每污染当量 1.5 元，该企业只有一个排放口。对应污染物的污染当量值（单位：千克）分别为 0.95、0.87、16.7、10.75。该企业 3 月大气污染物应缴纳环境保护税（　　）元。

A. 48.55　　　　　B. 46.99

C. 42.03　　　　　D. 55.98

4. 甲企业 2021 年 4 月产生炉渣 150 吨,其中综合利用 20 吨(符合国家和地方环境保护标准),在符合国家和地方环境保护标准的设施贮存 50 吨,适用税额为 25 元/吨。甲企业 4 月炉渣应缴纳环境保护税(　　)元。

A. 2 000　　　　　B. 2 500

C. 3 250　　　　　D. 3 750

5. 下列关于环境保护税税收优惠的表述,正确的是(　　)。

A. 规模化养殖排放应税污染物的,免征环境保护税

B. 机动车、铁路机车、非道路移动机械、船舶和航空器等流动污染源排放应税污染物的,免征环境保护税

C. 纳税人排放应税大气污染物或者水污染物的浓度值低于国家和地方规定的污染物排放标准 30% 的,减按 50% 征收环境保护税

D. 纳税人排放应税大气污染物或者水污染物的浓度值低于国家和地方规定的污染物排放标准 50% 的,减按 75% 征收环境保护税

6. 某工业企业常年向环境排放一氧化碳,2021 年 2 月直接向环境排放的一氧化碳经自动检测设备检测的排放量为 35 000 千克,浓度值为规定的污染物排放标准的 45%,已知一氧化碳污染当量值为 16.7,当地大气污染物税额标准为 5 元/污染当量,该工业企业当月应缴纳环境保护税(　　)元。

A. 3 143.71　　　　B. 5 239.52

C. 7 859.28　　　　D. 10 479.04

7. 下列情形中,可以减征或者免征环境保护税的是(　　)。

A. 某造纸厂当月排放水污染物浓度低于国家和地方规定的污染物排放标准 10%

B. 某工地产生工业噪声,当月噪声超标天

数为 20 天

C. 某大型农业生产基地(非规模化养殖),排放应税污染物

D. 某规模化养殖场,排放应税污染物

二、多项选择题

1. 下列关于环境保护税特点的说法,正确的有(　　)。

A. 征税项目为四类重点污染物

B. 纳税人为直接向环境排放应税污染物的各类单位和个人

C. 直接排放应税污染物是必要条件

D. 税额为统一定额税和浮动定额税结合

E. 税收收入全部归中央

2. 下列污染物中,属于环境保护税征收范围的有(　　)。

A. 尾矿　　　　　B. 工业噪声

C. 一氧化碳　　　D. 交通噪声

E. 总铅

3. 下列关于环境保护税的表述,正确的有(　　)。

A. 每一排放口或者没有排放口的应税大气污染物,按照污染当量数从大到小排序,对前五项污染物征收环境保护税

B. 应税噪声污染目前只包括工业噪声

C. 对于大气和水污染物实行各省浮动定额税制,既有上限也有下限,税额上限设定为下限的 10 倍

D. 工业噪声声源一个月内超标不足 20 天的,减半计算应纳税额

E. 纳税人应向应税污染物排放地税务机关申报缴纳环境保护税

4. 下列关于环境保护税征收管理的表述,正确的有(　　)。

A. 环境保护税纳税义务发生时间为纳税人排放应税污染物的当日

B. 纳税人应当向应税污染物排放地的税务机关申报缴纳环境保护税

C. 不能按固定期限计算缴纳的,可以按次申报缴纳

D. 纳税人按次申报缴纳的,应当自纳税

第 8 章

义务发生之日起10日内，向税务机关办理纳税申报并缴纳税款

E. 纳税人按季申报缴纳的，应当自季度终了之日起15日内，向税务机关办理纳税申报并缴纳税款

同步训练答案及解析

一、单项选择题

1. C 【解析】企业事业单位和其他生产经营者向依法设立的污水集中处理、生活垃圾集中处理场所排放应税污染物的，不属于直接向环境排放污染物，不缴纳相应污染物的环境保护税。

2. A 【解析】选项A，水污染物的环境保护税计税依据为污染当量数。

3. B 【解析】(1)各污染物的污染当量数：
①二氧化硫：$10 \div 0.95 = 10.53$；②氟化物：$10 \div 0.87 = 11.49$；③一氧化碳：$100 \div 16.7 = 5.99$；④氯化氢：$100 \div 10.75 = 9.3$。
(2)按污染物的污染当量数排序：
氟化物(11.49)>二氧化硫(10.53)>氯化氢(9.3)>一氧化碳(5.99)
每一排放口或者没有排放口的应税大气污染物，对前三项污染物征收环境保护税。
(3)计算应纳税额：
①氟化物：$11.49 \times 1.5 = 17.24$(元)；②二氧化硫：$10.53 \times 1.5 = 15.80$(元)；③氯化氢：$9.3 \times 1.5 = 13.95$(元)。
该企业3月大气污染物应缴纳环境保护税 $= 17.24 + 15.80 + 13.95 = 46.99$(元)。

4. A 【解析】应税固体废物的计税依据按照固体废物的排放量确定。固体废物的排放量为当期应税固体废物的产生量减去当期应税固体废物的贮存量、处置量、综合利用量的余额。
应税固体废物的应纳税额=固体废物排放量×适用税额$=(150-20-50) \times 25 = 2\,000$(元)。

5. B 【解析】选项A，农业生产(不包括规模化养殖)排放应税污染物的，免征环境保护税；选项C，纳税人排放应税大气污染物或者水污染物的浓度值低于国家和地方规定的污染物排放标准30%的，减按75%征收环境保护税；选项D，纳税人排放应税大气污染物或者水污染物的浓度值低于国家和地方规定的污染物排放标准50%的，减按50%征收环境保护税。

6. B 【解析】纳税人排放应税大气污染物或者水污染物的浓度值低于国家和地方规定的污染物排放标准50%的，减按50%征收环境保护税。
当月应缴纳环境保护税 $= 35\,000 \div 16.7 \times 5 \times 50\% = 5\,239.52$(元)。

7. C 【解析】农业生产(不包括规模化养殖)排放应税污染物，免征环境保护税。

二、多项选择题

1. ACD 【解析】选项B，环境保护税的纳税人是指在中华人民共和国领域和中华人民共和国管辖的其他海域，直接向环境排放应税污染物的企业事业单位和其他生产经营者。不包含政府机关、家庭和个人。选项E，环境保护税税收收入全部归地方。

2. ABCE 【解析】环境保护税的税目包括大气污染物(一氧化碳)、水污染物(总铅)、固体废物(尾矿)和噪声(工业噪声)。

3. BCE 【解析】选项A，每一排放口或者没有排放口的应税大气污染物，按照污染当量数从大到小排序，对前三项污染物征收环境保护税；选项D，工业噪声，声源一个月内超标不足15天的，减半计算应纳税额。

4. ABCE 【解析】选项D，纳税人按次申报缴纳的，应当自纳税义务发生之日起15日内，向税务机关办理纳税申报并缴纳税款。

第8章

第9章 烟叶税

考情解密

历年考情概况

本章为非重点内容，考试题型主要为单选题和多选题，也经常与增值税、消费税结合出现在计算题或综合题中。历年考试中所占分值为 2 分左右。

近年考点直击

考点	主要考查题型	考频指数	考查角度
烟叶税纳税人	单选题、多选题	★	买方税，卖方不缴纳
烟叶税征税范围	单选题、多选题	★	征税范围确定
烟叶税税额计算	单选题、多选题、计算题、综合题	★★★	税率记忆 计税依据确定 与增值税和消费税结合的计算
烟叶税征管规定	单选题、多选题	★	纳税地点、纳税义务发生时间和申报缴纳期限记忆

本章2021年考试主要变化

原第四章"烟叶税"部分单独作为一章。

考点详解及精选例题

烟叶税★

扫我解疑难

烟叶税具体相关内容，见表 9-1。

表 9-1 烟叶税

项目	具体规定
纳税人	烟叶税纳税人是在中国境内收购烟叶的单位。 【提示】烟叶的生产销售方不是纳税人；个人也不是烟叶税纳税人
征税范围	烟叶：包括晾晒烟叶、烤烟叶
税率	比例税率20%
计税依据	实际支付的价款总额=收购价款+价外补贴=收购价款×（1+10%） 【提示】计算烟叶税时的价外补贴比例固定为 10%，和实际补贴可能不同

续表

项目	具体规定
应纳税额	应纳税额=实际支付的价款总额×20%
纳税地点	烟叶收购地的主管税务机关
纳税义务发生时间	收购烟叶的当天
申报缴纳	烟叶税按月计征。 纳税义务发生月终了之日起15日内申报纳税

【提示1】收购烟叶的增值税进项税额：

计算抵扣的进项税额=烟叶买价×9%或10%扣除率

烟叶买价=收购价款+价外补贴+烟叶税

【提示2】非正常损失的烟叶进项税额转出=损失的烟叶成本÷（1-进项抵扣比例）×进项抵扣比例

【例题·单选题】2021年3月，甲市某烟草公司向乙县某烟叶种植户收购了一批烟叶，收购价款90万元，另按规定比例10%支付了价外补贴。下列关于烟叶税征收处理表述中，不符合税务规定的是（　　）。

A. 纳税人为烟叶种植户

B. 应在次月15日内申报纳税

C. 应在乙县主管税务机关申报纳税

D. 应纳税额为19.8万元

解析 ▶ 选项A，在中华人民共和国境内收购烟叶的单位为烟叶税的纳税人。选项B，烟叶税按月计征，纳税人应当于纳税义务发生月终了之日起15日内申报并缴纳税款。选项C，纳税人收购烟叶，应当向烟叶收购地的主管税务机关申报缴纳烟叶税。选项D，纳税人收购烟叶实际支付的价款总额包括纳税人支付给烟叶生产销售单位和个人的烟叶收购价款和价外补贴，其中，价外补贴统一按烟叶收购价款的10%计算。应纳税额 = $90 \times (1+10\%) \times 20\% = 19.8$（万元）。 答案 ▶ A

真题精练

一、单项选择题

1. （2018年改）根据现行烟叶税法规定，下列说法正确的是（　　）。

A. 烟叶税实行定额税率

B. 烟叶税的纳税人是销售烟叶的单位

C. 烟叶税的计税依据为销售烟叶的金额

D. 烟叶税的纳税地点为烟叶收购地

2. （2017年改）某卷烟厂为增值税一般纳税人，2019年1月收购烟叶5 000公斤，实际支付的价款总额65万元，已开具烟叶收购发票，烟叶税税率20%，关于烟叶税的税务处理，下列表述正确的是（　　）。

A. 卷烟厂代扣代缴烟叶税14.30万元

B. 卷烟厂自行缴纳烟叶税13.00万元

C. 卷烟厂代扣代缴烟叶税13.00万元

D. 卷烟厂自行缴纳烟叶税14.30万元

3. （2016年改）下列关于烟叶税的说法中，错误的是（　　）。

A. 烟叶税的征税对象是晾晒烟叶和烤烟叶

B. 烟叶税的计税依据是收购价款

C. 烟叶税体现国家对烟草"寓禁于征"的政策

D. 烟叶税采用从价定率计征

4. （2016年改）某烟厂2019年2月收购烟叶，支付给烟叶销售者价款600万元，开具烟叶收购发票，该烟厂应纳烟叶税（　　）万元。

A. 132.00

B. 116.80

C. 120.00

D. 106.19

二、多项选择题

（2017年改）下列关于烟叶税的说法中，正确的有（　　）。

A. 烟叶税的纳税人是在我国境内收购烟叶的单位

B. 烟叶实际支付价款总额包括纳税人支付给烟叶销售者的烟叶收购价款和价外补贴

C. 烟叶税的计税依据是收购烟叶实际支付的价款总额

D. 烟叶税实行10%的比例税率

E. 烟叶税由收购单位机构所在地主管税务机关征收

真题精练答案及解析

一、单项选择题

1. D 【解析】选项A，烟叶税实行比例税率，税率为20%；选项B，烟叶税的纳税人是收购烟叶的单位；选项C，烟叶税的计税依据是收购烟叶的收购金额。

2. B 【解析】烟叶税的纳税人是收购烟叶的

第9章

单位，应自行缴纳的烟叶税 = 65 × 20% = 13(万元)。

3. B　【解析】烟叶税的计税依据是收购烟叶实际支付的价款总额，包括纳税人支付给烟叶生产销售单位和个人的烟叶收购价款和价外补贴。

4. A　【解析】烟叶税应纳税额 = 实际支付的价款总额 × 20% = 烟叶收购价款 × (1 +

10%) × 20% = 600 × (1 + 10%) × 20% = 132 (万元)。

二、多项选择题

ABC　【解析】选项 D，烟叶税实行 20% 的比例税率；选项 E，纳税人收购烟叶，应当向烟叶收购地的主管税务机关申报纳税。

同步训练　限时4分钟

扫 我 做 试 题

单项选择题

1. 某烟草公司 2020 年 8 月 8 日到邻县收购烟草支付价款 88 万元，另向烟农支付了价外补贴 10 万元，下列纳税事项的表述中，正确的是(　　)。

A. 烟草公司 8 月收购烟叶应缴纳烟叶税 19.6 万元

B. 烟草公司 8 月收购烟叶应缴纳烟叶税 17.6 万元

C. 烟草公司收购烟叶的纳税义务发生时间是 8 月 8 日

D. 烟草公司应向公司所在地主管税务机关申报缴纳烟叶税

2. 甲县某烟草公司到相邻的乙县收购烟叶，2021 年 3 月 9 日支付烟叶收购价款 80 万元，另对烟农支付了价外补贴。下列纳税事项的表述正确的是(　　)。

A. 烟草公司应在 4 月 20 日申报缴纳烟叶税

B. 烟草公司 3 月收购烟叶应缴纳烟叶税 17.6 万元

C. 烟草公司应向甲县主管税务机关申报缴纳烟叶税

D. 烟草公司收购烟叶的纳税义务发生时间是 3 月 10 日

同步训练答案及解析

单项选择题

1. C　【解析】　应缴纳的烟叶税 = 88 × (1 + 10%) × 20% = 19.36(万元)；烟叶税的纳税义务发生时间为纳税人收购烟叶的当天，即 8 月 8 日；纳税地点为烟叶收购地主管税务机关。

2. B　【解析】　烟叶税按月计征，纳税人应

当于纳税义务发生月终了之日起 15 日内，即 4 月 15 日前申报并缴纳税款。应缴纳烟叶税 = 80 × (1 + 10%) × 20% = 17.6(万元)，烟草公司应向收购地(乙县)主管税务机关申报缴纳烟叶税；烟叶税的纳税义务发生时间为纳税人收购烟叶的当天，即 3 月 9 日。

第 9 章

第10章 关 税

考情解密

历年考情概况

本章为非重点内容，考试题型主要为单选题和多选题，进口关税的计算也经常和增值税、消费税相结合出现在主观题中。历年考试中所占分值为5分以内。

近年考点直击

考点	主要考查题型	考频指数	考查角度
关税税率	单选题、多选题	★★	关税税率形式和适用规则
关税完税价格和应纳税额计算	单选题、多选题、计算题、综合题	★★★	各类支出是否计入进出口关税完税价格 进口关税应纳税额计算
关税减免	单选题、多选题	★★	优惠政策的记忆
关税征收管理	单选题、多选题	★★	征管规则的记忆

本章2021年考试主要变化

(1)删除"关税分类"中的"按保护形式和程度分类"；

(2)修改"关税配额税率"的表述；

(3)"税率的适用"增加三种情形；

(4)增加"集成电路产业和软件产业"的特定减免税相关内容，删掉"中国国际进口博览会"相关临时减免税内容；

(5)增加"减免税管理基本规定"的内容；

(6)修改予以补税的减免税货物的表述及公式。

考点详解及精选例题

一、关税的概念及特点★

扫我解疑难

(一)关税的概念

关税是由海关根据国家制定的有关法律，以进出关境的货物和物品为征税对象而征收的一种税收。

(二)关税的特点

(1)关税是一种税收形式：由海关征收。

(2)征税对象是货物和物品：关税只对有形的货品征收，对无形货品不征关税。

(3)关税的征税范围是进出关境的货物和物品：国境≠关境。

(4)关税是单一环节的价外税：关税完税价格不包括关税，但增值税、消费税计税依据含关税。

(5)有较强的涉外性。

【例题 1·单选题】(2010 年)关于关税特点的说法，正确的是( )。

A. 关税的高低对进口国的生产影响较大，对国际贸易影响不大

B. 关税是多环节价内税

C. 关税是单一环节的价外税

D. 关税不仅对进出境的货物征税，还对进出境的劳务征税

解析 ▶ 选项 A，关税具有较强的涉外性，所以关税税则的制定、税率的高低，直接会影响到国际贸易的开展；选项 B，关税是单一环节的价外税；选项 D，关税征收的对象是进出境的货物和物品，对进出境的劳务不征收关税。 **答案** ▶ C

二、关税的纳税人和征税对象★★

扫我解疑难

(一)纳税人

进口货物收货人、出口货物发货人、进出境物品的所有人或推定所有人。

关税纳税义务人推定：邮递进境物品的收件人、邮递或其他运输方式出境物品的寄件人或托运人。

(二)征税对象

关税征税对象是准许进出境的货物和物品。

三、关税的分类★（见表 10-1）

扫我解疑难

表 10-1 关税的分类

分类标准	具体内容
征税对象	(1)进口关税：是最主要的征税形式，有正税和附加税之分。 附加税名目繁多，如反倾销税、反补贴税、报复关税、紧急进口税等。 (2)出口关税：很少征收
征税标准	从量税、从价税、复合税、选择税、滑准税。 (1)选择税：物价上涨，使用从价税；物价下跌，使用从量税。 (2)滑准税(滑动税)：根据进出口商品价格的变动而增减进出口税率的一种关税。价格上涨，采用低税率；价格下跌，采用较高税率
征税性质	(1)普通关税：与优惠关税的税率差别一般较大。 (2)优惠关税：有特定优惠关税、普遍优惠关税、最惠国待遇三种。 (3)差别关税：加重关税、反补贴关税、反倾销关税、报复关税等

【例题 2·多选题】(2006 年)差别关税实际上是保护主义政策的产物，是保护一国产业所采取的特别手段。差别关税主要分为( )。

A. 加重关税

B. 优惠关税

C. 反补贴关税

D. 报复关税

E. 反倾销关税

解析 ▶ 一般意义上的差别关税主要分为加重关税、反补贴关税、报复关税、反倾销关税等。

答案 ▶ ACDE

四、关税税率形式和适用★

扫我解疑难

（一）关税税率形式（见表10-2）

表10-2　关税税率形式

类别		税率形式	计税方法
进口	货物	五栏税率：包括最惠国税率、协定税率、特惠税率、普通税率、关税配额税率。一定时期内可实行暂定税率	从价税为主
	物品	征收进口关税； 比例税率：13%、20%、50%	从价税
出口		一栏税率	从价税
特别关税		征收报复性关税的货物、适用国别、税率、期限、征收方法由国务院关税税则委员会决定并公布	

（二）关税税率适用（见表10-3）

表10-3　关税税率适用

具体情况	适用税率
1. 进出口货物	海关接受货物申报进出口之日实施的税率
2. 进口货物到达前，经海关核准先行申报的	装载该货物的运输工具申报进境之日实施的税率
3. 进口转关运输货物	指运地海关接受货物申报进口之日实施的税率；先行申报的，适用装载该货物的运输工具抵达指运地之日实施的税率
4. 出口转关运输货物	启运地海关接受该货物申报出口之日实施的税率
5. 经批准实行集中申报的进出口货物	每次货物进出口时海关接受该货物申报之日实施的税率
6. 超期限未申报，海关依法变卖的进口货物	装载该货物的运输工具申报进境之日实施的税率
7. 因纳税人违反规定需要追征税款的进出口货物	违反规定的行为发生之日实施的税率；行为发生之日不能确定的，适用海关发现该行为之日实施的税率
8. 已申报进境并放行的保税货物、减免税货物、租赁货物或已申报进出境并放行的暂时进出境货物，符合特定情形而需缴纳税款的	海关接受纳税人再次填写报关单申报办理纳税及有关手续之日实施的税率
9. 适用最惠国税率的进口货物	有暂定税率的，应当适用暂定税率；适用协定税率、特惠税率的进口货物有暂定税率的，应当从低适用税率；适用普通税率的进口货物，不适用暂定税率。按规定实行关税配额管理的进口货物，关税配额内的，适用关税配额税率；关税配额外的，按其适用税率执行
10. 征收报复性关税的货物、适用国别、税率、期限和征收办法	由国务院关税税则委员会决定并公布

【提示 1】上述第 8 项情形包括：

(1)保税货物经批准不复运出境的；

(2)保税仓储货物转入国内市场销售的；

(3)减免税货物经批准转让或者移作他用的；

(4)可暂不缴纳税款的暂时进出境货物，经批准不复运出境或者进境的；

(5)租赁进口货物，分期缴纳税款的。

【提示 2】补征和退还进出口货物税款，按上述第 1、2 项规定确定适用税率。

【例题 3·单选题】(2012 年)在关税税则中，预先按产品的价格高低分档制定若干不同的税率，根据进出口商品价格的变动而增减进出口税率的关税是(　　)。

A. 选择税　　　　　B. 滑动税

C. 复合税　　　　　D. 差别税

解析 ▶ 滑准税(滑动税)是根据进出口商品价格的变动而增减进出口税率的一种关税。

答案 ▶ B

【例题 4·多选题】下列关于关税税率适用规则的表述中，正确的有(　　)。

A. 进口转关的货物适用指运地海关接受货物申报进口之日实施的税率

B. 出口转关的货物适用指运地海关接受货物申报出口之日实施的税率

C. 进口货物到达前经海关核准先行申报的，适用装载该货物的运输工具申报进境之日实施的税率

D. 保税货物经批准不复运出境的，适用海关接受纳税人再次填写报关单申报办理纳税及有关手续之日实施的税率

E. 租赁进口货物，分期缴纳税款的，适用海关接受纳税人首次填写报关单申报办理纳税及有关手续之日实施的税率

解析 ▶ 选项 B，出口转关的货物适用启运地海关接受货物申报出口之日实施的税率。选项 E，租赁进口货物，分期缴纳税款的，适用海关接受纳税人再次填写报关单申报办理纳税及有关手续之日实施的税率。

答案 ▶ ACD

五、关税减免及管理 ★★

扫我解疑难

(一)法定减免税(见表 10-4)

表 10-4　法定减免税

政策	具体内容
免征关税	(1)关税、进口环节增值税或消费税税额在人民币50 元以下的一票货物
免征关税	(2)无商业价值的广告品和货样； (3)外国政府、国际组织无偿赠送的物资； (境外自然人、法人组织无偿捐赠物资，有特定减免税) (4)在海关放行前损失的货物； 【提示】海关放行前遭受损坏的货物，可以减征关税。 (5)规定数额以内的物品； (6)进出境运输工具装载的途中必需的燃料、物料和饮食用品； (7)中华人民共和国缔结或者参加的国际条约规定减征、免征关税的货物、物品； (8)法律规定减征、免征关税的其他货物、物品
暂不缴纳关税	(1)暂时进出境货物(6 个月内或申请延长)，在进出境时已交保证金或担保的，可暂时不缴纳关税。具体包括：展示、表演、比赛用品；特定活动中使用的仪器设备及交通工具等；货样；盛货容器；非商业性货物等。 (2)列明货物规定期限内未复运进出境的，应征税。 (3)其他未列明暂准进境货物，应按货物完税价格和其在境内滞留时间与折旧时间的比例计算征收进口关税

续表

政策	具体内容
不征关税	(1)因品质或者规格原因，出口货物自出口之日起1年内原状复运进境的，不征收进口关税。 (2)因品质或者规格原因，进口货物自进口之日起1年内原状复运出境的，不征收出口关税
无代价抵偿物免税	因残损、短少、品质不良或者规格不符原因，由进出口货物的发货人、承运人或者保险公司免费补偿或者更换相同货物，进出口时不征收关税。被免费更换的原进口货物不退运出境或者出口货物不退运进境的，海关应当对原进出口货物重新按照规定征收关税

（二）特定减免税

1. 科教用品
2. 残疾人专用品
3. 慈善捐赠物资
4. 重大技术装备
5. 集成电路产业和软件产业

（三）临时减免税

（四）减免税管理基本规定

【例题5·多选题】下列进口的货物中，免征关税的有（ ）。

A. 无商业价值的广告品
B. 在海关放行前损失的货物
C. 外国政府无偿援助的物资
D. 关税税额在人民币500元以下的货物
E. 进出境运输工具装载的途中必需的饮食用品

解析 ▶ 选项D，关税、进口环节增值税或消费税税额在人民币50元以下的一票货物属于法定免税。　　答案 ▶ ABCE

【例题6·单选题】（2010年）某企业进口一批材料，货物价款95万元，进口运费和保险费5万元，报关进口后发现其中的10%有严重质量问题并将其退货，出口方为补偿该企业，发送价值10万元(含进口运费、保险费0.5万元)的无代价抵偿物，进口关税税率为20%，该企业应缴纳进口关税（ ）万元。

A. 18.00　　　　　B. 20.00
C. 22.00　　　　　D. 22.10

解析 ▶ 该企业应缴纳进口关税=（95+5）×20%=20（万元）。　　答案 ▶ B

六、一般进口货物关税完税价格 ★★★

扫我解疑难

（一）完税价格构成

进口货物的完税价格由海关以符合规定的成交价格以及该货物运抵中国境内输入地点起卸前的运输及其相关费用、保险费为基础审查确定。

（二）成交价格（见表10-5）

表10-5　成交价格

基本规定	进口货物的成交价格，是指卖方向中国境内销售该货物时买方为进口该货物实付、应付的，并按有关规定调整后的价款总额，包括直接支付和间接支付的价款
成交价格应符合条件	(1)卖方对买方处置或者使用进口货物不予限制，但是法律、行政法规规定实施的限制、对货物销售地域的限制和对货物价格无实质性影响的限制除外； (有影响的限制包括：只能用于展示或免费赠送，货物或加工为成品后只能销售给指定第三方等) (2)进口货物的成交价格不得受到使该货物成交价格无法确定的条件或者因素的影响； (此价格需购买或销售其他货物) (3)卖方不得直接或者间接获得因买方销售、处置或者使用进口货物而产生的任何收益，或者虽然有收益但是能够按照规定做出调整； (4)买卖双方之间没有特殊关系，或者虽然有特殊关系但是未对成交价格产生影响

应计入关税完税价格的调整项目	(1)由买方负担的购货佣金以外的佣金和经纪费。 (2)由买方负担的与该货物视为一体的容器费用。 (3)由买方负担的包装材料费用和包装劳务费用。 (4)与进口货物的生产和向中国境内销售有关的,由买方以免费或者以低于成本的方式提供,并可以按适当比例分摊的料件、工具、模具、消耗材料及类似货物的价款,以及在境外开发、设计等相关服务的费用。 (5)作为该货物向中国境内销售的条件,买方必须支付的、与该货物有关的特许权使用费。 例外情形: ①特许权使用费与该货物无关; ②特许权使用费的支付不构成该货物向中国境内销售的条件。 (6)卖方直接或间接从买方对该货物进口后转售、处置或使用所得中获得的收益
不计入关税完税价格的调整项目	(1)厂房、机械、设备等货物进口后的基建、安装、装配、维修和技术服务费用,但保修费用除外。 (2)货物运抵中国境内起卸后的运输及相关费用、保险费。 (3)进口关税及国内税收。 (4)购货佣金

(三)进口货物运保费:实际支出或估算

(1)进口货物保险费无法确定或者未实际发生,海关应按照"货价加运费"的3‰计算保险费。

(2)邮运进口的货物,以邮费作为运输及相关费用、保险费。

(3)运输工具作为进口货物,利用自身动力进境的,不再另行计入运费。

(四)进口货物海关估价方法(见表10-6)

进口货物的成交价格不符合规定条件或者成交价格不能确定的,海关经了解有关情况,并且与纳税义务人进行价格磋商后,依次以下列价格估定该货物的完税价格。

应进口商的要求,可以颠倒倒扣价格估价方法和计算价格估价方法的使用次序。

表10-6 进口货物海关估价方法

相同货物成交价格	与该货物同时或大约同时向中国境内销售的相同货物的成交价格。 【提示】多个价格,应选用最低价格
类似货物成交价格	与该货物同时或大约同时向中国境内销售的类似货物的成交价格
倒扣价格估价方法	海关以进口货物、相同或者类似进口货物在境内的销售价格为基础,扣除境内发生的有关费用后,审查确定
计算价格估价方法	海关以下列各项的总和为基础,审查确定进口货物完税价格: (1)生产该货物所使用的料件成本和加工费用; (2)向境内销售同等级或者同种类货物通常的利润和一般费用; (3)该货物运抵境内输入地点起卸前的运输及相关费用、保险费
合理估价方法	海关采用合理方法确定进口货物的完税价格时,不得使用以下价格: (1)境内生产的货物在境内的销售价格; (2)可供选择的价格中较高的价格; (3)货物在出口地市场的销售价格; (4)以计算价格估价方法规定之外的价值或者费用计算的相同或者类似货物的价格; (5)出口到第三国或者地区的货物的销售价格; (6)最低限价或者武断、虚构的价格

【例题7·单选题】（2011年）下列关于关税完税价格的说法，正确的是（ ）。

A. 进口货物应当以成交价格为完税价格

B. 完税价格不包括进口环节缴纳的各项税金

C. 如果买卖双方有特殊关系，只能以成交价格确定完税价格

D. 完税价格包括进口货物在境内运输途中发生的运费和保险费

解析 选项A，进口货物的完税价格由海关以货物的成交价格为基础审查确定，并应当包括该货物运抵境内输入地点起卸前的运费及其相关费用、保险费；选项C，如果买卖双方有特殊关系，海关可依次采用相同货物的成交价格估价方法、类似货物的成交价格估价方法、倒扣价格估价方法、计算价格估价方法和合理估价方法估定货物的完税价格；选项D，进口货物在境内运输途中发生的运费和保险费不计入货物完税价格中。

答案 B

【例题8·多选题】（2011年）如果进口货物的成交价格不符合规定条件，由海关估定完税价格。下列关于进口货物完税价格估定的说法，正确的有（ ）。

A. 纳税人可以与海关进行价格磋商

B. 完税价格估定方法的使用次序不可以颠倒

C. 海关估定完税价格时，应根据纳税人的意愿选择估价方法

D. 按照相同货物成交价格估价时，如果相同货物有若干批，应采用其中最低的价格

E. 采用倒扣价格法时，按照进口货物、相同或类似进口货物在境内的销售价格为基础，扣除境内发生的有关费用后，确定完税价格

解析 选项B，完税价格的估定方法应依次使用，但是应进口商的要求，倒扣价格估价方法和计算价格估价方法的使用次序可

以颠倒；选项C，海关估定完税价格时，是依次选择价格估定方法的，不是根据纳税人的意愿选择估价方法。

答案 ADE

【例题9·单选题】下列项目，不计入进口货物关税完税价格的是（ ）。

A. 与该货物有关并作为卖方向我国销售该货物的一项条件，应当由买方直接或间接支付的特许权使用费

B. 与该货物的生产和向中华人民共和国境内销售有关的，由买方以免费或者以低于成本的方式提供，并可以按适当比例分摊的料件

C. 厂房、机械、设备等货物的保修费用

D. 为在境内复制进口货物而支付的费用

解析 选项D，为在境内复制进口货物而支付的费用不计入进口关税完税价格。

答案 D

【例题10·单选题】某进出口公司2021年3月进口护肤品一批，成交价为300万元，购货佣金20万元，运抵我国境内输入地点起卸前的运费为10万元，保险费无法确定，关税税率30%，则该公司应缴纳的关税为（ ）万元。

A. 90.00

B. 96.00

C. 93.28

D. 99.00

解析 关税完税价格＝货价＋运费＋保险费。

购货佣金不计入关税完税价格；进口货物的保险费无法确定或者未实际发生，海关应当按照"货价加运费"两者总额的3‰计算保险费。

关税完税价格＝300＋10＋（300＋10）× 3‰＝310.93（万元）。

关税＝310.93×30%＝93.28（万元）。

答案 C

第10章

七、特殊进口完税价格确定★★（见表 10-7）

扫我解疑难

表 10-7　特殊进口完税价格确定

具体情况	进口关税完税价格
运往境外修理的货物	以海关审定的**境外修理费和料件费**为完税价格(**不含运保费**)
运往境外加工的货物	以海关审定的**境外加工费和料件费**以及该货物复运进境的运输及其相关费用、保险费估定完税价格
暂时进境货物	按照**一般进口货物估价办法**的规定估定完税价格； 经批准留购的，以海关审定的**留购价格**作为完税价格
租赁方式进口	租赁期间以海关审定的**租金**为完税价格，**利息应计入**； 留购的租赁货物，以海关审定的**留购价格**作完税价格； 承租人申请一次性缴纳税款的，经海关同意，按照**进口货物海关估价方法**的规定或**租金总额**估定完税价格
予以补税的减免税货物	(1)减免税货物因转让、提前解除监管以及减免税申请人发生主体变更、依法终止情形或者其他原因需要补征税款的，补税的完税价格以货物原进口时的完税价格为基础，按照减免税货物已进口时间与监管年限的比例进行折旧。 **补税的完税价格＝减免税货物原进口时的完税价格×[1-减免税货物已进口时间÷(监管年限×12)]** 【提示】已进口时间自货物放行之日起按月计算。不足 1 个月但超过 15 日的，按 1 个月算，不超过 15 日的，不予计算。 (2)减免税申请人将减免税货物移作他用，需要补缴税款的，补税的完税价格以货物原进口时的完税价格为基础，按照需要补缴税款的时间与监管年限的比例进行折旧。 **补税的完税价格＝减免税货物原进口时的完税价格×[需要补缴税款的时间÷(监管年限×365)]** 【提示】需要补缴税款的时间为减免税货物移作他用的实际时间，按日计算，每日实际使用不满 8 小时或者超过 8 小时的均按 1 日计算
	监管年限：从货物进口放行之日起计算。 船舶、飞机：8 年；机动车辆：6 年；其他货物：3 年
不存在成交价格的进口货物	**易货贸易、寄售、捐赠、赠送**等不存在成交价格的进口货物，依次用 5 种方法审定完税价格
进口软件介质	进口载有**专供数据处理设备用软件**的介质，具有下列情形之一的，应当**以介质本身的价值或者成本为基础**审查确定完税价格： (1)介质本身的价值或者成本与所载软件的价值分列； (2)介质本身的价值或者成本与所载软件的价值虽未分列，但是纳税义务人能够提供介质本身的价值或者成本的证明文件，或者能提供所载软件价值的证明文件。含有美术、摄影、声音、图像、影视、游戏、电子出版物的介质不适用上述规定(**软件+介质价值**)

【例题 11·单选题】下列关于进口货物关税完税价格的说法正确的是(　　)。

A. 运往境外修理的货物以海关审定的境外修理费和料件费以及该货物复运进境的运输及其相关费用、保险费为完税价格

B. 运往境外加工的货物以海关审定的境

外加工费和料件费为完税价格

C. 暂时进境货物经批准留购的以海关审定的留购价格作为完税价格

D. 进口软件介质本身的价值或者成本与所载软件的价值分列的，一律以介质本身的价值或者成本加上软件的价值为基础审查确定完税价格

解析 选项 A，运往境外修理的货物以海关审定的境外修理费和料件费估定完税价格；选项 B，运往境外加工的货物以海关审定的境外加工费和料件费以及该货物复运进境的运输及其相关费用、保险费估定完税价格；选项 D，进口软件介质本身的价值或者成本与所载软件的价值分列的，应当以介质本身的价值或者成本为基础审查确定完税价格；含有美术、摄影、声音、图像、影视、游戏、电子出版物的介质不适用此规定。

答案 C

【例题 12 · 单选题】（2013 年改）某科技公司 2019 年 5 月 7 日经批准进口一套特定免税设备用于研发项目，2021 年 10 月 27 日经海关批准，该公司将设备出售，取得销售收入 240 万元，该设备进口时经海关审定的完税价格为 320 万元，已提折旧 60 万元。2021 年 10 月该公司应补缴关税是（　　）万元（关税税率为 10%，海关规定的监管年限为 3 年）。

A. 5.33
B. 16.53
C. 24.00
D. 26.00

解析 减免税货物因转让、提前解除监管以及减免税申请人发生主体变更、依法终止情形或者其他原因需要补征税款的，补税的完税价格以货物原进口时的完税价格为基础，按照减免税货物已进口时间与监管年限的比例进行折旧。

补税的完税价格＝减免税货物原进口时的完税价格×[1−减免税货物已进口时间÷（监管年限×12）]已进口时间自货物放行之日起按月计算。不足 1 个月但超过 15 日的，按 1 个月算，不超过 15 日的，不予计算。

应补缴关税＝320×[1−30÷（3×12）]×10%＝5.33（万元）。

答案 A

八、出口货物关税完税价格★★

扫我解疑难

（一）出口货物关税完税价格构成

由海关以该货物的成交价格为基础审查确定，并应当包括货物运至境内输出地点**装载前**的运输及其相关费用、保险费。

（二）下列税收、费用不计入出口货物的完税价格

（1）**出口关税**；

（2）在货物价款中单独列明的货物运至中华人民共和国境内输出地点**装载后**的运输及其相关费用、保险费。

（三）出口货物海关估定方法

（1）同时或者大约同时向同一国家或者地区出口的**相同货物的成交价格**；

（2）同时或者大约同时向同一国家或者地区出口的**类似货物的成交价格**；

（3）根据境内生产相同或者类似货物的成本、利润和一般费用（直接或间接）、境内发生的运输及其相关费用、保险费**计算所得的价格**；

（4）按照**合理方法估定的价格**。

【提示】 和进口估价类似，但无倒扣价格估价方法。

【例题 13 · 多选题】（2012 年）下列关于关税完税价格的说法，正确的有（　　）。

A. 出口货物关税的完税价格不包含出口关税

B. 进口货物的保险费无法确定时，海关应按照货价的 5% 计算保险费

C. 进口货物的关税完税价格不包括进口关税

D. 经海关批准的暂时进境货物，应当按照一般进口货物估价办法的规定，估定进口货物完税价格

E. 出口货物的完税价格，由海关以该货

物的成交价格为基础审查确定，并应包括货物运至我国境内输出地点装载前的运输及其相关费用、保险费

解析 ▶ 进口货物的保险费无法确定时，应当按照"货价加运费"两者总额的千分之三计算保险费。 **答案** ▶ ACDE

九、应纳税额的计算 ★★★（见表 10-8）

扫我解疑难

表 10-8　应纳税额的计算

从价税	关税税额＝应税进（出）口货物数量×单位完税价格×税率 CIF 价（到岸价）：符合成交价格条件，可以直接计税。 FOB 价（离岸价）、CFR 价（离岸加运费价）：先折算成 CIF 价，再计税
从量税	关税税额＝应税进（出）口货物数量×单位货物税额
复合税	我国目前实行的复合税都是先计征从量税，再计征从价税。 关税税额＝应税进（出）口货物数量×单位货物税额＋应税进（出）口货物数量×单位完税价格×税率
滑准税	关税税额＝应税进（出）口货物数量×单位完税价格×滑准税税率

【例题 14·多选题】（2010 年）关于关税政策的说法，正确的有（　）。

A. 进口货物完税价格的确定首先应按相同货物成交价格估算

B. 进口货物关税的完税价格不包含关税

C. 无商业价值的货样免征关税

D. "CFR"的含义是到岸价格的价格术语简称

E. "CIF"的含义是"成本加运费、保险费"的价格术语简称，又称"到岸价格"

解析 ▶ "CFR"的含义为"成本加运费"的价格术语的简称，又称"离岸加运费价格"。 **答案** ▶ ABCE

【例题 15·单选题】 某企业为增值税一般纳税人，2020 年 3 月从国外进口一批材料（非消费品），货价 80 万元，买方支付购货佣金 2 万元，运抵我国输入地点起卸前运费及保险费 5 万元；从国外进口一台设备，货价 10 万元，境外运费和保险费 2 万元，与设备有关的软件特许权使用费 3 万元；企业缴纳进口环节相关税金后海关放行。材料关税税率 20%，设备关税税率 10%。该企业应纳进口环节税金是（　）元。

A. 357 640　　　　B. 385 200

C. 388 790　　　　D. 339 050

解析 ▶ 买方支付的购货佣金 2 万元不计入关税完税价格；与设备有关的特许权使用费应计入完税价格。

进口关税＝（80＋5）×20%＋（10＋2＋3）×10%＝18.5（万元）。

进口增值税＝（80＋5＋10＋2＋3＋18.5）×13%＝15.405（万元）。

该企业应纳进口环节税金＝18.5＋15.405＝33.905（万元）＝339 050（元）。 **答案** ▶ D

十、关税征收管理 ★★

扫我解疑难

（一）关税缴纳（见表 10-9）

表 10-9　关税缴纳

项目	具体规定
申报时限	进口货物自运输工具申报进境之日起14 日内，出口货物在货物运抵海关监管区后装货的24 小时以前，应由进出口货物的纳税义务人向货物进（出）境地海关申报
缴库期限	纳税义务人应当自海关填发税款缴款书之日起15 日内，向指定银行缴纳税款。 如关税缴纳期限的最后 1 日是周末或法定节假日，则关税缴纳期限顺延至周末或法定节假日过后的第 1 个工作日

第 10 章

续表

项目	具体规定
延期纳税	纳税人因不可抗力或者国家税收政策调整不能按期缴纳税款的，依法提供税款担保后，可以直接向海关办理延期缴纳税款手续。延期纳税最长不超过6个月

（二）关税滞纳金、保全及强制措施（见表10-10）

表10-10　关税滞纳金、保全及强制措施

项目	具体规定
滞纳金	关税滞纳金金额＝滞纳关税税额×滞纳金征收比率×滞纳天数 自关税缴纳期限届满之日起，至纳税人缴清关税之日止，按滞纳税款万分之五的比例按日征收，周末或法定节假日不予扣除。滞纳金起征点为每票货物50元
保全措施	出口货物的纳税人在规定的纳税期限内有明显的转移、藏匿其应税货物以及其他财产迹象的，海关可以责令纳税人提供担保；纳税人不能提供担保的，海关可以按照《海关法》规定采取以下税收保全措施： （1）书面通知纳税人开户银行或者其他金融机构暂停支付纳税人相当于应纳税款的存款； （2）扣留纳税人价值相当于应纳税款的货物或者其他财产
强制措施	纳税人、担保人自缴纳税款期限届满之日起超过3个月仍未缴纳税款的，经直属海关关长或者其授权的隶属海关关长批准，海关可以采取下列强制措施： （1）书面通知其开户银行或者其他金融机构从其存款中扣缴税款； （2）将应税货物依法变卖，以变卖所得抵缴税款； （3）扣留并依法变卖其价值相当于应纳税款的货物或者其他财产，以变卖所得抵缴税款。 【提示1】海关采取强制措施时，对未缴纳的滞纳金同时强制执行。 【提示2】进出境物品的纳税人，应当在物品放行前缴纳税款

（三）关税退还（见表10-11）

表10-11　关税退还

项目	具体规定
申请退还	有下列情形之一的，纳税人自缴纳税款之日起1年内，可以申请退还关税，并应当以书面形式向海关说明理由，提供原缴款凭证及相关资料： （1）已征进口关税的货物，因品质或者规格原因，原状退货复运出境的； （2）已征出口关税的货物，因品质或者规格原因，原状退货复运进境，并已重新缴纳因出口而退还的国内环节有关税收的； （3）已征出口关税的货物，因故未装运出口，申报退关的
多征退还	（1）海关发现多征税款的，应当立即通知纳税人办理退税手续。 （2）纳税人发现多缴税款的，自缴纳税款之日起1年内，可以以书面形式要求海关退还多缴的税款并加算银行同期活期存款利息。 【提示】纳税人申请退还税款的，海关应当自受理退税申请之日起30日内查实并通知纳税人办理退还手续。纳税人应当自收到通知之日起3个月内办理有关退税手续

（四）关税补征和追征（见表10-12）

表10-12　关税补征和追征

项目	具体规定
补征	进出口货物放行后，海关发现少征或者漏征税款的，应当自缴纳税款或者货物放行之日起1年内，向纳税人补征

续表

项目	具体规定
追征	(1)进出口货物放行后，因纳税人违反规定造成少征或者漏征税款的，海关可以自应缴纳税款或者货物放行之日起3年内追征税款，并加收滞纳金； (2)海关发现海关监管货物因纳税人违反规定造成少征或者漏征税款的，应当自纳税人应缴纳税款之日起3年内追征税款，并加收滞纳金

(五)关税纳税争议–先纳税后争诉

(1)纳税人自海关填发税款缴款书之日起60日内，向原征税海关的上一级海关书面申请复议。逾期申请复议的，海关不予受理。

(2)海关应当自收到复议申请之日起60日内作出复议决定，并以复议决定书的形式正式答复纳税人。

(3)纳税人对海关复议决定仍然不服的，可以自收到复议决定书之日起15日之内，向人民法院提起诉讼。

【例题16·多选题】下列关于关税征收管理的说法，不正确的有(　　)。

A. 海关发现多征税款的，应当立即通知纳税义务人办理退税手续

B. 纳税人发现多缴税款的，自缴纳税款之日起1年内，可以以书面形式要求海关退还多缴的税款，但不得加算银行同期活期存款利息

C. 纳税人向海关办理延期缴纳税款手续的，延期纳税最长不超过3个月

D. 纳税人应当自海关填发税款缴款书之日起15日内缴纳关税税款

E. 进出口货物放行后，海关发现少征或者漏征税款的，应当自缴纳税款或者货物放行之日起3年内，向纳税人补征税款及滞纳金

解析 选项B，纳税人发现多缴税款的，自缴纳税款之日起1年内，可以以书面形式要求海关退还多缴的税款并加算银行同期活期存款利息。选项C，纳税人因不可抗力或者国家税收政策调整不能按期缴纳税款的，依法提供税款担保后，可以直接向海关办理延期缴纳税款手续，延期纳税最长不超过6个月。选项E，进出口货物放行后，海关发

现少征或者漏征税款的，应当自缴纳税款或者货物放行之日起1年内，向纳税人补征税款。

答案 BCE

【例题17·单选题】2021年3月1日某公司进口一批高档化妆品，成交价格为20万元人民币，关税税率40%，消费税税率15%，从起运地至输入地起卸前的运费2.4万元人民币，进口货物的保险费无法确定，从海关监管区至公司仓库的运费0.6万元。海关于2021年3月5日填发税款缴款书，该公司于2021年3月31日缴纳税款。下列说法正确的是(　　)。

A. 该批化妆品的关税完税价格为22.4万元

B. 该公司应按照11天缴纳进口环节税款的滞纳金

C. 该公司应缴纳关税9.2万元

D. 该公司应缴纳进口环节税金为19.35万元

解析 进口化妆品完税价格=20+2.4+(20+2.4)×3‰=22.47(万元)。

关税=22.47×40%=8.99(万元)。

进口环节增值税=(22.47+8.99)÷(1-15%)×13%=4.81(万元)。

进口环节消费税=(22.47+8.99)÷(1-15%)×15%=5.55(万元)。

进口环节税金=4.81+5.55+8.99=19.35(万元)。

纳税义务人应当自海关填发税款缴款书之日起15日内，向指定银行缴纳税款。滞纳金自滞纳税款之日起，至纳税义务人缴纳关税之日止，按滞纳税款万分之五的比例按日征收，周末或法定节假日不予扣除，所以本题的滞纳天数应为12天。

答案 D

真题精练

一、单项选择题

1. （2020年）以关税特定减免方式进口的科教用品，海关监管的年限为（　）年。
   - A. 6
   - B. 10
   - C. 8
   - D. 3

2. （2019年）下列费用中，不计入进口货物关税完税价格的是（　）。
   - A. 包装材料费用
   - B. 境外技术培训费用
   - C. 由买方负担的经纪费
   - D. 与货物为一体的容器费用

3. （2019年）某医疗器械厂（增值税一般纳税人），2020年8月进口一批医疗器械，该批医疗器械成交价格202万元，支付购货佣金3万元，运抵我国海关前发生运费8万元，保险费无法确定。该厂进口该批医疗器械应缴纳关税（　）万元（医疗器械进口关税税率30%）。
   - A. 60.60
   - B. 61.50
   - C. 63.19
   - D. 63.90

4. （2018年）2018年3月，某公司将货物运往境外加工，出境时已向海关报明，并在海关规定期限内复运进境。已知货物价值100万元，境外加工费和料件费30万元，运费1万元，保险费0.39万元。关税税率10%。该公司上述业务应缴纳关税（　）万元。
   - A. 3.10
   - B. 10.14
   - C. 13.14
   - D. 3.14

5. （2017年）2017年3月，某贸易公司进口一批货物，合同中约定成交价格为人民币600万元，支付境内特许销售权费用人民币10万元，卖方佣金人民币5万元。该批货物运抵境内输入地点起卸前发生的运费和保险费共计人民币8万元，该货物关税完税价格（　）万元。
   - A. 615
   - B. 613
   - C. 623
   - D. 610

6. （2016年）某生产企业2016年5月将机器运往境外修理，出境时已向海关报明，并在海关规定期限内复运进境。该机器原值为100万元，已提折旧20万元，报关出境前发生运费和保险费1万元，境外修理费5万元，修理料件费1.2万元，复运进境发生的运费和保险费1.5万元，以上金额均为人民币。该机器再次报关入境时应申报缴纳关税（　）万元（关税税率10%）。
   - A. 8.77
   - B. 0.77
   - C. 8.87
   - D. 0.62

7. （2015年）下列属于进口关税完税价格组成部分的是（　）。
   - A. 进口人向自己的采购代理人支付的购货佣金
   - B. 与进口货物有关的特许权使用费
   - C. 进口设备报关后的安装调试费用
   - D. 进口人报关后的境内技术培训费用

8. （2015年）2015年3月，某贸易公司进口一批红酒，成交价格为200万元人民币，关税税率为14%，货物运费率为2%，进口货物的保险费无法确认，该贸易公司应缴纳关税（　）万元。
   - A. 28.04
   - B. 28.64
   - C. 28.65
   - D. 28.56

9. （2014年）2014年2月，甲企业进口一批货物，海关审定货价折合人民币5 460万元，支付到达我国输入地点起卸前的运费折合人民币40万元，境内运费5万元，该批货物进口关税税率为10%，保险费无法确定，2014年2月甲企业进口该批货物应缴纳关税（　）万元。
   - A. 546.00
   - B. 550.00
   - C. 550.50
   - D. 551.65

二、多项选择题

1. （2020年）关于关税减免税，下列说法正确的有( )。

A. 外国政府、国际组织无偿赠送的物资免征关税

B. 科学研究机构进口的科学研究用品实行特定减免关税

C. 用于疫情防控的进口物资全部免征关税

D. 进出境运输工具装载的娱乐设施暂免征收关税

E. 在海关放行前遭受损失的货物免征关税

2. (2019年)关于以租赁方式进口设备的关税税务处理,下列说法正确的有( )。

A. 租赁进口该设备必须在申请进境时一次性缴纳全部关税

B. 在租赁期间可暂停申请不缴纳关税

C. 租赁期满,企业留购该设备的不缴纳关税

D. 在租赁期间以海关审查确定的租金(包括利息)作为完税价格

E. 纳税人申请一次性缴纳税款的,可以选择海关审查确定的租金总额作为完税价格

3. (2018年)根据关税有关规定,下列符合进口货物成交价格条件的有( )。

A. 进口货物的买方和卖方没有特殊关系,或者虽有特殊关系但未对成交价格产生影响

B. 进口货物的成交价格不得受到使该货物成交价格无法确定的条件和因素的影响

C. 进口货物的卖方不得直接或间接获得因买方销售、处置或者使用进口货物而产生的任何收益,或者虽有收益但能够按照规定进行调整

D. 进口货物的卖方对买方处置或者使用进口货物不予限制,但法律、行政法规规定实施的限制、对货物销售地域的限制和对货物价格无实质性影响的限制除外

E. 进口货物的成交价格不包括间接支付的价款和价外收取的费用

4. (2016年)下列关于关税的说法中,正确的有( )。

A. 关税对无形物品不征税

B. 优惠关税主要适用于进口关税

C. 关税是单一环节的价外税

D. 目前没有国家征收出口关税

E. 关税的征税对象是进出境的货品

真题精练答案及解析

一、单项选择题

1. D 【解析】特定减免税进口货物的监管年限为：①船舶、飞机8年；②机动车辆6年；③其他货物3年。

2. B 【解析】选项B,境内外技术培训及境外考察费用,不计入关税完税价格。

3. C 【解析】购货佣金不应计入关税完税价格;进口货物的保险费无法确定的,海关应按照货价和运费两者总额的3‰计算保险费。该厂进口该批医疗器械应缴纳关税=(202+8)×(1+3‰)×30%=63.19(万元)。

4. D 【解析】运往境外加工的货物,出境时已向海关报明,并在海关规定期限内复运进境,以境外加工费、料件费、复运进境的运输及相关费用、保险费为基础审查确定完税价格。

该公司上述业务应缴纳关税=(30+1+0.39)×10%=3.14(万元)。

5. C 【解析】进口货物的完税价格由海关以该货物的成交价格为基础审查确定,并应当包括该货物运抵中华人民共和国境内输入地点起卸前的运输及其相关费用、保险费。支付境内特许销售权费用和卖方佣金要计入完税价格中。该货物关税完税价格=600+10+5+8=623(万元)。

6. D 【解析】运往境外修理的货物,规定期限内复运进境的,以海关审定的境外修理费、料件费为基础确定完税价格。该企业应纳关税=(5+1.2)×10%=0.62(万元)。

7. B 【解析】买方需向卖方或者有关方直接或者间接支付的特许权使用费是要计入关税完税价格。

8. C 【解析】应缴纳关税＝（200+200×2%）×（1+3‰）×14%＝28.65（万元）。

9. D 【解析】如果进口货物的保险费无法确定或未实际发生，海关应该按"货价加运费"两者总额的3‰计算保险费。甲企业进口该批货物应缴纳关税＝（5 460+40）×（1+3‰）×10%＝551.65（万元）。

二、多项选择题

1. ABE 【解析】选项C，捐赠用于疫情防控的进口物资，免征进口关税和进口环节增值税、消费税；选项D，进出境运输工具装载的途中必需的燃料、物料和饮食用品（不含娱乐设施）免征关税。

2. DE 【解析】选项A，租赁方式进口货物，有一次性缴纳关税和分期缴纳关税两种情形；选项B，纳税人分期支付租金的，租赁期间需要缴纳关税；选项C，留购的租赁货物需要缴纳关税，以海关审定的留购价格作为完税价格。

3. ABCD 【解析】进口货物的成交价格应当符合下列条件：

（1）卖方对买方处置或者使用进口货物不予限制，但法律、行政法规规定实施的限制、对货物销售地域的限制和对货物价格无实质性影响的限制除外。

（2）进口货物的成交价格不得受到使该货物成交价格无法确定的条件或因素的影响。

（3）卖方不得直接或者间接获得因买方销售、处置或者使用进口货物而产生的任何收益，或者虽有收益但能够按照规定进行调整。

（4）买卖双方没有特殊关系，或者虽有特殊关系但未对成交价格产生影响。

4. ABCE 【解析】选项D，我国对少数资源性产品及易于竞相杀价、盲目出口、需要规范出口秩序的半制成品征收出口关税。

同步训练 ////// 限时20分钟

扫我做试题

一、单项选择题

1. 下列关于关税纳税义务人的说法错误的是（　　）。

   A. 进口货物收货人为关税的纳税人

   B. 对分离运输的行李，推定相应的进出境旅客为所有人

   C. 对以邮递方式进境的物品，推定其收件人为所有人

   D. 以邮递或其他运输方式出境的物品，推定其收件人为所有人

2. 下列关于关税税率运用的表述中，错误的是（　　）。

   A. 进出口货物，应当适用海关接受该货物申报进口或者出口之日实施的税率

   B. 已申报进境且放行的保税货物需要纳税的，应适用原申报进口日实施的税率

   C. 进口货物到达前，经海关核准先行申报的，应当适用装载该货物的运输工具申报进境之日实施的税率

   D. 因纳税义务人违反规定需要追征税款的进出口货物，应当适用违反规定的行为发生之日实施的税率

3. 某进出口公司2021年3月进口摩托车20辆，成交价共计27万元，该公司另支付入关前的运费4万元，保险费无法确定，摩托车关税税率25%，该公司应缴纳的关税为（　　）万元。

   A. 6.78　　　　　　B. 6.75

C. 7.77　　　　　D. 7.75

4. 2019年3月1日，某公司经批准进口一台符合国家特定免征关税的科研设备用于研发项目，设备进口时经海关审定的完税价格折合人民币900万元，海关规定的监管期为3年；2021年3月5日，公司研发项目完成以后，将已提折旧200万元的免税设备出售给另一家企业，已知海关接受申报办理纳税手续之日实施的关税税率为20%。该公司应补缴的关税为（　　）万元。

A. 0　　　　　　　B. 60

C. 120　　　　　D. 180

5. 下列各项税费中，应计入出口货物完税价格的是（　　）。

A. 货物出口关税

B. 货物运至我国境内输出地点装载前的保险费

C. 货价中单独列明的货物运至我国境内输出地点装载后的保险费用

D. 货价中单独列明的货物运至我国境内输出地点装载后的运输费用

6. 下列关于关税征收管理的说法，正确的是（　　）。

A. 海关多征的税款，海关发现后应当立即通知纳税人办理退还手续

B. 纳税人发现多缴税款的，自缴纳税款之日起3年内，可以以书面形式要求海关退还多缴的税款

C. 纳税义务人自海关填发税款缴款书之日起30日内，向原征税海关的上一级海关书面申请复议

D. 纳税人应当自海关填发税款缴款书之日起10日内缴纳税款

二、多项选择题

1. 下列各项中，应当计入进口货物关税完税价格的有（　　）。

A. 由买方负担的购货佣金

B. 由买方负担的境外包装材料费用

C. 由买方负担的境外包装劳务费用

D. 由买方负担的进口货物视为一体的容器费用

E. 进口关税及国内税收

2. 下列费用未包括在进口货物的实付或者应付价格中，应当计入完税价格的有（　　）。

A. 买方负担的经纪费

B. 由买方负担的在审查确定完税价格时与该货物视为一体的容器费用

C. 货物运抵境内输入地点起卸后的运输费用和保险费

D. 卖方直接或间接从买方对该货物进口后转售、处置或使用所得中获得的收益

E. 由买方负担的包装材料和包装劳务费用

3. 下列关于进口货物完税价格中的运输及相关费用、保险费的计算说法正确的有（　　）。

A. 进口货物的运输及其相关费用，应当按照由买方实际支付或者应当支付的费用计算

B. 运输工具作为进口货物，利用自身动力进境的，海关在审查确定完税价格时，不再另行计入运费

C. 如果进口货物的保险费未实际发生，则不予计入关税完税价格

D. 如果进口货物的保险费无法确定或未实际发生，海关应当按照"货价加运费"两者总额的5%计算保险费

E. 邮运进口的货物，应当以邮费作为运输费用，保险费按照"货价加运费"两者总额的3‰计算

4. 关于关税的减免税，下列表述正确的有（　　）。

A. 无商业价值的广告品视同货物进口征收关税

B. 在海关放行前损失的货物免征关税

C. 进出境运输工具装载的途中必需的燃料、物料和饮食用品免征关税

D. 关税税额在人民币50元以下的一票货物免征关税

E. 因品质或规格原因，出口货物自出口之日起超过6个月原状复运进境的，一律照章征收进口关税

同步训练答案及解析

一、单项选择题

1. D 【解析】以邮递或其他运输方式出境的物品，推定其寄件人或托运人为所有人。

2. B 【解析】已申报进境并放行的保税货物需要纳税的，应适用海关接受纳税人再次填写报关单申办理纳税及有关手续之日实施的税率。

3. C 【解析】关税完税价格=货价+运费+保险费。
   进口货物的保险费无法确定或者未实际发生，海关应当按照"货价加运费"两者总额的3‰计算保险费。
   关税完税价格 = 27 + 4 + (27 + 4) × 3‰ = 31.09（万元）。
   关税 = 31.09×25% = 7.77（万元）。

4. B 【解析】减免税货物因转让、提前解除监管以及减免税申请人发生主体变更、终止情形或者其他原因需要补征税款的，补税的完税价格以货物原进口时的完税价格为基础，按照减免税货物已进口时间与监管年限的比例进行折旧。
   补税的完税价格=减免税货物原进口时的完税价格×[1-减免税货物已进口时间÷（监管年限×12）]已进口时间自货物放行之日起按月计算。不足1个月但超过15日的，按1个月算，不超过15日的，不予计算。
   应补缴的关税 = 900×[1-24÷（3×12）]×20%=60（万元）。

5. B 【解析】出口货物的完税价格，由海关以该货物向境外销售的成交价格为基础审查确定，并应当包括货物运至中华人民共和国境内输出地点装载前的运输及其相关费用、保险费。但其中包含的出口关税税额，应当扣除。

6. A 【解析】选项B，纳税人发现多缴税款的，自缴纳税款之日起1年内，可以以书面形式要求海关退还多缴的税款并加算银行同期活期存款利息；选项C，纳税义务人自海关填发税款缴款书之日起60日内，向原征税海关的上一级海关书面申请复议；选项D，纳税义务人应当自海关填发税款缴款书之日起15日内，向指定银行缴纳税款。

二、多项选择题

1. BCD 【解析】选项A，由买方负担的除购货佣金以外的佣金和经纪费要计入关税完税价格，购货佣金不计入关税完税价格。选项E，进口关税及国内税收不计入关税完税价格。选项B、C、D，由买方负担的境外包装材料费用、劳务费用、与进口货物视为一体的容器费用都是要计入关税完税价格的。

2. ABDE 【解析】货物运抵境内输入地点起卸后发生的运输及其相关费用、保险费，不得计入完税价格。

3. AB 【解析】选项C、D，如果进口货物的保险费无法确定或未实际发生，海关应当按照"货价加运费"两者总额的3‰计算保险费；选项E，邮运进口货物，应以邮费作为运输及其相关费用、保险费。

4. BCD 【解析】选项A，无商业价值的广告品和货样免征关税；选项E，因品质或规格原因，出口货物自出口之日起1年内原状复运进境的，不征收进口关税。

易错易混知识点辨析

一、实体从旧，程序从新 VS 新法优于旧法 VS 法律不溯及既往原则

扫我解疑难

（1）实体从旧，程序从新：对于一项新税法公布实施之前发生的纳税义务在新税法公布实施之后进入税款征收程序的，原则上新税法具有约束力。

『举例』2008 年 1 月 1 日前，企业所得税税率为 33%，申报缴纳的期限为 4 个月；2008 年 1 月 1 日后，企业所得税税率为 25%，申报缴纳的期限由 4 个月改为 5 个月，在汇算清缴 2007 年的所得税时，根据"实体从旧、程序从新"的原则，计算企业所得税时要用 33% 的税率，申报期限是 5 个月。因为税率属于实体法的内容，而纳税期限为程序法的内容。

（2）新法优于旧法：新法、旧法对同一事项有不同规定时，新法的效力优于旧法。

『举例』税法规定在 2018 年 10 月 1 日以后在计算个税时每月扣除费提高为 5 000 元，不再是 3 500 元，张某在 2018 年 11 月 15 日取得上月工资，在计算 11 月的个税时扣除 5 000 元，这体现了新法优于旧法原则。

（3）法律不溯及既往原则：一部新法实施后，对新法实施之前人们的行为不得适用新法，而只能沿用旧法。这一原则要求新的法律（注意这里的新法通常是指实体法）对其生效前的行为不发生效力，"老的按老规矩办、新的按新规矩办"，不能搞"秋后算账"。

『举例』10 年前做 A 事件不受任何限制，此时则不存在违法之说。但是 10 年后的今天法律规定了，谁做了 A 事件就必须要拘留 15 天。这个时候，如果我以前做过 A 事件是没罪，但是如果我在该项法律条文生效后做了 A 事件，那我就是要被拘留了。

📝 实战演练

【例题·单选题】根据规定，自 2008 年 9 月 1 日起气缸容量在 4.0 升以上的乘用车，适用消费税税率由 20% 上调至 40%。某汽车贸易公司在 2008 年 10 月 18 日进口一辆排量为 4.5 升的豪华悍马越野车，海关对其征收消费税时，适用了 40% 的消费税税率，该海关的行为，体现了税法适用原则中的（　）。

A. 程序优于实体原则

B. 新法优于旧法原则

C. 法律优位原则

D. 法律不溯及既往原则

【解析】新法优于旧法原则，其作用在于避免因法律修订带来新法、旧法对同一事项有不同的规定而给法律适用带来的混乱，为法律的更新与完善提供法律适用上的保障。新法优于旧法原则的适用，以新法生效实施为标志，新法生效实施以后用新法，新法实施以前包括新法公布以后尚未实施这段时间，仍沿用旧法，新法不发生效力。 答案 ▶ B

二、增值税视同销售 VS 进项税额转出 VS 平销返利（见表 1）

扫我解疑难

表 1　增值税视同销售 VS 进项税额转出 VS 平销返利

项目	区别
视同销售	需要计算销项税额，同时其进项税额可以抵扣
进项税额转出	不需要计算销项税额，需要把已经抵扣的进项税额作转出处理

续表

项目	区别
平销返利	向供货方收取的与销售量（额）挂钩的各种返还收入，应冲减进项税额

『举例』见表2：

表2 增值税视同销售 VS 进项税额转出举例

用途	自产及委托货物	外购货物
集体福利、个人消费	视同销售	不得抵扣进项税额
投资、分配、赠送	视同销售	视同销售

实战演练

【例题·单选题】某食品加工厂为增值税一般纳税人，2021年4月从农民手中购入小麦，税务机关批准使用的收购凭证上注明收购金额为200 000元。该企业将购入小麦的60%用于连续生产饼干；将其余部分小麦移送用于职工食堂。本月销售自产饼干取得不含税销售额650 000元，另将部分饼干赠送给老客户，不含税同类售价为28 000元。则该企业当月应纳增值税（　　）元。

A. 102 060
B. 68 140
C. 76 140
D. 93 260

【解析】外购货物用于集体福利，进项税额不得抵扣；自产货物用于赠送，属于视同销售，要计算销项税额。纳税人购进用于生产销售或委托加工13%税率货物的农产品，按照10%的扣除率计算进项税额。

应纳增值税 = 650 000×13% + 28 000×13% - 200 000×60%×10% = 76 140（元）。　答案 ▶ C

三、增值税、消费税、资源税、土地增值税视同销售规定的区别（见表3）

扫我解疑难

表3 增值税、消费税、资源税、土地增值税视同销售规定的区别

税种		具体内容
增值税	货物	(1)将货物交付其他单位或个人代销。 (2)销售代销货物。 (3)设有两个以上机构(不同县市)并实行统一核算的纳税人，移送货物用于销售。 (4)将自产、委托加工的货物用于集体福利或个人消费。 (5)将自产、委托加工或购买的货物作为投资。 (6)将自产、委托加工或购买的货物分配给股东或投资者。 (7)将自产、委托加工或购买的货物无偿赠送
	行为	(1)单位或者个体工商户向其他单位或者个人无偿提供服务，但用于公益事业或者以社会公众为对象的除外。 (2)单位或者个人向其他单位或者个人无偿转让无形资产或者不动产，但用于公益事业或者以社会公众为对象的除外
消费税		自产消费品自用于连续生产应税消费品之外的用途
资源税		自采资源自用于连续生产应税资源之外的用途
土地增值税		房地产开发企业将开发产品用于职工福利、奖励、对外投资、分配给股东或投资人、抵偿债务、换取其他单位和个人的非货币性资产等，发生所有权转移时应视同销售房地产

『举例』下列情形是否应纳税(见表4)

表4 增值税、消费税、资源税、土地增值税视同销售规定的举例

举例	增值税	消费税	资源税	土地增值税
自产实木素板加工实木地板	×	×	——	——
自产黄酒加工调味料酒	×	√	——	——
自产实木地板用于投资	√	√	——	——
自产小汽车办公自用	×	√	——	——
外购摩托车用于赠送	√	×	——	——
自采原煤加工洗选煤	×	——	×	——
自采原煤加工煤球	×	——	√	——
自采原煤用于赠送	√	——	√	——
外购原煤用于投资	√	——	×	——
房企开发项目用于投资	√	——	——	√
房企开发项目用于出租	√	——	——	×
房企开发项目用于办公自用	×	——	——	×

四、增值税免税 VS 零税率

扫我解疑难

免税：免销项税额，同时不能抵扣进项税额。
零税率：免销项税额，退进项税额。

『举例』境内的单位和个人销售的下列服务和无形资产，适用增值税零税率。

(1)国际运输服务。

(2)航天运输服务。

(3)向境外单位提供的完全在境外消费的下列服务：

研发服务、合同能源管理服务、设计服务、广播影视节目(作品)的制作和发行服务、软件服务、电路设计及测试服务、信息系统服务、业务流程管理服务、离岸服务外包业务、转让技术。

五、折扣销售 VS 销售折扣 VS 销售折让(见表5)

扫我解疑难

表5 折扣销售 VS 销售折扣 VS 销售折让

项目	区别	处理
折扣销售 (商业折扣)	是先折扣后销售，即"打折"	增值税：销售额和折扣额在同一张发票的"金额"栏分别注明的，可以从销售额中减除折扣额。 会计：应按照折扣后的金额来确认销售收入的
销售折扣 (现金折扣)	先销售后产生折扣，这是一种理财方式，是企业为了提前收回货款而给予客户应收款项上的减免	增值税：折扣额不得从销售额中减除。 会计：应该在实际发生的时候计入财务费用
销售折让	因企业的产品质量问题，而给购买方价款上的优惠	增值税：折让额可以从销售额中减除。 会计：应该冲减销售收入，但不能冲减销售成本

✍ 实战演练

【例题·单选题】某工艺品厂为增值税一般纳税人，2020年12月2日销售给甲企业200套工艺品，每套不含税价格600元。由于部分工艺品存在瑕疵，该工艺品厂给予甲企业

15%的销售折让，已开具红字专用发票。为了鼓励甲企业及时付款，该工艺品厂提出2/20，n/30的付款条件，甲企业于当月15日付款。该工艺品厂此项业务的销项税额为（   ）元。

A. 16 993.20   B. 13 260.00

C. 19 992.00   D. 20 400.00

【解析】销售折让是指由于货物的品种或质量等原因引起销售额的减少，即销货方给予购货方未予退货状况下的价格折让，销售折让可以从销售额中减除。销售折扣是为了鼓励购货方及时偿还货款而给予的折扣优待，销售折扣不得从销售额中减除。

销项税额 = 600 × 200 × （1 – 15%） × 13% = 13 260（元）。   答案 ▶ B

六、税控系统专用设备 VS 税控收款机的增值税处理（见表6）

扫我解疑难

表6 税控系统专用设备 VS 税控收款机的增值税处理

分类	项目	具体内容
增值税防伪税控系统的专用设备	定义	包括金税卡、IC卡、读卡器或金税盘和报税盘
	政策	增值税纳税人2011年12月1日以后初次购买增值税税控系统专用设备（包括分开票机）支付的费用，可凭购买增值税税控系统专用设备取得的增值税专用发票，在增值税应纳税额中全额抵减（抵减额为价税合计额），不足抵减的可结转下期继续抵减
税控收款机	定义	是指具有税控功能，能够保证经营数据的正确生成、可靠存储和安全传递，实现税务机关的管理和数据核查等要求的电子收款机
	政策	（1）增值税一般纳税人购置税控收款机所支付的增值税税额（以购进税控收款机取得的增值税专用发票上注明的增值税税额为准），准予在该企业当期的增值税销项税额中抵扣； （2）增值税小规模纳税人购置税控收款机，经主管税务机关审核批准后，可凭购进税控收款机取得的增值税专用发票，按照发票上注明的增值税税额，抵免当期应纳增值税，或者按照购进税控收款机取得的普通发票上注明的价款计算可抵免税额，不足抵免的可结转下期继续抵免

📝 实战演练

【例题1·单选题】某化妆品制造厂为增值税一般纳税人，2020年12月发生如下业务：从一般纳税人处购进一批原材料取得增值税专用发票，注明价款200 000元；经主管税务机关核准，本月初次购进税控系统专用设备一台，取得增值税专用发票注明不含税价款3 000元，增值税税款390元；本月销售化妆品取得含税价款280 000元；提供商品推广服务，取得含税收入30 000元。本期应纳增值税（   ）元。

A. 6 173.76   B. 4 520.50

C. 6 683.76   D. 3 683.76

【解析】增值税纳税人初次购买增值税税控系统专用设备（包括分开票机）支付的费用，可凭购买增值税税控系统专用设备取得的增值税专用发票，在增值税应纳税额中全额抵减（抵减额为价税合计额）。

应纳增值税 = 280 000 ÷ （1 + 13%） × 13% + 30 000÷（1+6%）×6%－200 000×13%－（3 000+390）= 4 520.50（元）。   答案 ▶ B

【例题2·单选题】某食品企业为增值税一般纳税人，2020年12月从一般纳税人处购进材料取得税控增值税专用发票，注明金额1 200 200元；在市区设立10个营销店，经主管税务机关核准购进税控收款机10台用于营销店，取得税控专用发票，注明货物金额125 850元；本月取得食品零售收入1 580 800元；给一级代理商发货取得的不含税收入3 850 500元。该企业12月应缴纳的增值税为（   ）元。

A. 656 198.76   B. 556 018.82

C. 510 040.45   D. 658 845.25

【解析】税法规定，增值税一般纳税人购置税控收款机所支付的增值税税额（以购进税控收款机取得的增值税专用发票上注明的增值税税额为准），准予在该企业当期的增值税销项税额中抵扣。

本月应纳增值税 = 1 580 800÷(1+13%)×13% + 3 850 500×13% – 1 200 200×13% – 125 850×13% = 510 040.45(元)。

答案 ▶ C

七、旧货 VS 自己使用过的物品（见表7）

扫我解疑难

旧货，是指进入二次流通的具有部分使用价值的货物（含旧汽车、旧摩托车和旧游艇），但不包括自己使用过的物品。旧货一般是针对旧货经营单位来说的，买来就是旧的，自己没有使用过。

旧固定资产是自己使用过的账上作为固定资产管理并计提折旧的。

旧物品是指价值较小，不作为固定资产管理并核算的包装物等其他低值易耗品。

表7　旧货 VS 自己使用过的物品

纳税人	销售情形	税务处理	计税公式
一般纳税人	销售 2008 年 12 月 31 日以前购进或者自制的固定资产，未放弃减税（不得抵扣且未抵扣进项税额）	3%减按 2%征收增值税	增值税额 = 含税售价÷(1+3%)×2%
	销售自己使用过的 2009 年 1 月 1 日以后购进或者自制的固定资产（已抵扣进项税额）	按正常销售货物适用税率征收增值税	销项税额 = 含税售价÷(1+适用税率)×适用税率
	销售自己使用过的除固定资产以外的物品		
小规模纳税人（其他个人除外）	销售自己使用过的固定资产，未放弃减税	3%减按 2%征收增值税	增值税额 = 含税售价÷(1+3%)×2%
	销售自己使用过的除固定资产以外的物品	按 3%征收率征收增值税	增值税额 = 含税售价÷(1+3%)×3%
二类纳税人	销售旧货（二手车除外）	3%减按 2%征收增值税	增值税额 = 含税售价÷(1+3%)×2%
	销售二手车	减按 0.5%征收增值税	增值税额 = 含税售价÷(1+0.5%)×0.5%
其他个人	销售自己使用过的物品	免税	

『注意』纳税人销售自己使用过的固定资产，适用简易办法依照3%征收率减按2%征收增值税政策的，可以放弃减税，按照简易办法依照3%征收率缴纳增值税，并可以开具增值税专用发票。

实战演练

【例题·单选题】甲企业为增值税一般纳税人，2020 年 12 月销售自己使用过的 2008 年 5 月购进的机器设备，开具普通发票，取得含税收入 52 000 元；销售 2009 年 5 月购进的生产设备，开具增值税专用发票上注明的价款

70 000 元，销货支付不含税运费 2 000 元，取得一般纳税人的运输企业开具的增值税专用发票。无其他涉税事项。已知：甲企业销售自己使用过未抵扣进项税额的固定资产未放弃减税，则甲企业当月应缴纳增值税（　）元。

A. 11 638.22　　　　B. 9 929.71

C. 11 068.00　　　　D. 11 294.00

【解析】（1）一般纳税人销售自己使用过的不得抵扣且未抵扣进项税额的固定资产，可以选择适用简易办法依照 3% 征收率减按 2% 征收增值税。甲企业销售自己使用过的 2008 年 5 月购进的机器设备应缴纳增值税 = 52 000÷（1+3%）×2% = 1 009.71（元）。

（2）甲企业 2020 年 12 月销售 2009 年 5 月购进的生产设备，按照适用税率 13% 计算增值税。应缴纳增值税 = 70 000×13% − 2 000×9% = 8 920（元）。

（3）甲企业当月应缴纳增值税 = 1 009.71 + 8 920 = 9 929.71（元）。

答案 ▶ B

八、劳务派遣服务 VS 人力资源外包服务

扫我解疑难

劳务派遣服务，是指劳务派遣公司为了满足用工单位对于各类灵活用工的需求，将员工派遣至用工单位，接受用工单位管理并为其工作的服务。

人力资源外包服务，指的是企业为了降低人力成本，实现效率最大化，将人力资源事务中非核心部分的工作全部或部分委托人才服务专业机构管（办）理。

通俗地说劳务派遣就是将人派出去，如某劳务派遣公司将员工 10 人派遣到用工单位甲企业工作；而人力资源外包服务是将非核心工作包出去，如企业将员工培训的工作委托其他单位完成。

（1）劳务派遣服务。

①一般纳税人。

A. 选择一般计税方法，按照有关规定，以取得的全部价款和价外费用为销售额，按照 6%

计算缴纳增值税；

B. 选择差额纳税，以取得的全部价款和价外费用，扣除代用工单位支付给劳务派遣员工的工资、福利和为其办理社会保险及住房公积金后的余额为销售额，按照简易计税方法依 5% 的征收率计算缴纳增值税。

②小规模纳税人。

A. 按照有关规定，以取得的全部价款和价外费用为销售额，按照简易计税方法依 3% 的征收率计算缴纳增值税；

B. 选择差额纳税，以取得的全部价款和价外费用，扣除代用工单位支付给劳务派遣员工的工资、福利和为其办理社会保险及住房公积金后的余额为销售额，按照简易计税方法依 5% 的征收率计算缴纳增值税。

（2）人力资源外包服务。

①一般纳税人。

A. 选择一般计税方法，纳税人提供人力资源外包服务，按照经纪代理服务缴纳增值税，其销售额以取得的全部价款和价外费用扣除受客户单位委托代为向客户单位员工发放的工资和代理缴纳的社会保险、住房公积金的余额，按照 6% 计算缴纳增值税。

B. 选择简易计税方法，纳税人提供人力资源外包服务，按照经纪代理服务缴纳增值税，其销售额以取得的全部价款和价外费用扣除受客户单位委托代为向客户单位员工发放的工资和代理缴纳的社会保险、住房公积金的余额，按照 5% 的征收率计算缴纳增值税。

②小规模纳税人。

小规模提供人力资源外包服务，按照经纪代理服务缴纳增值税，其销售额以取得的全部价款和价外费扣除受客户单位委托代为向客户单位员工发放的工资和代理缴纳的社会保险、住房公积金的余额，按照 3% 的征收率计算缴纳增值税。

【总结】劳务派遣和人力资源外包计税规则（见表8）。

表8　劳务派遣和人力资源外包计税规则

项目	劳务派遣	人力资源外包
税目	现代服务—商务辅助服务—人力资源服务	现代服务—商务辅助服务—经纪代理服务
计税依据	可选全额或差额计税。 差额计税应扣除代用工单位支付给劳务派遣员工的工资、福利和社保、住房公积金	一律差额计税。 销售额不包括受客户委托代为向客户单位员工发放的工资及代理缴纳的社保、住房公积金
一般纳税人计税	(1)全额一般计税：6%，销项税额－进项税额； (2)差额简易计税：5%	(1)一般计税：6%，销项税额－进项税额； (2)可选简易计税：5%
小规模纳税人计税	(1)全额简易计税：3%； (2)差额简易计税：5%	简易计税：3%
发票开具	选择差额纳税的纳税人，向用工单位收取用于支付给劳务派遣员工工资、福利和为其办理社会保险及住房公积金的费用，不得开具增值税专用发票，可以开具普通发票	向委托方收取并代为发放的工资和代理缴纳的社会保险、住房公积金，不得开具增值税专用发票，可以开具普通发票

📝 实战演练

【例题1·单选题】 甲劳务派遣公司(以下简称甲公司)为增值税一般纳税人，与乙公司签订劳务派遣协议，为乙公司提供劳务派遣服务。甲公司代乙公司给劳务派遣员工支付工资，并缴纳社会保险和住房公积金。2020年12月，甲公司共取得劳务派遣收入62万元(含税)，其中代乙公司支付给劳务派遣员工工资26万元、为其办理社会保险18万元及缴纳住房公积金12万元。甲公司选择按差额纳税。2020年12月甲公司应缴纳增值税( )万元。

A. 0.17　　　　　　B. 0.29

C. 0.34　　　　　　D. 2.95

【解析】 一般纳税人提供劳务派遣服务，可以取得的全部价款和价外费用为销售额，按照一般计税方法计算缴纳增值税；也可以选择差额纳税，以取得的全部价款和价外费用，扣除代用工单位支付给劳务派遣员工的工资、福利和为其办理社会保险及住房公积金后的余额为销售额，按照简易计税方法依5%的征收率计算缴纳增值税。

甲公司选择差额纳税，按照简易计税方法依5%的征收率计算缴纳增值税。应缴纳增值税＝(62－26－18－12)÷(1+5%)×5%＝0.29(万元)。

答案 ▶ B

【例题2·单选题】 甲公司为增值税的一般纳税人，为客户提供人力资源外包服务，2020年12月取得人力资源外包服务含税收入86万元，其中包含向委托方收取并代为发放的工资和代理缴纳的社会保险、住房公积金共计34万元。甲公司选择适用简易计税方法计税。甲公司当月应缴纳增值税( )万元。

A. 2.48　　　　　　B. 4.10

C. 1.51　　　　　　D. 2.60

【解析】 自2016年5月1日起，纳税人提供人力资源外包服务，按照经纪代理服务缴纳增值税，其销售额不包括受客户单位委托代为向客户单位员工发放的工资和代理缴纳的社会保险、住房公积金。一般纳税人提供人力资源外包服务，可以选择适用简易计税方法，按照5%的征收率计算缴纳增值税。

甲公司应缴纳增值税＝(86－34)÷(1+5%)×5%＝2.48(万元)。

答案 ▶ A

扫我解疑难

九、包装物租金 VS 包装物押金

【总结1】 包装物押金税务处理规则(见表9)。

表9　包装物押金税务处理规则

具体情况		相关规定
一般应税消费品包装物押金	逾期	征收增值税和消费税
	未逾期	不征收增值税和消费税
酒类产品包装物押金（啤酒、黄酒除外）		不管是否逾期，收取时征收增值税和消费税
啤酒、黄酒、成品油包装物押金	逾期	征收增值税，不征收消费税
	未逾期	不征收增值税和消费税

【总结2】包装物租金税务处理规则。

随货物销售一并收取的租金，作为价外费用处理，要并入销售额中一并计算增值税和消费税。单独收取的包装物租金，属于有形动产租赁，按照13%的税率或3%的征收率计算增值税，同时计征消费税。

实战演练

【例题·单选题】某酒厂为增值税一般纳税人。2020年12月销售额及包装物押金情况如下：10吨粮食白酒、5吨黄酒含税销售额分别为278.4万元、127.6万元，当期发出包装物收取押金分别为24.36万元、11.6万元，当期到期未收回包装物押金分别为4.64万元、5.8万元，则该企业当月应纳消费税（　）万元（黄酒消费税定额税率为240元/吨）。

A. 59.50　　　　　　B. 63.50

C. 54.71　　　　　　D. 69.50

【解析】黄酒从量计征消费税，其包装物押金不缴纳消费税；白酒包装物押金收取时就需要缴纳消费税，到期未收回的包装物押金不再计征消费税。销售粮食白酒应纳消费税税额＝[278.4÷(1+13%)+24.36÷(1+13%)]×20%+10×2 000×0.5÷10 000＝54.59（万元）；

销售黄酒应纳消费税税额＝5×240÷10 000＝0.12（万元）。

该企业当月应纳消费税税额＝54.59+0.12＝54.71（万元）。

答案 ▶ C

十、融资租赁服务 VS 融资性售后回租（见表10）

扫我解疑难

表10　融资租赁服务 VS 融资性售后回租

业务	税目	收入	扣除
融资租赁	现代服务-租赁服务	全部价款及价外费用	借款利息 发行债券利息 车辆购置税
融资性售后回租	金融服务-贷款服务	全部价款及价外费用（不含本金）	借款利息 发行债券利息

十一、不动产（固定资产）改变用途涉及的增值税处理（见表11）

扫我解疑难

表11　不动产（固定资产）改变用途涉及的增值税处理

已抵扣进项"转"不得抵扣	不得抵扣的进项税额＝已抵扣进项税额×不动产净值率 不动产净值率＝(不动产净值÷不动产原值)×100%

续表

不得抵扣进项"转"可抵扣	可抵扣进项税额 = 增值税扣税凭证注明或计算的进项税额×不动产净值率
视同销售	按资产净值做销售额计税

『举例』一般纳税人企业发生下列业务：

1. 企业以前年度购入车间生产用的锅炉，目前改变用途用于职工浴室。已知其购入原值100万元，进项税额16万元已做进项抵扣，累计折旧金额为40万元。

净值率 = (100−40)/100 = 60%；

进项税额转出 = 16×60% = 9.6(万元)。

『思考』遇到税率调整变化怎么办？

按旧税率做进项税额转出。

2. 企业之前购入职工浴室用的锅炉，目前改变用途用于生产车间。已知此固定资产购入时取得的增值税专用发票注明价款100万元，税款13万元，目前累计折旧金额为5万元。

净值率 = (100+13−5)/(100+13) = 95.58%；

允许抵扣进项税额 = 13×95.58% = 12.42(万元)。

3. 企业之前购入车间生产用的锅炉，目前改变用途用于赠送他人，旧锅炉无同类售价。已知此固定资产购入时取得的增值税专用发票注明价款100万元，税款13万元，目前累计折旧金额为5万元。

净值 = 100−5 = 95(万元)；

视同销售计算的销项税额 = 95×13% = 12.35(万元)。

十二、农产品进项税额计算抵扣 VS 核定扣除(见表12)

扫我解疑难

表12　农产品进项税额计算抵扣 VS 核定扣除

方法	原理	抵扣规则
计算抵扣	购进扣税法	购进时凭收购发票或普通发票计算抵扣
		可抵扣进项税额 = 农产品买价×9%或10%扣除率
核定扣除	实耗扣税法	购进时不得抵扣进项税额，销售时按耗用的农产品计算抵扣进项税额
		可抵扣进项税额 = 耗用农产品金额×扣除率/(1+扣除率)

【总结】农产品核定扣除计算方法(见表13)。

表13　农产品核定扣除计算方法

用途	方法	核定抵扣计算
继续生产	投入产出法	可抵进项税额 = 耗用数量×购买单价×扣除率/(1+扣除率)
	成本法	可抵进项税额 = 主营业务成本×农产品耗用率×扣除率/(1+扣除率)
	参照法	新纳税人参照同类单耗数量或耗用率计算
	【提示】公式中的扣除率按成品货物销售的适用税率确定。如成品为鲜奶则适用9%；如成品为酸奶则适用13%	
直接销售	可抵进项税额 = 销售农产品数量/(1−损耗率)×平均购买单价×9%/(1+9%)	
不构成货物实体	可抵进项税额 = 耗用农产品数量×平均购买单价×9%/(1+9%)	

十三、烟叶税 VS 增值税

扫我解疑难

1. 收购烟叶可抵扣的增值税进项税额＝收购烟叶的买价×9%或10%扣除率

收购烟叶买价＝收购价款＋价外补贴＋烟叶税

烟叶税＝收购价款×（1＋10%）×20%

【提示】计算烟叶税时的价外补贴比例固定为收购价款的10%，但计入烟叶买价的价外补贴为实际支付的价外补贴，不一定是价款的10%。

『举例』烟叶收购价款100万元，实际支付价外补贴12万元，另支付了烟叶税，当月全部领用于生产烟丝。

烟叶税＝100×（1＋10%）×20%＝22（万元）；

收购烟叶的买价＝100＋12＋22＝134（万元）；

收购烟叶可抵扣的进项税额＝134×10%＝13.4（万元）。

2. 烟叶进项税额转出＝烟叶成本÷（1－扣除率）×扣除率

『举例』上月在烟农处收购的烟叶，在生产烟丝过程中因管理不善被盗，已知该部分烟叶的成本为120.6万元。

烟叶进项税额转出＝120.6÷（1－10%）×10%＝13.4（万元）。

十四、时间规则记忆（见表14）

扫我解疑难

表14　时间规则记忆

项目	具体规定
存量房土地增值税（发票法）	购房发票价每年加计5%＝发票价×（1＋5%×年数） 每年：购房发票至售房发票日，每满12个月计一年；超过一年，未满12个月但超过6个月的，可以视同为一年
车辆购置税	减免税条件消失应纳税额＝初次办理纳税申报时确定的计税价格×（1－使用年限×10%）×10%－已纳税额 使用年限：取整计算，不满一年的不计算在内
	退货申请退税：应退税额＝已纳税额×（1－使用年限×10%） 使用年限：每满1年扣减10%，不满一年的不计算在内
关税	补税的完税价格＝减免税货物原进口时的完税价格×[1－减免税货物已进口时间÷（监管年限×12）] 已进口时间自货物放行之日起按月计算，不足1个月但超过15日的，按1个月算；不超过15日的，不予计算

第三部分

思维导图全解

本书各章思维导图全解

第1章　税法基本原理

税法基本原理
- 特点
  - 税收：强制性/无偿性/固定性
  - 税法：制定法/义务性法规/综合性
- 原则
  - 基本原则：法律主义/公平主义/合作信赖主义/实质课税
  - 适用原则：法律优位/不溯及既往/新法优于旧法/特别优于普通/实体从旧程序从新/程序优于实体
- 效力
  - 空间：全国/地方　时间：生效/失效/溯及力（对人：属地/属人/属地兼属人）
- 解释
  - 法定解释特点：专属性/权威性/针对性
  - 分类
    - 权限　立法解释、司法解释、执法解释（不作判案依据）
    - 尺度　字面解释、限制解释、扩充解释
- 税收法律关系
  - 特点　一方是国家、国家单方意志、权利义务不对等、财产单向转移
  - 基本构成
    - 主体
    - 客体
    - 内容
  - 关系变更和消灭情形
- 税收实体法
  - 纳税人/负税人/扣缴义务人　课税对象/税目/计税依据/税源
  - 税率形式/边际税率/平均税率　减免税形式和分类
- 税收程序法
  - 制度　表明身份/回避/职能分离/听证/时限制度
- 税收立法
  - 法律　全国人大及其常委会　表决/主席令　X法
  - 法规　国务院/地方人大及常委会　总理决定/国务院令　X条例
  - 规章　国家税务总局　局长批准/总局令　X细则、规定、规则、办法
  - 规范　县以上税务机关　公告　设定权、制定权受限制
- 税收执法
  - 特征　单方意志性和法律强制力/具体行政行为/裁量性/主动性/效力先定性/有责行政行为
  - 原则　合法（主体/内容/程序/根据）/合理
  - 税收执法监督　税务机关监督税务机关及其工作人员的行政执法行为　事前/事中/事后
- 税收司法
  - 基本原则　独立性原则+中立性原则
  - 税收债权保护
    - 税收优先权　优于无担保债权/发生在前优于抵押质权留置/优于罚没
    - 代位权、撤销权

第 2 章　增值税

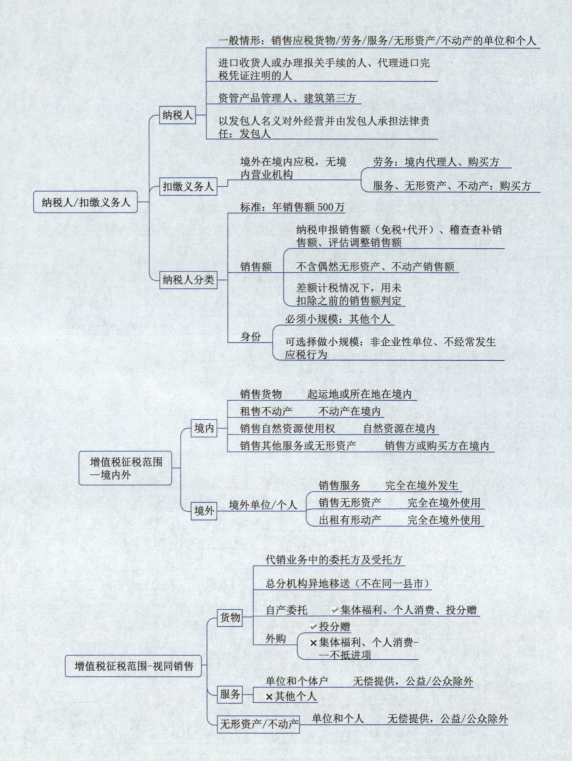

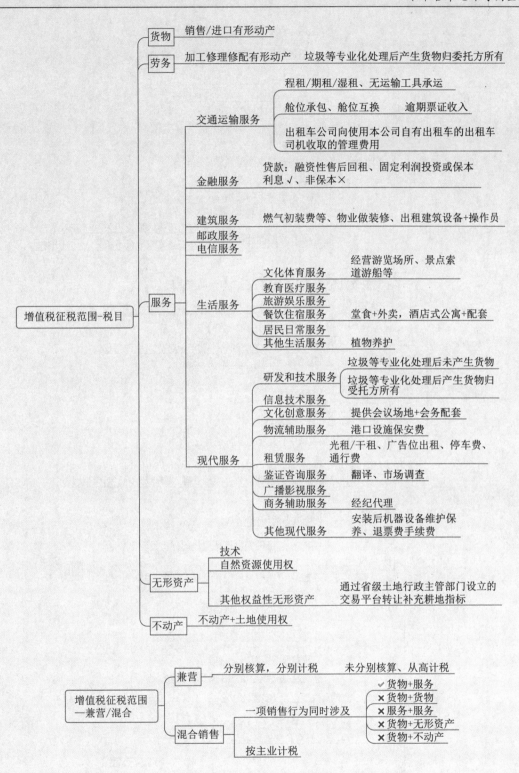

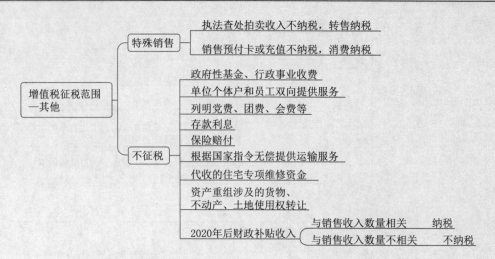

增值税征税范围——其他
- 特殊销售
  - 执法查处拍卖收入不纳税，转售纳税
  - 销售预付卡或充值不纳税，消费纳税
- 不征税
  - 政府性基金、行政事业收费
  - 单位个体户和员工双向提供服务
  - 列明党费、团费、会费等
  - 存款利息
  - 保险赔付
  - 根据国家指令无偿提供运输服务
  - 代收的住宅专项维修资金
  - 资产重组涉及的货物、不动产、土地使用权转让
  - 2020年后财政补贴收入
    - 与销售收入数量相关　纳税
    - 与销售收入数量不相关　不纳税

第三部分

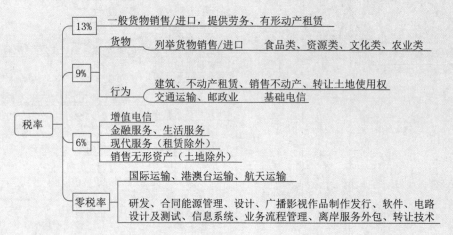

税率
- 13%：一般货物销售/进口，提供劳务、有形动产租赁
- 9%
  - 货物：列举货物销售/进口　食品类、资源类、文化类、农业类
  - 行为：建筑、不动产租赁、销售不动产、转让土地使用权
    - 交通运输、邮政业　基础电信
- 6%
  - 增值电信
  - 金融服务、生活服务
  - 现代服务（租赁除外）
  - 销售无形资产（土地除外）
- 零税率
  - 国际运输、港澳台运输、航天运输
  - 研发、合同能源管理、设计、广播影视作品制作发行、软件、电路设计及测试、信息系统、业务流程管理、离岸服务外包、转让技术

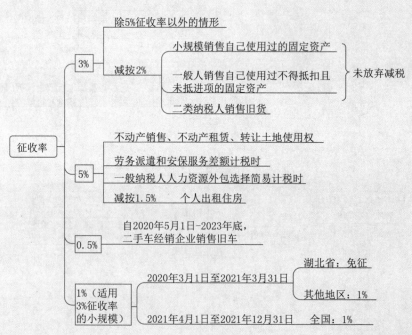

征收率
- 3%
  - 除5%征收率以外的情形
  - 减按2%
    - 小规模销售自己使用过的固定资产
    - 一般人销售自己使用过不得抵扣且未抵进项的固定资产
    - 二类纳税人销售旧货
    - ⟩ 未放弃减税
- 5%
  - 不动产销售、不动产租赁、转让土地使用权
  - 劳务派遣和安保服务差额计税时
  - 一般纳税人人力资源外包选择简易计税时
  - 减按1.5%　个人出租住房
- 0.5%：自2020年5月1日-2023年底，二手车经销企业销售旧车
- 1%（适用3%征收率的小规模）
  - 2020年3月1日至2021年3月31日
    - 湖北省：免征
    - 其他地区：1%
  - 2021年4月1日至2021年12月31日　全国：1%

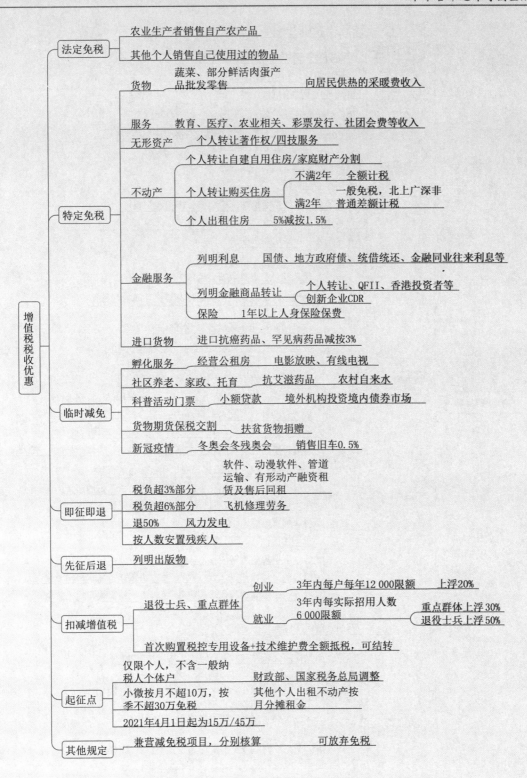

销项-销售额
- 一般销售
  - 全部价款+价外费用　不包括代收代垫费用
  - 外币折算：销售额当天或当月1日汇率
- 视同销售
  - 自己同类价、别人同类价、组价
  - 同类价均为平均价
  - 组价=成本×（1+成本利润率）/（1-消费税税率）
- 特殊销售
  - 折扣销售
    - 价格折扣可扣（同一发票金额栏注明的）
    - 实物折扣视同销售
  - 销售折扣：不可扣
  - 折让退回：可扣
  - 以旧换新：一般按全部售价、金银首饰按实收差价
  - 包装物押金：一般收时不征，特殊收时征（啤酒、黄酒以外酒类）
  - 还本销售：不减除还本支出
  - 以物易物：必做销项，进项看情况
- 应税行为
  - 全额
    - 贷款利息、直接收费金融服务
    - 贴现、转贴现业务：实际持有票据期间的利息收入
  - 差额
    - 金融商品转让：卖出价-买入价-年内负差
    - 房企一般计税：收入-土地价款、拆迁补偿费
    - 旅游服务：收入-住宿费、餐饮费、交通费、签证费、门票费、接团旅游费
    - 劳务派遣：收入-派遣员工工资、福利、社保、住房公积金
    - 人力资源外包：收入-客户员工工资、社保、住房公积金
    - 融资租赁：可扣借款利息、发行债券利息、车辆购置税
    - 融资性售后回租：收入不含本金，可扣借款利息、发行债券利息
    - 航空运输：收入-机场建设费、代收转付的价款
    - 一般纳税人客运场站服务：收入-支付给承运方的运费
    - 经纪代理：收入-政府性基金、行政事业收费
    - 签证代理：收入-签证费、认证费
    - 考试代理：收入-境外考试费
    - 代理进口免税货物：收入-代为支付的货款
    - 境内航空运输销售代理：收入-境内机票净结算款和相关费用
    - 境外航空运输销售代理：收入-境外机票结算款和相关费用
- 价税分离
  - 含税情形：价外费用、包装物押金、普通发票、零售额、小规模
- 纳税义务
  - 赊销分期收款：合同约定，无合同或无约定按发货时间
  - 预收款方式
    - 一般货物：货物发出当天
    - 工期超12个月的货物：收到预收款或书面合同约定的收款日期当天
    - 租赁服务：收到预收款的当天
  - 直接收款：无论货物是否发出，均为收到销售款或取得索取销售款凭据的当天
  - 先开发票的：纳税义务为发票开具当天

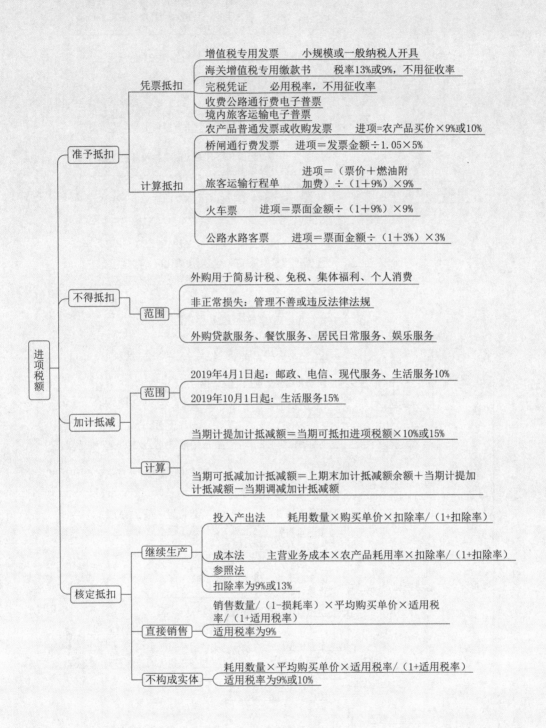

增值税专用发票　　小规模或一般纳税人开具
海关增值税专用缴款书　　税率13%或9%，不用征收率
完税凭证　　必用税率，不用征收率
收费公路通行费电子普票
境内旅客运输电子普票
农产品普通发票或收购发票　　进项=农产品买价×9%或10%
桥闸通行费发票　　进项＝发票金额÷1.05×5%
旅客运输行程单　　进项＝（票价＋燃油附加费）÷（1+9%）×9%
火车票　　进项＝票面金额÷（1+9%）×9%
公路水路客票　　进项＝票面金额÷（1+3%）×3%

凭票抵扣

计算抵扣

准予抵扣

不得抵扣

范围
外购用于简易计税、免税、集体福利、个人消费
非正常损失：管理不善或违反法律法规
外购贷款服务、餐饮服务、居民日常服务、娱乐服务

加计抵减

范围
2019年4月1日起：邮政、电信、现代服务、生活服务10%
2019年10月1日起：生活服务15%

计算
当期计提加计抵减额＝当期可抵扣进项税额×10%或15%
当期可抵减加计抵减额＝上期末加计抵减额余额＋当期计提加计抵减额－当期调减加计抵减额

进项税额

核定抵扣

继续生产
投入产出法　　耗用数量×购买单价×扣除率/（1+扣除率）
成本法　　主营业务成本×农产品耗用率×扣除率/（1+扣除率）
参照法
扣除率为9%或13%

直接销售
销售数量/（1-损耗率）×平均购买单价×适用税率/（1+适用税率）
适用税率为9%

不构成实体
耗用数量×平均购买单价×适用税率/（1+适用税率）
适用税率为9%或10%

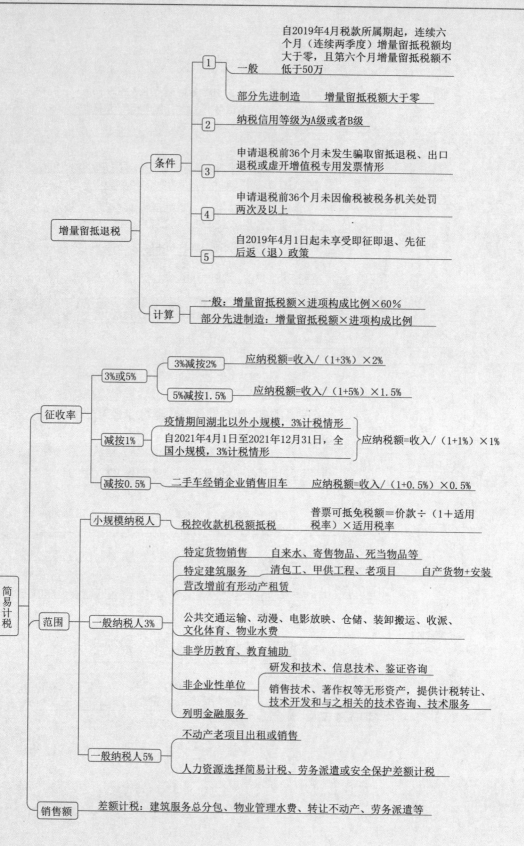

第三部分

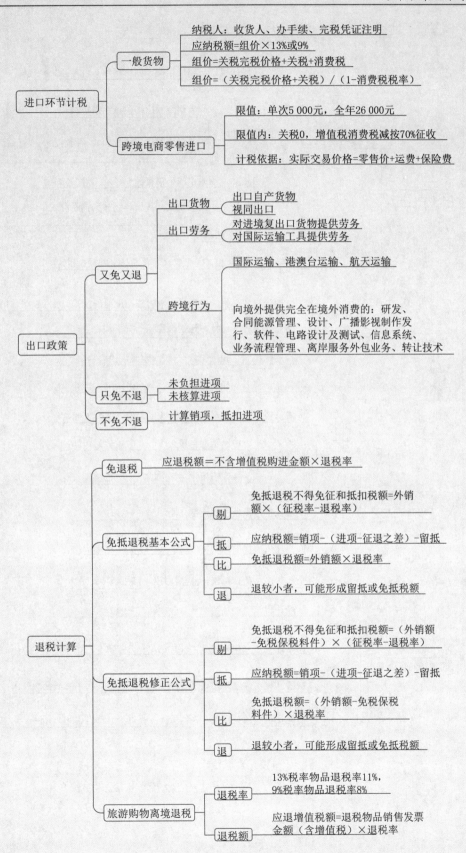

進口環節計稅
一般貨物
納稅人：收貨人、辦手續、完稅憑證注明
應納稅額=組價×13%或9%
組價=關稅完稅價格+關稅+消費稅
組價=（關稅完稅價格+關稅）/（1-消費稅稅率）

跨境電商零售進口
限值：單次5 000元，全年26 000元
限值內：關稅0，增值稅消費稅減按70%徵收
計稅依據：實際交易價格=零售價+運費+保險費

出口政策
又免又退
出口貨物
出口自產貨物
視同出口

出口勞務
對進境復出口貨物提供勞務
對國際運輸工具提供勞務

跨境行為
國際運輸、港澳台運輸、航天運輸

向境外提供完全在境外消費的：研發、合同能源管理、設計、廣播影視製作發行、軟件、電路設計及測試、信息系統、業務流程管理、離岸服務外包業務、轉讓技術

只免不退
未負擔進項
未核算進項

不免不退
計算銷項，抵扣進項

退稅計算
免退稅
應退稅額=不含增值稅購進金額×退稅率

免抵退稅基本公式
剔　免抵退稅不得免徵和抵扣稅額=外銷額×（徵稅率-退稅率）
抵　應納稅額=銷項-（進項-徵退之差）-留抵
比　免抵退稅額=外銷額×退稅率
退　退較小者，可能形成留抵或免抵稅額

免抵退稅修正公式
剔　免抵退稅不得免徵和抵扣稅額=（外銷額-免稅保稅料件）×（徵稅率-退稅率）
抵　應納稅額=銷項-（進項-徵退之差）-留抵
比　免抵退稅額=（外銷額-免稅保稅料件）×退稅率
退　退較小者，可能形成留抵或免抵稅額

旅遊購物離境退稅
退稅率　13%稅率物品退稅率11%，9%稅率物品退稅率8%
退稅額　應退增值稅額=退稅物品銷售發票金額（含增值稅）×退稅率

第三部分

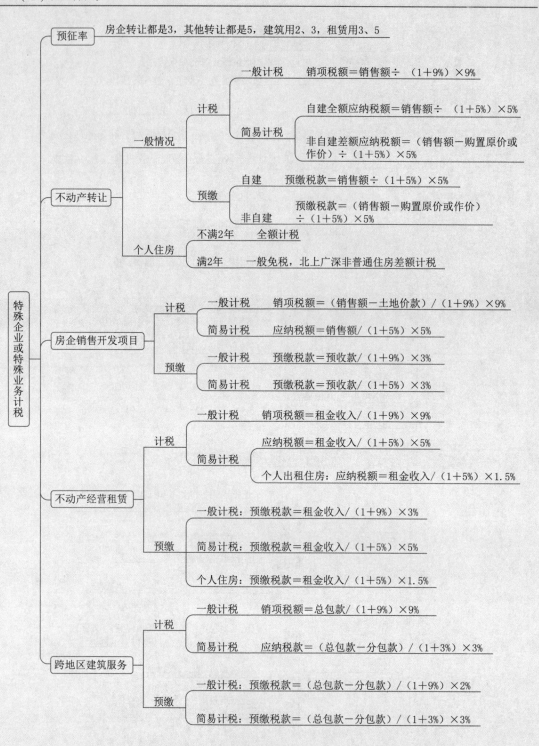

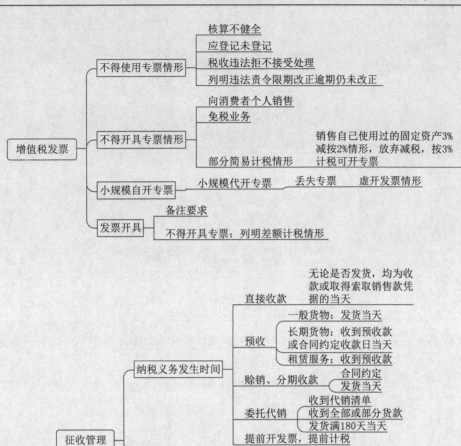

第 3 章　消费税

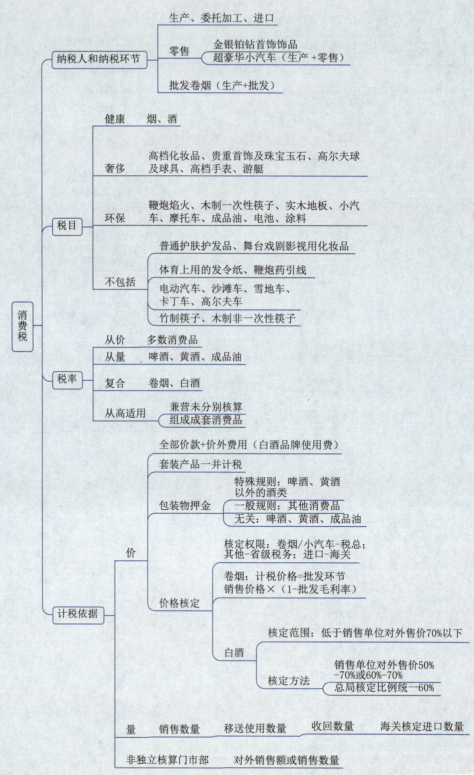

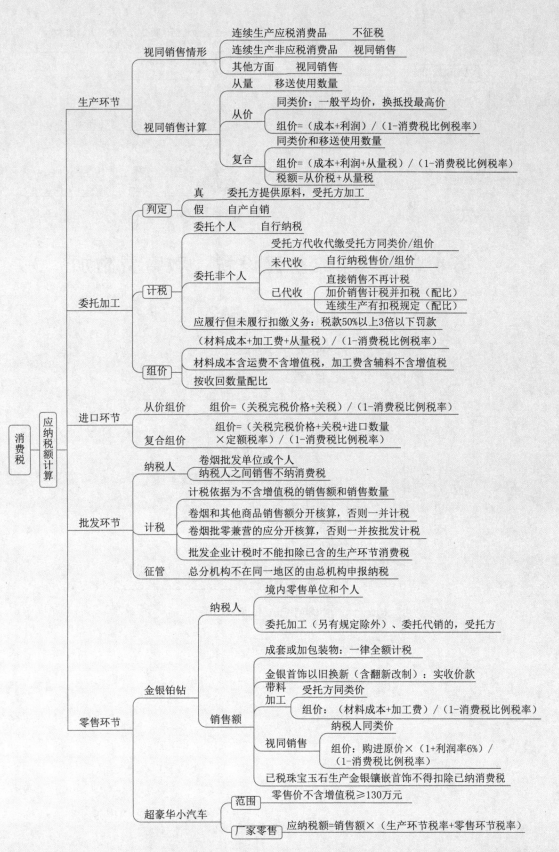

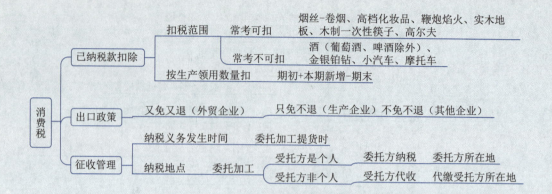

第4章　城市维护建设税、教育费附加

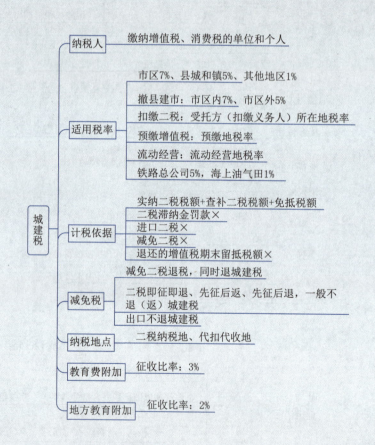

第5章　土地增值税

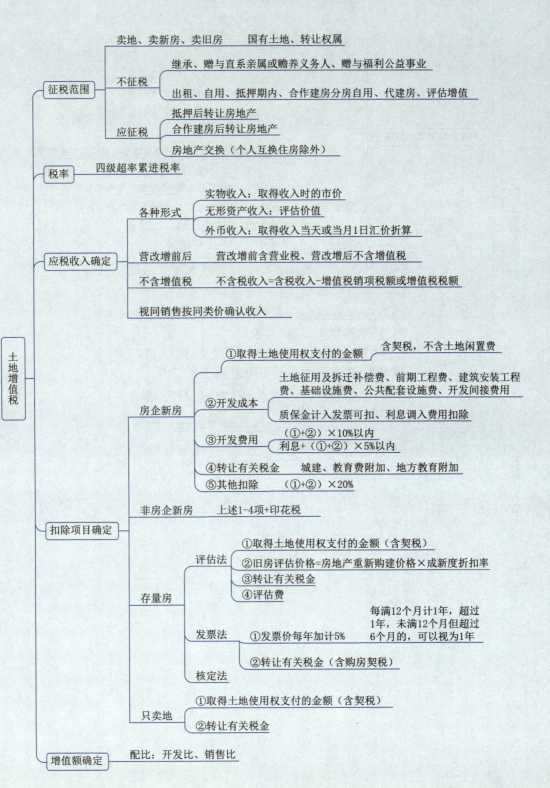

第三部分

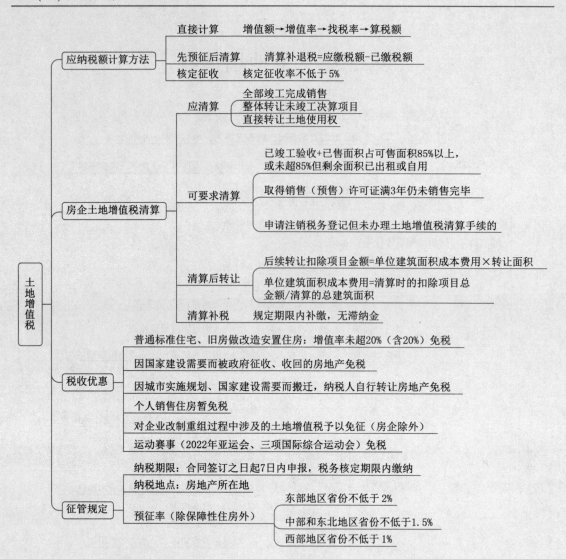

第6章 资源税

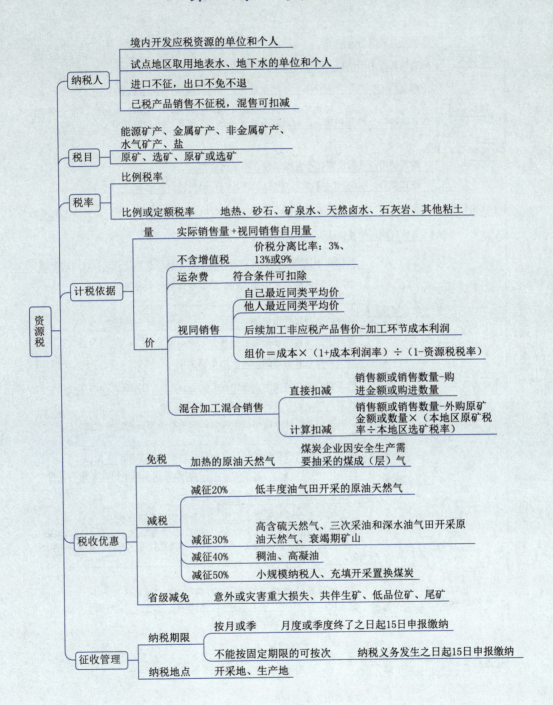

纳税人
- 境内开发应税资源的单位和个人
- 试点地区取用地表水、地下水的单位和个人
- 进口不征，出口不免不退
- 已税产品销售不征税，混售可扣减

税目
- 能源矿产、金属矿产、非金属矿产、水气矿产、盐
- 原矿、选矿、原矿或选矿

税率
- 比例税率
- 比例或定额税率　地热、砂石、矿泉水、天然卤水、石灰岩、其他粘土

计税依据
- 量　实际销售量+视同销售自用量
- 价
  - 不含增值税　价税分离比率：3%、13%或9%
  - 运杂费　符合条件可扣除
  - 视同销售
    - 自己最近同类平均价
    - 他人最近同类平均价
    - 后续加工非应税产品售价-加工环节成本利润
    - 组价＝成本×（1+成本利润率）÷（1-资源税税率）
- 混合加工混合销售
  - 直接扣减　销售额或销售数量-购进金额或购进数量
  - 计算扣减　销售额或销售数量-外购原矿金额或数量×（本地区原矿税率÷本地区选矿税率）

税收优惠
- 免税　加热的原油天然气　煤炭企业因安全生产需要抽采的煤成（层）气
- 减税
  - 减征20%　低丰度油气田开采的原油天然气
  - 减征30%　高含硫天然气、三次采油和深水油气田开采原油天然气、衰竭期矿山
  - 减征40%　稠油、高凝油
  - 减征50%　小规模纳税人、充填开采置换煤炭
- 省级减免　意外或灾害重大损失、共伴生矿、低品位矿、尾矿

征收管理
- 纳税期限
  - 按月或季　月度或季度终了之日起15日申报缴纳
  - 不能按固定期限的可按次　纳税义务发生之日起15日申报缴纳
- 纳税地点　开采地、生产地

资源税

第 7 章　车辆购置税

第三部分

车辆购置税

- **纳税人**
  - 车辆购置者（买方）
  - 购置销售行为不纳税、购置已税车辆不纳税
- **征税范围**
  - 应征税：汽车、有轨电车、汽车挂车、排气量超过150毫升的摩托车
  - 不征税：地铁、轻轨等城市轨道交通车辆，装载机、平地机、挖掘机、推土机等轮式专用机械车，以及起重机（吊车）、叉车、电动摩托车
- **税率**　10%
- **计税依据**
  - 购置使用：全部价款，不含增值税，不含价外费用
  - 进口使用：组价=（关税完税价格+关税）/（1-消费税比例税率）
  - 自产自用：同类价；无同类价为组价=成本×（1+成本利润率）/（1-消费税比例税率）
  - 其他自用：购置凭证价，不含增值税
- **税收优惠**
  - 法定减免
    - 外国驻华使馆、领事馆和国际组织驻华机构及其有关人员自用的车辆免税
    - 中国人民解放军和中国人民武装警察部队列入装备订货计划的车辆免税
    - 悬挂应急救援专用号牌的国家综合性消防救援车辆免税
    - 设有固定装置的非运输专用作业车辆免税
    - 城市公交企业购置的公共汽电车辆免税
  - 其他减免
    - 回国服务的在外留学人员用现汇购买1辆个人自用国产小汽车免税
    - 长期来华定居专家进口1辆自用小汽车免税
    - 防汛部门和森林消防部门由指定厂家生产的设有固定装置的指定型号的车辆免税
    - 自2018年1月1日至2022年12月31日，对购置新能源汽车免税
    - 自2018年7月1日至2021年6月30日，对购置挂车减半征收车辆购置税
    - "母亲健康快车"项目的流动医疗车免税
    - 2022年冬奥会和冬残奥会组织委员会新购置车辆免税
    - 原公安现役部队和原武警黄金、森林、水电部队改制后换发地方机动车牌证的车辆（公安消防、武警森林部队执行灭火救援任务的车辆除外），一次性免税
    - 农用三轮车免税
- **应纳税额**
  - 减免税消失
    - 应纳税额=初次办理纳税申报时确定的计税价格×（1-使用年限×10%）×10%-已纳税额
    - 使用年限取整，不满1年不算
- **退税**
  - 退税情形：车辆退回生产企业或经销商
  - 应退税额=已纳税额×（1-使用年限×10%）　使用年限取整，不满1年不算
- **征管规定**
  - 纳税地点
    - 应登记的：车辆登记地
    - 不需登记的：单位纳税人机构所在地，个人纳税人户籍所在地或经常居住地
  - 纳税义务发生时间　购置应税车辆当日
  - 缴库期限　纳税义务发生之日起60日内

第8章　环境保护税

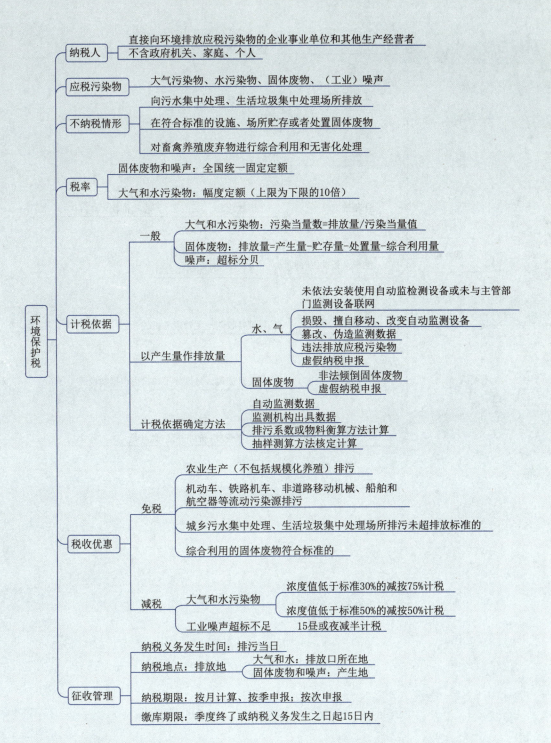

第 9 章　烟叶税

第三部分

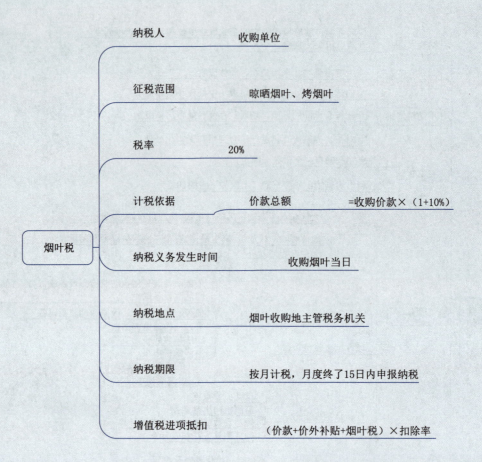

烟叶税

- 纳税人　　　　　收购单位
- 征税范围　　　　晾晒烟叶、烤烟叶
- 税率　　　　　　20%
- 计税依据　　　　价款总额　　　=收购价款×（1+10%）
- 纳税义务发生时间　　　收购烟叶当日
- 纳税地点　　　　烟叶收购地主管税务机关
- 纳税期限　　　　按月计税，月度终了15日内申报纳税
- 增值税进项抵扣　　　（价款+价外补贴+烟叶税）×扣除率

第 10 章 关 税

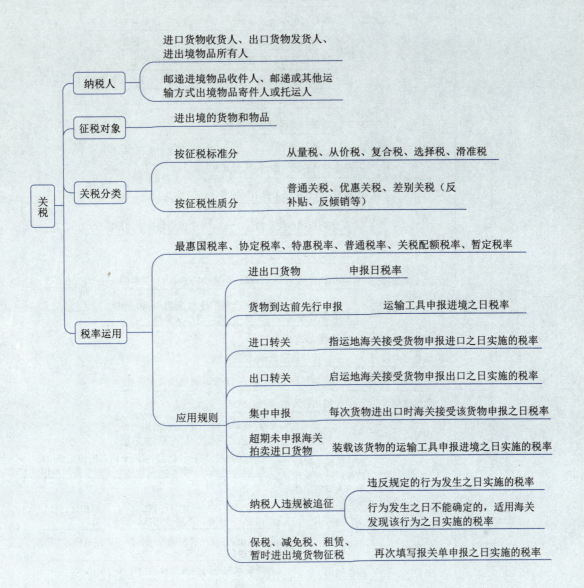

- 关税
  - 纳税人
    - 进口货物收货人、出口货物发货人、进出境物品所有人
    - 邮递进境物品收件人、邮递或其他运输方式出境物品寄件人或托运人
  - 征税对象
    - 进出境的货物和物品
  - 关税分类
    - 按征税标准分：从量税、从价税、复合税、选择税、滑准税
    - 按征税性质分：普通关税、优惠关税、差别关税（反补贴、反倾销等）
  - 税率运用
    - 最惠国税率、协定税率、特惠税率、普通税率、关税配额税率、暂定税率
    - 应用规则
      - 进出口货物：申报日税率
      - 货物到达前先行申报：运输工具申报进境之日税率
      - 进口转关：指运地海关接受货物申报进口之日实施的税率
      - 出口转关：启运地海关接受货物申报出口之日实施的税率
      - 集中申报：每次货物进出口时海关接受该货物申报之日税率
      - 超期未申报海关拍卖进口货物：装载该货物的运输工具申报进境之日实施的税率
      - 纳税人违规被追征
        - 违反规定的行为发生之日实施的税率
        - 行为发生之日不能确定的，适用海关发现该行为之日实施的税率
      - 保税、减免税、租赁、暂时进出境货物征税：再次填写报关单申报之日实施的税率

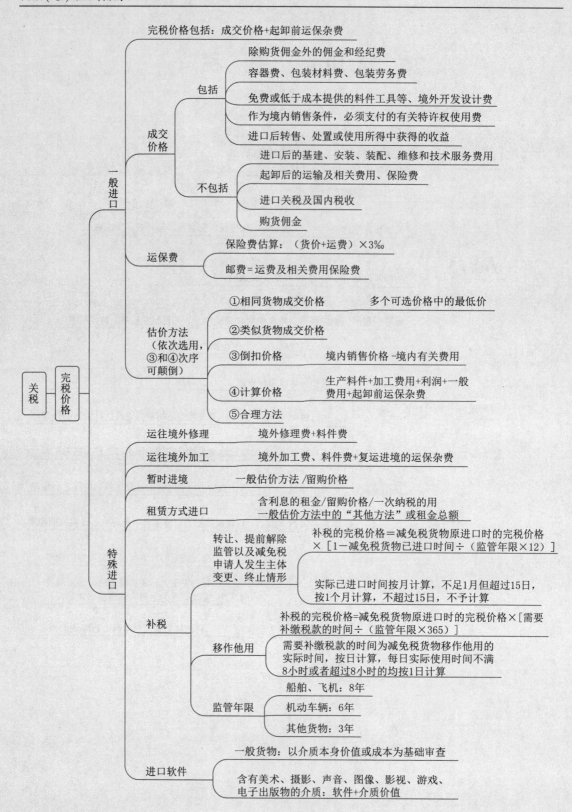

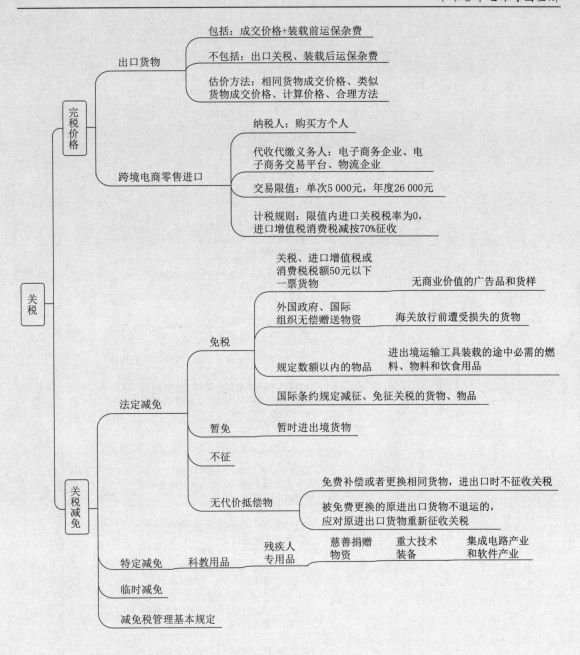

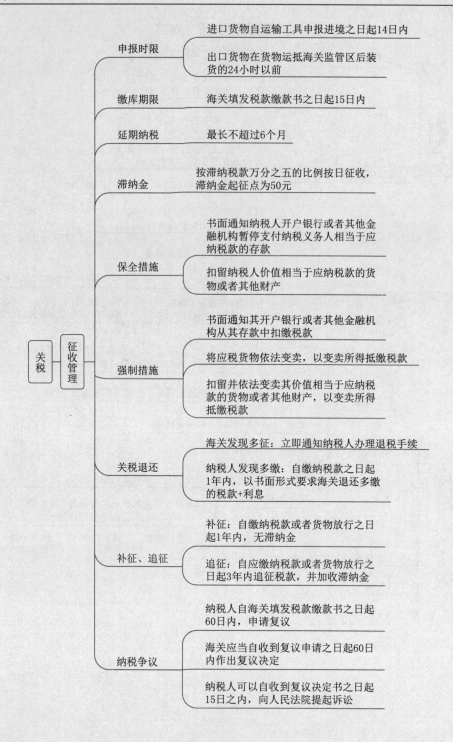

申报时限
进口货物自运输工具申报进境之日起14日内
出口货物在货物运抵海关监管区后装货的24小时以前

缴库期限
海关填发税款缴款书之日起15日内

延期纳税
最长不超过6个月

滞纳金
按滞纳税款万分之五的比例按日征收，滞纳金起征点为50元

保全措施
书面通知纳税人开户银行或者其他金融机构暂停支付纳税义务人相当于应纳税款的存款
扣留纳税人价值相当于应纳税款的货物或者其他财产

强制措施
书面通知其开户银行或者其他金融机构从其存款中扣缴税款
将应税货物依法变卖，以变卖所得抵缴税款
扣留并依法变卖其价值相当于应纳税款的货物或者其他财产，以变卖所得抵缴税款

关税退还
海关发现多征：立即通知纳税人办理退税手续
纳税人发现多缴：自缴纳税款之日起1年内，以书面形式要求海关退还多缴的税款+利息

补征、追征
补征：自缴纳税款或者货物放行之日起1年内，无滞纳金
追征：自应缴纳税款或者货物放行之日起3年内追征税款，并加收滞纳金

纳税争议
纳税人自海关填发税款缴款书之日起60日内，申请复议
海关应当自收到复议申请之日起60日内作出复议决定
纳税人可以自收到复议决定书之日起15日之内，向人民法院提起诉讼

关税 征收管理

第三部分

第四部分

考前模拟试卷

2021年考前模拟试卷

模拟试卷（一）

扫 我 做 试 题

一、单项选择题（共40题，每题1.5分。每题的备选项中，只有1个最符合题意。）

1. 下列有关税法和税收的表述，不正确的是（ ）。

   A. 税收的征税主体是国家，除了国家之外，任何机构和团体都无权征税

   B. 税法是指有权的国家机关制定的有关调整税收分配过程中形成的权利义务关系的法律规范总和

   C. 税法的调整对象是税收分配中形成的权利义务关系

   D. 从形式特征来看，税收具有强制性、无偿性和固定性的特点，其中强制性是其核心

2. 法定解释应严格按照法定解释权限进行，任何部门都不能超越权限进行解释，因此法定解释具有（ ）。

   A. 全面性　　　　B. 专属性

   C. 判例性　　　　D. 目的性

3. A公司借转让定价而减少计税所得，当地税务机关则有权重新核定计税依据，并据以计算应纳税额，这样处理体现了税法原则中的（ ）。

   A. 法律不溯及既往原则

   B. 税收公平主义

   C. 税收合作信赖主义

   D. 实质课税原则

4. 《中华人民共和国车船税法》属于（ ）。

   A. 税收法律　　　　B. 税收法规

   C. 税务规章　　　　D. 税务行政命令

5. 关于税收实体法，下列表述正确的是（ ）。

   A. 全部免征属于税基式减免

   B. 房产税、城镇土地使用税采取按次纳税的征收办法

   C. 课税对象是税法中规定的征税的目的物，是国家据以征税的依据

   D. 在比例税率条件下，边际税率往往要大于平均税率

6. 下列有关税收执法监督的说法，错误的是（ ）。

   A. 税收执法监督的对象是税务机关及其工作人员

   B. 税收执法监督的主体是税务机关

   C. 税收执法监督的内容是税务机关及其工作人员的行政执法行为

   D. 税收执法检查、复议应诉等工作是事中监督

7. 下列关于增值税纳税人的表述，不正确的是（ ）。

   A. 进口货物的收货人为纳税人

   B. 以发包人名义对外经营并由发包人承担相关法律责任的，以承包人为纳税人

   C. 以承包人名义对外经营并由承包人承担相关法律责任的，以承包人为纳税人

   D. 资管产品管理人为增值税纳税人

8. 下列征收增值税的是（　　）。

A. 单位或者个体工商户为员工提供应税服务

B. 存款利息

C. 被保险人获得的保险赔付

D. 售卡方因销售单用途卡并办理相关资金收付结算业务取得的手续费

9. 下列选项中，适用增值税 6% 税率的是（　　）。

A. 建筑服务

B. 转让土地使用权

C. 增值电信服务

D. 不动产租赁

10. 下列业务，属于增值税征税范围中"交通运输服务"的是（　　）。

A. 光租、干租业务

B. 运输工具仓位承包业务

C. 客运场站服务

D. 在游览场所经营索道、摆渡车、电瓶车、游船

11. 某商场（中国人民银行批准的金银首饰经营单位）为增值税一般纳税人，2020 年 5 月采取以旧换新方式销售金戒指 40 只，每只新金戒指的零售价格为 12 500 元，每只旧金戒指作价 9 650 元，每只金戒指取得差价款 2 850 元（含税）；取得首饰修理费共计 16 570 元（含税）。该商场上述业务应纳增值税（　　）元。

A. 14 940.17　　B. 15 270.00

C. 15 021.33　　D. 36 348.86

12. 某商业银行为增值税一般纳税人，2020 年 5 月提供贷款服务取得利息收入 200 万元，提供金融服务取得手续费 8 万元，取得罚息收入 20 万元。该银行 2020 年 5 月应缴纳增值税（　　）万元（以上价格均为含税价格）。

A. 12.68　　　　B. 13.91

C. 13.68　　　　D. 12.91

13. 根据增值税的有关规定，下列关于个人将住房对外销售的税收政策，说法正确

的是（　　）。

A. 2020 年 12 月，李某将位于北京的 2019 年 5 月购买的非普通住房对外销售，免征增值税

B. 2020 年 11 月，王某将位于上海的 2019 年 3 月购买的普通住房对外销售，免征增值税

C. 2020 年 12 月，张某将位于大连的 2017 年 2 月购买的非普通住房对外销售，免征增值税

D. 2020 年 12 月，孙某将位于长春的 2018 年 2 月购买的普通住房对外销售，差额计征增值税

14. 下列关于增值税一般纳税人按简易方法计税的规定，表述不正确的是（　　）。

A. 一般纳税人提供的铁路旅客运输服务，可以选择按照简易计税方法计算缴纳增值税

B. 资管产品管理人运营资管产品过程中发生的增值税应税行为，暂适用简易计税方法，按照 3% 的征收率缴纳增值税

C. 一般纳税人销售电梯的同时提供安装服务，其安装服务可以按照甲供工程选择适用简易计税方法计税

D. 一般纳税人以清包工方式提供的建筑服务，可以选择适用简易计税方法计税

15. 下列出口货物劳务，适用增值税出口退（免）税政策的是（　　）。

A. 出口企业或其他单位销售给用于国际金融组织或外国政府贷款国际招标建设项目的中标机电产品

B. 增值税小规模纳税人出口的货物

C. 国家计划内出口的卷烟

D. 非出口企业委托出口的货物

16. 某市企业为增值税一般纳税人，2020 年 2 月由于资金周转紧张，将 2016 年 2 月在市区购买的一处商铺转让，取得含税销售额 500 万元，公司选择简易计税，由于会计粗心导致发票丢失，无法提供购房发票，但契税完税凭证保存完好，契

税计税金额为 200 万元。则 2 月应纳的增值税为（　　）万元。

A. 9.00　　　　　B. 8.56

C. 14.29　　　　D. 15.00

17. 下列关于增值税优惠政策的表述中，错误的是（　　）。

A. 从事蔬菜批发、零售的纳税人销售蔬菜，免征增值税

B. 供热企业向居民个人供热部分的采暖费收入，免征增值税

C. 个人出租住房，按 5% 征收率减按 1.5% 计算增值税

D. 纳税人 2021 年提供的城市电影放映服务，应征收增值税，农村电影放映服务，免征增值税

18. 某企业以厂房作抵押向银行贷款，取得贷款后将厂房交予银行使用，以房产租金抵交贷款利息，则该企业取得的厂房租金收入应按（　　）征收增值税。

A. 销售不动产　　B. 不动产租赁

C. 金融服务　　　D. 转让无形资产

19. 甲服装厂为增值税一般纳税人，2020 年 11 月从一般纳税人处购置了一批原材料取得了增值税专用发票注明金额 100 万元，另支付运费取得了一般纳税人开具的增值税专用发票其注明金额 1 万元。20% 的原材料用于赠送，剩余 80% 的原材料放置在仓库，当月未被生产领用。则 2020 年 11 月可抵扣进项税额（　　）万元。

A. 0　　　　　　B. 2.62

C. 10.47　　　　D. 13.09

20. 某生产企业为增值税一般纳税人，2020 年 8 月将 2015 年 6 月购置的一处厂房对外出租，一次性收取全年含税租金 60 万元，该企业采用简易计税方法计税，则该企业 2020 年 8 月应缴纳的增值税为（　　）万元。

A. 2.38　　　　　B. 2.86

C. 4.95　　　　　D. 5.50

21. 下列关于房地产企业销售自行开发的房地产项目增值税征收管理的规定，表述不正确的是（　　）。

A. 房地产开发企业以接盘等形式购入未完工的房地产项目继续开发后，以自己的名义立项销售的，属于销售自行开发的房地产项目

B. 房地产开发企业中的一般纳税人销售自行开发的房地产项目，适用一般计税方法计税，按照取得的全部价款和价外费用，扣除当期销售房地产项目对应的土地价款后的余额计算销售额

C. 一般纳税人销售自行开发的房地产老项目，可以选择适用简易计税方法按照 3% 的征收率计税

D. 一般纳税人销售自行开发的房地产老项目适用简易计税方法计税的，以取得的全部价款和价外费用为销售额，不得扣除对应的土地价款

22. 下列关于增值税纳税义务发生时间的表述，不正确的是（　　）。

A. 纳税人发生视同销售不动产情形的，其纳税义务发生时间为不动产权属变更的当天

B. 纳税人提供租赁服务采取预收款方式的，其纳税义务发生时间为收到预收款的当天

C. 纳税人从事金融商品转让的，纳税义务发生时间为收取价款的当天

D. 增值税扣缴义务发生时间为纳税人增值税纳税义务发生的当天

23. 下列消费品，属于消费税征税范围的是（　　）。

A. 超豪华小汽车　B. 调味料酒

C. 卫星通信车　　D. 鞭炮引线

24. 根据现行消费税的规定，下列说法正确的是（　　）。

A. 纳税人销售金银首饰，计税依据为含增值税的销售额

B. 金银首饰连同包装物销售，计税依据为含包装物金额的销售额

C. 带料加工金银首饰，计税依据为受托方收取的加工费

D. 以旧换新销售金银首饰，计税依据为新金银首饰的销售额

25. 某日化厂将高档化妆品与护肤品组成成套化妆品，其中，高档化妆品的生产成本 90 元/套，护肤品的生产成本 50 元/套。2020 年 12 月将 100 套成套化妆品分给职工作奖励。该日化厂上述业务应纳消费税（　　）元（高档化妆品成本利润率为 5%，消费税税率 15%）。

A. 2 700.00　　　　B. 4 200.00

C. 4 050.00　　　　D. 2 594.12

26. 依据消费税的有关规定，下列消费品中，准予扣除已纳消费税的是（　　）。

A. 以外购的已税汽车轮胎为原料生产的乘用车

B. 以外购的已税高档化妆品为原料生产的护肤护发品

C. 以外购的已税汽油为原料生产的甲醇汽油

D. 以外购的已税酒和酒精为原料生产的粮食白酒

27. 某酒厂为增值税一般纳税人，2020 年 8 月销售粮食白酒 8 吨，取得不含税收入 80 万元，收取包装物押金 4.64 万元，该企业包装物押金单独记账核算，货物已经发出。该酒厂本月应缴纳消费税（　　）万元。

A. 16.00　　　　B. 13.46

C. 17.62　　　　D. 16.76

28. 下列选项中，在零售环节征收消费税的是（　　）。

A. 珍珠　　　　B. 高档手表

C. 金戒指　　　　D. 镀金首饰

29. 上海市一家服装缝纫部（小规模纳税人），主要从事服装制作，并将购置的门面房中的一间出租给某单位存放货物。2021 年 1 月缝纫业务共收取价款 11 万元，门面房出租收取 12 万元，假设不考

虑小规模纳税人免税政策，该缝纫部当月应缴纳城市维护建设税及教育费附加（　　）元。

A. 891.82　　　　B. 680.34

C. 117.37　　　　D. 123.38

30. 关于城市维护建设税的计税规则，下列表述错误的是（　　）。

A. 城建税采用地区差别比例税率

B. 城建税征税范围只包括城市市区、县城、建制镇

C. 对进口货物不征收城建税

D. 城建税的计税依据是纳税人实际缴纳的增值税、消费税税额

31. 关于环境保护税的征税对象和税目税额表述正确的是（　　）。

A. 环境保护税税率采用的是从价定率为主、从量定额为辅

B. 固体废物的计税单位是每立方米

C. 应税噪声的计税单位是经测量的工业噪声的分贝数

D. 大气污染物和水污染物的计税单位是每污染当量

32. 下列选项中，不属于资源税征收范围的是（　　）。

A. 汽油　　　　B. 海盐

C. 大理石　　　　D. 煤

33. 下列关于资源税税收优惠的表述，不正确的是（　　）。

A. 从衰竭期矿山开采的矿产品，资源税减征 20%

B. 对低丰度油气田，资源税减征 20%

C. 对衰竭期煤矿开采的煤炭，资源税减征 30%

D. 开采原油以及在油田范围内运输原油过程中用于加热的原油、天然气，免征资源税

34. 下列车辆属于车辆购置税征税对象的是（　　）。

A. 挖掘机　　　　B. 叉车

C. 电动摩托车　　　　D. 汽车挂车

35. 下列关于车辆购置税的说法，正确的是（　　）。

A. 车辆购置税的征税环节为车辆的出厂环节

B. 纳税人以受赠、获奖或者其他方式取得自用应税车辆的计税价格，按照税务机关核定的价值确定

C. 回国服务的留学人员购买1辆自用小汽车免征车辆购置税

D. 纳税人应当自纳税义务发生之日起60日内申报缴纳车辆购置税

36. 某经营进口汽车的汽车销售公司2020年10月从韩国进口一辆自用的小轿车，经报关地口岸海关对有关报关资料审查确定，关税完税价格为284 000元，海关征收关税26 800元，并按增值税、消费税有关规定分别缴纳进口增值税44 400元、消费税30 738.46元。该公司应纳车辆购置税（　　）元。

A. 18 400.00　　　　B. 36 800.00

C. 34 153.85　　　　D. 40 000.00

37. 下列各项中，属于土地增值税纳税人的是（　　）。

A. 自建房屋转为自用的房地产开发企业

B. 出租房屋的个体工商户

C. 转让国有土地使用权的私营企业

D. 继承房地产的个人

38. 某市一房地产开发企业为增值税一般纳税人，2020年11月转让一幢新建办公楼取得不含增值税收入8 000万元，已知该单位为取得土地使用权而支付的地价款和有关费用为1 000万元，投入的房地产建造成本3 000万元，其利息支出不能取得金融机构贷款证明，其转让办公楼相关的税金已经全部付清，已知该企业所在地政府规定的房地产开发费用的计算扣除比例为10%。该企业转让行为应缴纳土地增值税（　　）万元（企业采用简易办法计算增值税，不考虑地方教育附加）。

A. 612　　　　　　B. 786

C. 842　　　　　　D. 1 104

39. 某高新技术企业免税进口一台设备，海关审定的原进口价格为人民币60万元，海关监管期3年，该企业使用20个月后转售。该企业上述业务应纳关税（　　）万元（关税税率为20%）。

A. 0　　　　　　　B. 4.00

C. 5.33　　　　　　D. 12.00

40. 下列关于关税完税价格的说法，正确的是（　　）。

A. 进口货物的完税价格由海关以货物的成交价格为基础审查确定

B. 关税完税价格包括进口环节缴纳的各项税金

C. 进口货物支付的购货佣金应计入完税价格

D. 完税价格包括进口货物在境内运输途中发生的运费和保险费

二、多项选择题（共20题，每题2分。每题的备选项中，有2个或2个以上符合题意，至少有1个错项。错选，本题不得分；少选，所选的每个选项得0.5分。）

41. 下列税收程序法的主要制度中，体现公正原则的有（　　）。

A. 职能分离制度

B. 听证制度

C. 表明身份制度

D. 回避制度

E. 时限制度

42. 下列关于税法解释的说法中，正确的有（　　）。

A. 立法解释的效力等于被解释的法的效力

B. 我们通常所说的立法解释是指事前解释

C. 审判解释和检察解释有原则分歧，报请国务院解释或决定

D. 行政解释在执行中有普遍约束力，但原则上不能作为法庭判案直接依据

E. 司法解释主体为最高人民法院、最高

人民检察院

43. 下列属于税收执法特征的有（　　）。

A. 税收执法具有单方意志性

B. 税收执法是无责行政行为

C. 税收执法是具体行政行为

D. 税收执法具有裁量性

E. 税收执法具有主动性

44. 下列各项中属于增值税视同销售行为，应当计算销项税额的有（　　）。

A. 将自产的货物用于集体福利

B. 将自产货物用于换取生产资料

C. 将购买的货物无偿赠送他人

D. 将自产货物用于抵偿债务

E. 将购买的货物用于个人消费

45. 下列选项中，不属于增值税在境内销售服务、无形资产或者不动产的有（　　）。

A. 服务（租赁不动产除外）的销售方在境内

B. 所销售的不动产在境外

C. 所销售自然资源使用权的自然资源在境内

D. 服务（租赁不动产除外）的购买方在境内

E. 所租赁的不动产在境外

46. 下列关于增值税的计税销售额的规定，说法正确的有（　　）。

A. 以物易物方式销售货物，由多交付货物的一方以价差计算缴纳增值税

B. 以旧换新方式销售货物，以实际收取的不含增值税的价款计算缴纳增值税（金银首饰除外）

C. 还本销售方式销售货物，以不扣减还本支出的实际销售额计算缴纳增值税

D. 销售折扣方式销售货物，不得从计税销售额中扣减折扣额

E. 直销企业先将货物销售给直销员，直销员再将货物销售给消费者的，直销企业的销售额为其向直销员收取的全部价款和价外费用

47. 纳税人销售下列货物，一律按3%的征收率减按2%征收增值税的有（　　）。

A. 一般纳税人销售用微生物制成的生物制品

B. 一般纳税人销售自产的混凝土

C. 小规模纳税人（其他个人除外）销售自己使用过的固定资产

D. 一般纳税人销售旧货（二手车除外）

E. 典当业销售死当物品

48. 下列关于增值税的表述，正确的有（　　）。

A. 拍卖行受托拍卖取得的手续费或佣金收入，按照"经纪代理服务"缴纳增值税

B. 卫星电视信号落地转接服务，按照"增值电信服务"缴纳增值税

C. 将建筑物、构筑物等不动产或者飞机、车辆等有形动产的广告位出租给其他单位或者个人用于发布广告，按照"经营租赁服务"缴纳增值税

D. 车辆停放服务、道路通行服务等按照"物流辅助服务"缴纳增值税

E. 纳税人对安装运行后的电梯提供的维护保养服务，按照"建筑服务"缴纳增值税

49. 下列进项税额准予从销项税额中抵扣的有（　　）。

A. 购买汽车从4S店取得的防伪税控机动车销售统一发票上注明的增值税额

B. 进口高档化妆品从海关取得的海关进口增值税专用缴款书上注明的增值税额

C. 购进农产品，从按照简易计税方法依照3%征收率计算缴纳增值税的小规模纳税人取得增值税专用发票的，以增值税专用发票上注明的金额和9%的扣除率计算进项税额

D. 接受的旅客运输服务

E. 接受餐饮服务

50. 下列行为中，既缴纳增值税又缴纳消费税的有（　　）。

A. 酒厂将自产的白酒赠送给协作单位

B. 卷烟厂将自产的烟丝移送用于生产卷烟

C. 卷烟批发企业将卷烟销售给零售单位

D. 汽车厂将自产的应税小汽车赞助给某艺术节组委会

E. 地板厂将生产的新型实木地板奖励给有突出贡献的职工

51. 下列选项中，符合批发环节征收消费税规定的有（　　）。

A. 批发环节消费税的纳税义务发生时间为纳税人收讫销售款或取得索取销售款凭据的当天

B. 卷烟批发环节的总分支机构不在同一地区的，由总分支机构分别向各自机构所在地申报纳税

C. 卷烟和雪茄烟均在批发环节征收消费税

D. 计算批发环节缴纳的消费税时，不得扣除已含的生产环节消费税

E. 纳税人批发卷烟和其他商品不能分别核算销售额的，一并征收消费税

52. 根据消费税的有关规定，下列说法正确的有（　　）。

A. 委托加工的应税消费品，在计算组成计税价格时，加工费应包括受托方代垫辅助材料的实际成本

B. 委托其他企业加工应税消费品，委托方是消费税的纳税人，由委托方在其机构所在地缴纳消费税

C. 对于带料加工的金银首饰，纳税义务发生时间为受托方交货的当天

D. 委托加工应税消费品，委托方未提供材料成本的，委托方所在地主管税务机关有权核定其材料成本

E. 用委托加工收回的应税消费品连续生产应税消费品的，都准予从应纳消费税税额中扣除委托加工环节已纳消费税

53. 甲卷烟生产企业（增值税一般纳税人）2019 年 9 月接受某烟厂委托加工烟丝，甲企业自行提供烟叶的成本为 35 000 元，代垫辅助材料 2 000 元，发生加工费支出 4 000 元；甲企业当月允许抵扣的进项税

额为 1 600 元。下列表述正确的有（　　）（烟丝的成本利润率为 5%，消费税税率 30%，以上价款均不含增值税）。

A. 甲企业应纳增值税 360 元

B. 甲企业应代收代缴消费税 17 571.43 元

C. 甲企业应纳增值税 6 395 元

D. 甲企业应代收代缴消费税 18 450 元

E. 甲企业应纳消费税 18 450 元

54. 某轿车厂下列经济业务应按最高售价计算消费税的有（　　）。

A. 将自产轿车对外投资

B. 将自产轿车用于办公

C. 将自产轿车交换钢材

D. 将进口汽车配件对外偿债

E. 将自产轿车奖励给经销商

55. 下列有关城市维护建设税的表述，符合规定的有（　　）。

A. 只要缴纳增值税、消费税，就要缴纳城市维护建设税

B. 外商投资企业和外国企业不交城市维护建设税

C. 对出口产品退还增值税、消费税，不退还城市维护建设税

D. 对进口货物不征收城建税

E. 因减免增值税、消费税而退库的，相应的城市维护建设税可以同时退还

56. 下列关于环境保护税的表述，正确的有（　　）。

A. 每一排放口或者没有排放口的应税大气污染物，按照污染当量数从大到小排序，对前五项污染物征收环境保护税

B. 应税噪声污染目前只包括工业噪声

C. 对于大气和水污染物实行各省浮动定额税制，既有上限也有下限，税额上限设定为下限的 10 倍

D. 工业噪声声源一个月内超标不足 20 天的，减半计算应纳税额

E. 纳税人应向应税污染物排放地税务机关申报缴纳环境保护税

57. 下列关于增值税期末留抵税额退税制度

的表述中，正确的有（ ）。

A. 纳税人取得退税款后，应及时调减留抵税额

B. 所称增量留抵税额，是指与 2019 年 3 月底相比新增加的期末留抵税额

C. 纳税人（非部分先进制造业）当期允许退还的增量留抵税额，按照公式计算：允许退还的增量留抵税额 = 增量留抵税额×60%

D. 纳税人应在增值税纳税申报期内，向主管税务机关申请退还留抵税额

E. 纳税人出口货物劳务、发生跨境应税行为，适用免抵退税办法的，办理免抵退税后，仍符合规定条件的，可以申请退还留抵税额

58. 下列关于车辆购置税的规定，正确的有（ ）。

A. 纳税人进口自用的应税车辆，以组成计税价格为计税依据

B. 因质量原因，车辆被退回生产企业或者经销商的，自纳税人办理纳税申报之日起，按已缴税款每满 1 年扣减 10% 计算退税额

C. 车辆购置税一次课征，购置已征车辆购置税的车辆，不再征收车辆购置税

D. 目前购置列入《新能源汽车车型目录》的新能源汽车免征车辆购置税

E. 免税条件消失的车辆，自初次办理纳税申报之日起，使用年限未满 15 年的，计税价格以免税车辆初次办理纳税申报时确定的计税价格为基准，每满 1 年扣减 10%

59. 下列各项中，主管税务机关可要求纳税人进行土地增值税清算的有（ ）。

A. 取得销售许可证满 3 年仍未销售完毕的

B. 取得的销售收入占该项目收入总额 50% 以上的

C. 申请注销税务登记但未办理土地增值税清算手续的

D. 转让的房屋建筑面积占整个项目可售建筑面积 85% 以上的

E. 转让的房屋建筑面积占整个项目可售建筑面积虽未超过 85% 但剩余可售面积已经自用的

60. 下列各项税费中，应计入出口货物完税价格的有（ ）。

A. 货物运至我国境内输出地点装载前的保险费

B. 货物运至我国境内输出地点装载前的运输费用

C. 货物出口关税

D. 货价中单独列明的货物运至我国境内输出地点装载后的运输费用

E. 货物价款中单独列明的货物运至我国境内输出地点装载后的保险费

三、计算题（共 8 题，每题 2 分。每题的备选项中，只有 1 个最符合题意。）

（一）

某房地产开发公司为增值税一般纳税人，从事多业经营，2020 年 2 月发生如下业务：

（1）将某地块开发建造商品房，当月全部售出，本月收到售房款 3 600 万元，另外代收房屋专项维修基金 240 万元。2017 年购置该地块时支付地价款 1 800 万元。

（2）经营酒店取得餐饮收入 320 万元，客房收入 280 万元。

（3）本期承包 A 企业的室内装修工程，装饰、装修劳务费 1 500 万元、辅助材料费用 60 万元；A 企业自行采购的材料价款 2 600 万元及中央空调设备价款 150 万元，取得增值税普通发票。

（4）该房地产公司签订出租写字楼协议，月租金收入为 20 万元，从 2020 年 2 月起，租期 3 年，该房地产公司 2020 年 2 月一次性收取第一年租金 240 万元。

（5）当月购进原材料用于生产经营，取得增值税专用发票，注明价款 1 200 万元。

已知：上述收入均为含税收入，建筑服

务、出租和销售不动产均采用一般计税方法计税。

要求：根据上述资料，回答下列问题。

61. 该公司销售不动产的销项税额（　）万元。
   A. 148.62　　　　B. 85.71
   C. 81.08　　　　D. 356.76

62. 该公司经营酒店的销项税额（　）万元。
   A. 17.48　　　　B. 87.18
   C. 33.96　　　　D. 59.46

63. 该公司承包室内装修工程的销项税额（　）万元。
   A. 74.29　　　　B. 128.81
   C. 71.43　　　　D. 148.65

64. 该公司当月合计应缴纳的增值税（　）万元。
   A. 162.93　　　　B. 168.17
   C. 390.71　　　　D. 175.21

（二）

甲市某公司为增值税一般纳税人，主要从事旅居业务。2020年3月主要经营业务如下：

(1)整体出售一幢位于乙市的酒店式公寓，总含税价款为16 350万元。该公寓楼总建筑面积5 000平方米，本月无其他经营收入。

(2)该公司转让时无法取得该酒店式公寓评估价格，扣除项目金额按照发票所载金额确定(暂不考虑印花税)。

(3)该公寓楼于2017年5月购进用于经营，取得的增值税专用发票上注明金额11 000万元，税额1 210万元，价税合计12 210万元；在办理产权过户时，缴纳契税330万元，取得契税完税凭证；转让前累计发生贷款利息支出1 058.75万元、装修支出1 000万元。

(4)本月租入甲市一幢楼房，按合同约定支付本月含税租金合计10万元，取得增值税专用发票，出租方按一般计税方法计算增值税。该租入楼房50%用于企业经营，50%用于职工宿舍。

(5)本月月初增值税留抵税额为1 100万元。地方教育附加允许计算扣除。

要求：根据上述资料，回答下列问题。

65. 该公司转让酒店式公寓应在乙市预缴增值税（　）万元。
   A. 120.58　　　　B. 189.91
   C. 197.14　　　　D. 778.57

66. 2020年3月该公司在甲市实际缴纳增值税（　）万元。
   A. 249.17　　　　B. 52.86
   C. 59.26　　　　D. 52.03

67. 该公司在计算土地增值税时，准予扣除的"与转让房地产有关的税金"（　）万元。
   A. 492.00　　　　B. 162.00
   C. 346.80　　　　D. 16.80

68. 该公司转让酒店式公寓应缴纳土地增值税（　）万元。
   A. 705.00　　　　B. 765.96
   C. 600.96　　　　D. 0

四、综合分析题（共12题，每题2分。由单项选择题和多项选择题组成。错选，本题不得分；少选，所选的每个选项得0.5分。）

（一）

某卷烟厂为增值税一般纳税人，2020年1月有关业务如下：

(1)进口一批烟丝，成交价格8万元，发生境外运费及保险费2万元，关税税率为20%，缴纳进口环节税金后海关放行，本月生产A品牌卷烟领用10%。

(2)从某生产企业购进烟丝，取得的防伪税控系统开具的增值税专用发票上注明金额15万元、税额1.95万元，本月生产A品牌卷烟领用40%。从供销社(小规模纳税人)购进烟丝，取得税务机关代开的增值税专用发票，注明价款4万元，本月生产A品牌卷烟领用20%。

(3)销售给专卖商店A品牌卷烟50标准箱，由于货款回笼及时，根据合同规定，给予专卖商店2%折扣，卷烟厂实际取得不含税销售额245万元；支付销货不含税运费 7 万元，并取得运输公司（一般纳税人）开具的增值税专用发票。

（4）销售 5 年前购买的厂房取得含税销售收入 1 400 万元。该厂房购进价格 1 000 万元，净值 800 万元，由于购买方未按照合同规定支付价款，取得违约金 2 万元。

（5）销售自己使用过的 2008 年购入的设备取得销售收入 1.5 万元并开具增值税普通发票，该设备原值 3 万元，已提折旧 1 万元；销售材料取得销售收入 2.26 万元，开具增值税普通发票。

（6）用 4 标准箱 A 品牌卷烟换取一台厂部接待用商务用车，未取得机动车销售统一发票。

其他相关资料：假设外购烟丝没有期初余额，本月取得的相关票据均符合规定，并在本月抵扣。销售厂房采用简易计税方法计税。烟丝的消费税税率为 30%；甲类卷烟[调拨价 70 元/条（含 70 元）以上]，税率为 56% 加 150 元/箱；乙类卷烟（调拨价 70 元/条以下），税率为 36% 加 150 元/箱。

要求：根据上述资料，回答下列问题。

69. 进口环节应纳税金（　　）万元。

    A. 6.11　　　　　B. 6.70

    C. 8.04　　　　　D. 9.37

70. 该卷烟厂销售厂房应纳增值税（　　）万元。

    A. 19.05　　　　B. 19.14

    C. 66.67　　　　D. 66.76

71. 该卷烟厂销售设备应纳增值税（　　）万元。

    A. 0.34　　　　　B. 0.07

    C. 0.09　　　　　D. 0.03

72. 该卷烟厂当月应纳增值税（　　）万元。

    A. 33.07　　　　B. 40.20

    C. 49.60　　　　D. 59.83

73. 该卷烟厂当月应纳消费税（　　）万元。

    A. 117.39　　　　B. 117.75

    C. 149.46　　　　D. 120.06

74. 依据税法的有关规定，关于本题业务处理，下列说法中错误的有（　　）。

    A. 进口烟丝已纳进口环节消费税不得按

生产领用数量从应纳消费税中抵扣

B. 从供销社购进已税烟丝已纳消费税可以按生产领用数量从应纳消费税中抵扣

C. 从生产企业购进的已税烟丝已纳消费税可以按生产领用数量从应纳消费税中抵扣

D. 纳税人购进已税消费品连续生产非应税消费品时，外购已税消费品已纳消费税准予从其他应税消费品应纳税额中扣除

E. 计算增值税时，销售折扣的折扣额不得从销售额中扣除

（二）

某日化厂为增值税一般纳税人，2020 年 1 月和 2 月的生产经营情况如下：

1 月：

（1）国内购进业务：购进一批原材料，增值税专用发票上注明金额 46 万元、增值税税额 5.98 万元；支付不含税购货运费 3 万元，取得运输企业（一般纳税人）开具的增值税专用发票，运输途中由于运输车辆出现故障，发生合理损失 5%。

（2）销售业务：在国内销售自产高档化妆品，取得含税销售额 28.08 万元，出口自产高档化妆品取得销售额 50 万元人民币（退税率 10%）。

（3）其他业务：企业开发新型高档化妆品，生产成本 1.2 万元，将其中的 5% 用于连续生产 A 型高档化妆品，其余的作为样品分发给各经销商（成本利润率 5%）。

2 月：

（1）进口业务：进口一批高档化妆品，支付国外买价 20 万元、购货佣金 2 万元，到达我国输入地起卸以前的运输装卸费 3 万元，保险费无法确定，保险费率为 3‰，完税后海关放行，从海关运往企业所在地支付不含税运输费 7 万元，取得运输企业（一般纳税人）开具的增值税专用发票。

(2) 国内购进业务：从小规模纳税人购进劳保用品，取得税务机关代开的增值税专用发票，注明不含税价款 3 万元；购进高档护肤类化妆品等作为原材料，增值税专用发票上注明金额 20 万元、增值税额 2.6 万元；另支付不含税购货运输费用 2 万元，取得运输企业（一般纳税人）开具的增值税专用发票，购进的高档护肤类化妆品用于生产 B 型高档化妆品。

(3) 销售业务：2 月 5 日，以赊销方式销售给甲商场 B 型高档化妆品，不含税总价款 70 万元，合同约定 2 月 15 日全额付款，15 日日化厂按照实际收到的货款开具增值税专用发票，注明金额 40 万元；以平销返利方式销售给乙代理商日用护肤品，不含税销售额 80 万元，次月代理商销售业绩达到合同规定的标准，日化厂向其返利 9.36 万元，向乙代理商开具红字专用发票。

(4) 其他业务：将本厂 2012 年购进的大型客车赠送给福利院，销售额无法确定，该客车购进时增值税专用发票上注明金额 36 万元、增值税 6.12 万元（已抵扣进项税额），已提折旧 4 万元。

相关资料：该日化厂进口高档化妆品关税税率为 20%，2 月初库存外购高档护肤类化妆品买价 2 万元，2 月末库存外购高档护肤类化妆品买价 12 万元，高档化妆品消费税税率为 15%。城市维护建设税税率 7%，教育费附加征收比率 3%，不考虑地方教育附加。退税率 10%，本月取得的相关票据均符合税法规定并在当月认证抵扣。

要求：根据上述资料，回答下列问题。

75. 2020 年 1 月该日化厂应退增值税（　　）万元。
    A. 1.66　　　　　B. 1.34
    C. 2.24　　　　　D. 6.50

76. 2020 年 1 月该日化厂应缴纳城市维护建设税及教育费附加共计（　　）万元。

A. 0　　　　　　B. 0.38
C. 0.43　　　　　D. 0.76

77. 2020 年 2 月该日化厂进口环节应缴纳增值税和消费税共计（　　）万元。
    A. 8.52　　　　　B. 9.11
    C. 10.53　　　　D. 15.50

78. 2020 年 2 月该日化厂国内销售环节应缴纳增值税（　　）万元。
    A. 13.30　　　　B. 13.64
    C. 20.10　　　　D. 15.93

79. 2020 年 2 月该日化厂国内销售环节应缴纳消费税（　　）万元。
    A. 4.12　　　　　B. 10.50
    C. 12.00　　　　D. 18.00

80. 下列关于日化厂 2 月发生的各项业务的税务处理的说法，正确的有（　　）。
    A. 从小规模纳税人购进劳保用品不得抵扣进项税额
    B. 向境内甲商场销售高档化妆品，按照发票上列示的金额计算销项税额
    C. 乙代理商收到的平销返利收入，应按有关规定冲减当期增值税进项税额
    D. 外购高档护肤类化妆品已纳的消费税可以按照生产领用数量从应纳消费税额中计算扣除
    E. 将 2012 年购进的大型客车赠送福利院属于增值税的视同销售行为

模拟试卷（一）
参考答案及详细解析

一、单项选择题

1. D 【解析】从形式特征来看，税收具有强制性、无偿性、固定性的特点。其中，无偿性是核心，强制性是基本保障。

2. B 【解析】法定解释应严格按照法定解释权限进行，任何部门都不能超越权限进行解释，因此法定解释具有专属性。

3. D 【解析】实质课税原则，是指应当根据

纳税人的真实负担能力决定纳税人的税负，不能仅考核其表面上是否符合课税要件。纳税人借转让定价而减少计税所得，那么税务机关根据实质课税原则，可以核定纳税人的计税依据，以防止纳税人避税或偷税。

4. A 【解析】《中华人民共和国车船税法》属于全国人民代表大会及其常务委员会通过的税收法律。

5. C 【解析】选项 A，全部免征属于税额式减免；选项 B，房产税、城镇土地使用税实行按年计算、分期缴纳的征收方法；选项 D，在比例税率条件下，边际税率等于平均税率。

6. D 【解析】税收执法检查、复议应诉等工作是事后监督。

7. B 【解析】以发包人名义对外经营并由发包人承担相关法律责任的，以发包人为纳税人，否则以承包人为纳税人。

8. D 【解析】选项 A、B、C 均不征收增值税。

9. C 【解析】选项 A、B、D 适用 9% 的税率。

10. B 【解析】选项 A，光租、干租业务属于"现代服务–租赁服务"；选项 C，客运场站服务属于"现代服务–物流辅助服务"；选项 D，提供游览场所，以及在游览场所经营索道、摆渡车、电瓶车、游船，属于"文化体育服务"。

11. C 【解析】税法规定，对金银首饰以旧换新业务可以按销售方实际收取的不含增值税的全部价款征收增值税。该商场上述业务应纳增值税税额 = [40×2 850 ÷ (1 + 13%) + 16 570 ÷ (1 + 13%)] × 13% = 15 021.33 (元)。

12. D 【解析】贷款服务，以提供贷款服务取得的全部利息及利息性质的收入为销售额；直接收费金融服务，以提供直接收费金融服务收取的手续费、佣金、酬金、管理费、服务费、经手费、开户费、

过户费、结算费、转托管费等各类费用为销售额。该企业 2020 年 5 月应缴纳增值税 = (200 + 8 + 20) ÷ (1 + 6%) × 6% = 12.91 (万元)。

13. C 【解析】北京市、上海市、广州市和深圳市之外的地区：个人将购买不足 2 年的住房对外销售的，按照 5% 的征收率全额缴纳增值税；个人将购买 2 年以上（含 2 年）的住房（包括普通住房和非普通住房）对外销售的，免征增值税。北京市、上海市、广州市和深圳市：个人将购买不足 2 年的住房对外销售的，按照 5% 的征收率全额缴纳增值税；个人将购买 2 年以上（含 2 年）的非普通住房对外销售的，以销售收入减去购买住房价款后的差额按照 5% 的征收率缴纳增值税；个人将购买 2 年以上（含 2 年）的普通住房对外销售的，免征增值税。

14. A 【解析】增值税一般纳税人提供的铁路旅客运输服务，不得选择按照简易计税方法计算缴纳增值税。

15. A 【解析】其他选项均适用增值税出口免税政策。

16. C 【解析】增值税应纳税额 = [全部交易价格（含增值税）– 契税计税金额（含营业税）] ÷ (1 + 5%) × 5% = (500 – 200) ÷ (1 + 5%) × 5% = 14.29 (万元)。

17. D 【解析】自 2020 年 1 月 1 日至 2021 年 12 月 31 日，对纳税人提供电影放映服务取得的收入免征增值税。

18. B 【解析】该企业用厂房抵押贷款，厂房的所有权并未发生转移，所以不属于"销售不动产"；以厂房租金抵交贷款利息，实质是该企业向银行出租厂房，所以厂房租金应按"不动产租赁"征收增值税。

19. D 【解析】赠送的材料应视同销售计算销项税额，其对应的进项税额允许抵扣。增值税采用购进扣税法，无论材料是否被生产领用，均可抵扣进项税额。可抵

扣 的 进 项 税 额 = 100 × 13% + 1 × 9% = 13.09(万元)。

20. B 【解析】一般纳税人出租其 2016 年 4 月 30 日前取得的不动产，可以选择适用简易计税方法，按照 5% 的征收率计算应纳税额。该企业应纳增值税 = 60÷(1+5%)×5% = 2.86(万元)。

21. C 【解析】一般纳税人销售自行开发的房地产老项目，可以选择适用简易计税方法按照 5% 的征收率计税。

22. C 【解析】纳税人从事金融商品转让的，纳税义务发生时间为金融商品所有权转移的当天。

23. A 【解析】其他选项均不属于消费税征税范围。

24. B 【解析】选项 A，纳税人销售金银首饰，计税依据为不含增值税的销售额；选项 C，带料加工金银首饰，计税依据为受托方同类产品的销售价格，没有同类价格的，按组价计税；选项 D，以旧换新方式销售金银首饰，计税依据为实际收取的不含增值税价款。

25. D 【解析】应纳消费税 = (90+50)×(1+5%)÷(1-15%)×15%×100 = 2 594.12(元)。

26. C 【解析】只有选项 C 符合税法规定的可以扣除已纳消费税的情况。

27. C 【解析】纳税人销售粮食白酒同时收取的包装物押金，在收取时，就应换算为不含税收入并入销售额中征收消费税。应纳消费税 = (80+4.64÷1.13)×20%+8×2 000×0.5÷10 000 = 17.62(万元)。

28. C 【解析】选项 A、B、D 均在生产环节征收消费税。

29. A 【解析】小规模纳税人缝纫业务取得的收入是含税的，需要换算为不含税收入再计算应缴纳的增值税；门面房出租属于不动产租赁。小规模纳税人出租其取得的不动产(不含个人出租住房)，应按照 5% 的征收率计算应纳税额。该缝纫

部当月应缴纳的城市维护建设税及教育费附加 = 11÷(1+1%)×1%×(7%+3%)×10 000 + 12÷(1+5%)×5%×(7%+3%)×10 000 = 680.34(元)。

30. B 【解析】城建税征税范围具体包括城市市区、县城、建制镇，以及税法规定征收增值税、消费税的其他地区。

31. D 【解析】选项 A，环境保护税采用的是定额税，没有从价定率。选项 B，固体废物的计税单位是每吨；选项 C，工业噪声的计税单位是工业噪声的超标分贝数，不是直接测量出的分贝数。

32. A 【解析】天然原油征收资源税，成品油不属于资源税征收范围。资源税共设置 5 大类税目：(1)能源矿产；(2)金属矿产；(3)非金属矿产；(4)水气矿产；(5)盐。

33. A 【解析】从衰竭期矿山开采的矿产品，减征 30%。

34. D 【解析】车辆购置税的征税对象包括：汽车、有轨电车、汽车挂车、排气量超过 150 毫升的摩托车。不包括：地铁、轻轨等城市轨道交通车辆、装载机、平地机、挖掘机、推土机等轮式专用机械车，以及起重机(吊车)、叉车、电动摩托车。

35. D 【解析】选项 A，车辆购置税是对应税车辆的购置行为课征，征税环节选择在使用环节，即车辆购置税是在应税车辆上牌登记注册前的使用环节征收；选项 B，纳税人以受赠、获奖或者其他方式取得自用应税车辆的计税价格，按照购置应税车辆时相关凭证载明的价格确定，不包括增值税税款；选项 C，回国服务的留学人员用现汇购买 1 辆自用国产小汽车免征车辆购置税。

36. C 【解析】纳税人进口自用的应税车辆以组成计税价格为计税依据，组价 = 关税完税价格 + 关税 + 消费税。该公司应纳车辆购置税 = (284 000+26 800+30 738.46)×10% = 34 153.85(元)。

37. C 【解析】自建房屋转为自用的房地产开发企业、出租房屋的个体工商户、继承房地产的个人都不属于土地增值税的纳税人。

38. C 【解析】收入总额＝8 000（万元）；
扣除项目金额＝1 000+3 000+（1 000+3 000）×10%+8 000×5%×（7%+3%）+（1 000+3 000）×20%＝5 240（万元）；
增值额＝8 000-5 240＝2760（万元）；
增值率＝增值额÷扣除项目金额×100%＝2 760÷5 240×100%＝52.67%，适用税率40%，速算扣除系数为5%；
应缴纳的土地增值税＝2 760×40%-5 240×5%＝842（万元）。

39. C 【解析】减税或免税进口的货物需予补税时，应当以海关审定的货物原进口时的价格，扣除折旧部分作为完税价格，其计算公式如下：
补税的完税价格＝减免税货物原进口时的完税价格×[1-减免税货物已进口时间÷（监管年限×12）]
应纳关税＝60×20%×（1-20÷36）＝5.33（万元）。

40. A 【解析】选项B，关税完税价格不包括进口环节缴纳的各项税金；选项C，进口货物除购货佣金以外的佣金和经纪费计入完税价格，购货佣金不计入完税价格；选项D，进口货物在境内运输途中发生的运费和保险费不计入货物完税价格中。

二、多项选择题

41. ABD 【解析】职能分离制度、听证制度和回避制度对行政程序的公开、公平和公正起到重要的保障作用。

42. ADE 【解析】选项B，我们通常所说的立法解释是指事后解释；选项C，审判解释和检察解释有原则分歧，报请全国人大常委会解释或决定。

43. ACDE 【解析】税收执法是有责行政行为。

44. AC 【解析】选项B、D不是增值税视同销售行为，是增值税特殊销售行为；选项E是不得抵扣进项税额的情形。

45. BE 【解析】在境内销售服务、无形资产或者不动产，是指：（1）服务（租赁不动产除外）或者无形资产（自然资源使用权除外）的销售方或者购买方在境内；（2）所销售或者租赁的不动产在境内；（3）所销售自然资源使用权的自然资源在境内；（4）财政部和国家税务总局规定的其他情形。

46. CDE 【解析】选项A，以物易物方式销售货物，双方是既买又卖的业务，分别按购销业务处理；选项B，以旧换新业务中，只有金银首饰以旧换新，按实际收取的不含增值税的价款计税，其他货物以旧换新均以新货物不含税价计税，不得扣减旧货物的收购价格。

47. CD 【解析】选项A、B，一般纳税人销售用微生物制成的生物制品、自产的混凝土，可选择按简易办法依照3%的征收率计算缴纳增值税。选项E，典当业销售死当物品，暂按简易办法依照3%征收率计算缴纳增值税。

48. ABC 【解析】选项D，车辆停放服务、道路通行服务等按照"不动产经营租赁服务"缴纳增值税；选项E，纳税人对安装运行后的电梯提供的维护保养服务，按照"其他现代服务"缴纳增值税。

49. ABCD 【解析】选项E，接受的餐饮服务，其进项税额不得从销项税额中抵扣。

50. ACDE 【解析】卷烟厂将自产的烟丝移送用于生产卷烟，移送环节不缴纳消费税和增值税。

51. ADE 【解析】选项B，卷烟批发环节的总分支机构不在同一地区的，由总机构申报缴纳消费税；选项C，雪茄烟在批发环节不缴纳消费税。

52. AC 【解析】选项B，委托其他企业加工应税消费品，委托方是消费税的纳税人，但税法规定由受托方(个体工商户除外)代收代缴消费税,由受托方向机构所在地或者居住地的主管税务机关申报缴纳税款。选项D,委托加工应税消费品,委托方未提供材料成本的,受托方所在地主管税务机关有权核定其材料成本;选项E,扣除已纳消费税要符合规定的范围。

53. CE 【解析】本题由受托方提供原料主料,不属于委托加工业务,而属于甲企业自制应税消费品销售,其应税消费品的组价 = (35 000 + 2 000 + 4 000) × (1 + 5%) ÷ (1-30%) = 61 500(元),甲企业应纳增值税 = 61 500 × 13% − 1 600 = 6 395(元),应纳消费税 = 61 500 × 30% = 18 450(元)。

54. AC 【解析】按照最高售价计算消费税必须同时符合两个条件:一是属于应税消费品,二是用于换取生产资料和消费资料、投资入股和抵偿债务等方面,因此选项A、C符合题意;选项B,自产轿车内部办公使用,按平均售价计算消费税;选项D,汽车配件不是应税消费品,不缴纳消费税;选项E,自产轿车用来奖励给经销商,按平均售价计算消费税。

55. CDE 【解析】选项A,对进口货物或者境外单位和个人向境内销售劳务、服务、无形资产缴纳的增值税、消费税税额,不征收城建税;选项B,自2010年12月1日起,外商投资企业和外国企业开始征收城建税。

56. BCE 【解析】选项A,每一排放口或者没有排放口的应税大气污染物,按照污染当量数从大到小排序,对前三项污染物征收环境保护税;选项D,工业噪声,声源一个月内超标不足15天的,减半计算应纳税额。

57. ABDE 【解析】选项C,纳税人(非部分先进制造业)当期允许退还的增量留抵税额,按照以下公式计算:允许退还的增量留抵税额=增量留抵税额×进项构成比例×60%。

58. ABCD 【解析】免税条件消失的车辆,自初次办理纳税申报之日起,使用年限未满10年的,计税价格以免税车辆初次办理纳税申报时确定的计税价格为基准,每满1年扣减10%;未满1年的,计税价格为免税车辆的原计税价格;使用年限10年(含)以上的,计税价格为0。

59. ACDE 【解析】符合下列情形之一的,主管税务机关可要求纳税人进行土地增值税清算:
(1)已竣工验收的房地产开发项目,已转让的房地产建筑面积占整个项目可售建筑面积的比例在85%以上,或该比例虽未超过85%,但剩余的可售建筑面积已经出租或自用的;
(2)取得销售(预售)许可证满3年仍未销售完毕的;
(3)纳税人申请注销税务登记但未办理土地增值税清算手续的;
(4)省税务机关规定的其他情况。

60. AB 【解析】出口货物的完税价格,由海关以该货物向境外销售的成交价格为基础审查确定,并应当包括货物运至中华人民共和国境内输出地点装载前的运输及其相关费用、保险费。但其中包含的出口关税税额,应当扣除。

三、计算题
(一)
61. A;62. C;63. B;64. D。
【解析】
(1)房地产开发企业中的一般纳税人销售自行开发的房地产项目,适用一般计税方法计税,按照取得的全部价款和价外费用,扣除当期销售房地产项目对应的土地价款后的余额计算销售额。对房地产主管部门或其指定机构、公积金管理中心、开发企业以及物业管理单位代收的住房专项维修基金,不计征增值税。

销项税额 = (3 600 − 1 800) ÷ (1 + 9%) × 9% = 148.62(万元)。

(2)酒店餐饮收入及客房收入按生活服务缴纳增值税,税率为6%。销项税额 = (320 + 280) ÷ (1 + 6%) × 6% = 33.96(万元)。

(3)承包室内装修工程取得的收入按建筑服务缴纳增值税,税率为9%。销项税额 = (1 500 + 60) ÷ (1 + 9%) × 9% = 128.81(万元)。

(4)出租不动产应按9%的税率缴纳增值税。纳税人提供租赁服务,采取预收款方式的,纳税义务发生时间为收到预收款的当天。销项税额 = 240 ÷ (1 + 9%) × 9% = 19.82(万元)。

该房地产公司当月合计应缴纳的增值税 = 148.62 + 33.96 + 128.81 + 19.82 − 1 200 × 13% = 175.21(万元)。

(二)

65. C; 66. D; 67. C; 68. C。

【解析】

(1)一般纳税人转让其2016年5月1日后取得(不含自建)的不动产,以取得的全部价款和价外费用扣除不动产购置原价或者取得不动产时的作价后的余额,按照5%的预征率向不动产所在地主管税务机关预缴增值税。

该公司应在乙市预缴增值税 = (16 350 − 12 210) ÷ (1 + 5%) × 5% = 197.14(万元)。

(2)自2018年1月1日起,纳税人租入固定资产、不动产,既用于一般计税方法计税项目,又用于简易计税方法计税项目、免征增值税项目、集体福利或者个人消费的,其进项税额准予从销项税额中全额抵扣。所以租入甲市的楼房取得专票相应的进项税额可以全额扣除。

该公司在甲市实际缴纳增值税 = 16 350 ÷ (1 + 9%) × 9% − 10 ÷ (1 + 9%) × 9% − 1 100 − 197.14 = 52.03(万元)。

(3)准予扣除的"与转让房地产有关的税金" = [16 350 ÷ (1 + 9%) × 9% − 1 210] × (7% + 3% + 2%) + 11 000 × 3% = 346.80(万元)。

【提示】营改增后,转让房地产行为的城建税、教育费附加要按照项目准确计算。站在这个项目的角度来看,其进项税额是1 210,销项税额是16 350 ÷ (1 + 9%) × 9%,该项目实际缴纳的增值税 = 16 350 ÷ (1 + 9%) × 9% − 1 210,所以实际负担的附加税 = [16 350 ÷ (1 + 9%) × 9% − 1 210] × (7% + 3% + 2%)。

(4)该公司转让酒店式公寓可以扣除项目金额 = 11 000 × (1 + 3 × 5%) = 12 650(万元);

增值额 = [16 350 − 16 350 ÷ (1 + 9%) × 9%] − 12 650 − 346.80 = 2 003.20(万元);

增值率 = 2 003.20 ÷ (12 650 + 346.80) × 100% = 15.41%,适用税率为30%;

该公司转让酒店式公寓应缴纳土地增值税 = 2 003.20 × 30% = 600.96(万元)。

四、综合分析题

(一)

69. D; 70. B; 71. D; 72. C; 73. C; 74. ADE。

【解析】

业务(1):进口完税价格 = 8 + 2 = 10(万元);

进口关税 = 10 × 20% = 2(万元);

进口环节增值税 = (10 + 2) ÷ (1 − 30%) × 13% = 2.23(万元);

进口环节消费税 = (10 + 2) ÷ (1 − 30%) × 30% = 5.14(万元);

合计 = 2 + 2.23 + 5.14 = 9.37(万元)。

业务(2):烟丝进项税额 = 1.95 + 4 × 3% = 2.07(万元)。

业务(3):每条的价格 = 245 ÷ (1 − 2%) × 10 000 ÷ 50 ÷ 250 = 200(元)。

销项税额 = 200 × 50 × 250 × 13% ÷ 10 000 = 32.5(万元)。

进项税额 = 7 × 9% = 0.63(万元)。

业务(4):应纳增值税 = (1 400 + 2 −

1 000)÷(1+5%)×5%＝19.14(万元)。

业务(5)：销项税额＝2.26÷1.13×13%＝0.26(万元)。

销售使用过的 2008 年购入的设备采用简易征收办法计算增值税，应纳增值税＝1.5÷(1+3%)×2%＝0.03(万元)。

业务(6)：销项税额＝4×250×200×13%÷10 000＝2.6(万元)。

本期应纳增值税＝32.5+0.26+2.6-2.23-2.07-0.63+0.03+19.14＝49.6(万元)。

本期领用进口烟丝可以按领用量计算扣除进口环节已纳消费税。

可以抵扣的烟丝的消费税＝5.14×10%+15×30%×40%+4×30%×20%＝2.55(万元)。

本题中销售卷烟应纳消费税＝(54×150+54×250×200×56%)÷10 000-2.55＝149.46(万元)。

(二)

75. B；76. D；77. B；78. D；79. A；80. CD。

【解析】

(1)1 月业务(1)：进项税额＝5.98+3×9%＝6.25(万元)；

1 月业务(2)：销项税额＝28.08÷(1+13%)×13%＝3.23(万元)；

消费税＝28.08÷(1+13%)×15%＝3.73(万元)；

1 月业务(3)：销项税额＝1.2×95%×(1+5%)÷(1-15%)×13%＝0.18(万元)；

消费税＝1.2×95%×(1+5%)÷(1-15%)×15%＝0.21(万元)；

免抵退不得免征和抵扣税额＝50×(13%-10%)＝1.5(万元)；

当期应纳增值税＝3.23+0.18-(6.25-1.5)＝-1.34(万元)；

当期免抵退税额＝50×10%＝5(万元)；

1 月该日化厂应退增值税＝1.34(万元)；

1 月免抵税额＝5-1.34＝3.66(万元)。

(2)1 月该日化厂应缴纳城市维护建设税及教育费附加＝(3.73+0.21+3.66)×(7%+3%)＝0.76(万元)。

(3)进口货物完税价格＝20+3+(20+3)×3‰＝23.07(万元)；

关税＝23.07×20%＝4.61(万元)；

进口环节增值税＝(23.07+4.61)÷(1-15%)×13%＝4.23(万元)；

进口环节消费税＝(23.07+4.61)÷(1-15%)×15%＝4.88(万元)；

进口环节增值税和消费税合计＝4.23+4.88＝9.11(万元)。

(4)进项税额＝4.23(进口增值税)+7×9%+3×3%+2.6+2×9%＝7.73(万元)；

销项税额＝(70+80)×13%+(36-4)×13%＝23.66(万元)；

2 月该日化厂国内销售环节应缴纳增值税＝23.66-7.73＝15.93(万元)。

(5)2 月该日化厂国内销售环节应缴纳消费税＝70×15%-[2×15%+(23.07+4.61)÷(1-15%)×15%+20×15%-12×15%]＝4.12(万元)。

(6)选项 A，从小规模纳税人取得由税务机关代开的增值税专用发票也是可以抵扣进项税额的；选项 B，应该按 70 万元计算销项税额。

模拟试卷（二）

扫 我 做 试 题

第四部分

一、单项选择题（共40题，每题1.5分。每题的备选项中，只有1个最符合题意。）

1. 税法基本原则的核心是（　　）。
   A. 税法公平原则　　B. 税收法定原则
   C. 法律优位原则　　D. 实质课税原则

2. 下列关于税收法律关系特点的说法中，错误的是（　　）。
   A. 主体的一方只能是国家
   B. 具有财产所有权或支配权双向转移的性质
   C. 权利义务关系具有不对等性
   D. 体现国家单方面的意志

3. 下列关于课税对象的说法，错误的是（　　）。
   A. 课税对象是税法中规定的征税的目的物
   B. 课税对象是一种税区别于另一种税的最主要标志
   C. 课税对象是从量的方面对征税所作的规定
   D. 课税对象随着社会生产力的发展变化而变化

4. 下列各项中，属于我国现行税收制度中采用的税率形式的是（　　）。
   A. 超率累进税率
   B. 全率累进税率
   C. 超倍累进税率
   D. 全额累进税率

5. 下列关于税法的运行说法，正确的是（　　）。
   A. 税收司法的基本原则包括独立性和中立性
   B. 非行政执法行为或者税务机关的人事任免均属于税收执法监督的监督范围
   C. 税收法规的效力低于宪法、税收法律和税务规章
   D. 在我国税法体系中，税收法律实施细则和绝大多数税种，都是以税务规章的形式出现的

6. 按照文义解释原则，必须严格依税法条文的字面含义进行解释，既不扩大也不缩小，这是所谓（　　）。
   A. 立法解释　　　　B. 限制解释
   C. 扩充解释　　　　D. 字面解释

7. 下列不属于增值税征税范围的是（　　）。
   A. 纳税人取得的与销售额或销售收入不挂钩的财政补贴收入
   B. 纳税人采取"公司+农户"经营模式从事畜禽饲养取得的收入
   C. 电力公司向发电企业收取的过网费
   D. 以货币资金投资收取的固定利润或者保底利润

8. 甲企业（增值税一般纳税人）2020年11月销售给乙公司10 000件玩具，每件不含税价格为20元，由于乙公司购买数量多，甲企业按原价的八折销售（销售业务开具了一张发票，并且销售额和折扣额同在发票的"金额"栏分别注明），并提供1/10、n/20的销售折扣。乙公司于10日内付款，则甲企业此项业务的销项税额为（　　）元。
   A. 20 800　　　　B. 25 600
   C. 33 660　　　　D. 34 000

9. 某超市为增值税一般纳税人，2020年9月零售粮食、食用植物油和各种水果取得含税收入700 000元，销售酸奶、奶油取得

含税收入 60 000 元，销售其他商品取得含税收入 250 000 元，本月购进货物取得增值税专用发票 30 张，共计税金 65 000 元；本月初次购进增值税税控系统专用设备一套，取得增值税专用发票注明价款为 20 000 元，税金为 2 600 元，且当月支付税控系统专用设备的技术维护费 5 000 元，取得合法票据。则该超市应缴纳的增值税税额为（　　）元。

A. 1 717.71　　　　B. 861.88

C. 1 557.71　　　　D. 921.26

10. 下列各项业务不适用增值税 5% 征收率的是（　　）。

A. 房地产开发企业中的小规模纳税人，销售自行开发的房地产项目

B. 一般纳税人提供劳务派遣服务选择差额纳税的

C. 一般纳税人提供人力资源外包服务（选择简易计税）

D. 一般纳税人提供教育辅助服务

11. 北京市某建材商店为小规模纳税人，2021 年 2 月销售给某公司建材一批，共取得含税收入为 131 200 元；当月购进货物取得增值税专用发票上注明价款为 16 000 元。当月购进税控收款机一台，取得增值税普通发票上注明价款 3 000 元，则该建材商店本月应纳的增值税税额为（　　）元。

A. 953.88　　　　B. 2 919.44

C. 3 341.36　　　　D. 3 476.23

12. 某金店为增值税一般纳税人，2020 年 8 月采取"以旧换新"方式销售 24K 纯金项链 12 条，每条新项链对外零售价格 3 000 元，旧项链作价 1 000 元，从消费者手中收取新旧项链差价款 2 000 元。该项"以旧换新"业务 8 月应确认的增值税销项税额为（　　）元。

A. 2 905.98　　　　B. 2 761.06

C. 4 358.97　　　　D. 5 100.00

13. 下列关于增值税的政策，表述不正确的

是（　　）。

A. 发售加油卡、加油凭证销售成品油的纳税人，在售卖加油卡、加油凭证时，按预收账款做相关财务处理，不征收增值税

B. 资管产品管理人运营资管产品提供贷款服务，以 2018 年 1 月 1 日起产生的利息及利息性质的收入为销售额

C. 售卡方因发行或销售单用途卡并办理相关资金收付结算业务取得的手续费等收入，不征收增值税

D. 纳税人购进用于生产销售或委托加工 13% 税率货物的农产品，按照 10% 的扣除率计算进项税额

14. 甲公司采取预收货款方式向乙公司销售货物，双方于 2020 年 8 月 18 日签订了一份买卖合同，合同约定乙公司于 9 月 28 日向甲公司预付货款。但甲公司在 9 月 10 日就收到乙公司的预付货款；甲公司于 10 月 30 日发出货物。甲公司增值税纳税义务发生时间应当为（　　）。

A. 8 月 18 日　　　　B. 9 月 20 日

C. 9 月 28 日　　　　D. 10 月 30 日

15. 以下说法不符合增值税销售额规定的是（　　）。

A. 直接收费的金融服务，以提供直接收费金融服务收取的各类费用扣除支付的费用为销售额

B. 贷款服务，以提供贷款服务取得的全部利息及利息性质的收入为销售额

C. 金融机构开展贴现、转贴现业务，以其实际持有票据期间取得的利息收入作为贷款服务销售额计算缴纳增值税

D. 提供旅游服务，可以选择以取得的全部价款和价外费用，扣除向旅游服务购买方收取并支付给其他单位或者个人的住宿费、餐饮费、交通费、签证费、门票费和支付给其他接团旅游企业的旅游费用后的余额为销售额

16. 某物业公司为增值税一般纳税人，

2020年11月向自来水公司支付自来水费180万元，而后卖给业主，销售额为200万元，如果物业公司选择简易计税办法，以上价款均不含增值税，当月该物业公司应该缴纳增值税（　　）万元。

A. 0.60　　　　　　　B. 1.00

C. 0.90　　　　　　　D. 6.00

17. 根据增值税的相关规定，下列单位提供的服务中，属于应缴纳增值税的是（　　）。

A. 某动漫设计公司为其他单位提供动漫设计服务

B. 某广告公司聘用广告制作人才为本公司设计广告

C. 某运输企业为洪水灾区无偿提供汽车运输服务

D. 某电影放映单位为希望小学无偿提供电影放映服务

18. 下列选项中，属于增值税混合销售行为的是（　　）。

A. 纳税人销售活动板房、机器设备、钢结构件等自产货物的同时提供建筑、安装服务

B. 汽车修配厂修理汽车并为其他客户提供装饰服务

C. 塑钢门窗商店在销售门窗的同时为客户提供送货上门服务

D. 移动公司向客户销售手机并为其他客户提供通信服务

19. 某汽车租赁公司（增值税一般纳税人），2020年6月取得汽车经营租赁含税收入为700万元。从4S店（一般纳税人）处购进用于租赁的汽车8辆，取得机动车销售统一发票上的价税合计100万元，购进用于办公的汽车2辆，取得机动车销售统一发票上的价税合计46万元，该公司6月应纳增值税（　　）万元。

A. 63.73　　　　　　B. 80.50

C. 87.18　　　　　　D. 84.60

20. A企业为增值税一般纳税人，2020年3月销售1 000吨巴氏杀菌乳，主营业务

成本为800万元，农产品耗用率80%，原乳平均购买单价为4 600元/吨。按照成本法，A企业当期允许抵扣的进项税额（　　）万元。

A. 92.99　　　　　　B. 78.75

C. 52.84　　　　　　D. 73.63

21. 下列关于增值税相关规定的表述，错误的是（　　）。

A. 个体工商户聘用的员工为雇主提供应税服务，属于非营业活动

B. 残疾人组织为社会提供的服务，免征增值税

C. 图书馆在自己的场所提供文化体育服务取得的第一道门票收入，免征增值税

D. 保险公司开办的一年期以上人身保险产品取得的保费收入，免征增值税

22. 某自营出口的生产企业为增值税一般纳税人，出口货物征税率为13%，退税率为10%。2020年12月，出口自产设备40台，出口收入折合人民币200万元；国内销售设备取得销售不含税收入100万元；国内购进货物取得专用发票注明价款为400万元，税额52万元，已通过认证；上期期末留抵税额5万元，该生产企业12月留抵下期抵扣的税额是（　　）万元。

A. 0　　　　　　　　B. 18

C. 20　　　　　　　　D. 38

23. 下列企业中，不属于消费税纳税义务人的是（　　）。

A. 零售金银首饰的首饰店

B. 从事涂料批发业务的商贸企业

C. 进口高档手表的外贸企业

D. 委托加工烟丝的卷烟厂

24. 下列关于超豪华小汽车零售环节征收消费税的表述，不正确的是（　　）。

A. 征收范围为每辆零售价格130万元（含增值税）及以上的乘用车和中轻型商用客车

B. 将超豪华小汽车销售给消费者的单位

和个人为超豪华小汽车零售环节纳税人

C. 对超豪华小汽车，在生产(进口)环节按现行税率征收消费税基础上，在零售环节加征消费税，税率为10%

D. 对外国驻华机构及人员应税进口自用，且完税价格130万元及以上的超豪华小汽车消费税，按照生产(进口)环节税率和零售环节税率(10%)加总计算，由海关代征

25. 企业发生的下列行为中，不需要缴纳消费税的是(　　)。

A. 用自产的应税消费品换取生产资料

B. 将外购润滑油简单加工成小包装对外销售

C. 以不高于受托方的计税价格销售委托加工收回的应税消费品

D. 将委托加工收回的粮食白酒贴标再对外销售

26. 某高尔夫球具厂为增值税一般纳税人，下设一非独立核算的门市部，2019年8月该厂将生产的一批成本价70万元的高尔夫球具移送门市部，门市部将其中70%零售，取得含税销售额76.56万元。高尔夫球具的消费税税率为10%，成本利润率为10%，该项业务应缴纳的消费税为(　　)万元。

A. 5.13　　　　　　B. 6.00

C. 6.78　　　　　　D. 7.72

27. 下列消费品中，准予扣除已纳消费税的是(　　)。

A. 以委托加工收回的黄酒为原料生产的料酒

B. 以委托加工收回的高档化妆品为原料生产的护肤护发品

C. 以委托加工收回的实木地板连续生产的实木地板

D. 以委托加工收回的已税珠宝玉石为原料生产的金银首饰

28. 下列各项业务中，需要征收消费税的是(　　)。

A. 商业批发企业收回委托加工的特制白酒直接销售

B. 工业企业收回委托某外商投资企业加工的高档化妆品直接销售

C. 某烟厂委托某烟丝加工企业加工烟丝，收回后继续生产卷烟再销售

D. 某酒厂收回委托某外商投资企业加工的已税白酒直接销售

29. 下列关于跨境电子商务零售进口税收政策的表述，错误的是(　　)。

A. 跨境电子商务零售进口商品按照货物征收关税和进口环节增值税、消费税，购买跨境电子商务零售进口商品的个人作为纳税义务人

B. 跨境电子商务零售进口商品的单次交易限值为人民币5 000元

C. 已经购买的电商进口商品属于消费者个人使用的最终商品，不得进入国内市场再次销售

D. 完税价格超过5 000元单次交易限值但低于26 000元年度交易限值，且订单下仅一件商品时，按照法定应纳税额的70%征收关税和进口环节增值税、消费税

30. A建材商城2020年3月从农业生产者手中收购原木400立方米，税务机关认可的收购凭证上注明收购款20 000元，建材商城支付含税运输费800元(取得增值税普通发票)，将该批原木送往B实木地板厂，委托B实木地板厂为A加工特制木地板用于销售，合同注明，A须支付B实木地板厂加工费和辅料费含增值税金额6 960元，B向A开具增值税专用发票。B实木地板厂应代收代缴的消费税为(　　)元(实木地板的消费税税率为5%)。

A. 1 464.21　　　　B. 1 410.53

C. 1 368.42　　　　D. 1 313.65

31. 下列项目中属于城市维护建设税计税依据的是(　　)。

A. 某大型商场少计算增值税被追缴的部分

B. 个体工商户拖欠增值税加收的滞纳金

C. 个人独资企业偷税被处的增值税罚款

D. 某矿山销售铁矿石缴纳的资源税

32. 某市区一企业 2020 年 6 月缴纳进口关税 65 万元，进口环节增值税 15 万元，进口环节消费税 26.47 万元；本月实际缴纳增值税 49 万元，计算的免抵税额为 10 万元，消费税 85 万元。本月收到上月报关出口自产货物应退增值税 35 万元。该企业 6 月应纳城市维护建设税（　　）元。

A. 95 550　　　　　B. 100 800

C. 71 050　　　　　D. 122 829

33. 下列关于环境保护税征收管理的表述，不正确的是（　　）。

A. 环境保护税纳税义务发生时间为纳税人排放应税污染物的当日

B. 纳税人不能按固定期限计算缴纳环境保护税的，可以按次申报缴纳

C. 纳税人按次申报缴纳的，应当自纳税义务发生之日起 10 日内，向税务机关办理纳税申报并缴纳税款

D. 纳税人按季申报缴纳的，应当自季度终了之日起 15 日内，向税务机关办理纳税申报并缴纳税款

34. 下列关于资源税税收优惠的说法，不正确的是（　　）。

A. 开采原油过程中用于加热的原油免税

B. 纳税人开采或者生产应税产品过程中，因意外事故或者自然灾害等原因遭受重大损失的，由省、自治区、直辖市人民政府酌情决定减税或者免税

C. 从低丰度油气田开采的原油、天然气，减征 20% 资源税

D. 稠油、高凝油减征 30% 资源税

35. 某汽车贸易公司 2020 年 12 月进口 16 辆排气量为 2.0 升的小汽车，海关审定的关税完税价格为 22 万元/辆，当月对外销售 8 辆，取得不含税销售收入 240 万元；6 辆企业自用，1 辆作价 20 万元用于抵偿债务，1 辆作为赠品赠送给客户。则该汽车贸易公司应缴纳车辆购置税（　　）万元（小汽车关税税率为 30%，消费税税率为 9%）。

A. 18.86　　　　　B. 25.14

C. 42.87　　　　　D. 50.29

36. 根据现行车辆购置税规定，下列说法错误的是（　　）。

A. 纳税人以外汇结算应税车辆价款的，按照申报纳税之日中国人民银行公布的人民币基准汇价，折合成人民币计算应纳税额

B. 车辆购置税的纳税义务发生时间为纳税人购置应税车辆的当日

C. 对于已使用未完税的免税车辆，免税条件消失后，不需要再征收车辆购置税

D. 纳税人将已征车辆购置税的车辆退回车辆生产企业或者销售企业的，可以向主管税务机关申请退还车辆购置税

37. 我国现行土地增值税适用税率是（　　）。

A. 比例税率

B. 超额累进税率

C. 超倍累进税率

D. 超率累进税率

38. 某公司于 2020 年 2 月转让位于市区的办公用房，取得含增值税收入 200 万元。该办公用房 2015 年 12 月购入，购房发票上金额为 80 万元。已知转让时不能提供评估价格，公司选择简易计税方法计税，不考虑地方教育附加和印花税。应纳土地增值税的增值额是（　　）万元（当地契税税率 4%）。

A. 94.51　　　　　B. 162.20

C. 170.20　　　　　D. 173.40

39. 下列不符合土地增值税清算规定的是（　　）。

A. 房地产开发企业销售已装修的房屋，其装修费计入房地产开发成本中全额扣除

B. 房地产开发企业的预提费用，除另有规定外，不得扣除

C. 房地产开发企业取得土地使用权时支付的契税，计入"与转让房地产有关的税金"中扣除

D. 房地产开发企业逾期开发缴纳的土地闲置费，不得扣除

40. 2020 年 3 月 1 日某公司进口一批高档化妆品，成交价格为 20 万元人民币，关税税率 40%，从起运地至输入地起卸前的运费 2.4 万元人民币，进口货物的保险费无法确定，保险费率为 3‰，从海关监管区至公司仓库的运费 0.6 万元。海关于 2020 年 3 月 5 日填发税款缴款书，该公司于 2020 年 3 月 31 日缴纳税款。已知化妆品消费税税率为 15%，下列说法正确的是( )。

A. 该批高档化妆品的关税完税价格为 22.40 万元

B. 该公司应按照 11 天缴纳进口环节税款的滞纳金

C. 该公司应缴纳关税 9.20 万元

D. 该公司应缴纳进口环节税金为 19.35 万元

二、多项选择题(共 20 题，每题 2 分。每题的备选项中，有 2 个或 2 个以上符合题意，至少有 1 个错项。错选，本题不得分；少选，所选的每个选项得 0.5 分。)

41. 下列关于税法与其他部门法关系的陈述，正确的有( )。

A. 民法调整的对象是平等主体的财产关系和人身关系，税法调整的是国家与纳税人之间的税收征纳关系

B. 税法调整的手段具有综合性，民法以民事手段作为调整手段

C. 税法和经济法都属于义务性法规

D. 从一定意义上讲，刑法是实现税法强制性最有力的保证

E. 税法具有经济分配的性质，并且是经济利益由纳税人向国家的无偿单向转移，这是一般行政法所不具备的

42. 下列关于税务规章的表述正确的有( )。

A. 对不适应全面深化改革和经济社会发展要求、不符合上位法规定的税务规章，应当及时修改或者废止

B. 国家税务总局可以根据需要，开展税务规章立法后评估

C. 税务规章解释与税务规章具有同等效力

D. 按照现行法律、行政法规的有关规定，税务规章一律应当自公布之日起 30 日后施行

E. 税务规章的制定程序主要包括：税务规章的立项、起草、审查、决定、公布、解释、修改和废止

43. 引起税收法律关系消灭的原因不包括( )。

A. 由于税法的修订或调整

B. 纳税人履行纳税义务

C. 纳税义务超过追征期限而消灭

D. 纳税人的纳税义务被依法免除

E. 因不可抗力造成的破坏

44. 下列关于增值税销售额的表述中，正确的有( )。

A. 金融商品转让，以卖出时取得的全部收入为销售额

B. 贷款服务，以提供贷款服务取得的全部利息及利息性质的收入为销售额

C. 经纪代理服务，以取得的全部价款和价外费用，扣除向委托方收取并代为支付的政府性基金或者行政事业性收费后的余额为销售额

D. 航空运输企业的销售额，不包括代收的机场建设费和代售其他航空运输企业客票而代收转付的价款

E. 一般纳税人提供客运场站服务，以其取得的全部价款和价外费用，扣除支付给承运方运费后的余额为销售额

45. 下列情形中，应当缴纳资源税的有( )。

A. 进口澳洲铁矿石

B. 自采原煤自用于连续生产洗选煤

C. 自采原煤自用于连续生产煤球

D. 自采矿泉水用于赠送

E. 外购天然气用于销售

46. 某汽车租赁公司为增值税一般纳税人，适用进项税额加计抵减政策，2020 年 7 月取得汽车经营租赁含税收入为 220 万元，购进用于租赁的小汽车 4 辆，取得的机动车销售统一发票上注明的价款 120 万元、增值税税额 15.6 万元。因管理不善库存 5 月购进的汽油被盗，增值税专用发票上注明的价款 10 万元、增值税税额 1.3 万元（已于 5 月申报期勾选确认抵扣）。上期末留底税额和加计抵减额余额均为零，下列关于当期可抵减加计抵减额的处理，正确的有（   ）。

A. 当期计提加计抵减额为 1.56 万元

B. 当期可抵减加计抵减额为 1.43 万元

C. 抵减前应纳增值税为 9.71 万元

D. 当期抵减后实际应缴纳的增值税为 9.58 万元

E. 结转下期继续抵减的当期可抵减加计抵减额为 1.43 万元

47. 境外旅客申请退税，应当同时符合的条件包括（   ）。

A. 同一境外旅客同一日在同一退税商店购买的退税物品金额达到 500 元人民币

B. 退税物品尚未启用或消费

C. 离境日距退税物品购买日不超过 90 天

D. 所购退税物品由境外旅客本人随身携带或随行托运出境

E. 同一境外旅客同一日在同一退税商店购买的退税物品金额达到 1 000 元人民币

48. 下列关于环境保护税的计税依据说法错误的有（   ）。

A. 若纳税人安装使用符合规定的自动检测设备的，优先按照污染物自动检测数据计算应税污染物的排放量和噪音的分贝数

B. 每一排放口的应税水污染物，区分第一类水污染物和其他类水污染物，按照污染当量数从大到小排序，对第一类水污染物按照前三项征收环境保护税

C. 每一排放口的应税水污染物，区分第一类水污染物和其他类水污染物，按照污染当量数从大到小排序，对其他类水污染物按照前三项征收环境保护税

D. 应税大气污染物的污染当量数，以该污染物的产生量除以该污染物的污染当量值计算

E. 纳税人非法倾倒应税固体废物的，以其当期应税固体废物的产生量作为固体废物的排放量

49. 企业出口的下列应税消费品中，属于消费税出口免税并退税范围的有（   ）。

A. 生产企业委托外贸企业代理出口的应税消费品

B. 有出口经营权的生产企业自营出口的应税消费品

C. 有出口经营权的外贸企业购进用于直接出口的应税消费品

D. 有出口经营权的外贸企业受其他外贸企业委托代理出口的应税消费品

E. 一般商贸企业委托外贸企业代理出口的应税消费品

50. 下列消费品既征收增值税又征收消费税的有（   ）。

A. 从国外进口高档化妆品

B. 卷烟批发企业将卷烟销售给个人

C. 烟酒经销商店销售外购的已税白酒

D. 从国外进口数码相机

E. 木制地板厂家赠送自产的实木地板

51. 某商场在 2020 年 11 月采取"以旧换新"方式销售 24K 纯金项链 1 条，并以同一方式销售价值 2 万元的某名牌金表一块，下列说法正确的有（   ）。

A. 纯金项链只缴纳增值税

B. 纯金项链缴纳消费税和增值税

C. 金表只缴纳增值税

D. 金表缴纳消费税和增值税

E. 金表和纯金项链均应缴纳增值税

52. 某啤酒厂（增值税一般纳税人）2020 年

10月销售其生产的啤酒，每吨不含税价格为2 850元，同时规定每吨另单独收取优质服务费100元、手续费40元，单独核算包装物押金50元（押金期限3个月），则下列说法正确的有( )。

A. 每吨啤酒的增值税计税销售额为3 018.14元

B. 每吨啤酒的增值税计税销售额为2 973.89元

C. 每吨啤酒的增值税计税销售额为2 435.90元

D. 每吨啤酒的消费税税额为250元

E. 每吨啤酒的消费税税额为220元

53. 以下符合消费税纳税义务发生时间规定的有( )。

A. 采取赊销和分期收款结算方式的，为发出应税消费品的当天

B. 采取托收承付和委托银行收款方式的，为收款日期的当天

C. 纳税人委托加工应税消费品的，为纳税人提货的当天

D. 纳税人采取其他结算方式的，其纳税义务的发生时间为收讫销售款或者取得索取销售款凭据的当天

E. 采取预收货款结算方式的，为发出应税消费品的当天

54. 下列行为中，需要缴纳城市维护建设税和教育费附加的有( )。

A. 事业单位出租房屋行为

B. 企业购买土地使用权行为

C. 油田开采天然原油并销售行为

D. 外商投资企业销售货物行为

E. 进口应税消费品的行为

55. 下列有关车辆购置税退税的相关规定说法正确的有( )。

A. 应退税额 = 已纳税额×（1−使用年限×10%）

B. 已缴纳车辆购置税的车辆退回生产企业或者经销商的，准予纳税人申请退税

C. 车辆退回生产企业或者经销商的，提供生产企业或经销商开具的退车证明和退车发票

D. 申请退税时，退税额以已缴税款为基准，自缴纳税款之日至申请退税之日，每满一年扣减10%

E. 申请退税时，退税额以已缴税款为基准，自缴纳税款之日至申请退税之日，每满一年扣减5%

56. 下列关于烟叶税征收管理的说法，正确的有( )。

A. 烟叶税的纳税义务发生时间为纳税人收购烟叶的当天

B. 纳税人收购烟叶，应当向烟叶收购地的主管税务机关申报纳税

C. 烟叶税的纳税人是在中国境内收购烟叶的单位

D. 纳税人应当自纳税义务发生之日起10日内申报纳税

E. 烟叶税的计税依据是收购烟叶实际支付的价款

57. 下列关于车辆购置税的表述，正确的有( )。

A. 纳税人应当在向公安机关交通管理部门办理车辆注册登记前，缴纳车辆购置税

B. 纳税人购买自用的应税车辆，计税价格是销货方销售应税车辆向购买者收取的，除增值税和价外费用以外的全部价款

C. 因质量原因车辆被退回生产企业的，自纳税人办理纳税申报之日起，按已缴税款每满1年扣减20%计算退税额

D. 受赠方式取得并自用的应税车辆，应当自取得之日起90日内申报纳税

E. 纳税人购置应税车辆，需要办理车辆登记的，向车辆登记地的主管税务机关申报纳税

58. 下列行为中，需要缴纳土地增值税的有( )。

A. 某房地产企业以开发的商品房抵偿

债务

B. 合作建房后分房自用

C. 个人之间互换住房

D. 某人将自己一套闲置的住房出租

E. 出地、出资双方合作建房，建成后又转让给其中一方的

59. 下列项目中，属于土地增值税中房地产开发成本的有（　　）。

A. 土地出让金

B. 管理费用

C. 公共配套设施费

D. 借款利息费用

E. 土地征用及拆迁补偿款

60. 下列项目中，属于进口完税价格组成部分的有（　　）。

A. 进口方支付的购货佣金

B. 进口方向中介机构支付的经纪费

C. 进口方负担的包装材料费用

D. 货物运抵境内输入地点起卸之后的运输费用

E. 与进口货物视为一体的容器费用

三、计算题（共 8 题，每题 2 分。每题的备选项中，只有 1 个最符合题意。）

（一）

位于 A 市区的甲服务公司为增值税一般纳税人，2020 年 12 月发生业务如下：

(1) 出租闲置的仓库，取得租金收入 42 万元，同时向承租方收取管理费 6 万元。

(2) 转让一块土地的土地使用权取得收入 360 万元，2017 年 11 月土地使用权受让原价为 150 万元。

(3) 取得搬家服务收入 10.6 万元。

(4) 从事物业管理服务，共取得相关收入 16 万元，其中代业主支付水、电、燃气费共计 8 万元，以委托方名义开具发票。

(5) 将本公司自有车辆的广告位出租给其他单位用于发布广告，取得租金收入 15 万元。

(6) 在 B 市购入 3 间平房作为当地办事处工作用房，取得增值税专用发票，发票上

注明金额为 400 万元。

已知：上述业务均按一般计税方法计税，收入均为含税价格。本月取得的相关票据符合税法规定，并在当月申报抵扣。

要求：根据上述资料，回答下列问题。

61. 该服务公司出租仓库应确认的销项税额（　　）万元。

A. 4.46 　　　　B. 3.96

C. 4.16 　　　　D. 3.86

62. 该服务公司转让土地使用权应确认的销项税额（　　）万元。

A. 21.80 　　　B. 23.10

C. 29.72 　　　D. 20.81

63. 该服务公司购置平房本期准予抵扣的进项税额（　　）万元。

A. 36.00 　　　B. 18.92

C. 21.60 　　　D. 21.50

64. 该服务公司本月应缴纳的增值税税额（　　）万元。

A. 0.62 　　　　B. -0.27

C. 0.20 　　　　D. 0.46

（二）

某煤矿企业（增值税一般纳税人）2021 年 4 月发生如下业务：

(1) 开采原煤 10 万吨，对外销售原煤 5 万吨，取得含增值税的销售额 3 470 万元（含符合条件的运杂费 80 万元）。

(2) 将本月自采原煤 3 万吨用于连续生产洗煤，并于当月销售 50%，取得不含增值税的销售额 1 200 万元。

(3) 外购原煤 2 万吨，支付不含增值税的价款 1 100 万元，与自采原煤混合后加工为选煤销售，取得不含增值税的销售额 1 900 万元。

已知：当地省人民政府规定，原煤资源税税率为 3%，洗煤和选煤资源税税率为 2%。

要求：根据上述材料，回答下列问题。

65. 业务(1)中煤矿企业销售原煤，应缴纳资源税（　　）万元。

A. 60.00　　　　B. 90.00
C. 92.12　　　　D. 104.10

66. 业务(2)中煤矿企业将自采原煤用于连续生产洗煤，应缴纳资源税( )万元。
A. 0　　　　B. 24
C. 27　　　　D. 54

67. 业务(2)中煤矿企业销售洗煤，应缴纳资源税( )万元。
A. 0　　　　B. 24
C. 48　　　　D. 54

68. 业务(3)中煤矿企业销售选煤，应缴纳资源税( )万元。
A. 0　　　　B. 5
C. 16　　　　D. 24

四、综合分析题(共 12 题，每题 2 分。由单项选择题和多项选择题组成。错选，本题不得分；少选，所选的每个选项得 0.5 分。)

(一)

某市区酒厂为增值税一般纳税人，2020 年 1 月发生如下经济业务：

(1)向某商场销售自产粮食白酒 15 吨，每吨不含税单价为 80 000 元，收取包装物押金 170 200 元，收取品牌使用费 23 200 元。

(2)从某酒厂(一般纳税人)购进粮食白酒 6 吨，增值税专用发票上注明每吨不含税进价 15 000 元；购进白酒全部生产领用，勾兑 38 度白酒 8 吨并直接出售，取得不含税收入 380 000 元。

(3)将自产 35 度粮食白酒 10 吨，以成本价每吨 8 500 元分给职工作年货，对外销售同类粮食白酒不含税单价为每吨 19 500 元。

(4)本月生产销售散装啤酒 400 吨，每吨不含税售价 2 850 元，并且每吨收取包装箱押金 174 元，约定半年期限归还。

(5)该厂生产一种新型粮食白酒，广告样品使用 0.2 吨，该种白酒无同类产品出厂价，生产成本为每吨 35 000 元。

(6)出售特制黄酒 50 吨，每吨不含税售价 2 000 元，收取黄酒包装物押金 1 万元，

约定 3 个月后归还。

(7)委托某个体工商户(小规模纳税人)生产 10 吨粮食白酒，本厂提供原材料成本为 35 万元，支付加工费 82 400 元(含税)，收回后封存入库，取得税务机关代开的专用发票。

(8)进口一批葡萄酒，出口地离岸价格 85 万元，境外运费及保险费共计 5 万元，海关于 1 月 15 日开具了海关进口增值税专用缴款书。

(9)酒厂将进口的葡萄酒的 80% 用于生产高档葡萄酒。当月销售高档葡萄酒取得不含税销售额 500 万元。

(10)本月从国内购进其他生产葡萄酒材料取得增值税专用发票，注明价款 120 万元、增值税 15.6 万元。

其他资料：本月初的期末留抵进项税为 85 000 元，本期购进机器修理备件和燃料、低值易耗品等取得增值税专用发票，准予抵扣的进项税为 215 480 元。国家规定粮食白酒的成本利润率为 10%，进口环节的关税税率为 50%，葡萄酒消费税税率为 10%，黄酒的消费税额为 240 元/吨。

要求：根据上述资料，回答下列问题。

69. 销售粮食白酒的增值税销项税额合计为( )元。
A. 331 516.16
B. 246 392.91
C. 336 946.16
D. 254 283.31

70. 广告样品业务应纳消费税( )元。
A. 1 636.25　　　B. 2 125.00
C. 19 000.00　　　D. 2 175.00

71. 该酒厂当月应向税务机关缴纳消费税( )元。
A. 1 554 655.34
B. 1 030 780.34
C. 1 036 405.09
D. 1 650 491.59

72. 该酒厂当月应向税务机关缴纳增值税

（　）元。

A. 700 178.66　　B. 501 671.44

C. 406 466.16　　D. 399 903.31

73. 该酒厂当月应纳城市维护建设税和教育费附加（　）元。

A. 185 214.30　　B. 164 550.18

C. 172 744.90　　D. 143 630.84

74. 以下关于本题中酒类产品征收消费税的表述中，正确的有（　）。

A. 外购白酒连续生产白酒，可以抵扣已纳消费税

B. 啤酒包装箱押金不计入售价确定消费税单位税额

C. 自产白酒用于广告，适用组价计算消费税

D. 以进口葡萄酒为原料连续生产葡萄酒，准予从当期应纳消费税税额中抵扣消费税

E. 委托个体工商户加工白酒，个体工商户应该依法代收代缴消费税

（二）

位于市区的某中学 2020 年 1 月利用学校空地建造写字楼，发生的相关业务如下：

（1）按照国家有关规定补交土地出让金 2 000 万元，缴纳相关费用 81 万元。

（2）写字楼开发成本 3 600 万元。

（3）写字楼开发费用中的利息支出为 500 万元（能按项目分摊并能够提供金融机构贷款证明）。

（4）10 月写字楼竣工验收，总建筑面积 10 000 平方米，将总建筑面积的 90% 销售，签订销售合同，取得不含增值税销售收入 9 500 万元；并进行了土地增值税的清算，缴纳相关税金 527.25 万元（含印花税）。

（5）该学校另转让一块未开发的土地使用权，签订合同，合同上注明取得不含税收入 500 万元。去年取得该土地使用权时支付金额 400 万元，缴纳契税和相关费用共 4 万元。缴纳与转让该土地使用权相关

税金合计 5.75 万元（含印花税、不含增值税）。

其他相关资料：该学校所在省规定，按税法规定的最高比例计算扣除房地产开发费用。以上金额不考虑增值税的影响。

要求：根据上述资料，回答下列问题。

75. 该学校 10 月土地增值税清算时可以扣除的开发费用为（　）万元。

A. 255.65　　B. 455.55

C. 705.65　　D. 460.05

76. 该学校 10 月土地增值税清算时的扣除项目合计金额为（　）万元。

A. 6 913.90　　B. 5 640.15

C. 5 818.55　　D. 6 345.80

77. 该学校 10 月清算应纳的土地增值税为（　）万元。

A. 775.83　　B. 946.26

C. 1 104.44　　D. 1 157.96

78. 转让土地使用权计算土地增值税可以扣除的金额（　）万元。

A. 409.75　　B. 400.00

C. 404.00　　D. 452.75

79. 转让土地使用权应纳的土地增值税（　）万元。

A. 28.06　　B. 56.82

C. 35.46　　D. 27.08

80. 关于上述业务税务处理，下列说法中正确的有（　）。

A. 缴纳的相关费用应计入为取得土地使用权所支付的金额中

B. 计算土地增值税时，开发费用中的利息支出不能作为扣除项目扣除

C. 非房地产企业销售房产不允许加计 20% 扣除

D. 转让未开发的土地使用权，不得扣除取得该土地使用权时缴纳的契税和相关费用

E. 土地增值税中非房地产企业销售房地产可以扣除印花税

第四部分

模拟试卷（二）
参考答案及详细解析

一、单项选择题

1. B 【解析】税收法定原则是税法基本原则的核心。

2. B 【解析】税收法律关系的特点是具有财产所有权或支配权单向转移的性质。

3. C 【解析】课税对象是从质的方面对征税所作的规定，而计税依据则是从量的方面对征税所作的规定，是课税对象量的表现。

4. A 【解析】我国现行税收制度中，采用的税率形式包括比例税率、定额税率、超额累进税率和超率累进税率，不包括全率累进税率、超倍累进税率和全额累进税率。

5. A 【解析】选项 B，非行政执法行为或者税务机关的人事任免等内容均不属于税收执法监督的监督范围；选项 C，税收法规的效力低于宪法、税收法律，而高于税务规章；选项 D，在我国税法体系中，税收法律实施细则和绝大多数税种，都是以税收行政法规的形式出现的。

6. D 【解析】按照文义解释原则，必须严格依税法条文的字面含义进行解释，既不扩大也不缩小，这是所谓字面解释。

7. A 【解析】选项 B，属于免征增值税的项目；选项 C、D 属于征收增值税的项目。

8. A 【解析】按八折销售，属于折扣销售，销售额和折扣额在同一张发票的"金额"栏分别注明的，折扣额可以从销售额中减除。销售折扣，发生在销货之后，属于一种融资行为，折扣额不得从销售额中减除。甲企业此项业务的销项税额 = 20 × 80% × 10 000 × 13% = 20 800（元）。

9. B 【解析】粮食、食用植物油和水果均适用 9% 的增值税率。增值税纳税人初次购置税控系统专用设备，取得增值税专用发票，价税合计全额抵减应纳增值税税额，支付的技术维护费，也可以全额抵减应纳增值税。应纳增值税 = 700 000 ÷（1 + 9%）× 9% +（60 000 + 250 000）÷（1 + 13%）× 13% − 65 000 −（20 000 + 2 600 + 5 000）= 861.88（元）。

10. D 【解析】一般纳税人提供教育辅助服务，可以选择简易计税方法按照 3% 征收率计算缴纳增值税。

11. A 【解析】应纳增值税税额 = 131 200 ÷（1 + 1%）× 1% − 3 000 ÷（1 + 13%）× 13% = 953.88（元）。

12. B 【解析】金银首饰以旧换新业务，按实际取得的不含增值税的销售额计算销项税额。该项"以旧换新"业务应确认增值税销项税额 = 2 000 ÷（1 + 13%）× 13% × 12 = 2 761.06（元）。

13. C 【解析】售卡方因发行或销售单用途卡并办理相关资金收付结算业务取得的手续费、结算费、服务费、管理费等收入，应按照现行规定缴纳增值税。

14. D 【解析】采取预收货款方式销售货物，增值税纳税义务发生时间为货物发出的当天。

15. A 【解析】选项 A，直接收费的金融服务，以提供直接收费金融服务收取的各类费用为销售额，不得扣除支付的费用。

16. A 【解析】提供物业管理服务的纳税人，向服务接受方收取的自来水水费，以扣除其对外支付的自来水水费后的余额为销售额，按照简易计税方法依 3% 的征收率计算缴纳增值税。同时，纳税人可以按 3% 向服务接受方开具增值税专用发票。应纳增值税 =（200 − 180）× 3% = 0.6（万元）。

17. A 【解析】单位或者个体工商户聘用的员工为本单位或者雇主提供应税服务，属于非营业活动，不属于视同销售服务，因此选项 B 不属于视同销售服务；单位和个体工商户向其他单位或者个人无偿提供交通运输服务、放映服务，视同销售服务，但以公益活动为目的或者以社会公众为对象的除外，选项 C、D 属于以公益活动为目的的无偿提供，因此不属于视同销售服务；选项 A 属于现代服务中的"文化创意服务"。

18. C 【解析】一项销售行为如果既涉及货物又涉及服务，为混合销售。选项 B、D 均属于兼营行为。选项 A，自 2017 年 5 月 1 日起，纳税人销售活动板房、机器设备、钢结构件等自产货物的同时提供建筑、安装服务，不属于混合销售，应分别核算货物和建筑服务的销售额，分别适用不同的税率或者征收率。

19. A 【解析】应纳增值税 = 700 ÷ (1 + 13%) × 13% − (100 + 46) ÷ (1 + 13%) × 13% = 63.73（万元）。

20. C 【解析】当期允许抵扣农产品增值税进项税额 = 当期主营业务成本 × 农产品耗用率 × 扣除率 ÷ (1 + 扣除率)，扣除率为销售货物的适用税率。巴氏杀菌乳属于初级农产品，适用 9% 的税率。
A 企业当期允许抵扣的进项税额 = 800 × 80% × 9% ÷ (1 + 9%) = 52.84（万元）。

21. B 【解析】残疾人员本人为社会提供的服务，免征增值税，残疾人组织为社会提供的服务，不免税。

22. B 【解析】当期免抵退税不得免征和抵扣税额 = 200 × (13% − 10%) = 6（万元）；
当期应纳税额 = 100 × 13% − (52 − 6) − 5 = −38（万元）；
出口货物免抵退税额 = 200 × 10% = 20（万元）；
该企业当期的应退税额 = 20（万元）；
留抵下期继续抵扣税额 = 38 − 20 = 18（万元）。

23. B 【解析】消费税的纳税人，是指在中华人民共和国境内生产、委托加工和进口应税消费品的单位和个人，以及从事卷烟批发和金银首饰零售业务的单位和个人。选项 B，涂料在批发环节不征收消费税，所以从事涂料批发业务的商贸企业不属于消费税的纳税人。

24. A 【解析】征收范围为每辆零售价格 130 万元（不含增值税）及以上的乘用车和中轻型商用客车，即乘用车和中轻型商用客车子税目中的超豪华小汽车。

25. C 【解析】委托方收回的应税消费品，以不高于受托方的计税价格出售的，为直接出售，不再缴纳消费税。

26. C 【解析】纳税人通过自设非独立核算门市部销售的自产应税消费品，应当按照门市部对外销售额或者销售数量计算消费税。应纳消费税 = 76.56 ÷ (1 + 13%) × 10% = 6.78（万元）。

27. C 【解析】只有选项 C 符合税法规定可以抵扣已纳消费税的情形。

28. C 【解析】将委托加工收回的烟丝加工卷烟，形成新的应税消费品，将卷烟对外销售时，需要缴纳消费税。其他选项中，已经由受托方代收代缴消费税，收回后直接销售不再缴纳消费税。

29. D 【解析】完税价格超过 5 000 元单次交易限值但低于 26 000 元年度交易限值，且订单下仅一件商品时，可以自跨境电商零售渠道进口，按照货物税率全额征收关税和进口环节增值税、消费税。

30. D 【解析】组成计税价格中的材料成本 = 20 000 × (1 − 10%) + 800 = 18 800（元）；
组成计税价格中的加工费 = 6 960 ÷ (1 + 13%) = 6 159.29（元）；
B 实木地板厂应代收代缴消费税 = (18 800 + 6 159.29) ÷ (1 − 5%) × 5% = 1 313.65（元）。

31. A 【解析】大型商场少计算的增值税税金应计征城市维护建设税；滞纳金、罚款和资源税不是城市维护建设税的计税依据。

32. B 【解析】免抵的增值税税额和实际缴纳的增值税、消费税税额均应作为城建税的计税依据；6 月应纳城市维护建设税 = (49 + 10 + 85) × 7% = 10.08(万元) = 100 800(元)。

33. C 【解析】纳税人按次申报缴纳的，应当自纳税义务发生之日起 15 日内，向税务机关办理纳税申报并缴纳税款。

34. D 【解析】稠油、高凝油减征 40% 资源税。

35. A 【解析】本题中只有进口自用的 6 辆小汽车需要缴纳车辆购置税，用于抵偿债务、作为赠品赠送给客户，不属于自用行为，汽车贸易公司不缴纳车辆购置税。纳税人进口自用的应税车辆以组成计税价格为计税依据。计税价格的计算公式为：计税价格 = 关税完税价格 + 关税 + 消费税 = (关税完税价格 + 关税) ÷ (1 − 消费税税率)。该汽车贸易公司应缴纳车辆购置税 = 6 × (22 + 22 × 30%) ÷ (1 − 9%) × 10% = 18.86(万元)。

36. C 【解析】对于已使用未完税的免税车辆，免税条件消失后，纳税人依照规定，重新办理纳税申报并缴纳车辆购置税。

37. D 【解析】我国土地增值税适用的是四级超率累进税率。

38. A 【解析】纳税人转让旧房及建筑物，凡不能取得评估价格，但能提供购房发票的，提供的购房凭据为营改增前取得的营业税发票的，按照发票所载金额(不扣减营业税)并从购买年度起至转让年度止每年加计 5% 计算。2015 年 12 月至 2020 年 2 月按 4 年计算，评估价格 = 80 × (1 + 4 × 5%) = 96(万元)，增值额 = [200 − (200 − 80) ÷ (1 + 5%) × 5%] − 96 − (200 − 80) ÷ (1 + 5%) × 5% × (7% + 3%) − 80 × 4%(购房时的契税) = 94.51(万元)。

39. C 【解析】选项 C，房地产开发企业取得土地使用权时支付的契税，计入"取得土地使用权所支付的金额"中扣除。

40. D 【解析】进口高档化妆品完税价格 = 20 + 2.4 + (20 + 2.4) × 3‰ = 22.47(万元)；

关税 = 22.47 × 40% = 8.99(万元)；
进口环节增值税 = (22.47 + 8.99) ÷ (1 − 15%) × 13% = 4.81(万元)；
进口环节消费税 = (22.47 + 8.99) ÷ (1 − 15%) × 15% = 5.55(万元)；
进口环节税金 = 8.99 + 4.81 + 5.55 = 19.35(万元)。
纳税义务人应当自海关填发税款缴款书之日起 15 日内，向指定银行缴纳税款。滞纳金自关税缴纳期限届满之日起，至纳税义务人缴清关税之日止，按滞纳税款万分之五的比例按日征收，周末或法定节假日不予扣除。该公司应按照 12 天缴纳进口环节税款的滞纳金。

二、多项选择题

41. ABDE 【解析】税法属于义务性法规，而经济法基本上属于授权性法规。

42. ABCE 【解析】按照现行法律、行政法规的有关规定，税务规章一般应当自公布之日起 30 日后施行。但对涉及国家安全、外汇汇率、货币政策的确定以及公布后不立即施行将有碍规章施行的，可以自公布之日起施行。

43. AE 【解析】税收法律关系消灭的原因，主要有：纳税人履行纳税义务、纳税义务因超过期限而消灭、纳税义务的免除、某些税法的废止、纳税主体的消灭。由于税法的修订或调整和因不可抗力造成的破坏，引起税收法律关系变更。

44. BCDE 【解析】金融商品转让，按照卖出价扣除买入价后的余额为销售额。

45. CD 【解析】选项 A，进口资源不征收资源税；选项 B，自采原煤自用于连续生产洗选煤，属于自用于连续生产应税资源，不征收资源税；选项 E，外购天然气属于已税资源，再次销售不再征收资源税。

46. ABD 【解析】抵减前应纳增值税 = 220 ÷ (1 + 13%) × 13% − (15.6 − 1.3) = 11.01(万元)；
当期调减加计抵减额 = 1.3 × 10% = 0.13

第四部分

（万元）；

当期计提加计抵减额＝15.6×10%＝1.56（万元）；

当期可抵减加计抵减额＝1.56－0.13＝1.43（万元）；

抵减前的应纳税额大于零，且大于当期可抵减加计抵减额，当期可抵减加计抵减额全额从抵减前的应纳税额中抵减。

实际应缴纳的增值税＝11.01－1.43＝9.58（万元）。

47. ABCD 【解析】境外旅客申请退税，应当同时符合以下条件：（1）同一境外旅客同一日在同一退税商店购买的退税物品金额达到500元人民币；（2）退税物品尚未启用或消费；（3）离境日距退税物品购买日不超过90天；（4）所购退税物品由境外旅客本人随身携带或随行托运出境。

48. BD 【解析】选项B，对第一类水污染物按照前五项征收环境保护税；选项D，应税大气污染物、水污染物的污染当量数，以该污染物的排放量除以该污染物的污染当量值计算。

49. CD 【解析】有出口经营权的生产企业自营出口或生产企业委托外贸企业代理出口的应税消费品，出口免税但不退税；一般商贸企业委托外贸企业代理出口应税消费品，一律不予退（免）税。

50. ABE 【解析】除特殊情形外，消费税一次计征，烟酒经销商销售外购的已税白酒不征消费税；数码相机不属于应税消费品。

51. BCE 【解析】金项链在零售环节缴纳消费税，金表在生产销售环节缴纳消费税；在流通环节均缴纳增值税。

52. BD 【解析】计算销售啤酒的增值税时，单独核算包装物押金未到期的不并入销售额，则每吨啤酒的增值税计税销售额＝2 850＋（100＋40）÷（1＋13%）＝2 973.89（元）；确定啤酒的消费税适用税额时，要将其包装物押金价税分离并入销售额

确定税率级次，每吨出厂价格（含包装物及包装物押金）＝2 850＋（100＋40＋50）÷（1＋13%）＝3 018.14（元）＞3 000元，则适用250元/吨的税额。

53. CDE 【解析】选项A，采取赊销和分期收款结算方式的，为书面合同约定的收款日期的当天，书面合同没有约定收款日期或者无书面合同的，为发出应税消费品的当天；选项B，采取托收承付和委托银行收款方式的，为发出应税消费品并办妥托收手续的当天。

54. ACD 【解析】企业购买土地使用权行为，可能会涉及印花税、契税，不会涉及增值税、消费税，所以不缴纳城市维护建设税和教育费附加。城建税和教育费附加进口不征，出口不退。

55. ABCD 【解析】纳税人将已征车辆购置税的车辆退回车辆生产企业或者销售企业的，可以向主管税务机关申请退还车辆购置税。退税额以已缴税款为基准，自缴纳税款之日至申请退税之日，每满一年扣减百分之十。

56. ABC 【解析】选项D，纳税人应当于纳税义务发生月终了之日起十五日内申报并缴纳税款；选项E，烟叶税的计税依据是收购烟叶实际支付的价款总额。

57. ABE 【解析】选项C，因质量原因车辆被退回生产企业的，自纳税人办理纳税申报之日起，按已缴税款每满1年扣减10%计算退税额；选项D，受赠方式取得并自用的应税车辆，应当自取得之日起60日内申报纳税。

58. AE 【解析】选项B、C，免征土地增值税；选项D，个人出租住房，房屋所有权没有转移，不缴纳土地增值税。

59. CE 【解析】房地产开发成本包括土地的征用及拆迁补偿费、前期工程费、建筑安装工程费、基础设施费、公共配套设施费、开发间接费用等；土地出让金属于取得土地使用权支付的金额；管理费

用和借款利息费用属于房地产开发费用。

60. BCE 【解析】购货佣金和货物运抵境内输入地点起卸之后的运输费用，不属于进口完税价格的组成部分。

三、计算题

（一）

61. B；62. C；63. A；64. D。

【解析】

（1）出租不动产适用9%的税率。该服务公司出租仓库应确认的销项税额 = （42+6）÷（1+9%）×9% = 3.96（万元）。

（2）转让土地使用权适用9%的税率。该服务公司转让土地使用权应确认的销项税额 = 360÷（1+9%）×9% = 29.72（万元）。

（3）购置平房可以抵扣的进项税额 = 400×9% = 36（万元）。

（4）搬家服务属于物流辅助服务，适用6%的税率。销项税额 = 10.6÷（1+6%）×6% = 0.60（万元）。

物业管理服务属于商务辅助服务，适用6%的税率。销项税额 = （16-8）÷（1+6%）×6% = 0.45（万元）。

将飞机、车辆等有形动产的广告位出租给其他单位或者个人用于发布广告，按照有形动产租赁服务缴纳增值税。有形动产租赁适用13%的税率。销项税额 = 15÷（1+13%）×13% = 1.73（万元）。

该服务公司本月应缴纳的增值税 = 3.96+29.72+0.60+0.45+1.73-36 = 0.46（万元）。

（二）

65. B；66. A；67. B；68. B。

【解析】

（1）计入销售额中的相关运杂费用，凡取得增值税发票或者其他合法有效凭据的，准予从销售额中扣除。应纳资源税 = （3 470-80）/（1+13%）×3% = 90（万元）。

（2）纳税人开采或者生产应税产品自用的，应当依法缴纳资源税；但是自用于连续生产应税产品的，不缴纳资源税。

（3）应纳资源税 = 1 200×2% = 24（万元）。

（4）准予扣减的外购应税产品购进金额 = 外购原矿购进金额×（本地区原矿适用税率÷本地区选矿产品适用税率） = 1 100×（3%÷2%） = 1 650（万元）。

应纳资源税 = （1 900-1 650）×2% = 5（万元）。

四、综合分析题

（一）

69. D；70. D；71. C；72. D；73. D；74. CD。

【解析】

业务（1）：税法规定，随货物价款一同向购买者收取的各种名目的收费，按价外费用处理，一律并入销售额计税。

粮食白酒消费税 = 80 000×15×20%+15×2 000×0.5+（170 200+23 200）÷（1+13%）×20% = 289 230.09（元）。

粮食白酒增值税销项税额 = 80 000×15×13%+（170 200+23 200）÷（1+13%）×13% = 178 249.56（元）。

业务（2）：粮食白酒增值税进项税额 = 6×15 000×13% = 11 700（元）。

粮食白酒增值税销项税额 = 380 000×13% = 49 400（元）。

粮食白酒消费税 = 8×2 000×0.5+380 000×20% = 84 000（元）。

业务（3）：粮食白酒增值税销项税额 = 10×19 500×13% = 25 350（元）。

粮食白酒消费税 = 10×2 000×0.5+19 500×10×20% = 49 000（元）。

业务（4）：税法规定，确认啤酒的税额时，按出厂价（含包装物押金）单价每吨≥3 000元的，单位税额为250元；出厂价（含包装物押金）单价每吨<3 000元的，单位税额为220元。

确认单位税额的出厂价 = 2 850+174÷（1+13%） = 3 003.98（元），单位税额为250元/吨。

啤酒消费税 = 400×250 = 100 000（元）。

啤酒增值税销项税额 = 400×2 850×13% =

148 200（元）。

业务（5）：税法规定，自产应税消费品用于广告、样品、职工福利、奖励等，于移送使用时纳税。

广告样品使用粮食白酒0.2吨应缴纳消费税＝［0.2×35 000×（1+10%）+0.2×2 000×0.5］÷（1-20%）×20%+0.2×2 000×0.5＝2 175（元）。

粮食白酒增值税销项税额＝［0.2×35 000×（1+10%）+0.2×2 000×0.5］÷（1-20%）×13%＝1 283.75（元）。

业务（6）：黄酒包装物押金不征收消费税，到期时没有退还的，一律并入销售额计算增值税。

黄酒消费税＝50×240＝12 000（元）。

黄酒增值税销项税额＝50×2 000×13%＝13 000（元）。

业务（7）：税法规定，委托个体户生产加工应税消费品的，一律在收回后由委托方缴纳，受托方不得代收代缴消费税。

增值税进项税额＝82 400÷（1+3%）×3%＝2 400（元）。

粮食白酒缴纳的消费税＝［350 000+82 400÷（1+3%）+10×2 000×0.5］÷（1-20%）×20%+10×2 000×0.5＝120 000（元）。

业务（8）：进口环节应缴纳的关税＝（85+5）×50%＝45（万元）。

进口环节应缴纳的消费税＝（85+5+45）÷（1-10%）×10%＝15（万元）。

进口环节应缴纳的增值税＝（85+5+45）÷（1-10%）×13%＝19.50（万元）。

业务（9）：用进口葡萄酒生产高档葡萄酒，其耗用葡萄酒已纳消费税可以抵扣。

销售高档葡萄酒环节增值税销项税额＝500×13%×10 000＝650 000（元）。

销售葡萄酒环节缴纳的消费税＝（500×10%-15×80%）×10 000＝380 000（元）。

业务（10）：葡萄酒材料进项税额为15.6万元。

综上：

销售粮食白酒的销项税额合计＝178 249.56+49 400+25 350+1 283.75＝254 283.31（元）。

本企业本期销项税额合计＝254 283.31+148 200+13 000+650 000＝1 065 483.31（元）。

本期进项税额合计＝11 700+2 400+（19.5+15.6）×10 000+215 480＝580 580（元）。

本期应纳增值税合计＝1 065 483.31-580 580-85 000＝399 903.31（元）。

本期应纳消费税＝289 230.09+84 000+49 000+100 000+2 175+12 000+120 000+380 000＝1 036 405.09（元）（不含进口环节）。

本期应纳城建税和教育费附加＝（399 903.31+1 036 405.09）×（7%+3%）＝143 630.84（元）。

根据税法规定，外购白酒连续生产白酒，不可以抵扣已纳消费税；啤酒包装箱押金需要计入售价确定消费税单位税额；委托个体工商户加工白酒，不需要由受托方代收代缴消费税，应由委托方收回后向机构所在地税务机关自行申报纳税。

（二）

75. C；76. D；77. B；78. A；79. D；80. ACE。

【解析】

（1）该学校10月土地增值税清算时可以扣除的开发费用＝500×90%+（2 000+81+3 600）×90%×5%＝705.65（万元）。

（2）土地增值税清算时可以扣除的税金＝527.25（万元）。

该学校10月土地增值税清算时的扣除项目合计金额＝（2 000+81+3 600）×90%+705.65+527.25＝6 345.8（万元）。

（3）增值额＝9 500-6 345.8＝3 154.2（万元）；

增值率＝3 154.2÷6 345.8×100%＝49.71%，适用30%税率；

该学校 10 月清算应纳的土地增值税 = 3 154.2×30% = 946.26(万元)。

(4)转让土地使用权扣除项目金额 = 400 + 4 + 5.75 = 409.75(万元)。

(5)转让土地使用权增值额 = 500 − 409.75 = 90.25(万元);

增值率 = 90.25÷409.75×100% = 22.03%,适用税率为 30%;

应缴纳土地增值税 = 90.25 × 30% = 27.08(万元)。

(6)选项 B,计算土地增值税时,开发费用中的利息支出能够提供金融机构证明并按项目分摊,准予作为扣除项目予以扣除;选项 D,转让未开发的土地使用权,可以扣除取得该土地使用权时缴纳的契税和相关费用。

你来找茬，给你奖励

"梦想成真"辅导丛书自出版以来，以严谨细致的专业内容和清晰简洁的编撰风格受到了广大读者的一致好评，但因水平和时间有限，书中难免会存在一些疏漏和错误。读者如有发现本书不足，可扫描"欢迎来找茬"二维码上传纠错信息，审核后每处错误奖励10元购课代金券。（多人反馈同一错误，只奖励首位反馈者。请关注"中华会计网校"微信公众号接收奖励通知。）

在此，诚恳地希望各位学员不吝批评指正，帮助我们不断提高完善。

邮箱：mxcc@cdeledu.com

微博：@正保文化

欢迎来找茬

中华会计网校
微信公众号